教育部高等学校电工电子基础课程
教学指导分委员会推荐教材

信息科学技术通识

主　编　樊邦奎
副主编　安建平　杨　凯

编　委（按姓氏笔画排序）
丁旭辉　丁英涛　卜祥元
石珉巍　叶　能　申文倩
付祺琦　朱梦韬　关鹏宇
远　航　李建国　肖定邦
吴　陈　张　宇　张延军
张泽宇　张春梅　张瑞雨
张睿恒　林玉洁　周　峰
胡可可　高　翔　高晓铮
郭兰图　董　毅　蒋　硕

中国教育出版传媒集团
高等教育出版社·北京

内容简介

本书通过“一个宇宙、两门科学、三个理论、四种电路、五类器件、六大系统”的信息科技逻辑框架，系统地介绍了信息科技的基础理论、核心技术及应用系统，旨在帮助信息科技领域的本科生理解学科体系的结构、梳理课程之间的关联，并为后续的专业学习奠定坚实的基础。本书适用于信息大类专业的本科生，尤其适合大一、大二或大三学生作为通识课程教材。同时，本书也可作为非信息工程专业学生的课外读物，帮助他们梳理知识结构，拓展跨学科视野。

图书在版编目（CIP）数据

信息科学技术通识 / 樊邦奎主编 ; 安建平 , 杨凯副主编 . -- 北京 : 高等教育出版社 , 2025. 8. -- ISBN 978-7-04-064864-5

Ⅰ. G202

中国国家版本馆 CIP 数据核字第 202564HE36 号

Xinxi Kexue Jishu Tongshi

策划编辑 欧阳舟　责任编辑 欧阳舟　封面设计 王　洋　版式设计 徐艳妮
责任绘图 黄云燕　责任校对 王　雨　责任印制 耿　轩

出版发行 高等教育出版社
社　　址 北京市西城区德外大街4号
邮政编码 100120
印　　刷 山东韵杰文化科技有限公司
开　　本 787mm×1092mm　1/16
印　　张 19.75
字　　数 410千字
插　　页 4
购书热线 010-58581118
咨询电话 400-810-0598
网　　址 http://www.hep.edu.cn
　　　　 http://www.hep.com.cn
网上订购 http://www.hepmall.com.cn
　　　　 http://www.hepmall.com
　　　　 http://www.hepmall.cn
版　　次 2025 年 8 月第 1 版
印　　次 2025 年 8 月第 1 次印刷
定　　价 45.90 元

物 料 号 64864-00

编审委员会

前　言

信息科学技术（简称信息科技）作为一门融汇科学、技术与工程的综合性学科，自 1864 年，麦克斯韦建立电磁理论；1947 年，世界上第一个晶体管问世；1948 年，香农建立了信息论；1968 年，互联网的雏形出现；1989 年，万维网被发明出来，这一系列的重大事件，促进了信息革命的兴起，推动经济发展，促进社会进步，变革生活方式，提升国家竞争力，加速文化传播与交流，深刻广泛地影响着人类社会的进步与发展。信息科技知识链条长、涉及专业门类多、更新演进速度快，学生难以在本科阶段全面掌握信息科技的所有课程内容，往往陷入“只见树木，不见森林”的困境。如何能让信息类专业的学生全面了解信息科技的学科体系、建立起完整的课程之间的逻辑关系、适应未来工作变化带来的挑战呢？编者试图通过在大学低年级开设“信息科学技术通识”这门课，帮助信息类专业的同学了解专业发展的架构和脉络，看见信息科技的“知识森林”，拓展领域知识面，开阔学习新思路，这就是编写这本教材的初心。

编者结合自身的学习体会和多年的工作经验，打破常规教材设置章节结构和内容顺序，奉行“伟大都是简单的”“浓缩的都是精华”理念，将整个信息学科体系建立在“一个宇宙、两门科学、三个理论、四种电路、五类器件、六大系统”的框架之上，力求在有限篇幅内呈现学科全貌。书中内容兼顾宏观视野与核心要点，重在提炼精华，旨在引导学生建立知识关联，激发探索兴趣，为后续专业学习奠定坚实基础。

本教材主要面向信息大类专业本科生，经过我们在北京理工大学信息类专业几年教学实践发现：大一同学普遍感到课程难，很多内容听不懂，很难在短时间内接受这么多知识，他们建议应该晚点讲这门课；大三同学认为课程安排非常好，很解渴，但认为课程应该早点开设，有“相见恨晚”的感觉；而大二下学期的同学普遍认为开设此课程较为合适。所以，作者建议在大学一、二、三年级的同学都可以选这门课，接受能力强的同学可以早点选修。讲授这门课程大约需 45 个学时，建议学时分配：绪论（2 学时），第 1 章（6 学时），第 2 章（5 学时），第 3 章（6 学时），第 4 章（6 学时），第 5 章（8 学时），第 6 章（12 学时）。这本书可以作为信息类专业之外学生的课外读物，用于梳理知识逻辑、扩展知识面、建立知识体系。信息技术的渗透性很强，几乎每个行业都有信息技术的应用，对于非信息类专业的同学，阅读或开设这门课程也是非常必要的。

需要特别说明的是，本书内容编排与传统教材存在显著差异，是通识教育的一个尝试。由于这门课涉及的学科门类太广，做到精通每一个知识点是非常难的一件事，所以教授这门通识课程，对授课老师来讲也是一个极大的挑战，建议各相关学校开设这门课时，先挑选和培训老师。

在本书的编纂过程中，编审委员会的诸位专家以深厚的学养悉心审阅书稿，提出专业建议，提升了教材质量；原北京理工大学校长龙腾院士在本书策划和编著过程中，也给予了许多具体的指导；高等教育出版社编辑团队从框架优化到细节打磨，以出版人的专业眼光和工匠精神，使这本通识教材得以完善定型。正是他们的专业指导和悉心支持，本书才得以顺利完成并呈现给广大读者。在此谨向编审委员会的全体专家和高等教育出版社的编辑团队致以最诚挚的感谢。由于作者经验不足，再加之学识所限，存在问题在所难免，恳请读者批评指正，我们将持续完善，推动信息科技通识教育迈向更高水平。编者邮箱：yangkai@bit.edu.cn。

编　者

2025 年 3 月于北京理工大学

目　　录

绪论

信息科学和技术是一门既古老又年轻的学科，是一个复杂的多层次、多专业学科体系，也是科学、技术和工程融合的产物。信息科技对当今世界产生深远的影响，其影响可以用“三性”来概括，即颠覆性、渗透性和联结性。

颠覆性是指颠覆了一些传统行业，推动了人类经济社会的巨大进步。颠覆体现在两个方面，一是使一些传统行业不复存在，例如风靡全球的感光胶卷的消失，传统铅火印刷业退出历史舞台等。二是使原有行业的效率实现跨越性地上升，移动通信的出现导致有线电话业务的衰落就是一个最好的佐证。20 世纪 80 年代初，家庭要安装一部有线电话座机，在北京要排队向电信部门交纳 5 千元的初装费 (而当时北京二环边的四合院出售价是 2 万元左右)，现在是电信部门争先恐后地为家庭免费安装座机电话和宽带设施。经济社会快速发展的核心动力是信息科技，我国数字经济规模占 GDP 的比重超过 1/3，其对经济增长的贡献率持续提升。信息科技使“生产劳动高效化、社会服务便捷化、国家治理现代化”，信息科学技术作为新一轮科技革命和产业变革的重要驱动力，成为创新的策源地。

渗透性是指信息技术渗透到各行各业，促进转型升级，起着赋能的作用。例如：信息技术渗透到航空业，派生出无人机这一新的产业，无人机之所以近些年得到快速发展，得益于信息技术的进步。未来无人机发展的本质是网络环境下、数据驱动、可服务各行业的空中移动智能体，是网络化、数字化、智能化和服务化的综合集成。同样信息技术也渗透到农业、医疗业、建筑业、制造业等，对推动传统行业的发展和进步起到了重要支撑作用，可以说，没有信息技术渗透的行业就是一个落后的行业。

联结性是指信息技术实现人与人、人与机器、机器与机器的联结，便捷交互信息，将迎来万物互联时代，这极大地拓展了人类生活的时空维度，形成“地球村”。互联网是全球化的产物，移动网络是移动通信和互联网融合的产物，移动互联技术与平台的结合产生了无数新的商业模式和支付方式，移动互联网已经进入到大众生活的方方面面，从互联网到移动互联网，再到物联网，以人工智能赋能网络，出现各种智慧物联。以智慧互联为目标的智联网系统是未来信息网络的发展方向，将引发人类社会向智慧社会的重大变革。

信息科技知识体系广博且更新迅猛，本科生难以全面掌握所有内容。因此，建立知识体系、理解知识逻辑至关重要。本书将信息知识体系归纳为六个层次，其示意图如图 0–1–1 所示。

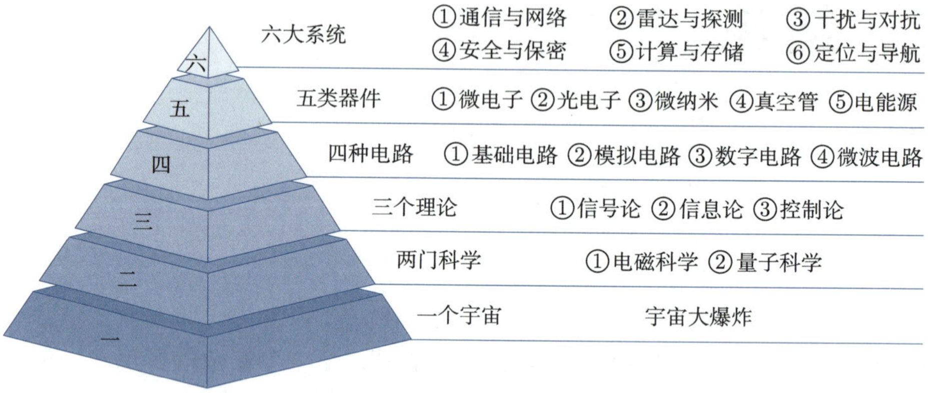

图 0–1–1 本书的信息知识体系示意图

一个宇宙概括了宇宙学的重要研究结论，介绍了宇宙起源的主流观点即大爆炸理论；描述了牛顿、爱因斯坦的天体运动理论和星体演化的规律，同时对亚原子粒子的相关知识进行了归类，目的是让同学从宏观到微观去了解我们所处的宇宙，知道电子、光子等亚原子粒子是我们信息科技调控的主要对象。由于信息类专业通常不开设宇宙学课程，因此在本书第 1 章介绍这一部分内容。

两门科学，即电磁科学和量子科学，它们是信息科技的奠基石，信息学科理论和技术都是建立在这两门科学之上的，这两门科学是人类经历了近三百年的努力才建立起来，而且还在发展进程中。它们对信息类学生来讲是非常重要的，但往往被忽略，为什么有的同学工作后劲不足，往往是因为没有很好地掌握这两门科学。为了使知识结构完整，本章重点介绍了这两门科学的部分核心结论，要深入学习这两门科学的内容，须到专门的课程中寻找答案。

三个理论是信息科技的“血液”，渗透到信息学科的每一个角落，怎么强调其重要性都不过分。信号理论是涉及最多课程的理论，“信号与系统”“数字信号处理”“信号检测与估计”“随机信号处理”等课程都是以信号论为基础，而“图像信号处理”“语音信号处理”“雷达信号处理”“声呐信号处理”等都是从事相关专业工作的必修课程，可以说，不熟练掌握信号论的相关知识，几乎不可能成为信息领域的顶级专家学者。信息论和控制论同样重要，不懂信息论怎么能成为信息领域的学生呢?有不少大学，在信息类专业的本科阶段没有开设“信息论”和“控制论”课程，这部分内容的介绍就显得格外重要。

四种电路是进入信息科技领域的“敲门砖”，因为电路是通过元器件对电磁场的调控，进而实现对电子和光子等的调控，以达成某种功能的目的。不懂得电路的调控机理，就等于没有进信息科技的大门。四种电路的课程对象具体化，实操性强，与工程实践紧密结合，具有很强的逻辑关系，同学们在学习中要深刻认识“调控”的精髓。

五类器件都是从事信息领域工作者必用的器件，学生期间不太可能全部学习这些器件的原理、工艺和制备，但同学们必须知道这些器件能发挥什么作用，并在相应的专业中能熟练地应用这些器件，“电路功能器件化、系统功能芯片化”是大势所趋，每位学生都应认识集成电路和器件的极端重要性。

六大系统是面向应用的专业课程，学生根据不同的专业学习相应的系统，一般而言，每位学生在大学期间只能选择 1~2 门系统级专业课程，但系统级课程之间的知识是融会贯通的，只要打下坚实的基础，学习了任何一门系统专业课程后，就很容易学习掌握其他系统级课程。这一章涉及的内容太多，知识面太广，只能从研究对象、基本原理和核心技术及典型系统几个方面作一概要介绍，使同学们对各类应用系统有一个体系概念，具体知识掌握要到相应的专业课程中学习。特别是在具体学习相关课程时，把本书的相关内容作为导论，一定会让您“通透”。

在大学期间，除专业课之外，数学课程学习同样是非常重要的。数学是人类自然语言的高阶形态，可以定量描述万物、解释宇宙，通过函数和泛函揭示万物之间的关联。“高等数学”“概率与数理统计”“线性代数”“复变函数”“矩阵分析”等课程都应该作为必修课程。

数学的代数发展经历了三次抽象：第一次，实现万物用数字量化表示，第二次是用字母代替数字，第三次是在集合的基础上创立了群，对数学的运算规则实现了抽象。数学的几何发展经历了初等几何 (我们中学学习的)、射影几何、解析几何、非欧几何 (罗氏和黎曼几何)、拓扑。数学的分析则是研究函数、导数、积分等概念，微积分、实变函数、复变函数等都是重要的内容。此外，在上述三类交叉的领域有一个叫“数学空间”或“空间结构”的数学分支，它是一个广义的集合概念，带有特定的运算规则，这些结构可以是拓扑结构、代数结构和度量结构等，常用的数学空间包括线性空间 (向量空间)、度量空间、拓扑空间、希尔伯特空间、巴拿赫空间等。其中线性空间的概念及运算在信息科技中占有重要地位，“线性代数”“矩阵分析”等课程都是讲述线性空间，希望同学们高度重视这些课程的学习，后续的学习和工作，你会发现：拥有熟练的数学工具将使你受益终身。下面简单介绍一下大学数学与专业的关联性。

在信息科技知识学习过程中，微积分、线性代数和概率都是最基本的工具，万物的关联和变化都可以用微分方程、偏微分方程表示。高中时的电路知识中，电流和电压都是直流，不是随时间变化的，但在实际的各类电路中，电流和电压等物理量都是随时间和空间不断变化的，这种变化的描述工具就要用微分方程。同样，电和磁是关联的，电场和磁场通常也是不断变化的，这种关联和变化的描述工具就是偏微分方程。量子理论有两个著名方程，即薛定谔方程和狄拉克方程，也是用偏微分方程来表示波函数的变化和与其他物理量的关联。可以说，大学一、二年级没有打好微积分的基础，要想把后面的课程学好，那是不可能的。同理，线性代数也非常重要，线性空间、向量、线性变换、矩阵等概念和运算在电路分析、图像处理、计算机图形学以及现在的人工智能算法中得到广泛应用。向量是一组有序的数值，可以用基底线性组合表达，而矩阵则是对向量变换的最重要工具。线性代数贯穿整个学习过程，这里有必要多讲几句线性空间。线性代数讲的是线性空间的代数运算。空间是一类元素的集合，例如，所有的信号就是同类元素，所有确定性信号的集合就构成一个空间。所谓线性空间，就是在这个空间中能找到一组基本元素，这个基本元素称作基底，有了基之后，空间里任何其他元素都可以用这个基的线性组合 (乘加) 来表示，“基 + 线性组合” 来描述元素的空间就叫线性空间。前面说的信号空间就是线性空间，因为任何信号都可以由正弦或余弦信号的线性组合来表达 (这就是傅里叶函数)，这个正弦函数集就是基底，在信号系统学习中，你会发现，信号空间还能找到其他不同的基底。同理函数空间就是用幂函数作为基底，空间内任何函数都可以用幂函数的线性组合来表达，这就是泰勒函数的概念。例如：在图像处理中，图像空间可以用红、绿、蓝这三个要素作为基底，在图像空间中任何其他的颜色都可以用这个基底的线性组合来表达。我们把图像的灰度转化为向量，则对图像的缩放、旋转、移动等操作，就可以用矩阵的各种运算来实现。最后说概率，怎么强调它的重要性都不为过，因为任何电路和信道中都有噪声和干扰，而这些噪声和干扰都是随机的，不是确定性变化的，分析电路和信道必须要用概率和统计的数学工具。

我们现在教学中，最大的问题就是学生学那么多枯燥的数学，不知道有什么用。造成这种局面一方面是数学课程没有方法结合专业需要的内容，因为大学一年级没有专业背景知识做支撑，数学本来就难学，再把不懂的专业知识加进去，更让学生糊涂了。另一方面，专业课程又没有把数学描述物理量的含义讲清楚，造成数学和专业知识脱节，使学生失去了兴趣。同学们在课程学习中，要有贯通数学和专业课程的意识，多看些有益的参考书，关注数学表达的物理意义，我们在本教材的内容安排上，也重视这两方面的结合。在附录中还收录了统治世界的数学公式，有兴趣的同学可以找一些书中罗列的参考书，读后一定会有很大的思维提升。

综上所述，编写本书的目的是让学生搭起信息专业领域知识的框架，建立起知识体系的概念，形成知识间的逻辑链条，学生在学习过程中，要抓住章节的核心要义，贯通章节之间的联系，把握知识之间的逻辑关系，但是深究其具体内容要到对应的课程之中。

第 1 章
一个宇宙

我们是谁？我们从哪里来？我们会到哪里去？几乎所有哲学分支，都会关注这些本源问题，同时，宇宙学也在绵延不断地探索宇宙的演化。科学家们在 100 年前发现，从地球上观测到的遥远星系的光谱发生了红移 (频率变低了)，这意味着星系都在远离我们而去。1915 年艾伯特 · 爱因斯坦 (Albert Einstein) 提出广义相对论，彻底改变了人们对时间和空间的理解，颠覆了之前认为宇宙亘古不变的观念。1929 年埃德温 · 哈勃 (Edwin Hubble) 证实了我们附近的星系不仅在离我们而去，而且距离越远离开得越快，说明整个宇宙空间正在加速膨胀。1964 年阿诺 · 彭齐亚斯 (Arno Penzias) 和罗伯特 · 威尔逊 (Robert Wilson) 偶然发现宇宙微波背景辐射 (温度约为 3 K，即约为 −270℃ 的电磁辐射)，由此确立了被称为 "大爆炸" 的宇宙起源理论的主流地位，并成为后续探索的重要领域。霍金提出，宇宙的量子状态起始于无边界假说，将时空描述为一个有限制的无边界四维结构。宇宙的结构源于量子力学不确定性原理允许的初始涨落。此外，霍金还提出了黑洞辐射理论，将引力、量子力学和热力学联系起来。

宇宙中的一切物质都处于永恒的运动之中，物质的运动形式是多种多样的。以牛顿运动定律为基础的经典力学，是宏观物体在低速 (即远小于光速) 范围内运动规律的总结。而相对论不仅给出了高速物体的力学规律，并从根本上改变了有关时间、空间和运动的陈旧概念，建立了新的时空观，揭露了质量和能量的内在联系，开始了有关万有引力本质的探索。尽管它的一些概念与结论和人们的日常经验大相径庭，但它已被大量实验证明是正确的，并成为现代物理学不可缺少的理论基础。

人类对宇宙的认识经历了漫长的过程，以量子宇宙学为代表的宇宙论正在推动人们对宇宙的认识。"一黑、二暗、三起源" 是宇宙科学面临的问题，一黑指的是黑洞的内部是如何运行的，二暗指的是暗物质和暗能量是什么，三起源指的是宇宙、生命和意识的起源是什么。既然宇宙有那么多未知的领域，为什么信息科技要先讲宇宙呢？首先信息科技是在宇宙中产生和发展的，谈信息科技就离不开宇宙，离不开时空；其次信息科技操控的主要对象是宇宙中的基本粒子——电子和光子，因此学习信息科技必须了解亚原子世界；最后，信息科技与宇宙学是并行发展，相互促进的。所以，从学科体系上讲，学生了解一下身边的宇宙是非常必要的。

本章首先介绍宇宙起源的相关理论，然后介绍以电子、中子、质子等为首的亚原子世界，随后介绍以牛顿运动定律为基础的经典力学，最后讨论相对论的基础知识，并对其中若干问题作较为深入的探讨。本章学习的重点是了解宇宙形成的主流观点和天体运动演化的规律及亚原子世界微观粒子，建立起相对空间和时间的图像，具备科学的时空观。

应当说明的是，这一章仅介绍了宇宙学中的一些主流概念和相关的研究成果，并没有从理论的高度加以描述，但这样处理对信息专业学生来讲也是合适的。

1.1 我们的宇宙

宇宙指由时间、空间组成的物质，它是粒子物理和天体物理结合的研究产物，其中粒子物理是指比原子小的亚原子物理。从整体上看，宇宙包含多种星体，其中三种常见的类型是恒星、行星和褐矮星。第一种是恒星，它的外面都是在燃烧的氢气和氦气，也就是核聚变，相当于可控的氢弹，是质量最大的天体，在星系里占主导地位。以太阳系为例，太阳这一颗恒星占太阳系总质量的 99.86%。第二种是行星，它围绕着恒星转动，是质量最小的天体。第三种是褐矮星，它的体积比行星大，质量介于恒星和行星之间，为木星质量的 13~80 倍。由于其质量较恒星小，不足以维持核心中氢的核聚变反应，它也会对宇宙中的引力产生影响。

1.1.1 大爆炸理论

大爆炸理论是当前最有影响的、占主导地位的宇宙起源学说，很多证据表明宇宙就是大爆炸的产物。大约在 138 亿年前，一个密度无限大、温度无限高、尺度无限小的奇点发生爆炸。这个奇点包含电子、光子和中微子等各种基本粒子，是宇宙的时间源头和空间起点。

如图 1–1–1 所示是宇宙大爆炸和演化示意图。爆炸伊始，粒子体积以 10^{-43} s (普朗克时间) 的周期翻倍膨胀。与此同时，粒子的温度剧烈下降，在大爆炸之后 0.01 s，温度为 10^{11} K；0.12 s 时，降至 3×10^{10} K；1.10 s 时，降至 10^{10} K；13.83 s 时，变成 3×10^{9} K。在发生大爆炸 4 min 后，宇宙形成所需要的所有基本原料都已经出现，它们发生反应的基本模式也已经确定。舞台已经为即将上演的节目搭建完毕，这就是宇宙的开始。大约 30 万年后，氢原子和氦原子产生，为形成恒星、行星、气体和尘埃创造了条件。大约 48 亿年时，太阳系形成。

在奇点爆炸以后，除了温度的剧烈变化，还伴随着物质的剧烈反应与变化。大概 10^{-43} s 时为大统一理论时期，也就是现在宇宙的四种力 (电磁力、强力、弱力和引力) 在一个模型框架里统一的时期。到 10^{-34} s 时，进入夸克与反夸克主导时期，其中夸克是目前知道的产生物质的最基本元素，也就是最基本的粒子。质子和中子都是由夸克组成的，没有夸克就没有现在所有的物质。到 10^{-10} s 时，夸克禁闭 (quark confinement) 和反夸克消失，质子、中子和介子形成。到 1 s 时，质子和中子一起束缚形成氢、氦、锂和氘核。如果此期间弱力稍微小了一点，氢元素没有那么多，就没有今天的宇宙。这是因为氢元素占宇宙的 90%，氦元素占 9%，二者共占 99%，如果没有氢就不可能有水，没有水就不可能有碳水化合物，没有碳水化合物就不可能有蛋白质，没有蛋白质就没有生命。到 3 min 时，物质和辐射耦合在一起。到 30 万年时，电子和原子核结合在一起，物质开始去耦。到 10 亿年时，物质团形成类星体、恒星和原始星系，而恒星燃烧太初氢和氦并合并成更重的核。到 138 亿年时，太阳系围绕着恒星凝结，原子连接形成复杂分子和生命物质。以上这些就是霍金的《时间简史》里面提到的宇宙大爆炸模型。

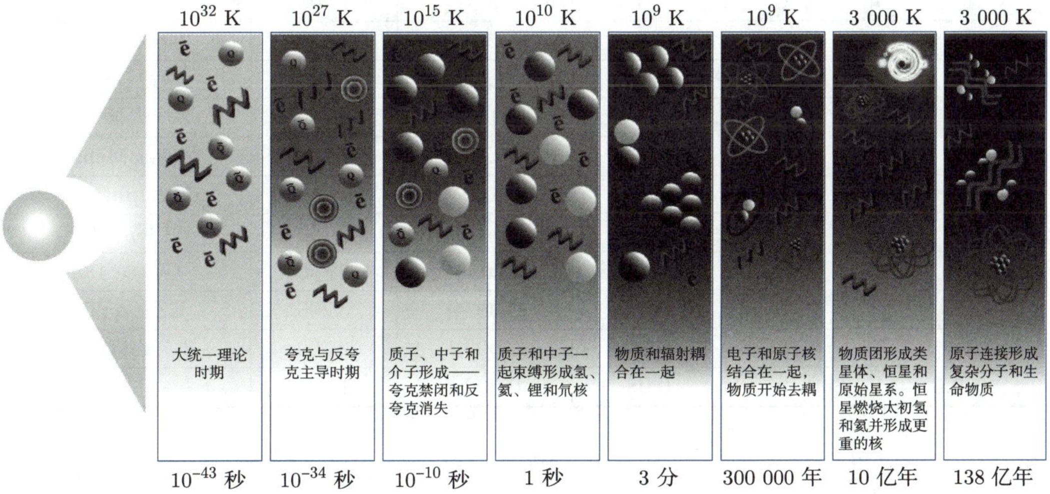

图 1–1–1 宇宙大爆炸和演化示意图 (见彩色插页)

大爆炸之后所形成的天体以恒星为主，而恒星外面包裹的都是氢气和其他的一些气体。它们之所以能保持一个球状是因为这个恒星里面有很密集的物质，有很大的引力。这些气体一直在燃烧，也就是核聚变，这种反应会使它们向外膨胀，产生热膨胀力。当引力和热膨胀力平衡之后，恒星的大小就确定了。但是恒星的燃料总会烧完，和太阳一样，总有一天要燃烧完。当燃烧完之后，这个恒星的归宿就是天体物理要研究的内容。

按照体积大小不同，可以将恒星分为七类，体积从大到小分别为 O、B、A、F、G、K、M 如图 1–1–2 所示。表 1–1–1 给出了不同类型恒星的半径、质量、亮度和温度，

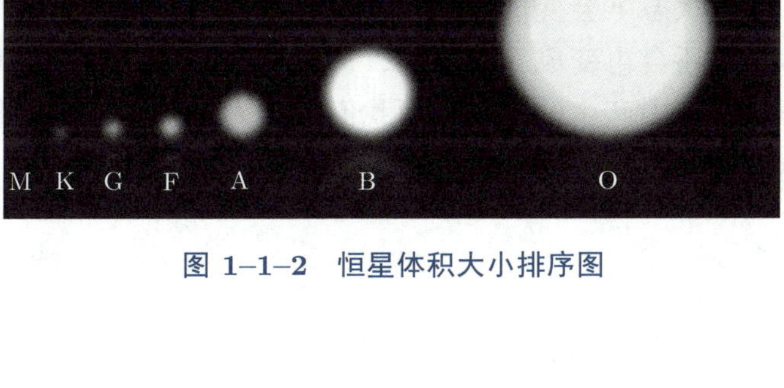

图 1–1–2 恒星体积大小排序图

表 1–1–1 不同恒星的属性

恒星分类	半径 $R/R_\odot$	质量 $m/m_\odot$	亮度 $L/L_\odot$	温度 T/K	举例
O2.7	25	127	5 500 000	52 000	en:HD 93129A
O5	19	54	790 000	42 000	弧矢增二十二
B0	7.4	18	20 000	30 000	Phi Orionis
B5	3.8	6.5	800	15 200	Pi Andromedae
A0	2.5	3.2	80	9 600	北冕座 α
A5	1.7	2.1	20	8 600	绘架座 β
F0	1.4	1.7	6.0	7 200	东上相
F5	1.2	1.29	2.5	6 540	Eta Arietis
G0	1.05	1.10	1.26	6 000	后发座 β
G2	1.0	1.0	1.0	5 700	太阳
G5	0.93	0.93	0.79	5 600	Alpha Mensae
K0	0.85	0.78	0.40	5 150	70 Ophiuchi
K5	0.74	0.69	0.16	4 450	天鹅座 61
M0	0.63	0.47	0.063	3 850	Gliese 185
M5	0.32	0.21	0.007 9	3 200	EZ Aquarii
M8	0.13	0.10	0.000 8	2 500	VB10
M9.5	0.10	0.08	0.000 1	1 900	

并对每种恒星进行了举例。可以看出，随着恒星的体积减小，质量、亮度和温度均减小，也就是说恒星的这四种属性是正相关的关系。

除了按照体积大小的方法对恒星进行分类，还可以按照亮度和温度对恒星进行分类，由此绘制的散布图称为赫罗图 (Hertzsprung-Russell diagram，HR diagram)，如图 1–1–3 所示。图中，纵坐标代表亮度，横坐标代表表面温度。由彩插页图 1–1–3 可见，恒星的表面温度越高，它们的颜色通常越偏向蓝色，而表面温度较低的恒星则呈现红色。图中以太阳的亮度属性为基本单位，恒星都集中的地方叫作主序。可以看出，主序上恒星的表面温度越高，亮度则越低，因此在主序上恒星的表面温度与亮度是负相关的关系。按照恒星的颜色、大小及其是否在主序上等情况，可以将恒星分为蓝色主序星、蓝巨星和蓝超巨星等。

恒星最后的归宿为白矮星、中子星、黑洞。如图 1–1–4 所示为恒星的演化图。可以看出，星云形成之后，当恒星的氢气耗尽，像太阳大小的恒星首先会变成红巨星，然后形成了白矮星；巨大的恒星首先会变成红超巨星，然后形成了黑洞或中子星；而中子星在某种状态下会变成脉冲星。最后，这些不同恒星形成的白矮星、中子星、黑洞和脉冲星还会再变成新的星云，形成一个循环。地球就是宇宙大爆炸的第二代或者第三代循环中产生的星球，而我们每个人身上的原子已经穿越了数个星球才来到了地球。

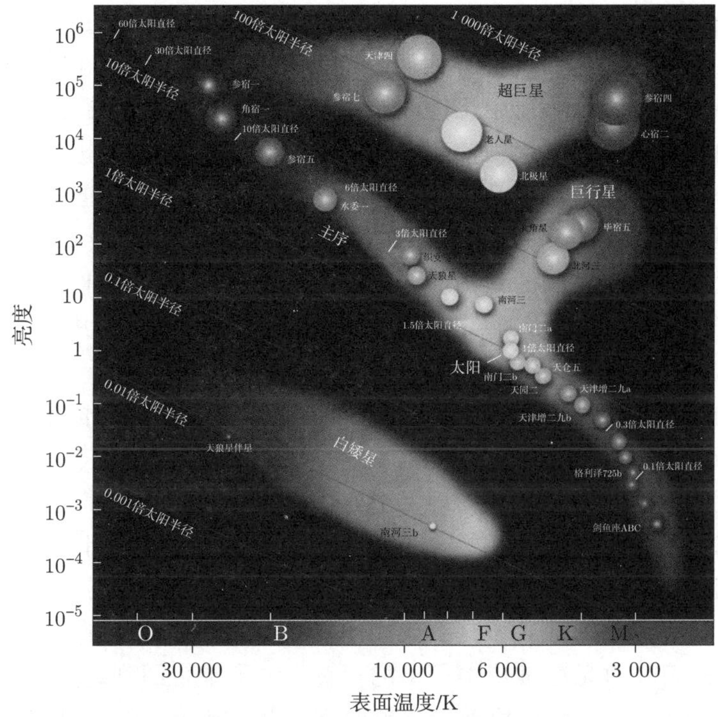

图 1–1–3 按恒星亮度和温度分类的赫罗图 (见彩色插页)

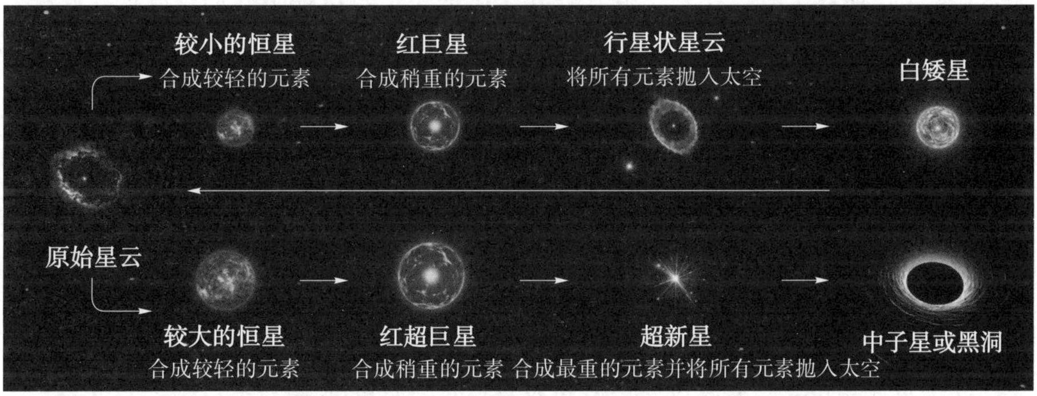

图 1–1–4 恒星演化图 (见彩色插页)

关于恒星内部结构演变，英国著名天文学家拉尔夫·福勒 (Ralph Fowler) 在发表的《论致密物质》一文中指出，当恒星燃烧完，经过核爆炸，慢慢冷却下来以后，引力的作用使整个星体开始收缩，收缩到一定的程度之后星体内部压力变大，把原子压碎。因此，当电子脱离了原子核的束缚成为自由电子，整个物质相当于由电子组成的电子粥；原子核里面的质子和中子相当于一碗粥里面的肉丁和肉块。根据泡利不相容原理，电子之间存在互相的简并力 (一种相互排斥力)，导致其不能在同一个状态下共存；当引力和电子的简并力相等的时候，才能达到平衡态，而这个平衡态就是白矮星的状态。

印度裔美籍天体物理学家苏布拉马尼扬·钱德拉塞卡 (Subrahmanyan Chandrasekhar) 是恒星内部结构理论方面研究的开拓者。1930 年，19 岁的钱德拉塞卡赴英国留学，在十几天的旅途中，钱德拉塞卡带着一篇论文上了船并且思考着，如果这颗恒星的质量增大到其引力使电子加速到接近光速，这时电子就具有相对论的效应，它的引力就会呈指数上升，从而与电子间的简并力就不能够平衡引力了，由此计算出了恒星质量的一个极限值，即“钱德拉塞卡极限”。钱德拉塞卡极限表明，当恒星质量大到一定程度的时候，电子的简并力与引力之间的平衡会被打破，恒星会急剧坍缩，直至电子被压到质子里面，然后变为了中子，形成中子星。具体地，将该极限值记作 m (约为太阳质量的 1.44 倍)。当恒星的质量小于 m 时，电子不相容原理所引起的排斥力将大于自身的引力，恒星演变为白矮星；恒星质量介于 m 和 $6m$ 之间时，这颗恒星演变为中子星；大于 $15m$ 时，这颗恒星将会坍缩成黑洞。

当电子简并力不足以抵抗引力时，会进一步坍缩，把内部的电子压缩到原子核中，之后再与原子核中的质子相结合，转化成中子。中子类似于电子，相互之间也遵循泡利不相容原理，同样存在着简并力。当中子的简并力和引力平衡的时候，所有的中子都挤在一起，形成中子星。当中子星质量进一步增大的时候，这个引力还在加大，中子的简并力无法维持中子星的存在，中子星将回到奇点的状态，即黑洞。由于中子星的密度很大，根据角动量守恒原理，快速旋转的中子星就会成为脉冲星。脉冲星的能量特别高，会发出连续的电磁波，每自转一周，它的磁场就会在空间中画一个圈。在地球上看，相当于隔几秒几十次甚至上百次地给我们发脉冲，就像外星人在和我们联系。我国在贵州建立的 500 米口径球面射电望远镜 (简称 FAST) 就发现了许多脉冲星，其中不少是首次被发现的。

大爆炸和星体循环的理论是目前宇宙学的主流观点，正在经历各种检验，目前，有四种观测可以支持大爆炸理论。

① 哈勃定律：1924 年，哈勃通过造父变星[①]发现了河外星系。不久之后，哈勃在研究星系光谱时再次发现宇宙中大部分星系光谱出现红移现象。这一现象证明星系在远离银河系，同时证明远离的速度与星系的距离呈线性关系，这就是著名的哈勃定律。

② 宇宙元素的丰度：通过光谱分析发现，太阳质量的 74%来自第一号元素——氢，24%来自第二号元素——氦，而其他重元素的质量占比非常低。进一步分析表明，其他恒星与星云的元素构成与太阳类似，这与宇宙大爆炸的预测模型完全一致。

③ 星系演化和宇宙均匀性：随着时间推移，星系在不断地成长和演化，宇宙中的星系由最初星云形成而来。虽然宇宙中的星系会在某些地方聚集成星系团等大尺寸结构，但在更大范围上宇宙呈现均匀的状态。

④ 宇宙背景辐射：1964 年，射电天文学家威尔逊和彭齐亚斯意外发现了一种各向同性的辐射信号。该发现表明早期宇宙处于高温高密度的状态，而经过大爆炸

---

① 造父变星 (Cepheid variable stars) 是变星的一种，是一类高光度周期性脉动变星，也就是其亮度随时间呈周期性变化，它的光变周期 (即亮度变化一周的时间) 与它的光度成正比，因此可用于测量星际和星系际的距离。

后上百亿年的空间膨胀和冷却，宇宙中仍残留着高于绝对零度的背景辐射。宇宙早期温度极高时充满带电粒子，会阻碍着电磁波的运动，也就是不能让光子自由运动。当宇宙冷却至温度大约为 3 000 K 时，质子与电子复合成氢原子，光子不与氢原子发生相互作用，因此光子获得自由，宇宙中就充满了光子 (电磁波)，它们的频率因为宇宙膨胀而产生红移，降低到了微波波段，这就形成当下的宇宙微波背景辐射，与大爆炸预言的完全相同。

尽管以上观点支撑着大爆炸理论，但随着人们认知水平的提升，这个理论体系将不断地接受挑战。

1.1.2 宇宙的尺度

宇宙的大小可以用一些参数来衡量，大概有以下五个参数：

① 宇宙的半径：20 世纪初，研究人员利用威尔金森微波各向异性探测器的观测数据，估计可观测的宇宙半径约 460 亿光年。

② 恒星的数量：宇宙中大约存在 10 亿个规模类似于银河系大小的星系，《万物简史》书中描述恒星的数量约为 10^{22}，包括 10^{79} 个质子和电子以及 10^{88} 个光子。

③ 宇宙的质量：宇宙中每颗恒星的平均质量为 10^{30} kg，而所有恒星的总质量约为 10^{52} kg。

④ 宇宙的温度：根据计算可知，宇宙的最低温度可达 −273℃，最高的温度不受限制。

⑤ 宇宙的速度：光速是自然界速度的极限。

对宇宙尺度的描述只是概略的，随着人们认知能力的提高，这些参数还是变化的。

1.1.3 太阳系及地球的尺度

银河系属于本星系群中的一个星系，是由五条悬臂组成的棒旋星系。银河系中大约有 2 000 亿至 4 000 亿颗类似于太阳的恒星，其可见总质量约为太阳质量的 2 100 亿倍，直径介于 10 万光年至 18 万光年之间。研究表明，可搜寻的银河系光晕的区域直径约 10 亿光年。

人们在天体物理研究过程中发现了天文光谱学的基本原理，如图 1–1–5 所示。在相同的物理条件下，某种元素发出的光 (使光谱条纹变亮) 与同一元素吸收的光 (使光谱条纹更暗) 会产生相同波长的谱线。宇宙中炽热的固体、液体和高压气体都会发射连续光谱。由于太阳光谱的两条 “D” 线暗纹与钠灯光谱的两条亮纹的波长相同，当太阳光通过钠气时 “D” 线变得更暗了，因此通过研究暗线就可以知道星体里面包含的元素，这成为星体研究的一个重要方法。

作为太阳系中的恒星，太阳的质量占太阳系总质量的 99.86%，直径是地球的 109 倍，质量是地球的 33 万倍。如图 1–1–6 所示为太阳系的模型。太阳系以 250 km/s 的速度围绕银河系中心旋转，其旋转一周约 2.5 亿年，而自转周期为 25.05 天。太阳系围绕银河系中心运动不是在同一个平面上，还有上下移动；其移动周期是 6 200

万年，现在有一种观点认为：每 3 100 万年穿越银河系盘状平面一次 (暗物质构成的架构平面)，引发地球物种大灭绝。另有理论认为太阳系存在一颗外星——黑矮星，当黑矮星移动到轨道就会把周围的彗星扫到地球，该周期大概为 2 600 万年。

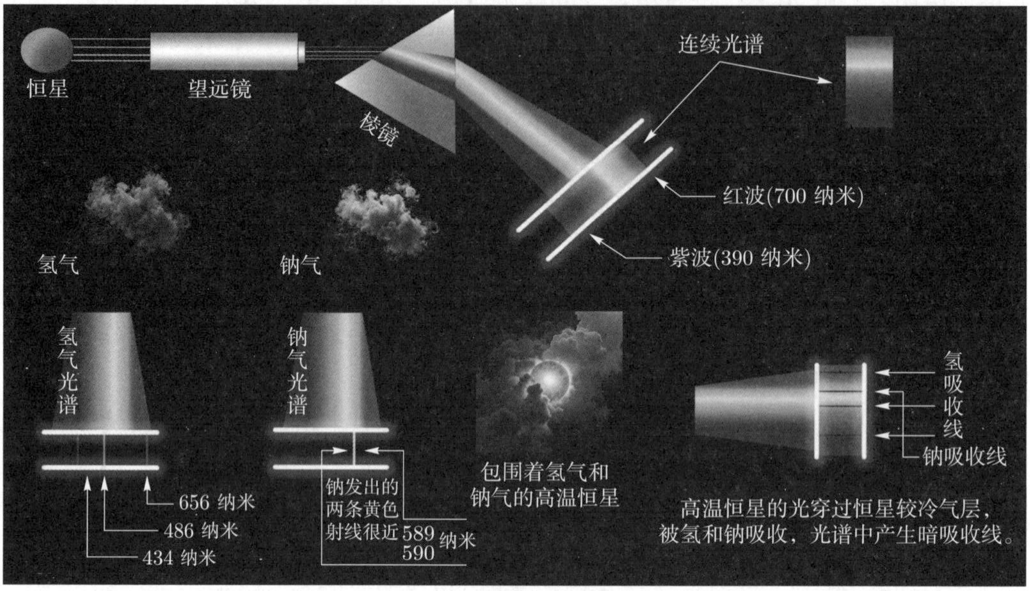

图 1–1–5　天文光谱学的基本原理 (见彩色插页)

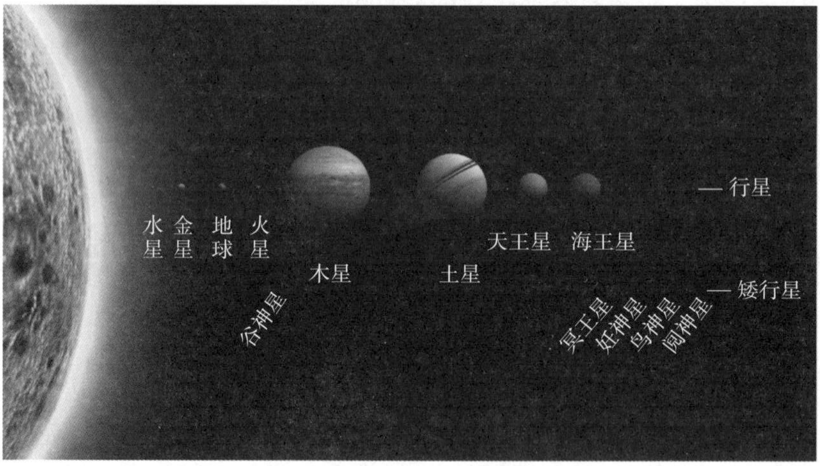

图 1–1–6　太阳系的模型 (见彩色插页)

太阳系中距离太阳最近的行星是水星，它的质量为 3.3×10^{20} t，只有地球的 5.5%，体积只有地球的 5.6%，是太阳系中最小的行星，但密度却要比地球大。它的自转速度很慢，大致每完成两次公转才能自转三周。水星面向太阳的一面高达 430℃，而背向太阳的一面温度则为 −170℃，是太阳系中地表温差最大的行星，且它几乎不存在大气和海洋。水星逆行是一个在天文学和占星学中常讨论的现象，这是由于地球和水星都在围绕太阳公转，但两者的公转速度不同。地球的轨道位于水星轨道的外侧，因此在某些时候，地球会以更快的相对速度超过水星。

金星是太阳系中距离地球最近的行星，它的质量为 4.9×10^{21} t，距离地球的平均距离仅为 4.15×10^{7} km，因此它是我们在地球可观测天体中除太阳和月球外最亮的天体。金星的大气中二氧化碳的含量约占 96.5%，由于强烈的温室效应，它表面温度高达 460℃。金星和地球的轨道倾角略有不同，这意味着即使金星从太阳方向经过，相对地球，它也会在太阳盘面的上方或下方通过，不会遮挡太阳。在某些特殊时刻，地球、金星和太阳处在一条直线上，金星凌日才会发生。

火星是太阳系中第二小的行星，质量为 6.4×10^{20} t，是地球质量的 10.7%。火星是一颗红色的星球，看上去荧荧如火，古代中国人将其称为荧惑，这种红色主要是由于其表面富含氧化铁 (或称为赤铁矿) 的尘埃。

木星是太阳系中最大的行星，质量高达 1.9×10^{24} t，是地球的 317.8 倍。它是一个气态巨行星，主要由氢和氦组成。木星是天空中仅次于太阳、月球和金星外第四亮的天体。它绕太阳公转的周期大概是 12 年，因此，古时将木星称为岁星，并以此为基础创造了十二生肖的概念。木星上最著名的现象是它的大红斑，是太阳系中最大的风暴。现在已知的木星的卫星有 79 颗，其中木卫三是太阳系中最大的卫星，甚至比水星都大。木卫二表面覆盖着厚厚的冰层，下方可能隐藏着液态水海洋。

土星是太阳系第二大的行星，质量为 5.7×10^{23} t，是地球的 95.2 倍，它也是一个没有固体表面的气态行星。土星以它壮丽的环系而著名，环系源于一颗大型彗星的毁灭，然后将其不计其数的冰块留在土星原有轨道上形成。目前已知土星共有 62 颗卫星，在太阳系中排名第二。其中土卫二被冰层覆盖，据推断，它的冰层下存在一个液态盐水海洋。土卫六表面拥有比地球更致密的大气层，其中 98.4%的成分是氮气，且它是太阳系中除地球外唯一拥有地表液态海洋的天体，海洋的主要成分是液态甲烷。

地球主要有以下四个参数：

① 质量：6×10^{21} t。

② 自转速度：470 m/s (赤道)。

③ 公转速度：29.9 km/s (坐地日行八万里)。

④ 寿命：已经历了 45.5 亿年，还有大约 50 亿年。

我们的地球已存在了约 46 亿年，而太阳已存在了 50 亿年。太阳目前处于主序星阶段，属于黄矮星，其特征是氢聚变成氦，能稳定持续 100 亿年。再过 50 亿年，当氢元素消耗得差不多时，聚变产生的辐射压不足以抵抗万有引力，此时太阳的氦核心会收缩，其中心温度和压强不断升高，直到引发氦聚变。这时太阳的恒星外壳向外膨胀并不断变冷，表面温度大大降低，导致恒星的颜色倾向红色，使太阳进入红巨星阶段。太阳在红巨星阶段可以持续 10 亿年，之后太阳变成白矮星；在 10 亿年中冷却黯淡，最终变成暗矮星。太阳在进入红巨星阶段时已经膨胀到地球轨道处，所以地球寿命比太阳要短，大约在 50 亿年后就会被太阳吞噬。在太阳处于红巨星阶段，地球上就不可能有人类的生命了，随着太阳辐射的减弱，地球上植物的光合作用就会变化，据计算人类在地球上生存不会超过 5 亿年。我们必须大力发展太阳技术，找到适合人类居住的星球，将地球文明转移过去。

1.1.4 中国古代对宇宙的认知

我国是世界上天文学发展最早的国家之一。古人很早开始就探索宇宙的奥秘，早在四千多年前就有可考的文字星象记载，并由此演绎出了一套完整深奥的观星文化。古人通过观察星体运动，理解一年四季的时令、气候和自然现象的规律，形成了“二十四节气”这一知识体系，这反映了古代农业文明的智慧。

在太阳系的八大行星中，天王星和海王星由于距离地球及太阳的位置较远，观测相对困难，因此在古代天文学中较少受到关注。相比之下，水星、金星、火星、木星和土星因其距离地球近且反射亮度较高，容易以肉眼观测，自古以来一直是观测天象的重点。

古人通过细致的观测，发现这五颗行星的运行轨迹和方位变化与地球的季节更迭和气候演变呈现出一种规律性的联系，甚至影响到人类社会的兴衰。古人基于对五星的长期观察和思考，总结出了五行理论，五星与五行对应示意图如图 1–1–7 所示。

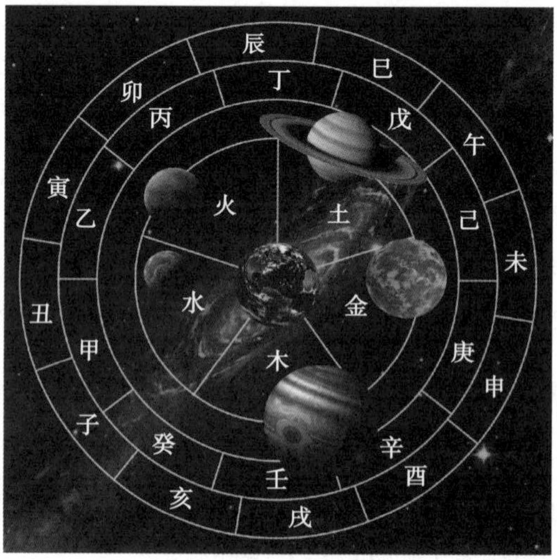

图 1–1–7 五星与五行对应示意图 (见彩色插页)

在古代天文学中，水星、金星、火星、木星和土星被称为“五纬”，木曰岁星，火曰荧惑星，土曰镇星，金曰太白星，水曰辰星。五星一般按木火土金水的顺序，相继出现于北极天空，每星各行 72 天，五星合周天 360°。

每年冬至之前，水星出现在北方的天空中，此时正值冬季，冰雪覆盖，万物休眠，因此将这个时期与水相联系，形成了水行的概念；到了夏至之后，火星出现在南方的天空，此时正值夏季，地面炎热，因此将这个时期与火相联系，形成了火行的概念；三月春分时，木星出现在东方的天空中，此时正值春季，草木开始萌芽生长，正如诗句中所说“春到人间草木知”，因此将这个时期与木的生长特性相联系，形成了木行的概念；九月秋分时，金星出现在西方的天空中，古人认为金星代表兵器，象征秋天的杀伐之气，万物成熟后开始凋谢，因此将这个时期与金的属性相联系，形成了金行的概念；五月土星见于中天，表示长夏湿土之气当令，木火金水皆以此为中点，木火金水引起的四时气候变化，均是从地面上观测出来的，因此将这个时期与土的稳定特性相联系，形成了土行的概念。如此，古人将五星映射为五行，视其为构成世间万物的基本元素，形成了宇宙星体与自然法则之间精妙的联系。

为了更细致地刻画星体运动，古人以北天极为中心，将天空中的恒星划分成星官，构建了三垣二十八宿的天文体系。这个体系不仅为天文观测提供了坐标，而且成为天干地支的起源。二十八宿巧妙地组成一个圆圈，按照春夏秋冬的顺序，对应东南西北四个方位，分别以青龙、朱雀、白虎、玄武四象来象征，形成了一种空间定位框架。

通过二十八宿的基准测量，太阳在年干轨道上空间位置的连续变化，形成了阴阳消长的量变曲线。古人将这种变化视为五行之气的阶段性变换，进而将二十八宿平分为十个部分，从箕宿开始，顺时针排列，依次定为甲、乙、丙、丁、戊、己、庚、辛、壬、癸，形成了十个环形的天干时空方位。每个天干代表了太阳在一年中的不同位置，并与五行相联系，反映了自然界中不同元素的盛衰和变化。

“生日十，生月十有二”，古人在观测太阳的同时，也以月亮的盈亏周期为依据，构建了十二地支体系，与天文上的黄道十二宫相对应。地支与天干相结合，形成了六十甲子的循环体系，共同构成了中国古代独特的纪年法。这反映了古人对时间、空间的精细划分和对天人合一、阴阳五行思想的深刻理解。

除了纪年，我国的传统天象观测多应用在农业上，因为从事农业耕种、繁殖牲畜等，需要人们掌握季节的变化。通过对动物蛰伏、候鸟迁徙、植物枯荣等的长期观察，人们发现了季节的变化规律；在具体的劳动实践中，人们又发现，物候与太阳出没的方位、中午日影长短及恒星的出没变化相关。因此，从天体星象映射而来的阴阳五行学说，被人们用来解释生活中各种纷繁复杂的自然现象。

随着现代天文学和物理学的飞速发展，我们对宇宙秩序的理解日益深入。太阳系中的行星，虽然遥远，却可以通过引力和地磁对地球产生一定的影响。月球和太阳的引力不仅塑造了潮汐的涨落，也影响着地壳运动。木星，因为质量巨大，长期影响着包括地球在内的其他行星的公转行为，同时也稳定了小行星带，减少了宇宙流星对地球的威胁。木星的磁场强大到足以偏转太阳风，为地球提供了天然的保护，减少了对电离层的干扰。我国古人没有现代科技的辅助，仅凭借对天空的细致观察，就将行星运动对地球的影响转化为了一套反映自然规律和宇宙秩序的自然观和宇宙观，深刻影响了人们的生活方式和精神信仰，成为中华文化中重要的组成部分。

1.2 亚原子世界

在 20 世纪的前 10 年，人们发现了组成原子的原子核和电子，这打破了原子不可再分的旧观念。诸如电子、中子、质子等比原子和原子核还小的粒子，我们称之为亚原子。而这些粒子所发生事件的空间，我们称之为亚原子世界。20 世纪 30 年代至 50 年代，是粒子物质发展的黄金时代，很多新粒子在宇宙线观测中被发现，本节将介绍亚原子粒子的一些知识。

1.2.1 亚原子粒子的主要参数

1. 亚原子粒子的尺度

首先让我们回顾一下关于原子组成的理解。如图 1–2–1 所示，原子的尺度为 10^{-10} m，而原子核的尺度为 $10^{-15} \sim 10^{-14}$ m，原子的绝大部分质量都集中在原子核里。对此进行一个类比：如果把氢原子核放大到一个高尔夫球的尺度，那么氢原子就有 3 km 直径的大球的尺度。原子核位于原子的中心，小而致密，带有正电荷。在原子核周围有一个或数个带有负电荷的电子，以 0.1%～10%光速运动，充斥着一个巨大空间。可以说，在这个空间中物质是“很空”的，这也就是中微子可以轻易穿过地球的原因。因此亚原子粒子的尺度一定远小于原子核的尺度。

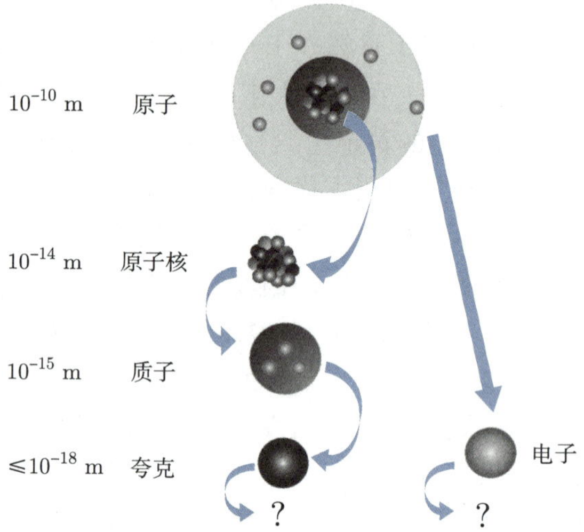

图 1–2–1 亚原子粒子的尺度 (见彩色插页)

在原子中，电子并不是以经典的轨道绕原子核随机运动，而是以量子态的形式存在于原子核周围，其位置和动量由波函数描述。根据量子力学，电子的能量是量子化的，形成稳定的能级，这是动能和势能共同作用的结果。电子受原子核的库仑引力束缚，不确定性原理表明，若试图精确测量电子靠近核的位置，其动量不确定性会增大，但这并不意味着电子有确定的轨迹。电子的分布形成一个概率云，围绕原子核保持稳定。

2. 亚原子粒子的寿命

电子、质子、中子是相对稳定的，这使得它们成为普通物质的基本组成成分。人们普遍相信电子是绝对稳定的，并估计质子和中子束缚在原子中的时间至少是 10^{30} 年。事实上，除了少数几种粒子，其他的粒子从产生到湮没的时间都非常短，寿命

在 $10^{-10} \sim 10^{-6}$ s 以上就可以称为“长寿”。而在这段时间内，质子中的胶子已参与了多次动态交换过程。亚原子粒子可以通过相互作用、衰变或湮没等多种过程发生转化。

3. 亚原子粒子的质量和能量

粒子的质量可以通过能量来度量，用 eV (电子伏特) 表示，即电子在 1 V 电压的加速下获得的能量。以质子为例，其质量可以表示为 1.67×10^{-27} kg 或 938 MeV。从四种基本作用力 (引力、强力、弱力和电磁力) 的视角来看，当粒子通过加速器将能量提高到 10^{11} eV 时，就实现电磁力与弱力的统一；当能量增加到 10^{24} eV 时，就实现电磁力、弱力与强力的统一，即大统一，这需要周长达到 10^{12} km 的加速器才能观察到；当能量加到 10^{28} eV 时，就实现了四种力的完全统一，这需要 1 000 光年的对撞机才能探测到，这只是理论上的推测，工程上是不可实现的。粒子加速器的主要构成如图 1–2–2 所示。

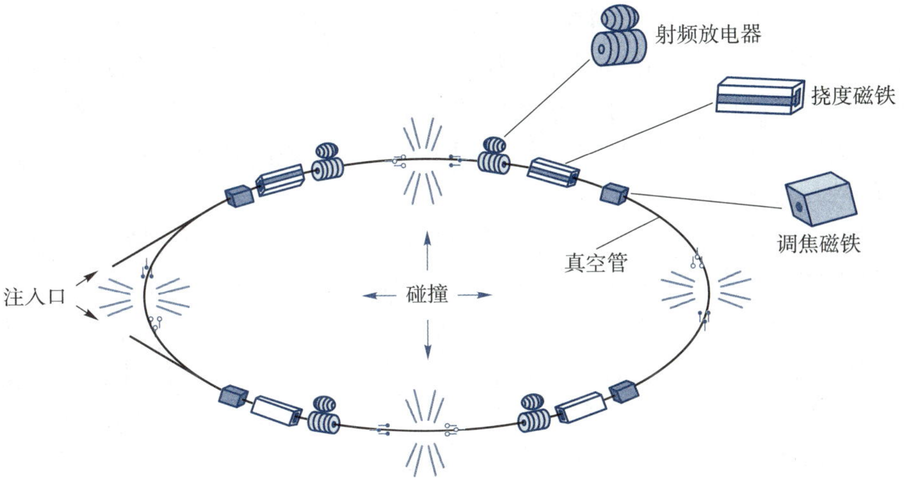

图 1–2–2 粒子加速器的主要构成

4. 亚原子粒子的其他参数

(1) 电子的电荷量为 1.6×10^{-19} C。除夸克 (带分数倍电荷) 外，所有粒子的电荷量都是电子电荷的整数倍。

(2) 在宇宙尺度上，从微观粒子到星体再到星系团，“旋转”是一种普遍现象。电子作为基本粒子，不仅具有轨道角动量，也有自旋角动量。现有研究表明，对于确定的粒子种类，有且仅有一种自旋。小到粒子，大到天体，其轨道角动量和自旋角动量都是量子化的。1913 年，尼尔斯 · 玻尔 (Niels Bohr) 在其开创性的论文中提出，粒子的角动量是约化普朗克常量 $\hbar$ 的整数倍。继玻尔之后，量子理论发展了三项原则，对电子自旋的量子化特性进行了描述：

① 费米子 (如轻子和夸克) 的自旋量子数为半奇数 (如 1/2、3/2、5/2)，而玻色子 (如光子和胶子) 的自旋量子数为整数 (如 0、1、2)；

② 轨道角动量总是 $\hbar$ 的整数倍 (0、1、2 等)；

③ 无论是自旋还是轨道角动量都只能指向某些特定的方向，且角动量沿着任意给定轴的投影值都依次只相差 $\hbar$ (就是说相差一个角动量单位)。

(3) 能量、动量、角动量、电荷、重子数、轻子数等参数是绝对守恒的。

(4) 味荷和色荷[①]：粒子的奇特秉性不变。

1.2.2 基本粒子

量子是现代物理的重要概念，量子化现象主要表现在微观物理世界。量子一词最早在 1900 年由德国物理学家马克斯 · 普朗克 (Max Planck) 提出。一个物理量如果存在最小的不可分割的基本单位，则称这个物理量是量子化的，并将最小单位称为量子，它是能表现出某物质或物理量特性的最小单元。

什么是基本粒子? 粒子物理的研究指出，基本粒子是组成物质的最基本的单位。起初人们认为原子是最基本的粒子，之后，原子核被发现是由更小的质子和中子构成的。

在 20 世纪初期和中期，科学界认为基本粒子包括质子、中子、电子、光子和各种介子，这些被视为当时已知的最小粒子。然而，随着量子场论的发展和实验技术的提升，科学家们逐渐揭示了质子和中子以及介子实际上是由更微小的粒子如夸克和胶子构成的。此外，研究者还陆续发现了与电子相似的其他轻子，以及与光子和胶子相似的其他规范玻色子。

现代物理学认为组成宇宙的基本粒子共有 62 种。其标准模型如图 1–2–3 所示，标准模型中的基本粒子被分为夸克、轻子和传播子，而且每一个粒子都对应一个反粒子 (反粒子与正粒子的电荷相反，其他性质都一样)，其中夸克与轻子又依据参与相互作用的形式区分成了三代物质粒子。在物理上，由于衰变过程倾向于由较重的粒子转变为较轻的粒子，所以自然界中几乎所有的稳定物质都是由第一代的夸克与轻子构成，因此接下来我们将从轻子开始讲起。

1. 轻子

轻子是指不参与强相互作用的自旋为 1/2 的费米子。轻子包括电子和电子中微子、μ 子和 μ 子中微子、τ 子和 τ 子中微子，轻子是这类基本粒子的总称。表 1–2–1 给了轻子的所有参数。

轻子可以分为 3 个家族，电子家族、μ 子家族、τ 子家族，如图 1–2–4 所示。每一个家族都定义一个 “味”，τ 子家族可以向下衰变为 μ 子家族，μ 子家族可以向下衰变为电子家族。

电子和电子中微子的发现历经数代物理学家的努力。1897 年，英国物理学家约瑟夫 · 汤姆孙 (Joseph Thomson) 在实验中发现了电子，并测出了质量和电荷比 m/e，开启了粒子物理研究的先河。1928 年，英国物理学家保罗 · 狄拉克 (Paul Dirac) 从电子波动方程中预言了正电子的存在。1932 年，美国物理学家卡尔 · 安德森 (Carl An-

---

① 夸克是参与所有四种基本作用力的基本粒子，对应三种色荷和六种味荷。色荷参与强相互作用，味荷参与弱相互作用，电荷参与电磁力。

derson) 发现了正电子的轨迹。1930 年，美籍奥地利物理学家沃尔夫冈 · 泡利 (Wolfgang Pauli) 在研究中子衰变为质子过程出现的能量不守恒现象，提出了具有划时代意义的假说 (在 2.2.1 节中有详细描述)，认为总能量必定是守恒的。实验中发现能量减少只是一种表面现象，减少的能量肯定是以某种不为人知的方式流失了，或许存在一种神秘的 “幽灵粒子” 带走了一小部分能量，这种 “幽灵粒子” 即为中微子。然而由于中微子的质量很小，不带电荷，且它与物质的相互作用十分微弱，移动速度还非常快，所以证明泡利的猜想是非常困难的。经过 24 年的争论，终于在 1956 年，美国物理学家莱因斯和考恩在核反应堆中直接观测到了中微子，其穿透能力非常强，几兆电子伏特的中微子可以轻松穿过 10 光年厚的墙壁。然而在 1967 年，科学家尝试捕捉来自太阳的中微子，捕捉到的数量却只有理论值的 1/3。直到 2001 年，这个问题才得到解决，加拿大萨德伯里中微子天文台发现中微子可分成三类，分别是电子中微子、μ 子中微子、τ 子中微子，太阳发射的中微子经过一种叫作中微子振荡的过程，转换成了其他类型的中微子，所以 1967 年只捕获到了理论值的 1/3。

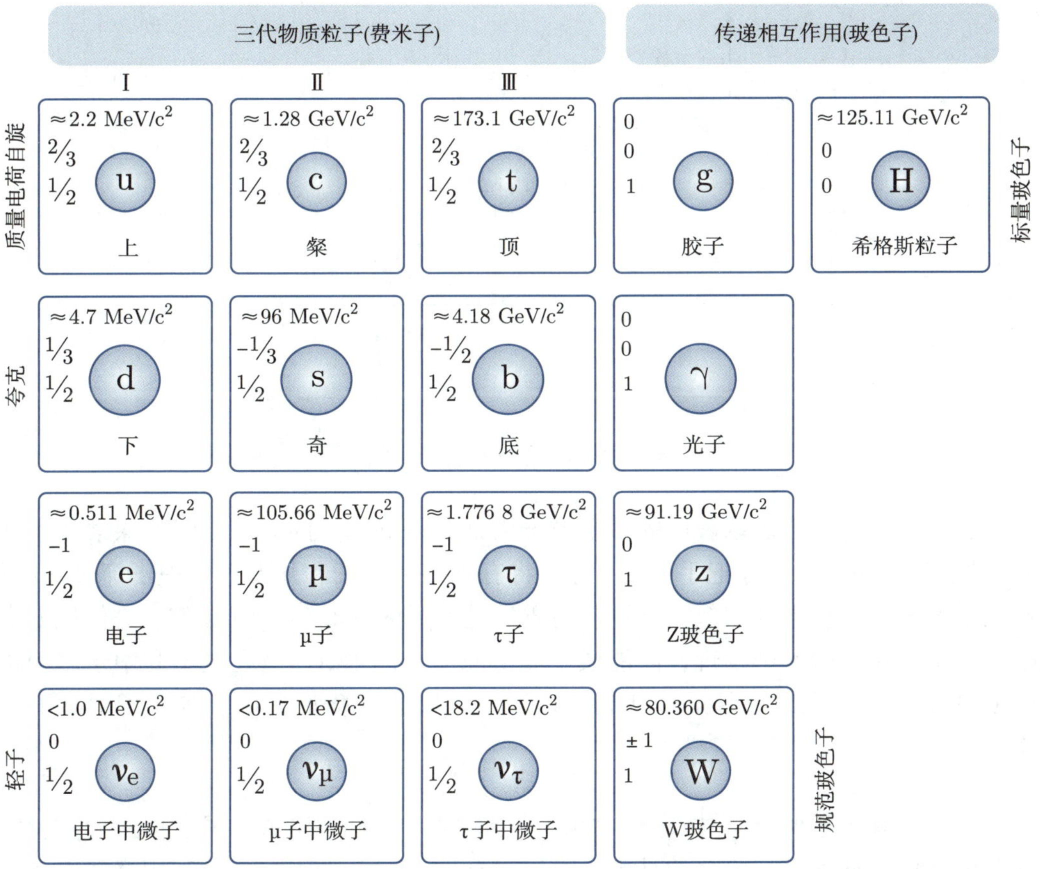

图 1–2–3 基本粒子标准模型

表 1–2–1 轻子参数表

名称	符号	电荷/e	质量/MeV	自旋	反粒子	典型衰变	平均寿命/s
味 1							
电子	e	-1	0.511	1/2	e^+	稳定	\
电子中微子	ν_e	0	$< 3 \times 10^{-6}$	1/2	$\bar{\nu}_e$	稳定 (可振荡为其他中微子)	
味 2							
μ 子	μ	-1	105.7	1/2	μ^+	$\mu \to e + \nu_\mu + \bar{\nu}_e$	2.2×10^{-6}
μ 子中微子	ν_μ	0	<0.19	1/2	$\bar{\mu}_+$	稳定 (可振荡为其他中微子)	
味 3							
τ 子	τ	-1	1 777	1/2	τ^+	$\tau \to e + \nu_\tau + \bar{\nu}_e$	2.9×10^{-13}
τ 子中微子	ν_τ	0	<18	1/2	$\bar{\nu}_\tau$	稳定 (可振荡为其他中微子)	

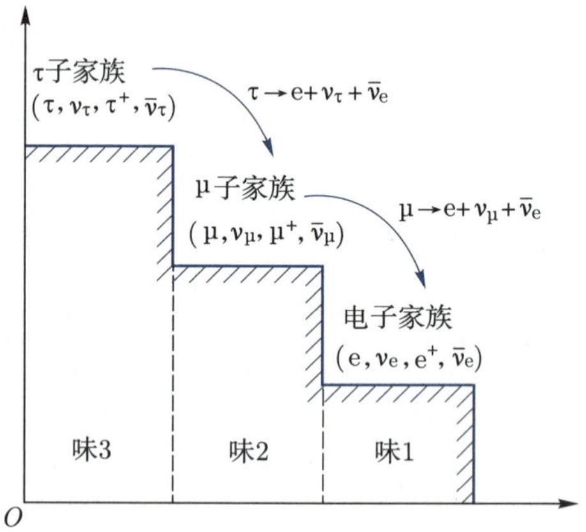

图 1–2–4 轻子衰变示意图

从外层空间到达地球表面的带电粒子大部分是 μ 子，接下来我们来探索 μ 子和 μ 子中微子。如果现在你把手伸出，每秒将有十多个 μ 子和几万亿中微子穿过。μ 子和电子的某些特性十分相似，但是它的质量是电子的 200 倍。1962 年，哥伦比亚大学的科学家在实验室中发现，高能质子撞击原子核产生 π 子 (在质子和中子之间进行强力交换的粒子)，这些 π 子飞行一段距离之后就会衰变成 μ 子和 μ 子中微子。

$$\pi \to \mu + \nu_\mu \tag{1–2–1}$$

此外还有 τ 子和 τ 子中微子。1974 年到 1977 年间，SLAC 国家加速器实验室和劳伦斯伯克利国家实验室的马丁 · 佩尔 (Martin Perl) 与其同事，利用高能电子束和正电子束碰撞，产生 τ 子。2000 年夏，费米实验室在感光探测器上捕捉到了 τ 子中微子存在的轨迹，即

$$e^+ + e^- \to \tau^+ + \tau^- \tag{1–2–2}$$

$$\tau^+ \to \mu^+ + \bar{\nu}_\tau + \nu_\mu \tag{1-2-3}$$

$$\tau^- \to e^- + \nu_\tau + \bar{\nu}_e \tag{1-2-4}$$

综上所述，电子和电子中微子、μ 子和 μ 子中微子、τ 子和 τ 子中微子为什么要归结为同一类呢？因为它们有以下特点：

① 自旋都是 1/2。

② 带单位负电荷，或不带电荷。

③ 每一个轻子都有一个反轻子，质量相同而电荷相反。

④ μ 子和 τ 子不稳定 (易衰变为下一级粒子)，而电子 e 是稳定的。

⑤ 味守恒。

⑥ 电子中微子可转变为 μ 子中微子和 τ 子中微子，即中微子振荡。

亚原子粒子的微观世界中，相互作用都是通过粒子的产生和湮没而发生的，比如电磁相互作用就是通过光子的产生和湮没 (发射和吸收) 作为媒介的。当一对粒子和反粒子湮没时，它们的能量和动量将被释放出来，转化为新的粒子，由此可以看出基本粒子的相互作用在亚原子的世界里的重要性。

2. 夸克

夸克分为六类，分别是下夸克、上夸克、奇夸克、粲夸克、底夸克及顶夸克，分别记作 d，u，s，c，b，t，表 1–2–2 是夸克的基本性质。

表 1–2–2 夸克的基本性质

名称	符号	电荷/e	质量/MeV	自旋	重子数	反粒子
组 1						
下夸克	d	−1/3	5 ~ 8.5	1/2	1/3	$\bar{d}$
上夸克	u	2/3	1.5 ~ 4.5	1/2	1/3	$\bar{u}$
组 2						
奇夸克	s	−1/3	80 ~ 155	1/2	1/3	$\bar{s}$
粲夸克	c	2/3	1 000 ~ 1 400	1/2	1/3	$\bar{c}$
组 3						
底夸克	b	−1/3	4 000 ~ 4 500	1/2	1/3	$\bar{b}$
顶夸克	t	2/3	174 000	1/2	1/3	$\bar{t}$

夸克是组成重子的基本粒子，质子、中子和 π 子都是由夸克组成。所有的夸克都是费米子，其自旋为 1/2，其电荷为单位电荷的 1/3 或 2/3。1964 年，盖尔曼提出了夸克模型，认为每个重子由 3 个夸克 (或反夸克) 组成，每个介子都由两个夸克 (或反夸克) 构成，1995 年最后一组夸克被证明存在。通常人们认为夸克一共有 18 类：六味三色，三种颜色指的是红色、绿色和蓝色。同理，反夸克则为反红、反绿、反蓝。色的性质类似粒子电荷，有时也称其为色荷，与电荷守恒相似，色荷也是守恒的。

下面我们用一个形象的比喻来说明：我们可以将质子放大成一个篮球大小，在这个球形空间里有两个上夸克和一个下夸克自由运动。但是它们不会跑出这个球形空间，这是因为夸克在运动过程中会不断地发射和吸收胶子，当夸克要脱离这个空间时，胶子的强大作用力就会将它们拉回。这种力与万有引力、静电力的特性恰好相反，即胶子的这种拉力会随着与夸克的距离增大而增大。因此胶子会在球形空间边界管束着夸克，而在球形空间的中心区域，夸克可以自由运动。按照目前粒子加速器的能量，即使有足够大的力量将胶子和夸克之间的束缚打破，剥离开胶子和夸克的能量也会导致夸克和其他粒子结合。例如，假设有一个能使一个夸克自由的巨大能量，与此同时，这些能量的一部分将会供给其他夸克和反夸克，这些新的夸克和反夸克中的一个将会和自由的那个夸克撞在一起，形成一个 π 介子。这通常也叫色禁闭，即夸克被禁闭在质子和中子的空间之内，因而我们看不到它。

在理论物理学中，量子色动力学是关于夸克与胶子之间强烈相互作用的理论。量子色动力学中的三种电荷通常被称为“色电荷”，其大致类似于人类感知的三种颜色 (红色、绿色和蓝色)。胶子是组成诸如质子、中子、介子等复合强子的基本粒子。夸克之间通过交换胶子来发生强相互作用，当两个夸克交换胶子时，它们自身携带的色荷也会同时发生改变。另一方面，由于胶子本身就携带色荷，所以胶子之间也会存在强相互作用。

3. 传播子

传播子是使物体运动的粒子，粒子间的相互作用“力”都是由传播子的变换而产生的。传播子都是玻色子，其自旋为 1 或 2，由于没有守恒定律对其约束，所以它们可以产生或湮没任意多个。为了更好地介绍传播子，我们来了解一下四个力：引力、电磁力、弱力和强力。强力又称为强相互作用，是胶子、质子、中子中夸克和原子核中的质子和中子的束缚力，负责将质子和中子以及组成它们的夸克结合在一起，它的传播子是胶子；W 玻色子和 Z 玻色子负责携带导致原子放射性衰变的弱力，又称为弱相互作用，导致 β 衰变和中微子有关的各种转变；而电磁力的传播子是光子。理论上，引力的传播子是引力子，找到它是下一代粒子加速器的目标之一。

传播子总共有 12 种，其分类如表 1–2–3 所示，传播子与夸克和轻子共同组成了粒子物理标准模型。

表 1–2–3　传播子分类

名称	符号	电荷/e	质量/MeV	自旋	反粒子	相应力
引力子 (假想，未观测到)	–	0	0	2	自己	引力
W 加	W^+	1	80 400	1	W^-	弱力
W 减	W^-	–1	80 400	1	W^+	弱力
Z 粒子	Z^0	0	91 190	1	自己	弱力
光子	γ	0	0	1	自己	电磁力
胶子 (含 8 个粒子)	g	0 (但有 3 个色荷)	0	1	自己	强力

最后我们介绍希格斯玻色子，1954 年物理学家杨振宁和罗伯特·米尔斯 (Robert Mills) 提出了杨–米尔斯规范场理论，它是研究自然界四种力 (电磁力、弱力、强力、引力) 和基本粒子之间关系的基本理论。这个规范场理论要求玻色子的质量都为 0，但是在实际检测时，它们的质量都不为 0，这就产生了矛盾。1964 年，希格斯提出了有关希格斯粒子的假设，即有一种刚出生且没有质量的粒子，存在某一个由该粒子产生的场，这个场无处不在，专司赋予粒子质量，经过这个场之后的粒子将被赋予质量。解决了玻色子出生无质量，后来有质量的矛盾。希格斯粒子是粒子物理学标准模型预言的一种自旋为零的玻色子，不带电荷、色荷，极不稳定，产生后立刻衰变，很难发现，直到 2012 年 7 月 4 日，欧洲核子研究中心室宣布检测到希格斯粒子的存在。

从 1897 年发现电子 (第一个基本粒子) 到 2012 年发现希格斯粒子 (标准模型最后一个粒子)，经历了一场变革，使人们认识到了物质的微观结构，但粒子标准模型仍有局限性，与实验观察结果还有不一致的地方，新的理论正在孕育之中，有兴趣的同学可以再深入学习和研究。

1.2.3 复合粒子

复合粒子是由自然界中的多种基本粒子复合而成，以不同方式堆叠而成的更大的粒子。如图 1–2–5 所示，夸克和轻子以不同方式结合构成复合粒子。复合粒子在尺度上属于亚原子粒子，主要包括重子和介子两类。

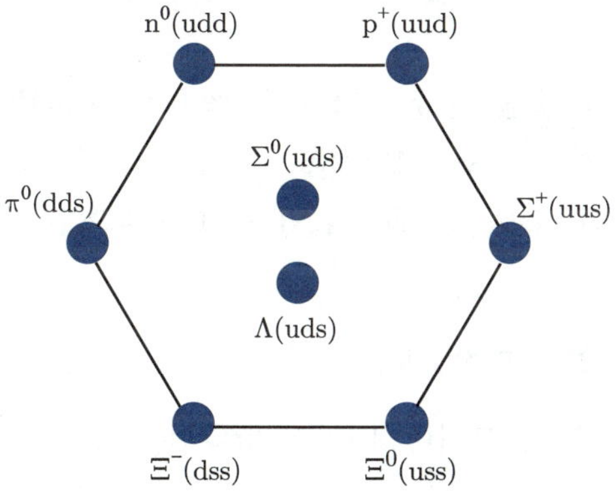

图 1–2–5 复合粒子标准模型

根据霍金对亚原子的概括，目前宇宙中所有已知的粒子可以根据自旋状态分为两类。复合粒子也可按此方式分类为：

① 自旋为 1/2 的粒子：这类粒子服从泡利不相容原理 (任意两个类似的粒子不能存在于相同的状态中)，组成宇宙中的物质。

② 自旋为 0、1、2 的粒子：它们在上述物质粒子 (第一类粒子) 之间产生相互作用 (力的作用)。

上述第一种粒子称为费米子，第二种粒子称为玻色子。物质的基本结构是费米子，而物质之间的基本相互作用由玻色子来传递。费米子和玻色子是相互对立的两种粒子，其不同之处有：

① 自旋不同，费米子是半奇数，玻色子是整数 (分别赋予 “−” 号和 “+” 号)。

② 费米子反群居 (表现为泡利不相容原理)，玻色子群居 (表现为玻色–爱因斯坦凝聚)。

③ 数量不同，费米子数量不变，玻色子数量变化。

复合粒子的分类方式有很多。按照质量大小可以分为轻子、介子和重子；按照自旋可以分为费米子 (半奇数自旋) 和玻色子 (整数自旋)；按照作用力可以分为参与强相互作用的强子，以及不参与强相互作用的轻子。

1961 年，默里 · 盖尔曼 (Murray Gell-Mann) 提出了基于强相互作用的 SU(3) 对称性的强子分类方法，即 “八重法”。这一方法与门捷列夫的元素周期表相似，能够将所有已知的强子准确地放置在相应的 SU(3) 群表示中。八重法有效地阐释了强子的自旋、宇称、电荷、奇异性和质量等静态特性的规律性，证实了基于 SU(3) 对称性对强子进行分类的准确性。

粒子的名称特别多，为了方便同学们理解，现将粒子的名称归纳总结如下：

① 基本粒子：构成物质的最小单元，分为三类，轻子、夸克和传播子。前面已经介绍，轻子有 6 个，夸克也有 6 个，传播子有 12 个。

② 复合粒子：有 3 种，分别是重子、介子和强子。重子是由三个夸克组成的复合粒子，如中子、质子等，它的自旋都是半整数；介子是由夸克和反夸克组成的复合粒子，如 π 子，自旋为整数；强子是重子和介子等复合粒子的总称，即由夸克组成的复合粒子总称。

③ 费米子和玻色子：自旋角动量为 $\hbar$ 的半奇数倍的粒子，服从泡利不相容原理，而玻色子的自旋角动量为 $\hbar$ 的整数倍，这类粒子不服从泡利不相容原理。

④ 反粒子：每一个基本粒子都有反粒子，其电荷与其对应的粒子相反，其余特性都相同。

1.2.4 华人在粒子发现中的贡献

在粒子理论发展的历史长河中，华人科学家作出了许多不可磨灭的贡献，值得我们铭记。

1923 年，亚瑟 · 康普顿 (Arthur Compton) 提出著名的康普顿散射公式后，多位科学家对散射实验提出了多处质疑。为了验证康普顿散射实验的正确性，吴有训先生研究了康普顿效应中变线与不变线的强度分布。他与康普顿合作采用 8 种散射体重做实验，并采用多种方法检测证明不存在箱体中碳氧引起的激发谱污染，否决了当时流行的 “三次辐射假说”。因为吴有训先生在康普顿效应实验中作出了巨大改进，因此有人将此效应称为康普顿–吴有训效应，但遭到吴有训本人强烈反对。

曾说出 “科学无国界，但科学家有祖国” 的两弹一星元勋王淦昌先生，于 1930 年提出了发现中子的思路。1932 年，英国人使用王淦昌的方法成功找到中子，曾一时轰动世界。1934 年，王淦昌毅然回国建设祖国，并于 1942 年发表《关于探测中微子的一个建议》，在后来通过实验证实了正确性。在 1956 年—1959 年于苏联杜布纳联合原子核研究所工作期间，王淦昌先生首次发现反西格玛负超子和超子反粒子，实现重大突破。由于在国外实验被拒绝，后来在国内隐姓埋名研究核弹，王淦昌先生三次与诺贝尔奖失之交臂。

中国科学院院士、著名核物理学家赵忠尧，曾于 1929 年首次发现正电子，震惊整个物理学界。赵忠尧先生发现，硬 γ 射线的高能量光子束，在通过重金属铅时出现了“反常吸收”现象，他于 1930 年 5 月在《美国国家科学院院报》上发表《硬 γ 射线吸收系数测量》，为正负电子对撞产生提供了最早的实验证据，后续在《物理学评论》发表重要实验，再次证实了正电子的存在。但由于评审委员会对复现结果错误的观察，赵忠尧先生与诺贝尔奖失之交臂。

著名实验物理学家丁肇中先生，于 1974 年 11 月 11 日召开记者会宣布发现“J 粒子”，这一粒子可以证明第四种夸克的存在。由于这一粒子对于物理学界的重大意义，1976 年丁肇中先生与里克特共同获得诺贝尔物理学奖。1979 年丁肇中先生带领由三百名物理学家组成的国际团队，发现和夸克结合的胶子，再次巩固了粒子物理的标准模型，2011 年 5 月丁肇中主持建造第二台阿尔法磁谱仪，寻找暗物质反物质，目前在太空中已经收集到超过 1 000 亿宇宙射线事件，改变了人类对宇宙的认识。

著名的理论物理学家杨振宁先生是近几十年物理学界的佼佼者。他在统计力学、凝聚态物理、量子物理和场论四大领域拥有 10 余项世界级杰出成果。1954 年，杨振宁先生提出的杨–米尔斯理论是物理学界的基石，引导了新理论发展，多位科学家基于此理论获得诺贝尔奖。杨振宁先生在整个理论物理学界具有巨大声望，鲍尔奖授奖词中称赞其工作排在牛顿、麦克斯韦、爱因斯坦工作之列，杨振宁先生无疑是中华民族的骄傲。

从过去到现在，华人物理学家在粒子物理领域为世界作出了巨大贡献，中国人凭借中国智慧，推动物理学走向辉煌。

1.3 时钟的节律

时钟是反映时间的工具。在相对论的观点中，时间被视为与时钟动作紧密相关的内在实体。它作为记录事件瞬间和持续期间的基础物理量，用于描绘物质运动或事件发展的变化模式，且独立于外部因素。

时间展示了物质运动和社会变化的连续性和顺序性。连续性意味着所有事物的运动都经历一个持续的过程，无论其长短；顺序性则表明事物运动的各个阶段按照一定的先后顺序出现。时间本身是一维的，只能向前推进，无法回转或倒退，显示出其不可逆的特性。

时间是物理学中的七个基本物理量之一，通常用符号 t 表示。在国际单位制中，时间的基本单位是秒 (s)。2018 年 11 月 16 日召开的第 26 届国际度量衡大会对秒的定义为：未受干扰的铯–133 的原子基态的两个超精细能阶间跃迁对应辐射的

9 192 631 770 个周期的持续时间 ($\Delta\nu_{\mathrm{Cs}}$)，与天文学历书时对秒的定义等效。生活中常用的时间单位还有毫秒 (ms)、分 (min)、小时 (h)、日 (d)、年 (a) 等。

时间是物质的运动和能量的传递。爱因斯坦的相对论提出，能量和质量之间存在相互转化的过程，这一相对运动过程即为时间过程，即变化与改变的速度。爱因斯坦相对论改变了人们的时空观，而著名物理学家霍金的《时间简史》则成为全球最畅销的科普书籍，地球上平均约每 320 个人一本。

1.3.1 不能忘记的伽利略

伽利略 · 伽利莱 (Galileo Galilei) 是意大利天文学家、物理学家和工程师，也是欧洲近代自然科学的创始人，被称为 “观测天文学之父”“现代物理学之父”“科学方法之父”“现代科学之父”，成为当时世界科学中的代表人物。

伽利略在经典物理学具有巨大贡献。在力学方面，伽利略首次把实验引进力学，利用实验和数学相结合的方法计算出浮力，并通过思想实验推翻了亚里士多德 “物体落下速度与质量成正比” 的观点，提出自由落体运动的规律。伽利略深入研究了运动的基础概念，如重心、速度和加速度，并为它们提供了精确的数学描述。特别是他对加速度的定义，在力学历史中标志着一个重要的转折点。

在天文学方面，伽利略创制天文望远镜，首次利用望远镜观测天体，发现月球表面凹凸不平，并观察到木星的四个卫星 (现称伽利略卫星)，太阳黑子和太阳的自转，金星、木星的盈亏现象以及银河由无数恒星组成等许多天体现象，他的观察结果证实了哥白尼的 “日心说”，彻底否定了统治千余年的亚里士多德和托勒密的 “地心说”。

对于相对性原理，伽利略在确定惯性定律后，提出了相对性的观点：所有惯性参考系中的力学规律是相同的；对于处于静止或运动状态的惯性系统，力学过程是一致的。除此以外，在热学方面，伽利略发明了第一支温度计，对后世影响巨大，现在的温度计正是受其原理启发制成。

1.3.2 单摆等时性的启蒙及带来的科技革命

依据伽利略关于单摆的理论，当摆动幅度极小时，单摆的周期与其摆长的平方根成正比，与重力加速度的平方根成反比，同时，其周期不受振幅和摆球质量的影响。此外，由于地球自转，钟摆的运动平面会缓慢地以悬挂点的垂直线为轴进行旋转。基于此理论，1850 年，法国物理学家里昂 · 傅科 (Léon Foucault) 发明了陀螺仪，该设备在导航和保持平衡方面起了关键作用。

当钟摆进行简谐运动时，其振幅与周期无关，其摆动平面会沿着穿过悬点的垂线缓慢旋转。钟摆的摆动规律满足谐振函数，而谐振函数的普遍性是指引力的变化与位移成正比，这种线性关系同样适用于拉伸的弹簧和压缩的晶体所释放的力。基于这一受力特点，在 20 世纪 30 年代，物理学家利用摆动游丝取代钟摆，石英晶体取代摆动游丝，发明了原子钟，其精度可以达到每 2 000 万年误差仅 1 s，其原理为利用原子从高能级跃迁到低能级过程释放的固定频率电磁波，即原子的共振频率，获得精确的时间信号。原子钟的出现推动了卫星定位，我国独立自主发展的铯原子喷泉基准钟 NIM6，可达到 5 400 万年误差不超过 1 s，在中国的北斗卫星中发挥了不可忽视的作用，图 1–3–1 是喷泉基准钟的模型。

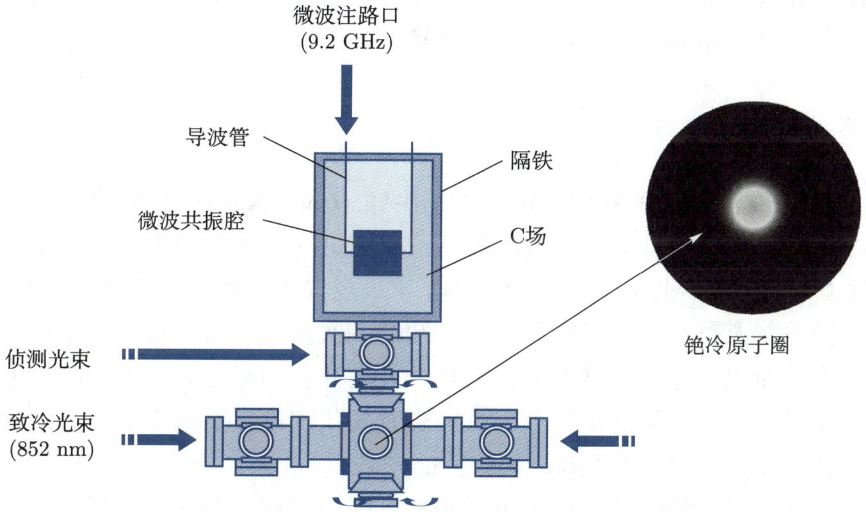

图 1–3–1 喷泉基准钟的模型

1.3.3 自然界的韵律

自然界的韵律广泛存在于各类事物之中，涵盖了天体的运动周期律、动物的生理节律 (生物钟) 以及植物的昼夜周期律等。韵律体现在周期性变化，这种周期性无处不在，哪怕是微小原子，其外部电子在能级间跃迁时所释放光子的频率都具有稳定性。从时间节律的视角来看，周期振荡是自然界的一项普遍法则，无论是宏大的天体、还是细微的微观粒子，不管是动物界、还是植物界，都能发现振荡现象，时间节律深植于万物之中。

目前，时间是测量精度最高、应用最广的物理量，世界公认的 16 个关键行业，其中 11 个依赖于精准授时。鉴于此，主要大国都在建立国家授时中心，全球现有 69 个授时实验室。这些授时实验室的主要研究工作包含多个重要环节：首先，用小铯钟、氢钟、铷喷泉基准钟等对比综合，产生连续稳定的原子时；接着，将原子时与铯喷泉基准钟以及国际时对比校准，产生准确的标准时；最后，综合协调国际数据与自主测量相关数据，形成国家标准时间，例如中国天文台的国家授时中心所确定的北京时间。

除了时间的韵律，从大自然的节律中人们还总结出有六个重要常量统治着宇宙万物，这些常量若有一点偏差，将会给宇宙带来巨大的改变，就不会有我们今天的人类，它们分别为：

① 万有引力常量：$G = 6.674\,30(15) \times 10^{-11}\ \mathrm{m^3/(kg{\cdot}s^2)}$

② 光速：$c = 2.997\,924\,58 \times 10^{8}\ \mathrm{m/s}$

③ 普朗克常量：$h = 6.626\,070\,15 \times 10^{-34}\ \mathrm{J{\cdot}s}$

④ 元电荷：$e = 1.602\,176\,634 \times 10^{-19}$ C

⑤ 电子质量：$m_{\mathrm{e}} = 9.109\,383\,701\,5(28) \times 10^{-31}$ kg

⑥ 质子质量：$m_{\mathrm{p}} = 1.672\,621\,923\,69(51) \times 10^{-27}$ kg

为什么有这些常量存在？这些数值为什么这么大至今仍是谜。同学们能找到其中任何一个谜点，都将是对人类的巨大贡献。

1.4 牛顿力学

17 世纪的欧洲，英国科学家伊萨克・牛顿 (Isaac Newton)①实现了天上和地下力学的综合。基于此前科学家所做的研究，在充足的天文学和力学方面知识的支撑下，牛顿力学诞生了，此后统一的力学体系——经典力学体系逐渐搭建起来②。建立经典力学标志着人类对自然理解和历史认知的一次重大突破，它综合了长期积累的天文学与力学知识，开启了物理学乃至整个人类社会的新纪元。牛顿的经典力学不仅是科学发展中的一个关键转折点，也标志着现代理论自然科学的起源，为后续各自然科学领域提供了模式和基础。

牛顿力学基于牛顿的三大运动定律和万有引力定律，专注于研究宏观物体在低速条件下的运动规律。它是经典力学的一部分，与相对论和量子力学相区别。牛顿力学研究的核心物理量，如力和动量，都是矢量，且牛顿方程亦以矢量形式表述，因此牛顿力学亦称作矢量力学。

牛顿经典力学的创立为科学进展铺开了新的领域和时代。不论是过去还是现在，牛顿力学的建立和发展与整个物理学的发展都有着十分紧密的联系。从人类认知角度去理解，牛顿力学反映了继承与发展、批判与超越的人类科技发展的态势。几百年过去了，牛顿力学仍然是现代物理学和工程技术的基础，其广泛应用与传播对人类生活与思想都产生了重大影响，也在一定程度上推动了人类社会的发展和进步。然而，以牛顿力学为基础的经典力学，乃至经典物理学的大厦实际并未真正完全地建立起来，物理学也并没有达到真理意义的“顶峰”。黑体辐射、以太假说对牛顿力学进行着冲击，而经典力学存在的固有缺点和局限性在一定程度上甚至阻碍了人类社会的发展和进步。以牛顿力学的建立背景为起点，本小节将简单分析其在人类历史与现实中发挥的作用与其局限性。

1.4.1 站在巨人肩膀上——经典力学的奠基人

人类所有的见识、创新和科学认识都是对前人的成果总结。从整个物理学与力学的发展过程来看，牛顿力学并非一个偶然。正如牛顿所言，“如果我能看得更远，

---

① “我好像是一个在海边玩耍的孩子，不时为拾到比通常更光滑的石子或更美丽的贝壳而欢欣鼓舞，而展现在我面前的是完全未探明的真理之海。”——牛顿

② 从牛顿力学到爱因斯坦相对论再到量子力学，力学的发展扑朔迷离，跨越了三百多年。力学是解释宇宙万物运行规律的基础科学。宇宙只有一个，能对其运行规律进行解释，这就奠定了力学在科学中的地位。当今，飞机、汽车和海上潜艇等都以力学为基础，流体力学、气动力学、声学、热学、光学和电磁学等也都是在力学的基础上发展起来的。

那是因为站在巨人的肩膀上”，历史真诚地反映出人类科技发展过程中继承与发展的态势。在牛顿出生的这一年去世的伽利略，为经典力学的建立奠定了坚实基础，牛顿也是接过了接力棒。

1. 惯性定律与自由落体

(1) 惯性定律

几千年来，人们将亚里士多德的说法奉为真理，认为外力是物体产生并维持运动的原因。如果没有外力，物体就会静止下来。伽利略显然并不愿意相信这一没有事实依据的推论，作为第一个将实验引进力学研究的科学家，他利用实验与数学相结合的方法，确定了一些非常重要的力学定律。

在其著作《关于两门新科学的对话》中，伽利略提到一个理想实验模型——对接斜面。在这个实验中，小球从一个斜面滚下，并在底端接上另一个斜面，如果摩擦力足够小，小球将回到初始释放的高度，这一现象与斜面的倾斜度无关。

伽利略提出了这样的观点：在无外力作用的条件下，一个物体在水平面上会持续以恒定速度直线运动。这一理论强烈挑战了亚里士多德以往的观点，它指出力不是导致物体运动或持续运动的根本原因，而是导致物体运动状态变化的因素。伽利略通过理想化的实验思想验证了亚里士多德的观点是错误的。这个观点也在牛顿编著的《自然哲学的数学原理》中有所反映，这称为惯性定律，是经典力学中一个基本的理论。

(2) 自由落体

亚里士多德将物体的运动区分为自然运动和强迫运动。他认为，符合自然的运动如轻物向上、重物向下等属于自然运动，而违背这一规律，需要外力介入的运动则被认为是强迫运动。他还认为重物下落速度比轻物快，并与物体的质量成正比。

在伽利略之前，这种看法已经受到了挑战。1586 年，比利时的工程师和力学家西蒙·斯蒂文 (Simon Stevin) 进行了一个著名的实验。他在 30 英尺的高度上释放两个质量差异十倍的铅球，观察到两者几乎同时触地，这与亚里士多德的理论完全相反。这是对亚里士多德关于重物和轻物下落速度差异看法的首次科学挑战，尽管斯蒂文没有提供完整的理论解释或充分的实验支持。

伽利略对亚里士多德说法的怀疑是从逻辑开始的。在著作《关于两门新科学的对话》中，伽利略以亚里士多德理论为基础，利用逻辑推理得到了这样的结论：“如果我们取两个质量不同的物体，显然，当把它们连接在一起时，大质量物体受小质量物体的影响，速度会变慢一些；而小质量物体受大质量物体的影响，速度会变快一些 …… 例如，假设一块大石头以 8 m/s 的速度运动，一块小石头以 4 m/s 的速度运动。当它们连接在一起后，两块石头的共同速度会小于 8 m/s，但比原来小石头单独以 4 m/s 的速度运动要快。由此可见，较重的物体受到的影响反而使它运动得比轻的物体慢一些。”显而易见，逻辑推理下的效果与亚里士多德的设想相悖。也就是说，伽利略基于亚里士多德重物运动速度大于轻物的说法，推断出了重物运动更慢的结论来。

既然亚里士多德对于自由落体运动的假设是逻辑悖论，那么自由落体究竟遵循怎样的规律呢?

源于对物体运动规律的研究,伽利略设计了著名的力学实验——斜面实验。如图 1–4–1 所示，在一块挖了槽的长板上铺上羊皮纸以降低摩擦，将长板的一头抬高。将小球从长板高的一端自由滚下，不断改变长板另一端抬起的高度，并将小球滚下的高度和时间记录下来；接着，伽利略又以同样的方法，将小球从槽的 1/2、1/4……分别滚下。在不断地重复实验下，伽利略得出了这样的结论：“下落速度与时间成正比，下落高度与时间的平方成正比。” 如式 (1–4–1) 所示，即著名的自由落体运动规律

$$\boldsymbol{v} = gt, \quad h = \frac{gt^2}{2} \tag{1–4–1}$$

其中，$\boldsymbol{v}$ 是速度，t 是时间，g 是重力加速度，h 是下落高度。

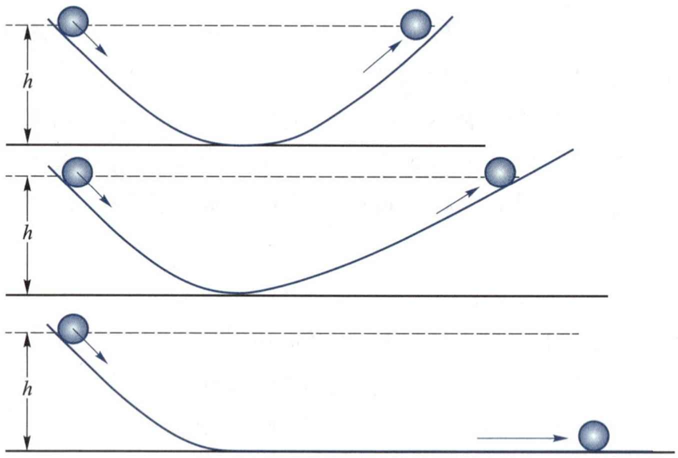

图 1–4–1 伽利略斜面实验

2. 伽利略研究方法的重要性与意义

作为经典力学的奠基人，伽利略的研究成果具有很高的学习价值，其研究方法也值得后人继承与重视。爱因斯坦曾这样评价他：“伽利略的发现以及他所应用的科学推理方法，是人类思想史上最伟大的成就之一，而且标志着物理学的真正开端。”

伽利略是首位在物理学研究中利用实验方法的科学家，他不依赖于当时的权威思想家亚里士多德，也不仅是通过思考获取知识，而是依靠实验和观察。这种方法标志着从唯心主义向科学实证主义的转变，通过实际操作来验证科学原理。在当时实验资源有限的情况下，伽利略巧妙地使用斜面增加了自由落体的观测时间，这一方法摆脱了当时无法精确测时的局限，从而获得了较为精确的数据。

伽利略还将数学应用于物理学，成功地将力学原理转化为数学语言。他曾提出：“宇宙是用数学的语言书写的。” 这表明，一个优秀的物理学家也应当具备扎实的数学能力。伽利略通过实验与数学推导共同确立的自由落体定律及其数学表达式，为物理学研究开辟了新的方向，即运用数学方法来探讨物理现象。

1.4.2 给地球称重这件事——牛顿力学的建立

如果将伽利略视为经典力学的创始人，那牛顿则可称为经典力学之父。在牛顿建立其理论之前，已有多位学者在他们各自的领域取得了突破性贡献。基于第谷的精确天文数据，开普勒得出了行星运动三大定律；哥白尼的日心说，在伽利略利用望远镜进行的天文观测支持下，逐步打破了宗教的限制；伽利略通过科学方法揭示了落体定律和惯性原理。然而，这些成就尚未形成系统的联系。牛顿在综合这些先驱者成就的基础上，通过自己的创新性研究，在 1687 年出版了《自然哲学的数学原理》，不仅解答了这些问题，还首次将物理学理论统一起来。

1. 一个赌注的贡献

世界上有许多惊天动地的大事，都源于一些相当不起眼的小事。地球质量的测量，在科学史上具有举足轻重的地位，但这件事却得从一个小小的赌注讲起。

1683 年的一天，埃德蒙・哈雷 (Edmond Halley)、罗伯特・胡克 (Robert Hooke) 和克里斯托弗・雷恩 (Christopher Wren) 这三位英国皇家学会的院士在伦敦聚会。前两位的名字或许你早已颇为耳熟，哈雷就是哈雷彗星的那个哈雷，而胡克则是胡克定律的提出者。雷恩或许名气较小，其早年担任牛津大学天文学教授，后转行成为一名建筑师，圣保罗大教堂、格林尼治天文台都是他的作品。虽然雷恩后来逐渐远离了天文学研究的行列，但其仍在 1680 年被任职为英国皇家学会的会长。他们都可以称得上是科学史上的巨人，当然，其科学成就绝不止于上文所述。

时间回到那一天，三位院士就太阳系天体运动展开了激烈的讨论。早在 17 世纪初，开普勒就已经发现了太阳系各大行星沿椭圆轨道绕太阳旋转的规律。但几十年过去，仍未有人能够解释椭圆运动轨道形成的原因。基于这个问题，雷恩在饭局上发起了这样的赌约：要是有人能解释行星为何会沿椭圆轨道运动，他就奖励那人 40 先令。在当时，这相当于一个大学教授半个月的薪水。本是无心之举，哈雷却对这个问题着了迷。他立刻想到了牛顿，寄希望于这位神龙见首不见尾的高人能够破解其中奥秘。1684 年 8 月，哈雷专程前往剑桥大学拜访牛顿，也正是哈雷的坚持和这次拜访，让牛顿力学得以面世。

牛顿是继弗兰西斯・培根 (Francis Bacon) 后世界上第二个被册封为爵士的科学家，也是世界上第一个享受国葬待遇的科学家。法国启蒙思想家伏尔泰曾目睹了牛顿的葬礼，并在回忆录中写道："英国人悼念牛顿就像悼念一位国王。" 后世对牛顿有数不清的赞美，其中流传最广的是英国诗人亚历山大・蒲柏 (Alexander Pope) 的一首诗："Nature and nature's laws lay hid in night; God said, 'Let Newton be,' and all was light."

17 世纪时，人们对引力进行了研究，并发现任意两个物体间都存在引力，且其大小与物体质量成正比，与其距离的平方成反比。这就是引力的平方反比律。很多人都认为平方反比律是由牛顿提出的。而事实上，早在 1645 年，也就是牛顿三岁的那年，法国天文学家伊斯梅尔・布里奥 (Ismael Boulliau) 就提出了这一定律，但他错误地认为两个物体间同时存在引力与斥力。此后，意大利物理学家卓凡尼・博雷利 (Giovanni Borelli) 在其书中也作出了这样的猜测：太阳系的所有行星都受到太阳的引力，并且这个引力满足平方反比律。时间推进到 17 世纪 70 年代，胡克也开始大肆宣扬平方反比律，但同样他也无法证明平方反比律的正确性。而问题的关键，就在于数学工具。简单来说，开普勒提出的开普勒三定律中认为，太阳系各大行星都沿椭圆轨道绕太阳旋转。若要证明引力的平方反比律，就要证明受该引力的行星沿椭圆轨道运行。也就是说，要从平方反比律出发，推导出开普勒三定律。这样的推导，依赖于一种当时还不存在的数学工具——微积分。

作为微积分的发明者，牛顿是那个时间维度下，唯一有能力解决这一“科学史上最有名的难题”的“天选之子”。而实际上，他也早早就破解了这一难题。然而，由于牛顿本人并不喜欢发表自己的研究成果，所以这一问题的答案一直秘而不宣。甚至没有意外的话，会不会就被牛顿带进他的坟墓也未可知。因此，哈雷与牛顿的这次会面，可以称得上真正意义上的历史转折点。整个人类科学史，甚至是人类文明史都就此改写了。值得欣喜的是，在这次会面中，牛顿不仅告诉了哈雷答案，还承诺哈雷会将计算过程重新梳理，并写成论文发表。

实际上，牛顿所做的远超他的承诺，他给哈雷的答案远不止论文，而是一本书，那就是《自然哲学的数学原理》。这能够称得上是有史以来最伟大的学术著作，基于欧几里得 (Euclid) 开创的公理化体系，牛顿提出了力学三定理与万有引力定律，这是物理学史上的第一次革命。1687 年，这部划时代的科学巨作正式出版，让牛顿顷刻间名满天下，直接登上了科学的神坛。

2. 称量地球的人

在有了万有引力的概念后，就有了深入探讨地球质量测量的基础。众所周知，地球上的所有物体都受到重力的作用，而重力则源于地球与物体间的万有引力。这可以用如下公式来表述：

$$\frac{Gm_{地}m}{R^2} = mg \tag{1–4–2}$$

其中，mg 表示物体的重力，而 $Gm_{地}m/R^2$ 则为物体受到的万有引力。上述等式中，m 表示物体的质量，g 是已知的重力加速度，而 R 表示地球半径，大约为 6 400 km (其值为 6 357 ~ 6 378 km，这里估计为 6 400 km)。由此可见，目前未知的物理量就只剩下两个：引力常量 G 和地球质量 $m_{地}$。也就是说，若能测得万有引力常数，那么地球质量也就能够求出来了。

事实上，虽然总结并归纳了万有引力定律，但终其一生，牛顿也并不清楚引力常量的具体数值，甚至没有引力常量这个概念。在 21 世纪，通过牛顿第二定律和万有引力的推导，在实验测得自由落体加速度的基础上，能够轻易地计算引力常量 G。但在当时，牛顿时代的知识只能推导出以下等式：

$$Gm_{地} = 4 \times 10^{14}\ \mathrm{m^3/s^2} \tag{1–4–3}$$

而引力常量 G 与地球质量 $m_{地}$ 相互制约，成为那个时代无人能解的谜题。

那么制约地球质量测量的原因是什么呢？从原理出发，要测量地球质量，只需要设计一个实验，能够测出两个已知物体间的精确引力就可以。但作为宇宙四大基本力中最弱的一种，引力常因受环境干扰而产生误差。因此，学界想到的第一种解决方法，就是将可测量的引力尽量放大。一种“简单粗暴”的实验方法如图 1–4–2 所示，就是将一个质量 1 000 t、半径近 3 m 的巨大铅球放置在 3 m 外的悬挂物体旁边，并使其球体中心与悬挂物体保持水平。在引力的作用下，锤线将以与垂直方向的极小角度被铅球体吸引。测量出这个小角度，引力大小就能够被计算出来。然而，即使是现在的工艺水平，都极难制造出这样一个巨大的铅球体，但好在这个思路是正确的——将可测量的引力放大。科学家们顺着这个思路另寻他法，地球质量的测量，成为那个年代物理学界的一场智力接力赛。

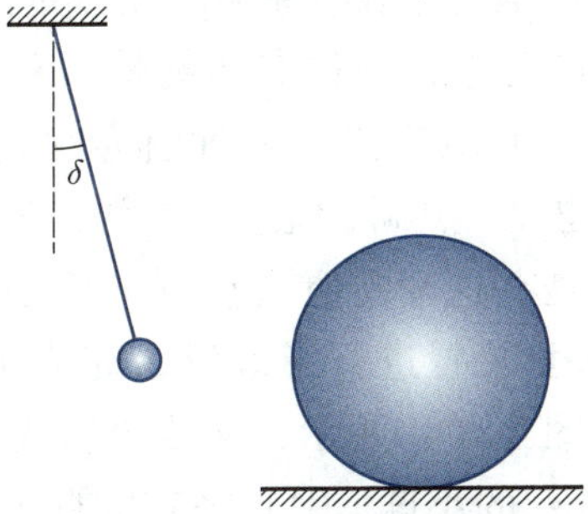

图 1–4–2 引力测量实验装置图

1774 年，英国第五任皇家天文学家马斯基林 (Maskelyne) 登上历史舞台。他与团队在苏格兰高地的佩思郡展开实验，试图用巨大山体来代替那颗只存在于幻想中的巨大铅球，如图 1–4–3 所示。这座榭赫伦山坐落于一片平原之上，实现了较小的环境干扰。此外，这座山的形状也较为规整，其截面类似于一个等腰三角形，这无疑大大降低了对其质心与体积估算的难度。马斯基林用尽毕生所学，测量了铅垂线在山体作用下的偏转角度，在以星体为参照进行多次测量后，他得出的偏转角度为 $11.6''$①。相较而言，如果使用 1 000 t 的铅球做实验，则这个角度仅为 $0.16''$。

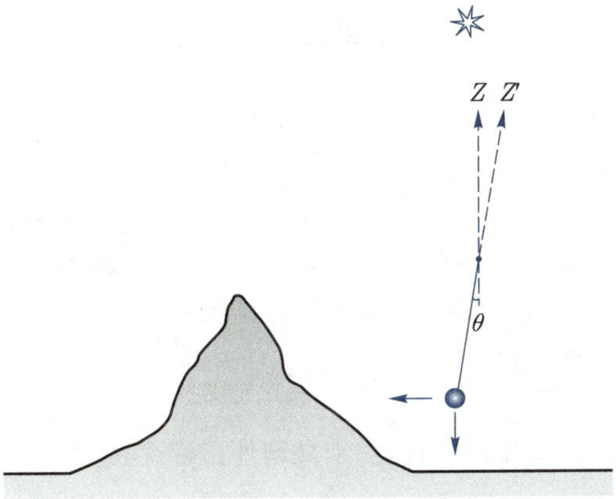

图 1–4–3 山体实验示意图

① 角秒，又称弧秒 (arc second)，是度量角度的单位。1° (度) $= 60'$ (角分) $= 3\,600''$ (角秒)。

在这个关键数据的基础上，通过对铅锤进行受力分析，可以得到铅锤受到重力与山体对铅锤的引力间的三角函数关系，从而得出地球密度与山体密度之比。遗憾的是，马斯基林作为天文学家，对山体体积的测量并不精通。1778 年，马斯基林的好友查尔斯・赫顿 (Charles Hutton)，根据地质测量对山体体积进行测绘估算。在马斯基林测得的 11.6″ 的基础上，赫顿推算地球密度大约为山体密度的 1.8 倍。他估算的山体密度为 4.5 g/cm^3。

显然，这个结果与现在所采纳的数值 5.517 g/cm^3 相去甚远，主要原因是对山体密度的估计并不准确。1798 年，亨利・卡文迪什 (Henry Cavendish) 在其著作《计算地球密度的实验》中详细地描写了其实验结果，并同时附上了实验装置草图。实际上，这套扭秤装置的最初创意来自一位名叫约翰・米歇尔 (John Michell) 的牧师。米歇尔最早提出 “黑星” 一词，将其定义为一种引力巨大的恒星，认为其引力强大到光都无法从其周围逃逸。这也是 “黑洞” 概念的起源。为了测量引力常量 G，米歇尔设置了这套装置，但遗憾的是在这套装置真正派上用场前，米歇尔便因病去世了。

1797 年，卡文迪什对这套装置进行了改进，完成了著名的卡文迪什扭秤实验。卡文迪什扭秤实验的原理如图 1–4–4 所示，该装置组成如下：倒 T 形的轻杆，其下端连着两个质量相同且均为 m 的小球，中心竖直的杆上连着一个平面镜。由光源产生的光经镜面反射，最后会到达直尺。在小球的两边，分别放置两个质量相同且均为 m_0 的大球。受大球引力影响，悬挂的倒 T 形杆会发生微小偏转 θ，从而使镜面折射的光发生一定的偏移。通过测量该偏移值，就能够计算出大球与小球之间的引力，从而推算出引力常量，如下式所示：

$$G = \frac{2\pi^2 L r^2}{m_0 T^2}\theta \tag{1–4–4}$$

式中，r 为大球与小球之间的距离，T 为摆动周期，L 为扭矩臂的长度，θ 为扭转角度。

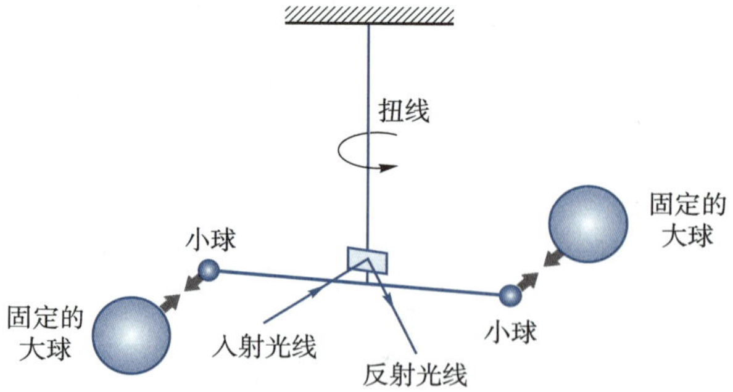

图 1–4–4　卡文迪什扭秤实验

联立上式与万有引力公式 $mg = Gm_{地}m/R_{地}^2$，卡文迪什推导出地球的质量为

$$m_{地} = \frac{gR_{地}^2}{G} = \frac{gR_{地}^2 m_0 T^2}{2\pi^2 L r^2 \theta} \tag{1–4–5}$$

值得注意的是，地球质量的最终表达式不包含引力常量，因为引力常量在推导过程中被消除。最终，卡文迪什计算得到的地球密度为 5.448 g/cm^3，与目前相对准确的数值 5.517 g/cm^3 间仅存在 1%左右的误差。

1.4.3 牛顿力学的核心和意义

牛顿力学的核心是三大运动定律和万有引力定律。牛顿力学揭示了速度远远小于光速、尺寸在原子量级以上的物体的运行规律，综合了伽利略“地上的”和开普勒“天上的”物体的运行规律，建立了完整的理论体系。另外，牛顿力学也可推广到刚体和流体 (液体和气体)，并构筑了严密的分析和研究范式。声学、热学、光学和电磁学也是在牛顿力学的基本概念和基本原理上发展起来的。

1. 三大运动定律

1687 年，牛顿在其著作《自然哲学的数学原理》中总结了自己及前人对于力学的研究成果，提出的低速情况下物体运动的三条定律，成为经典力学的重要基础，对力学的发展产生了深远的影响。本小节主要对牛顿三定律展开介绍，首先介绍三条定律的主要内容。

(1) **牛顿第一定律** (惯性定律)

任何一个物体在不受外力或受到平衡力 (合外力为零) 的作用时，总是保持静止或匀速直线运动状态，直到有力作用于该物体，迫使它改变现有状态为止。牛顿第一定律认为力改变物体运动状态，而惯性维持物体的运动状态。其否命题揭示力的概念：力是物体对物体的作用，力使物体的运动状态发生变化。牛顿第一定律将长期以来对于“力维持物体运动”的错误认知彻底推翻，并给出了惯性的概念，是牛顿三大定律的基础，也是物理力学的基础。

(2) **牛顿第二定律** (加速度定律)

物体动量的改变与所施加的外力成正比，并作用于该力的方向上。该定律的公式表达为

$$\frac{\mathrm{d}}{\mathrm{d}t}(m\boldsymbol{v}) = \boldsymbol{F} \tag{1–4–6}$$

值得注意的是，该方程为矢量方程，需要规定正方向，且一般取加速度方向为正方向。牛顿第二定律一般只适用于质点的运动，且只适用于惯性参考系下的宏观低速问题。解决微观问题须使用量子力学，高速问题须考虑相对论。

牛顿第二定律定量分析了物体运动状态的变化与作用于物体上力之间的关系。同时，牛顿第二定律定义了国际单位中力的单位——牛顿 (N)：使质量为 1 kg 的物体产生 1 m/s^2 加速度的力，即 1 N = 1 kg·m/s^2。

(3) **牛顿第三定律** (作用和反作用定律)

对于任何一个作用力，必有一个大小相等且方向相反的反作用力与其对应，即

$$\boldsymbol{F} = -\boldsymbol{F}' \tag{1–4–7}$$

其中，作用力与反作用力必须为同一性质的力。另外，在上式中，不可对作用力与反作用力求和，即不存在 $\boldsymbol{F}+\boldsymbol{F}'=0$ 的形式。这是因为作用力和反作用力分别作用于两个不同的物体之上，各自产生不同的效果，且作用效果不可抵消。

牛顿第三定律明晰了两个物体之间相互作用的关系。同时，考虑自然界仅有的四类基本相互作用 (电磁相互作用、引力相互作用、强相互作用与弱相互作用)，该定律给出了对自然力的普遍陈述。将力的性质按照本质分为以上四类，所有力都可以归属到第三定律所定义的自然力的范畴之内。另外，牛顿第三定律提出了复杂系统动力学问题的解决方案。

牛顿三大定律都是完全独立的基本规律，相辅相成又互相不可取代，奠定了现代物理学的基础。

2. 万有引力定律

万有引力定律与牛顿三定律并驾齐驱，在 1687 年同样于《自然哲学的数学原理》中首次发表，是经典力学的另一重要基础。万有引力定律指出，任意两个质点由通过连心线方向上的力相互吸引，该吸引力的大小与它们的质量乘积成正比，与它们距离的平方成反比，如图 1–4–5 所示。

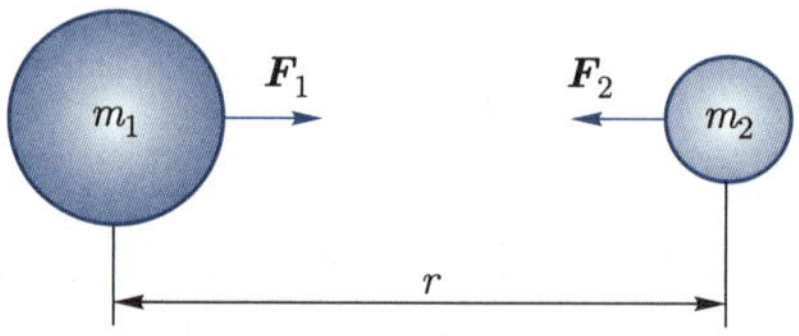

图 1–4–5 万有引力定律

关于万有引力的发现，最广为人知的莫过于那颗砸在牛顿头上的苹果，传说它是促使牛顿开始思考和探索万有引力的开端。事实上，万有引力的发现与开普勒三定律息息相关，后者是开普勒发现的关于行星运动的定律，是牛顿发现万有引力的基石。牛顿同时期的很多人都提出了不同的关于宇宙运动的设想，但都不能很好地解释宇宙运转规律，只有牛顿的理论解释了行星的运动规律，解释了开普勒定律及其他的问题。开普勒三定律的内容如下：

(1) **开普勒第一定律** (椭圆轨道定律)：所有的行星围绕太阳运动的轨道都是椭圆，太阳处在所有椭圆的一个焦点上。

(2) **开普勒第二定律** (面积定律)：对于每一个行星而言，太阳和行星的连线在相等的时间内扫过相等的面积。

(3) **开普勒第三定律** (周期定律)：所以行星轨道的半长轴的三次方跟公转周期的二次方的比值都相等。

牛顿通过万有引力定律阐明了行星的运行规律，并进一步使用此定律解释了木星和土星的卫星遵循相同的运动规律。此外，他还用这一定律解释了彗星的轨道和地球潮汐，并凭借此理论正确预测了海王星的存在。有了万有引力定律后，学者们才能在力学的理论基础上系统地研究天体运动，由此开创了天体力学这一学科。

万有引力的发现被认为是 17 世纪自然科学中最重大的成就之一。这一定律不仅统一了地球上物体与天体的运动规律，而且对后续的物理学和天文学发展产生了巨大影响，它首次展示了自然界中的一种基本相互作用规律，成为人类理解自然历程中的一个重要里程碑。此外，万有引力的平方反比规律也启示了后来静电力公式的发现。

1.4.4 牛顿力学的局限性

牛顿力学是伟大的，在科学发展史上具有里程碑的作用，但也有局限性。牛顿力学只适合在低速、宏观的条件下使用。当物体以接近光速运动或运动体是亚原子级别的时候，即高速、微观或强引力场的情况下，牛顿力学将不再适用，要用相对论和量子力学来解决。

安永·马赫 (Ernst Mach) 在《力学及其发展的批判历史概述》一书中指出，牛顿第一定律和牛顿第二定律都是建立在惯性系中的，但存在三个问题：一是对不同惯性系中的观察者，其规律是不一样的，存在“优势观察者”；二是在大自然中，不存在物质静力等于零的绝对惯性参考系；三是只适用于低速物体运动。

1. 恒力作用下的物体运动速度问题

按照牛顿第二定律，在恒力作用下，物体的运动速度将随时间增加而持续增加。也就是说，只要时间足够长，物体运动速度能够任意大，甚至超过光速。然而实际上，即使是宇宙飞船、人造卫星这样在人类角度看来高速运动的物体，其运动速度仍远远不及光速，仍然能够划在牛顿力学所适用的低速宏观范围内。因此，在有相关实验验证前，并不能判定高速运动下的牛顿第二定律是否仍然成立。

“如果以光的速度去追赶一束光，将会看到什么？” 这是爱因斯坦 16 岁时提出的疑问。这个问题很容易被回答者等效为驾车去追赶一列火车所看见的景象，若是汽车与火车速度相同，问题的答案将会是一辆停滞不前的火车。而若是一束在空中停滞不前的静止的光呢？这就成了一个违背麦克斯韦电磁理论的结论，这种情况不会出现。

考虑在大型高速粒子加速器的作用下，按照牛顿第二定律的描述来推导，是能够将高能质子的速度增加到光速以上的。然而到目前为止，实验中仍未发现过超光速的粒子。事实上，任何粒子的速度都不可能超过光速，牛顿力学在高速运动情况下将不再适用。

2. 牛顿力学无法描述原子运动

牛顿力学在涉及解释微观粒子的物理现象时展现出较大的局限性。这是由于微观领域的物理量不再连续，而是分立的。微观粒子同时具有粒子性与波动性。微观世界中，牛顿力学不再适用，只有依靠量子力学才能够正确描述原子、质子以及电子等微观粒子的性质与状态。

3. 牛顿力学并不适用于所有天体

通常，一个质量为 m、半径为 R 的天体所产生的引力场可以用 $mG/\left(Rc^2\right)$ 来表示。对于地球，这个值大约为 10^{-9}，对太阳约为 10^{-6}，对于中子星约为 10^{-1}，而对于黑洞，这个值接近于 1，这符合黑洞具有强吸引力的说法。

上文提到，万有引力的提出奠定了天体力学的基础。实际上，牛顿力学在描述如行星这样具有弱引力场的天体运动方面取得了很大的成就。牛顿不仅预言了海王星的存在与哈雷彗星的回归，也将地球上的物体运动规律与天体运动规律进行了统一。然而随着科学发展，中子星、黑洞逐渐登上历史舞台，牛顿力学不再能解释强引力场天体的运动规律，也不能够用于描述宇宙的演化规律，即牛顿力学在强引力场情况下不再适用。

牛顿力学的局限性并不代表它失去了存在的意义。在低速、宏观与弱引力场条件下，牛顿力学的结论具有很高成就。实际上，任何理论的应用，都有一定的条件和适用范围。理论不再适用时，则需要下一代的研究者去寻找新的理论。通常，原有理论常常作为新理论的特殊情况而存在，即新的理论并不会完全否定原有理论，而是包含它。

从物理学的发展历史可以看到，人类对自然界的探索从简单到复杂，从特殊到一般，从零散到整体，从表象到本质，层层深入，不断扩大。每一次新现象的发现，每一个新理论的建立，都是人类对自然界认知的一次更新和扩展，是更全面的、更准确的、更深入的。人类对科学的探索，是永无止境的。

1.5 相对论

宇宙中的一切物质都处于永恒的运动之中，物质的运动形式是多种多样的。以牛顿运动定律为基础的经典力学，是宏观物体在低速 (即远小于光速) 范围内运动规律的总结。而相对论不仅给出了高速物体的力学规律，并从根本上改变了有关时间、空间和运动的陈旧概念，建立了新的时空观，揭示了质量和能量的内在联系，开始了有关万有引力本质的探索。尽管它的一些概念与结论和人们的日常经验大相径庭，但它已被大量实验证明是正确的，并成为现代物理学不可缺少的理论基础。

1.5.1 相对论的五个花絮

1. 爱因斯坦的五篇论文

1905 年被称为爱因斯坦的奇迹年，他发表了 5 篇论文，掀起了一场影响百年的物理学革命。第 1 篇是《关于光的产生和转化的一个试探性观点》，讨论了光量子和光电效应。第 2 篇是他的博士论文《分子大小的新测定》，推导出了计算扩散速度的数学公式。第 3 篇是《热的分子运动论所要求的静液体中悬浮粒子的运动》，证实了分子的真实性以及解释了布朗运动的科学原理。第 4 篇是《论动体的电动力学》，建立了狭义相对论。第 5 篇是《物体的惯性是否决定其内能》，推导出了著名的质能关系 $E=mc^2$。这些研究成果从根本上改变了物理学的面貌，使人类对物质世界的认识向前推进了一大步。在 10 年后，以此为基础建立的广义相对论则进一步引起了时空观念的革命。

2. 以问题为导向开展研究

爱因斯坦曾说过："如果我有 1 小时来解决问题，我会花 55 分钟思考问题，再用 5 分钟思考解决方案。" 提出问题往往比解决问题更为重要。解决问题是技能层面，而提出问题是探索性的思考。爱因斯坦关于相对论的研究正是在发现问题中逐步展开的。第一个问题是牛顿定理没有普适性，应该如何改造；第二个问题是为什么会有引力以及引力的机理。

3. 数学家朋友的帮忙

爱因斯坦在研究广义相对论的时候，认为物质会使时空弯曲，那么时空弯曲怎么用数学公式来表达呢？他的数学家朋友格罗斯曼 · 马塞尔 (Grossmann Marcell) 向他介绍了黎曼张量。在广义相对论建立早期，数学部分是由格罗斯曼负责撰写的。格罗斯曼算得上是广义相对论的创始人之一。

4. 从两个质量关联入手

惯性质量和引力质量的概念不同——惯性质量是反抗加速度的度量，引力质量是物体引力大小的度量。然而，两个质量在数值上却是相等的。爱因斯坦基于对惯性质量和引力质量关系的思考，大胆地提出了等效原理，指出局部引力场和加速度是等效的。等效原理的思想是爱因斯坦发现广义相对论的钥匙和核心。

5. 爱因斯坦的时空观

爱因斯坦的相对论，不是难在论述中大量涉及微分方程、洛伦兹变换、黎曼几何、张量分析等复杂的数学，而是难在全新的时空观。据说，英国天文学家亚瑟 · 爱丁顿 (Arthur Eddington) 是当时能理解相对论的第二人，当被问还有谁懂相对论时，他说："我正在考虑世上谁会是第三个读懂相对论的人。" 相对论时空观的核心是：时空不是绝对的，既相对于观察者，又相对于被观察者，移动速度越快，时空的相对性就越强。时空观的历史变迁是由笛卡儿的绝对时空，到牛顿的绝对时间和相对空间，再到爱因斯坦的相对时空。

1.5.2 《论动体的电动力学》和相对论的关系

为什么狭义相对论的论文是《论动体的电动力学》呢？首先看一下《论动体的电动力学》这篇文章的节选：

"大家知道，麦克斯韦电动力学 (像现在通常为人们所理解的那样) 应用到运动的物体上时，就要引起一些不对称，而这种不对称似乎不是现象所固有的。比如设想一个磁体同一个导体之间的电磁力的相互作用。在这里，可观察到的现象只同导体和磁体的相对运动有关，可是按照通常的看法，这两个物体之中，究竟是这个在运动，还是那个在运动，却是截然不同的两回事。如果是磁体在运动，导体静止着，那么在磁体附近就会出现一个具有一定能量的电场，它在导体各部分所在的地方产生一股电流。但是如果磁体是静止的，而导体在运动，那么磁体附近就没有电场，可是在导体中却有一电动势，这种电动势本身虽然并不相当于能量，但是它 (假定这里所考虑的两种情况中的相对运动是相等的) 却会引起电流，这种电流的大小和路线都同前一情况中由电力所产生的一样。

诸如此类的例子，以及试图证实地球相对于光媒质运动的实验的失败，引起了这样一种猜想：绝对静止的概念，不仅在力学中，而且在电动力学中也不符合现象的特性，倒是应当认为，凡是对力学方程适用的一切坐标系，对于上述电动力学和光学的定律也一样适用，对于第一级微量来说，这是已经证明了的。我们要把这个猜想 (它的内容以后就称之为相对性原理) 提升为公设，并且还要引进另一条在表面上看来同它不相容的公设：光在真空里总是以一确定的速度 c 传播着，这速度同发射体的运动状态无关。由这两条公设，根据静体的麦克斯韦理论，就足以得到一个简单而又不自相矛盾的动体电动力学。‘光以太’ 的引用将被证明是多余的，因为按照这里所要阐明的见解，既不需要引进一个具有特殊性质的 ‘绝对静止的空间’，也不需要给发生电磁过程的真空中的每个点规定一个速度矢量。

这里所要阐明的理论 (像其他各种电动力学一样) 是以刚体的运动学为根据的，因为任何这种理论所讲的，都是关于刚体 (坐标系)、时钟和电磁过程之间的关系。对这种情况考虑不足，就是动体电动力学目前所必须克服的那些困难的根源。”

简而言之，一个磁铁和线圈之间相对运动的时候，一种方式是磁铁动、线圈不动，另一种方式是线圈动、磁铁不动。只要它们之间有相对运动，就会产生电磁感应。就此爱因斯坦提出了相对性原理和光速不变原理。相对论的起源就是相对运动的磁场产生电场。

牛顿发现了日月星辰、潮起潮落等万物运动的自然规律，奠定了第一次技术革命的基石。牛顿的定律包括惯性、作用力、反作用力和万有引力。麦克斯韦揭示了电和磁相互转换的规律，并预言了电磁波的存在，是第二次技术革命的基石，也是信息技术的基石。

如果把牛顿力学中的伽利略变换和麦克斯韦方程组结合来看，就会产生不可调和的矛盾。假设一个质点的速度为光速，当这个质点的参考系相对于另一个参考系运动时，按照伽利略变换，相对于另一个参考系这个质点的速度应该在光速的基础上加上参考系相对运动的速度。然而，麦克斯韦方程组中的光速在不同的参考系中是恒定的，为解决这个矛盾，爱因斯坦由此发现两个参考系“同时”的绝对性是有问题的。

如图 1–5–1 所示，考虑一列火车 $A'B'$ 在地面上匀速运动，地面观察者看到火车的头部 A' 和尾部 B' 同时被雷击。爱因斯坦指出，对于火车上的观察者来说，这两个事件并不是同时发生的。具体来说，A 和 B 可以看作是地面观察者在雷击时，A' 和 B' 在地面上的投影点 (假设火车的高度可以忽略不计，A' 与 A 重合，B' 与 B 重合)，M 是 AB 段的中点。地面观察者认为两个雷击事件是同时的，意味着从车头和车尾发出的光同时到达 M 点。然而，火车上的中点 M' 会因为火车的运动而先接收到来自车头的光，后接收到来自车尾的光，因此火车上的观察者会认为雷击车头和雷击车尾不是同时发生的。爱因斯坦就此提出了对“同时的绝对性”的质疑，对伽利略变换式中的 $t' = t$ 作出了否定，并以此为突破口创立了狭义相对论。

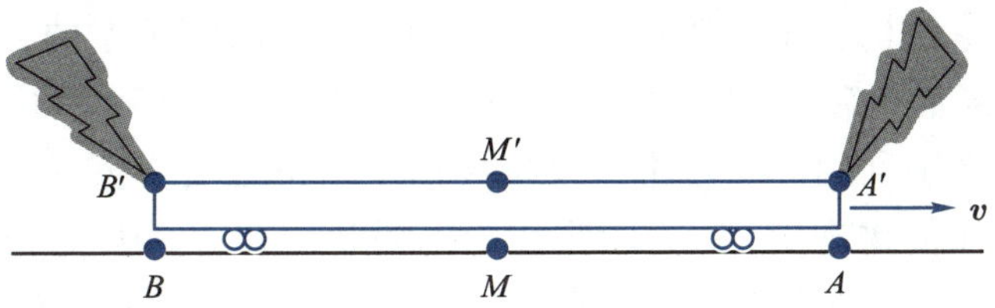

图 1–5–1 “雷击”系统

尽管狭义相对论是爱因斯坦一个人提出来的，但它也是建立在其他科学家研究基础之上的。首先是荷兰科学家亨德里克 · 洛伦兹 (Hendrik Lorentz) 提出了洛伦兹变换，然后是法国科学家朱尔斯 · 庞加莱 (Jules Poincaré) 提出了光速恒定以及相对性原理，最后是爱因斯坦的老师赫尔曼 · 闵可夫斯基 (Hermann Minkowski) 建立了四维时空，这些科学家都为爱因斯坦的狭义相对论打下了基础。

1.5.3 从光子钟推导不同坐标系的时间变换

假设有一个光子在一对平面反射镜之间来回垂直反射运动，形成一个光子钟 (light clock)，此时甲携带光子钟以速度 $\boldsymbol{v}$ 向前横向移动，同时地面上一个处于静止状态的外部观察者乙对光子钟进行观察。

在不同参考系下，光子的运动形式也有所不同，具体而言：

① 在甲的视角中，光子运动是直上直下的，甲参考系如图 1–5–2(a) 所示；

② 在乙的视角中，由于光子钟自身具备一个速度 $\boldsymbol{v}$，因此乙观测到光子运动是斜上斜下的，乙参考系如图 1–5–2(b) 所示。

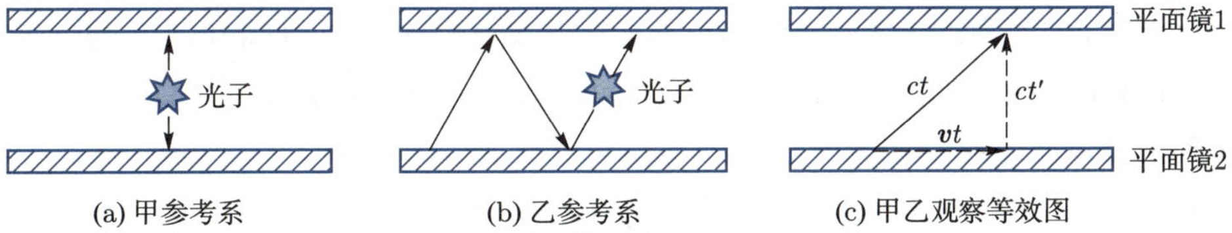

图 1–5–2 不同参考系下的光子运动形式

将甲参考系中的时间设为运动时间 t'，将乙参考系 (地面) 中的时间设为静止时间 t，那么甲乙两人的观察等效为图 1–5–2(c)。根据勾股定理，此时存在关系：$(ct)^2 = (ct')^2 + (\boldsymbol{v}t)^2$，于是得到静止时间 t 的表达式为

$$t = \frac{t'}{1-(\boldsymbol{v}/c)^2} \tag{1–5–1}$$

这个关系式说明时间会因相对速度而改变，宇宙空间中任意两点的时间都可能不同。当两个参考系相对静止，那么两个参考系的时间是一样的，但是如果两个参

考系相对运动，运动的速度越快，那么时间差异就越大。

1.5.4 洛伦兹变换和相对论

1904 年，洛伦兹构造了表述不同惯性系间坐标和时间关系的方程组——洛伦兹变换，用来调和经典电磁学和牛顿力学之间的矛盾。1905 年，爱因斯坦在其狭义相对论的开创性论文中利用两个基本假设推导出了洛伦兹变换公式。其中，假设 1 是相对性原理，即任何物理定律 (力学定律、电磁学定律以及其他相互作用的动力学定律) 在所有惯性系的数学表达式都有相同的形式——惯性系平权。假设 2 是光速不变原理，即无论在任何惯性系中观察，光在真空中的传播速度都是常量 c，与光源的运动情况无关。

首先，在地面上建立坐标系 (x,y,z,t)，并假设一列火车从原点出发，沿 x 轴正方向以速度 $\boldsymbol{v}$ 匀速运动。然后，在火车上建立另一个坐标系 (x',y',z',t')。注意到这两个坐标系在初始时刻是重合的，借助洛伦兹变换，可以给出两个坐标之间的关系为

$$\begin{cases} x'=\gamma\left(x-\boldsymbol{v}t\right) \\ y'=y \\ z'=z \\ t'=\gamma\left(t-\boldsymbol{v}x/c^2\right) \end{cases} \tag{1–5–2}$$

其中，γ 为洛伦兹变换因子，定义为 $\gamma=1/\sqrt{1-\boldsymbol{v}^2/c^2}$。对地面的静止坐标系而言，在时刻 t，火车位于 $x=\boldsymbol{v}t$ 处，将其代入洛伦兹变换式，可以得到狭义相对论中的时间膨胀方程为

$$t'=t\sqrt{1-\boldsymbol{v}^2/c^2} \tag{1–5–3}$$

从而洛伦兹变换因子 γ 可以等价表示为 $\gamma=t/t'$。

记 $\alpha=1/\gamma$，$\beta=v/c$，容易知道 $\alpha^2+\beta^2=1$。于是，时间和速度的关系可以由图 1–5–3(a) 表示。可以观察到，当 $\boldsymbol{v}=0$ 时，$t'=t$；随着 $\boldsymbol{v}$ 的增大，$t'<t$；当 $\boldsymbol{v}=c$ 时，$t'=0$。

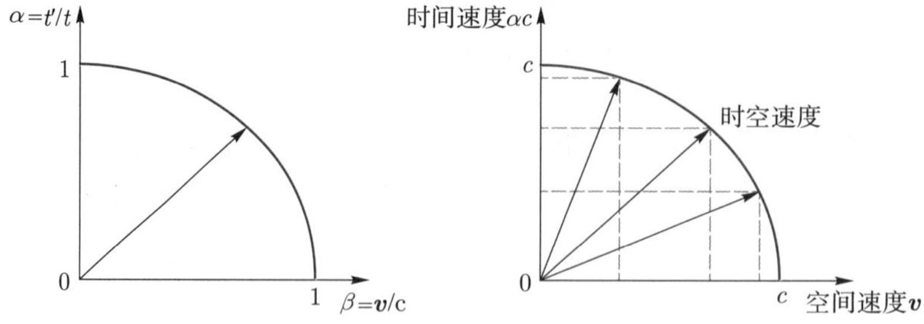

(a) 时间和速度的关系 (b) 时间速度和空间速度的关系

图 1–5–3

将图 1–5–3(a) 中的横纵坐标都乘以 c，可得 $\alpha^2c^2+\beta^2c^2=c^2$，如图 1–5–3(b)

所示。可以看出，时间和空间不是绝对的，而是可以相互转变的，但不论时间速度和空间速度如何转变，最终合成后的时空速度都是 c。

时间流速和光速的关系可分为三种情况：① 当 $\boldsymbol{v}=0$ 时，相对静止，时间流速 t 就是光速 c；② 当存在运动 $\boldsymbol{v}\neq 0$ 时，时间流速就会变慢，小于光速；③ 当 $\boldsymbol{v}=c$ 时，时间流速等于 0。可以看出，只要物体之间有运动，那么物体之间的时间就是不同的。

1.5.5 狭义相对论对牛顿力学的推广

简而言之，相对论是运动物体相对静止物体，会产生时间变慢 (时间膨胀)、长度缩短、质量增加的效应。时间、长度、质量等都是相对的量，与物体的运动速度和位置存在着直接关系。当物体的运动速度远远小于光速时，相对论就会变为牛顿力学[①]。将牛顿力学的物理量进行重新定义，在洛伦兹变换下，就能实现在不同的惯性系中物理定律的数学形式不变。

狭义相对论的主要公式如下

$$\begin{cases} t=t'/\sqrt{1-(\boldsymbol{v}/c)^2} \\ l=l_0\sqrt{1-(\boldsymbol{v}/c)^2} \\ m=m_0/\sqrt{1-(\boldsymbol{v}/c)^2} \\ E_\mathrm{k}=mc^2-m_0c^2 \end{cases} \tag{1-5-4}$$

其中，t、l_0、m_0t 是静止的物理量，t'、l、mt' 是以速度 $\boldsymbol{v}$ 运动的物理量。

动量 p 的表达式如下：

$$p=\frac{m_0\boldsymbol{v}}{\sqrt{1-(v/c)^2}} \tag{1-5-5}$$

力学三阶段的能量与动量表述变化见表 1–5–1，其中 $\boldsymbol{v}$ 指速度，c 指光速，m_0 指质量，h 指普朗克常量，f 指频率，λ 指波长，E 指能量，p 指动量。

表 1–5–1 力学三阶段能量与动量表述变化

参量	牛顿力学	狭义相对论	量子力学
能量 E	$\frac{1}{2}m_0\boldsymbol{v}^2$	$\frac{m_0c^2}{\sqrt{1-(\boldsymbol{v}/c)^2}}$	hf
动量 p	$m_0\boldsymbol{v}$	$\frac{m_0v}{\sqrt{1-(\boldsymbol{v}/c)^2}}$	$\frac{h}{\lambda}$

质能方程的推导过程如下。首先，动能 E_k 是力 $\boldsymbol{F}$ 在位移上的积分，而力可以看作动量 p 在时间上的导数，也即

① 直到 1905 年才开始创立的爱因斯坦相对论，是牛顿经典力学的颠覆版，认为牛顿力学只是爱因斯坦相对论的一个低速版“特例”。爱因斯坦相对论具有普适性，既解决了全速域万物运行的规律问题，又揭示了万有引力的本质——物质使时空扭曲，引力是时空扭曲的产物。

$$\mathrm{d}E_{\mathrm{k}} = \boldsymbol{F}\mathrm{d}s = \frac{\mathrm{d}p}{\mathrm{d}t}\mathrm{d}s = \boldsymbol{v}\mathrm{d}p = \boldsymbol{v}\mathrm{d}\left(m\boldsymbol{v}\right) \tag{1–5–6}$$

将物体的相对论质量代入，得到

$$\mathrm{d}E_{\mathrm{k}} = \boldsymbol{v}\mathrm{d}\left[\frac{m_0\boldsymbol{v}}{\sqrt{1-(\boldsymbol{v}/c)^2}}\right] \tag{1–5–7}$$

分部积分得到

$$\mathrm{d}E_{\mathrm{k}} = c^2\mathrm{d}m \tag{1–5–8}$$

再次利用相对论质量，可将上式简化为

$$E_{\mathrm{k}} = c^2\int_{m=m_0}^{m=m}\mathrm{d}m = \left(m-m_0\right)c^2 \tag{1–5–9}$$

这表明物体从静止变化到以速度 $\boldsymbol{v}$ 运动时，所增加的能量就是 $(m-m_0)\,c^2$。

若将物体的静止能量记为 $E_0 = m_0c^2$，那么物体以速度 $\boldsymbol{v}$ 运动时，其能量 $E = E_0 + E_{\mathrm{k}}$ 可以等价表示为

$$E^2 = m_0^2c^4 + p^2c^2 \tag{1–5–10}$$

这就是相对论中的能量–动量关系。根据勾股定理，以 E、pc、m_0c^2 作为三角形的三条边长，可以构成如图 1–5–4 所示的直角三角形。

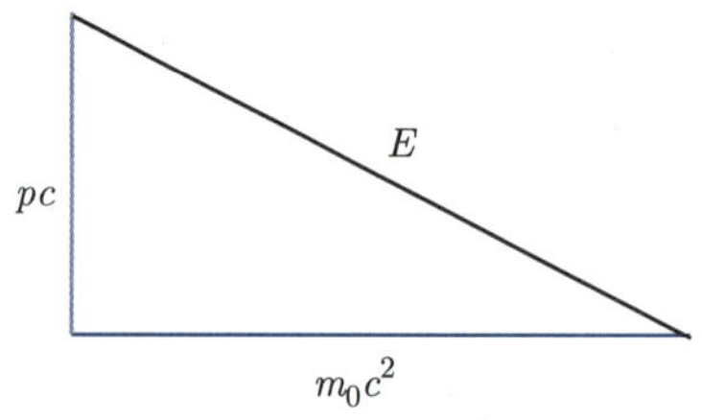

图 1–5–4 相对论中的能量–动量关系

在狭义相对论中，能量和质量有确定的数学关系，静止的物体也具备固有的能量，质量可以转化为纯能量。考察两个特例，如果某种粒子的静止质量为零，即 $m_0 = 0$，则有 $E = pc$。对比质能公式 $E = mc^2$，可知 $p = mc$。因此，该粒子的速度为光速，该粒子为光子。光子只有运动能量，其静止质量和静止能量均为零。如果某物体处于静止状态，即 $p = 0$，则物体总质量与静止质量相同。此时物体的总能量即为静止能量，也即 $E = m_0c^2$。

1.5.6 狭义相对论的三个特性

狭义相对论具有时空的相对性、时空的一体性以及质能的互换性。

1. 时空的相对性

狭义相对论中，没有参考系的运动是没有意义的。在确定参考系的前提下，物体的测量结果和运动速度才有意义。例如，在行驶的火车上，对于旅客来说，放在行

李架上的物品是静止的，但是对于铁路旁的观察者来说，行李架上的物品是运动的。所以一个物体的运动速度取决于观察者或者是参考系相对于该物体的运动速度。运动是相对的，这是学习相对论必须建立的观点。同时，相对论假设任何速度的观察者，其运动规律都是一样的，这个假设推广到光速，就是不管观察者速度变快，他们测量的光速应该是一样的，即光速不变原理。

2. 时空的一体性

宇宙万物的运行都是相对的，但是光速是绝对的，这是由宇宙的本质决定的。在任何参考系中，对任何观测点来说，光速是一个常量，而且宇宙运行的速度都不会超过光速。相对论效应的时空是一体的，它们可以相互转换，本质是光速不变，时空转变。

3. 质能的互换性

能量和质量是同一个物质的两个方面。根据质能方程，能量和质量可以通过光速 c 的平方相互转化，因此，一个物体得到能量就会得到质量，失去能量就会失去质量。此外，一个物体运动速度越快，动能越大，它的质量就会越大。

1.5.7 广义相对论

1. 广义的含义

简单地说，广义定律就是定律的适应范围更大，相对比狭义相对论，广义相对论的适应范围有什么变化呢？狭义相对论只适用于惯性系，而广义相对论在非惯性系中也适用。

惯性系是静止或匀速直线运动的参考系，非惯性系是有加速度的参考系。爱因斯坦发展广义相对论的原因在于在宇宙中根本找不到真正的惯性系。因为万有引力的存在，所以没有匀速直线运动和静止。所谓的惯性系其实只是非惯性系的一种近似。

2. 从两个质量入手

在牛顿力学中有两个质量概念，分别为牛顿第二定律中的惯性质量与万有引力定律中的引力质量。从概念上讲，这两种质量在本质上是不同的。引力质量就如电场中的电荷一样，粒子在电场中受力，这个粒子必须带电荷，也即一个粒子在电场中如果要产生力的作用，那么这个粒子必须带电荷。对引力质量而言，必须有引力质量，才可能在引力场中产生引力，反过来，没有质量就没有引力。但是惯性质量是不同的，只要有力的作用，就会产生一种惯性的质量。

在物理学发展历程中，从伽利略做的自由落体实验到牛顿做的单摆实验，一直到 20 世纪 60 年代罗伯特 · 迪克 (Robert Dicke) 的重力物理学实验都表明惯性质量和引力质量是几乎相等的，只有微小的差别。

带电粒子在一个电场中产生的力等于其所带电荷量与电场强度的乘积，其中电场强度是单位电荷所受的力。如果将荷质比定义为粒子所带电荷量与粒子质量的比值，那么电荷在电场中所得到的加速度就等于荷质比与电场强度的乘积。对于电场中不同质量的带电粒子，其荷质比不同，于是加速度也不同。然而，对于引力场，尽管不同质量的物体产生的引力不同，其加速度却是相等的。这是因为引力质量与惯性质量是相等的。

但为什么这两个不同概念的质量是相等的呢？这就引起了一系列疑问：质量和材质 (密度) 不同的物体，在空中做平抛运动，其轨迹都是相同的。只要初速度是一样的，物体的轨迹就是完全相同的，这种运动不是力的作用，是不是空间弯曲的几何效应产生的呢？对于非惯性系，物理定律是不是也等价？电磁波传播速度是不变的，引力的传播速度是否也相同？数值是多少？以上就是广义相对论的研究思路。

3. 等效原理

广义相对论建立在广义相对性原理和等效原理 (equivalence principle) 的基础上。前者是指在任何参考系中，物理规律都有相同的表达式；后者是指一个均匀的引力场与一个作匀加速运动的参考系等价，是广义相对论的核心。

等效原理分为弱等效原理和强等效原理两种形式。弱等效原理表明，在一个小的区域内，观测者无法区分由加速度产生的惯性力和由物体产生的引力的区别。这个原理源于伽利略和牛顿发现的引力质量与惯性质量成正比关系，因此也被称为伽利略等效原理。而强等效原理则表述，在任何引力场的时空点，都可以找到一个局部惯性框架，使得在该框架内所有物理法则与无引力场的惯性框架中的物理法则相同。强等效原理是爱因斯坦对弱等效原理的扩展，因此也被称作爱因斯坦等效原理。

爱因斯坦的等效原理涉及两个重要的思想实验——有引力的爱因斯坦密封舱和无引力加速飞行的航天员。在密封舱实验中，假设自由落体的密封舱 (或者电梯) 内有一个人，舱中人会有失重的感觉，他并不能判断是密封舱正在引力场作用下向下加速运动，还是不在引力场中。在航天员实验中，假设无引力场的飞船向上加速飞行，飞船中的航天员抛出苹果，苹果就会向下运动，航天员并不能判断是航天飞船正在加速飞行，还是飞船处于引力场中。

简而言之，无引力场中的惯性运动等价于有引力场的非惯性运动，加速度与引力场是等效的，有引力与匀加速运动是等效的。引力和惯性力可以用同样的方法来描述，因此，质点所受的引力也可以表示为质点在惯性系中作自由运动。

在引力场中，狭义相对论所确立的物理定律适用于任意时空建立的自由下落的局部参考系。但对静止在恒星表面的观察者来说，任意时空建立的自由下落的局部参考系是一个加速系，在自然界中，空间的引力场是不均匀的，无法找到一个惯性力处处与引力相抵消的参考系，因此，绝对惯性系是不存在的，只存在局部惯性系。

4. 广义相对论的两个公式

广义相对论是引力场的学说，它从理论上证实了为什么有引力，引入了张量引力场，从狭义相对论的闵氏空间推广到了黎曼空间。推导方式除了建立以上概念外，还要用到微分几何和张量分析的数学工具，这里就不多述了。

第一，物质是如何使时空弯曲的？下式为爱因斯坦场方程：

$$R_{\mu\nu}-\frac{1}{2}g_{\mu\nu}R=\frac{8\pi G}{c^4}T_{\mu\nu} \tag{1-5-11}$$

其中，等式左侧为爱因斯坦张量，即曲率时空，等式右侧为物质场，描述了产生周围空间的物质。爱因斯坦场方程是一个十元二阶非线性偏微分方程组，左边是时空弯曲的数学表达，右边是物质的能量和动量的数学表述，整个方程就描述了物质是如何使时空弯曲的。

第二，物质是如何在时空中运动的？下式为测地线方程：

$$\frac{\mathrm{d}^2x^\mu}{\mathrm{d}s^2}+T^\mu\frac{\mathrm{d}x^\alpha}{\mathrm{d}s}\cdot\frac{\mathrm{d}x^\beta}{\mathrm{d}s}=0 \tag{1-5-12}$$

测地线方程是一个二阶微分方程组，描述了物质是如何在时空中运动的。

通过爱因斯坦场方程计算动量与能量所造成的时空曲率后，通过求解测地线方程，就可以求出物体在引力场中的运动轨迹。

5. 广义相对论的几个结论

广义相对论在牛顿万有引力定律的基础上发展而来，描述了引力作为时空曲率的表现，超越了狭义相对论的框架。爱因斯坦的引力观是广义相对论的核心：时空告诉物质如何运动，物质决定时空的弯曲，引力是四维时空弯曲在三维空间的表现。广义相对论得出了以下一系列重要的结论。

(1) 光线经过强引力场会发生弯曲

电梯的下降是在引力场中的下降，假如有一束光从电梯中射出，那么从电梯上看，光就是直着过来了，但是如果有一个人从地面上观看光，会发现由于引力场中的自由下落，电梯射出的光线是弯曲的。1919 年 5 月 29 日，科学家通过观察日全食的时候太阳边缘附近恒星的位置，证实了光线受到太阳引力影响而产生弯曲。

(2) 引力红移

引力场的存在使空间不同位置的时间进程有了差别，从而使矮星表面发出的光发光频率偏低。矮星表面的引力很强，那里的时间进程变慢，原子发光的频率比同种原子在地球上发光的频率低，看起来光的颜色偏红，这种现象称为引力红移。

另外，靠近地球的钟走得慢也是因为靠近地球内侧的光线受地球引力的影响，其走的路径比外侧要长，但由于光速是不变的，所以内侧的时间必须走得慢，才能抵消路径长的影响。以导航卫星为例：由于卫星在运动，与地面处于不同的地点，从狭义和广义相对论的角度，均会引起时间的不同。卫星上测的时钟比地面时钟快 30 ms，若不修正，一天内就要造成 9 km 的定位误差。在狭义相对论中，速度差引起时差 120 ms，卫星钟比地面钟慢；在广义相对论中，卫星高 2 万米，空间引起时差 150 ms，卫星钟比地面钟快。狭义相对论的时间不同是由速度造成的，广义相对论的时间不同是由空间不同造成的。

(3) 水星进动

行星围绕太阳运行的轨道呈椭圆形，近日点会产生微小的偏移，按牛顿力学预言的进动为每世纪 5 557.62″ 的进动，而实际观测值为 5 600.73″，差值为 43.11″，每 300 万年水星要多转一圈。

1916 年，爱因斯坦发表了著名的广义相对论，成功地解释了这个问题。根据广义相对论，用场方程计算出的偏差为每世纪 42.98″，与实际差值几乎完美匹配，成为天文学对广义相对论的最有力的验证之一。

(4) 第一个场方程的理论突破——黑洞

1915 年，在爱因斯坦的论文发表一个月后，卡尔 · 施瓦西 (Karl Schwarzschild) 在战壕里求得了爱因斯坦场方程的第一个精确解，给出了点质量与球形质量所产生的引力场的描述，并得到了施瓦西半径

$$r = \frac{2Gm}{c^2} \tag{1–5–13}$$

其中，G 是引力常数，m 是恒星质量。

施瓦西半径意味着，如果特定质量的物质被压缩到该半径值之内，将没有任何已知类型的力可以阻止该物体自身重力将自己压缩成一个奇点。任何被压缩到其施瓦西半径的物体会达到极大的密度，没有任何事物能够逃离这类物体的引力场。从外界看，这就是绝对黑暗的存在，也就是“黑洞”。

(5) 引力波

引力波是由宇宙中一些灾难性过程引起的时空结构的“涟漪”。1916 年，爱因斯坦基于广义相对论预言了引力波的存在。巨大的加速物体 (如相互绕行的中子星或黑洞) 会破坏时空，使起伏的时空“波”向远离源头的各个方向传播。这些宇宙涟漪将以光速传播，携带有关其起源以及引力本身的信息。

时隔百年，美国华盛顿州的激光干涉引力波天文台 (laser interferometer gravitational-wave observatory，LIGO) 于 2015 年首次探测到引力波。在 13 亿光年远的宇宙中，有两个黑洞相互旋转并逐渐靠近，其中一个黑洞的质量是 29 个太阳质量，另一个是 36 个太阳质量。这两个黑洞最终合并形成了一个 62 太阳质量的大黑洞，并且在这个过程中释放了相当于 3 个太阳质量的能量，形成了引力波。这些引力波传遍太阳系，为人类首次直接探测到引力波提供了证据，从而再次验证了爱因斯坦的广义相对论。

爱因斯坦在创造狭义相对论的时候，仅限于匀速运动的物体，没有考虑到加速运动和引力的影响，将引力纳入广义相对论总共耗费了 7 年的时间。由于这些是其一个人独立完成的，爱因斯坦被认为是科学史上最重要的科学家，没有任何一个人能独立完成这样一场科学革命。

1.6 时间和空间的认识

我们人类每时每刻都与时间和空间打交道，但时空对大家来说既熟悉又陌生，说熟悉是因为我们一出生就生活在时空中，人生就在空间中按照嘀嗒嘀嗒的时序往前行走，一直到老去。说陌生，是因为真正理解时间和空间的本质及它们之间的关系，需要相对论和量子力学的深奥知识，对普通人来讲，时空的本质就很难触及，也很难理解。著名的英国物理学家霍金写了一部科普书，名字叫《时间简史》，引起了

世人关注，世界上每 320 个人，就拥有一本该书。这本两百多页的书，主要贡献就是揭示时间和空间的秘密，尽管作者是从科普的视角写的时空，全书一个公式都没有，但仍有很多人看不懂，这足以说明对时空的理解是多么不容易，每个人对时空的理解也是有一个过程的，亚里士多德是绝对时间和空间的思维，牛顿是绝对时间和相对空间的思维，到了爱因斯坦才真正认识到时空是相对的，使人们建立起科学时空观。时空究竟是什么？时空与物质的其他属性关系是什么？四维世界里为什么时间和空间是一体的、不可分割，并且还能相互转换？下面予以介绍。

1.6.1 时间和空间的产生

首先，要建立一个概念：时间和空间都是物质变化的度量，都源于物质的存在和变化，没有物质的变化就不存在时空。因此可以理解为，时空是物质的一种属性，就像质量和能量是物质的属性一样。

空间，是物质变化的结构属性，例如：长宽高、位置差、移动的大小和方向等。物质是充满宇宙的，但存在的形态是不一样的，所以这里请大家先厘清物质的两个概念。

一是物质包括人类可见可触和不可见不可触的两类物质，人类可见物质很好理解，这类物质发射、吸收和反射电磁波，反射的电磁波在人的可见光范围内，人都可以看到，不在可见光之内的电磁波也可以通过仪器探测。不可见的物质存在于真空中，其实真空是充满了场和能量的，虽然看不见也摸不着，但具有客观存在的可观测效应 (卡西米尔力效应，两块不带电金属箔距离小于真空中虚粒子的波长时，金属箔互相靠拢)，场和能量是物质存在的另一种形式，真空其实不空，里面“暗流涌动”。在宇宙中，存在一种理论上提出的不可见物质——暗物质和暗能量，它们可能构成了宇宙物质的主要成分，与构成我们可见的恒星和其他天体的物质不同。多项天文观测显示了一些与牛顿万有引力定律不一致的现象，这些现象在假设暗物质存在的情况下得到了合理的解释。通过观察星体的运动、引力透镜效应以及宇宙的大尺度结构，现代天文学推测暗物质可能广泛存在于星系、星团乃至整个宇宙中，其总质量可能远超所有可见天体的质量总和。依据宇宙微波背景辐射的各向异性和 ΛCDM 模型，即冷暗物质模型，我们可以推测宇宙中暗物质占总物质质量的比例。暗物质估计占宇宙总物质质量的 85%，占总质能的 26.8%。暗能量是一种在宇宙中起主导作用的能量形式，与暗物质一样，它不吸收、反射或辐射光线，因此不能被当前技术直接观测到。在物理宇宙学领域，暗能量被认为是一种遍布空间、加快宇宙膨胀速度的隐匿能量。暗能量的假设目前是解释宇宙加速膨胀观测结果最为广泛接受的理论之一，根据宇宙的标准模型，暗能量约占宇宙总质能的 68.3%。目前科学家对宇宙的研究还处在探索阶段，前进的道路还很漫长。

二是物质变化的能触及的范围都可理解为场，它与微观粒子发生相互作用，场可以看成各种同类型粒子的集合，例如电磁场是虚光子的集合，而电场是虚电子的集合，希格斯场就是希格斯粒子的集合，场中的微小振动 (量子激发) 就产生了一类粒子。真空并不是空的，里面充满了场和能量，因此，物质无处不在，只有物质的存在，才会有空间的存在。

时间是物质变化进程的描述，用物质变化的进程定义了时间，如地球的自转一周变化的进程定义了一天，而地球公转变化的进程定义了一年，秒是铯–133 原子基态辐射电磁波周期的倍数，因此时间是人为定义的。时间由“主观的假设”到“客观的事实”，有一段进化发育的历史过程，转折点发生在铯原子钟的发明，1 s 的量纲开始同物质内在结构相联系。

爱因斯坦过世后不久的 1967 年，物理学界一致同意改用“场论解释的原子结构”来定义“秒”(1 s 是铯–133 原子基态两个超精细能级之间跃迁所对应的电磁辐射 9 192 631 770 周期的持续时间)，从那时开始，世界协调时间 UTC 得到全球的公认。因此时间是人为定义的。时间的引入就是为了描述物质变化的，变化产生了时间，而不是时间产生了变化，物质变化是物理的客观，而时间是人为定义。从宏观上讲，物质变化的内涵很丰富，有位置或速度的变化，也有物质的分裂或合成等，用一句话讲，其实物质变化的本质还是时空、质量和能量的三者联动。从微观上讲，变化指的是粒子量子态计数的变化，根据泡利不相容原理，费米子体系中，不能有两个或两个以上的粒子处于相同的量子态，不同粒子态就体现了变化。从海森伯不确定性原理和热力学第三定律 (不可能使物体冷却到绝对零度，−273℃) 都可以证明，粒子是不可能静止不变的，必须有变化。

人在认知空间里抽象出结构，把结构寄生在物质和能量上发明了时钟，成为硬构体，人类发明的时钟由物质、结构和能量组成，是用来度量时间的机器，时间与周期变化相随，时间不是线性测度，而是顺序的度量，可用来进一步度量秩序，或者负熵。按照爱因斯坦的定义，时间只是钟表盘上的读数。时间是物质和能量运动和变化的一个重要的描述特征，没有时钟就没有时间，时间原本就是人为定义的，是确定先后顺序的量，成为描述运动和变化的测量基准，运动和变化是物理世界的客观存在，时间不是客观存在物。

总结一下以上内容，时间和空间，简称为时空。时空是物质的一种属性，描述的是物质的变化，可以说没有物质就没有时空，这里讲的物质是广义的，真空也是充满物质的，还有暗物质。

1.6.2 物质的时空、质量和能量三个属性之间的关系

上面讲到，时间和空间都是物质变化的属性，呈现不同的表象。既然时间和空间都是源于物质的变化，那么时间和空间就通过物质的变化构成了紧密联系、形成不可分割的时空，是一个统一的整体。能量和质量也是物质的属性，那么物质时空、质量、能量这三个属性又有什么联系呢?

其实，物质的变化就是时空、质量和能量这三者联动的变化，也把物质的三个属性紧密联系在一起了，并且还可以相互转换。下面这几句话最重要，反映了物质三属性的关联：物质的质量使时空弯曲 (广义相对论的核心观点)，弯曲的时空使物

质产生了运动 (万有引力的本质)，运动的物质产生了动能 (高中学习的概念)，而能量又可转化为物质的质量 (狭义相对论的结论)，这就构成了一个转换的闭环，形成了一个有机整体，在物质的统领下，时空、质量和能量三位一体、相互制约。

下面再聊聊时间和空间也是一体的。时空弯曲对应着空间弯曲和时间弯曲，空间弯曲很好理解，就是空间的结构具有曲率，那么时间弯曲如何理解呢? 时间的弯曲的含义是指时间在不同的空间位置上有着不同的流逝速度，并且对应着空间结构的曲率，即不同的空间曲率，其时间的流逝速度是不一样的，这就将空间结构和时间结构 (不同的流逝速度结构) 建立了一一对应关系，形成了映射。时空弯曲或者说时空曲率是一个有机的整体，不可分割，时空本身就是一个整体了，理解了时空一体，就能理解下面的时空转换了。

1.6.3 时间和空间的转换

在理解时空概念时，最让人烧脑的就是时空转换，不能认同时间和空间可以相互转换。在工作和生活中，经常讲用时间换空间这句话，这句话指的是用更长的时间去换取事物的正向演变。例如，小孩的心智往往都不够健全，所以只能用时间等待其心智成熟，这就是典型的用时间换取孩子心智的成长空间。在物理体系中，时间和空间的转换又是什么含义呢?

爱因斯坦在狭义相对论中描述的时空观是颠覆人类认知的，使人们很难理解，我这里先讲结论，后再解释。他的时空重要观点有两条：一是时间和空间是一体的，物质变化形成的时空是四维的，其中三维是空间，另一维是时间；二是物质运行的时空速度就是空间速度和时间速度的合成，在四维时空中，任何物质的时空运动速度都是不变的，恒等于光速。很难理解吧，别着急，看完下面就懂了。

物质的空间速度在初中的课本就学过，大家很好理解，那物质的时间速度的含义是什么呢? 它定义为：运动物质的时间与参考时间 (如物体静止的时间) 的比值乘以光速。这个定义是怎么来的呢，下面我用一个特例，只要有高中数学知识就能看懂的一种推演方法，来理解时间速度的含义。

假设有一个与静止坐标产生相对运动的物体，其相对速度为 $\boldsymbol{v}$，对应的时间为 t'，静止坐标系的时间设为 t，根据狭义相对论，t' 与 t 的关系式如下：

$$t' = t\sqrt{1 - \left(\frac{\boldsymbol{v}}{c}\right)^2} \tag{1–6–1}$$

经过变换可以得到下式：

$$\left(\frac{t'}{t}c\right)^2 + \boldsymbol{v}^2 = c^2 \tag{1–6–2}$$

其中，c 为光速，这是一个圆的典型方程，纵坐标设为 ct'/t，横坐标设为 $\boldsymbol{v}$，则运动物体的两个速度，时间流速 ct'/t 和运动速度 $\boldsymbol{v}$ 就是一个圆的轨迹，如图 1–6–1 所示。我们把 ct'/t 叫作时间速度，记作 $\boldsymbol{v}_t$，把 $\boldsymbol{v}$ 叫作空间速度。

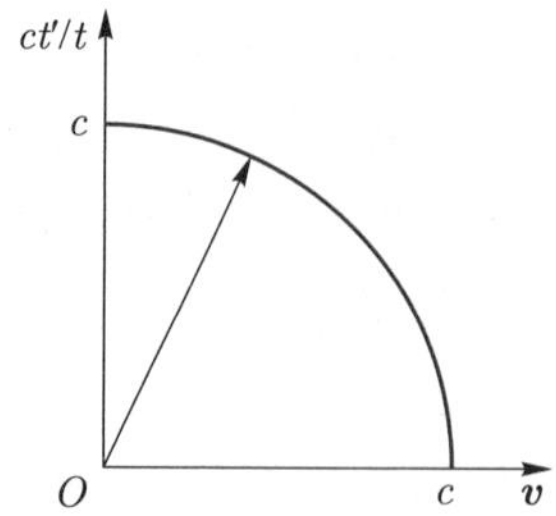

图 1–6–1 时间速度与空间速度关系图

由上面的例子可以看出，物质的空间速度 $\boldsymbol{v}$ 和时间速度 $\boldsymbol{v}_t$ 合成在一起是一个常量 c (光速不变)。当空间速度大，时间速度就小，而当空间速度小，时间速度就大。两个极端情况是，当空间速度 $\boldsymbol{v}_t = 0$ 时，时间速度就是 c；当空间速度 $\boldsymbol{v} = c$ 时，则其时间速度就为零。时间速度与空间速度的相互变化不是线性的，是这两个速度的平方和等于光速的平方 (满足圆的方程)，因此可以说空间速度和时间速度是一体的，并且可以相互转换，这就是物理上的时空转换概念，时空转换一种场景讲的就是空间速度和时间速度可以相互转换，这是狭义相对论的认识，其本质说的是有相对运动的两个物质，其时间流逝的速度是不一样的。相对运动快的物体其时间流速要快一些，也就是说存在相对运动两者的时间不一样。这个概念在 1.5.4 节已经讲过了，只是没有从时空转换的角度去理解，这里再重复一下。中国古代人讲，地上一年，天上一天，指的是天上的“神仙”时间过得慢，而在地球上的人时间过得要快。时间流逝的速度不仅仅与相对运动的速度有关，还与空间的位置有关，这就是广义相对论的场景，广义相对论认为物质使时空弯曲，因此空间上的每一点的曲率不同，时间流逝的速度也不同，越靠近大质量的空间曲率越大，其时间流逝的速度也就越慢，所以从广义相对论的观点出发，地球上的人时间流逝速度比在太空站上的人时间流逝速度要慢，会出现所谓的“天上一天，地上一年”的场景。由此可见，在太空上运行的人造卫星，按照狭义相对论去计算，其时钟要比地面上的时钟跑得慢，而按广义相对论去计算，其时钟要比地面上的时钟跑得快。这样在进行星地时间同步校正时，就会根据卫星飞行速度和运行的高度做出计算。时空的概念理解对未来从事工程特别重要。

至此，我就讲完了时空的概念，下面再总结一下。对四维时空的理解，不能简单地认为是三维空间加一维时间，而要从时空形成一体的视角去理解，核心的关键是空间的位置和空间的速度与时间建立了一一对应的关系。这是理解时空最核心的概念，狭义相对论回答了空间速度与时间速度关联的问题，而广义相对论论述了空间的位置与时间的关联。物质的质量使时空弯曲，弯曲时空中物质变化形成的空间和时间是紧密联系在一起的，空间上的每一曲率都对应着不同的时间流逝，空间位置与时间建立了一一对应关系。另一方面，空间物质运行速度不同也会产生不同的时间流逝速度，这样空间的速度也与时间建立了一一对应关系，时空转换也可以从两方面去理解，先从速度维认识，上面说到，四维时空中任何事物的空间速度和时间速度合成为光速，是不变的，所以当物质的空间速度变化时，对应的时间速度就随之而变的，这是速度的变化引发的时空转换。再从空间位置维度来认识时空转换，由于空间是弯曲的，对应空间的每一点其弯曲的曲率是不一样的，对应的时间流逝速度也是不同的，所以空间位置的变化也一定会产生时间流逝速度的变化，这就是时空转换的另一种形式。爱因斯坦指出，时间和空间不仅不能独立于宇宙，而且不能互相独立，引力不可能只使得空间弯曲而时间却安然无恙。

一个学生若能够真正独特地理解时空，那么他就与宇宙建立了联系，进入与时空“起舞弄清影，何似在人间”的境界。建议同学们认真理解这一节的内容，这对以后从事科学研究非常有帮助。

思考题

1. 夸克和电子都是基本粒子，但是电子是很基本的一个单元，我们不仅可以观察电子，也可以独立地取出电子，甚至操纵电子，但是对于夸克这是做不到的。我们不可以从原子核的质子或中子中拿出一个独立的夸克，这种现象叫作“夸克禁闭”，既然夸克是禁闭的，我们又如何观察它？
2. 宇宙大爆炸的主要证据主要来自宇宙本身的性质。宇宙中的星系正在远离彼此，并沿着其路径远离地球移动，这种现象表明宇宙正在膨胀，并且是在不断加速的。在宇宙大爆炸之前的宇宙是怎样的？是什么引起了大爆炸？
3. 胶子是强相互作用的提供者，简单地说就是胶子将夸克绑在一起。胶子有许多奇妙的特征如“胶子饱和”现象，当两个质子和两个重离子以很高的能量碰撞的时候，在它们中间的某个区域会出现高密度的胶子，原因是什么？
4. 为什么我们要用闵氏几何，而不是欧式几何来描述狭义相对论？
5. 尺缩效应是狭义相对论中一个有趣的效应，它可以简单地描述为：“运动的物体长度会收缩，也就是动尺收缩”。但是这样的描述令人心生疑惑，“动尺收缩”是真的收缩了还是看起来收缩了？这是一种观测效应还是一种由于光速有限造成的传播误差？

第 2 章 两门科学

从信息科学的历史发展来看，电磁理论与量子力学的建立具有划时代的意义，不但引起人类对自然界认识的深刻变革，更推动了人类文明和经济社会发展。19 世纪中期，电磁感应定律的发现以及位移电流概念的提出，阐明了变化磁场能够激发电场，变化电场能够激发磁场，充分揭示了电场和磁场的内在联系及依存关系。1864 年，詹姆斯 · 麦克斯韦 (James Maxwell) 在论文《电磁场的动力学理论》中，以方程组的形式总结出普遍而完整的电磁场理论。电磁理论成功地预言了电磁波的存在，揭示了光的电磁本质，还极大地推动了现代电工技术和无线电技术的发展。

20 世纪初期建立的量子力学进一步解释了电磁科学的深层次内涵。历史上，量子理论首先是从黑体辐射问题上突破的。在 1900 年，普朗克通过引入能量子的概念，解决了经典理论在解释黑体辐射规律时的难题，从而为量子理论的建立提供了初步基础。爱因斯坦接着通过分析光电效应实验中与经典理论相矛盾的现象，提出了光量子的理论，并在解释固体的比热容问题上成功应用了能量量子化的理念，推动了量子理论的发展。1913 年，玻尔基于卢瑟福的原子核模型，使用量子化的思想对氢原子光谱的规则性进行了解释。从而使早期量子论取得了很大的成功，为量子力学的建立打下了基础。在普朗克和爱因斯坦的光量子理论以及玻尔的原子理论的启发下，德布罗意在 1924 年提出了微观粒子具有波粒二象性的假设。薛定谔进一步推广了德布罗意波的概念，于 1926 年提出了波动力学，后与海森伯、玻恩的矩阵力学统一为量子力学，成为描述微观粒子的基本理论。量子力学理论的创立促使新材料、新器件、新能源、新的通信手段和控制手段的大量涌现。

在这一章中，我们首先论述麦克斯韦方程组所揭示的电磁场理论，并对电磁场的物质性及电磁场的统一性和相对性作简单的介绍，然后介绍量子力学的基本方程——薛定谔方程和狄拉克方程的推导过程及基本概念，并对使用量子力学处理实际问题作一些探讨。

2.1 电磁科学

电磁科学在相对论和量子力学诞生前就存在了。1887 年，海因里希·赫兹 (Heinrich Hertz) 证实了电磁波的存在；1900 年，量子力学诞生；1905 年，狭义相对论诞生；1915 年，广义相对论诞生。研究电磁科学时，梳理其与牛顿力学、相对论和量子力学之间的逻辑关系非常重要。一方面，电磁科学是从传统的、宏观的牛顿力学理论衍生过来的，没有从量子力学和相对论的角度诠释，而量子电动力学从量子的角度解释了电磁之间的相互作用。另一方面，麦克斯韦方程组和牛顿力学产生了尖锐的矛盾，促使了狭义相对论的诞生，而量子力学又从科学上解释了电磁科学的深层次内涵。

接下来将首先介绍电磁科学的预备知识，接着介绍磁生电和电生磁的概念，然后介绍麦克斯韦方程的概念，最后介绍电磁波的发现及发展。

2.1.1 预备知识

1. 场的概念

物理学中把某个物理量在空间的区域内分布称为场。例如，炉子作为一个热源，周围温度随着时间和空间的变化而变化，温度这个物理量的分布就是一个场。又如带电的电荷激发电场，电场在时间和空间上是变化的，单位电荷所受的力即为场强，因此场强在空间的分布就构成电场。

场分为标量场和矢量场。标量场指物理量是标量的场，例如热场其场强温度只有大小，没有方向。矢量场指物理量是矢量的场，例如电场，其既有大小，也有方向。

2. 描述矢量场的数学工具

在直角坐标系下，矢量场中的物理量可以表示为

$$\boldsymbol{A} = A_x\boldsymbol{i} + A_y\boldsymbol{j} + A_z\boldsymbol{k} \tag{2-1-1}$$

其中，$\boldsymbol{i}$、$\boldsymbol{j}$、$\boldsymbol{k}$ 分别表示沿三个坐标轴 x、y、z 正方向上的单位矢量，A_x、A_y、A_z 表示矢量场 $\boldsymbol{A}$ 沿三个坐标轴方向的分量。

方便起见，首先给出矢量微分算符 ∇ 的定义如下：

$$\nabla = \frac{\partial}{\partial x}\boldsymbol{i} + \frac{\partial}{\partial y}\boldsymbol{j} + \frac{\partial}{\partial z}\boldsymbol{k} \tag{2-1-2}$$

矢量微分算符是哈密顿引进的，因此 ∇ 又称为哈密顿算子，读作 “del” 或 “nabla”。

散度定理 (divergence theorem) 描述了面和体的转换关系。散度可以表示为哈密顿算子与矢量场函数点积的形式，即

$$\mathrm{div}\boldsymbol{A} = \nabla \cdot \boldsymbol{A} = \frac{\partial A_x}{\partial x} + \frac{\partial A_y}{\partial_y} + \frac{\partial A_z}{\partial z} \tag{2-1-3}$$

散度定理指出以下关系：

$$\iiint_V \nabla \cdot \boldsymbol{A}\mathrm{d}V = \oiint_S \boldsymbol{A} \cdot \mathrm{d}\boldsymbol{S} \tag{2-1-4}$$

其中 $\boldsymbol{S}$ 为闭合曲面，V 为闭合面 $\boldsymbol{S}$ 所包围的体积。从数学上看，散度定理将矢量函数的面积分转化为标量函数的体积分，或反之。从场的观点来看，散度定理建立了区域中的场与包围该区域边界上的场的关系。

旋度定理 (curl theorem)①描述了线和面的关系。具体来讲，旋度可以表示为哈密顿算子与矢量场函数叉积的形式：

$$\begin{aligned}\mathrm{curl}\boldsymbol{A} = \nabla\times\boldsymbol{A} &= \begin{vmatrix} \boldsymbol{i} & \boldsymbol{j} & \boldsymbol{k} \\ \dfrac{\partial}{\partial x} & \dfrac{\partial}{\partial y} & \dfrac{\partial}{\partial z} \\ A_x & A_y & A_z \end{vmatrix} \\ &= \left(\frac{\partial A_z}{\partial y}-\frac{\partial A_y}{\partial z}\right)\boldsymbol{i}+\left(\frac{\partial A_x}{\partial z}-\frac{\partial A_z}{\partial x}\right)\boldsymbol{j}+\left(\frac{\partial A_y}{\partial x}-\frac{\partial A_x}{\partial y}\right)\boldsymbol{k}\end{aligned} \tag{2–1–5}$$

旋度定理指出成立以下关系

$$\iint_S(\nabla\times\boldsymbol{A})\cdot\mathrm{d}\boldsymbol{S}=\oint_\ell\boldsymbol{A}\cdot\mathrm{d}\boldsymbol{\ell} \tag{2–1–6}$$

其中，$\mathrm{d}\boldsymbol{S}$ 是矢量场 $\boldsymbol{A}$ 中的一个非闭合光滑有向曲面，$\boldsymbol{\ell}$ 是 $\mathrm{d}\boldsymbol{S}$ 的边界线，其正方向与 $\mathrm{d}\boldsymbol{S}$ 的法向矢量成右手螺旋关系，且 $\boldsymbol{A}$ 在包含 $\boldsymbol{\ell}$ 在内的某一区域内有一阶连续偏导数。从数学上看，利用旋度定理可以将面积分化为线积分，或反之。从场的观点来看，它建立了区域中的场与区域边缘上的场之间的关系。

3. 电是什么？

1785 年，库仑用自己发明的扭秤建立了静电学中著名的库仑定律，该定律是第一个电学定律。同年，他在《电力定律》的论文中介绍了他的实验装置、测试经过和实验结果。图 2–1–1(a) 展示了孤立点电荷的电场，图 2–1–1(b) 展示了扭秤实验装置。

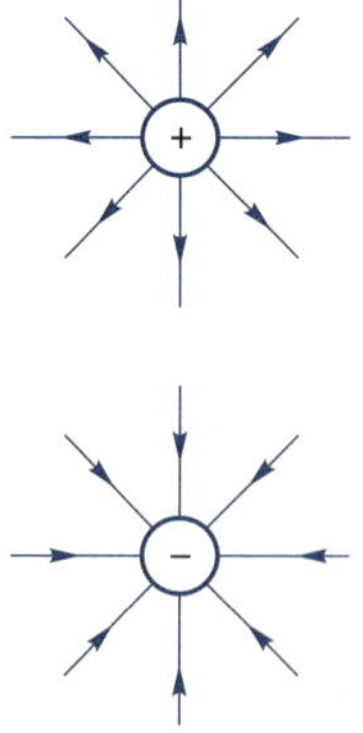

(a) 孤立点电荷的电场

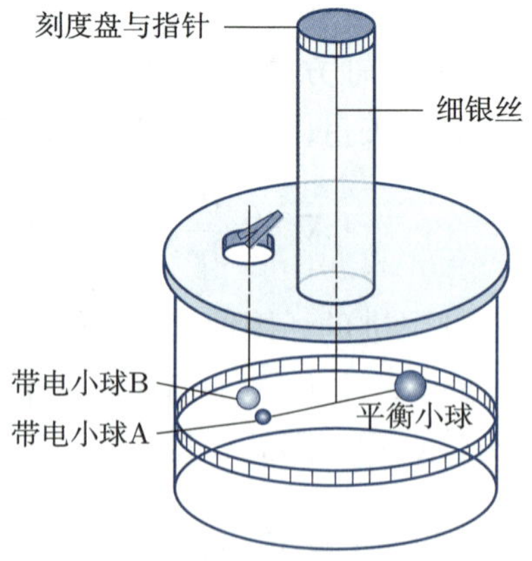

(b) 库仑扭秤实验示意图

图 2–1–1

① 旋度定理亦称斯托克斯定理 (Stokes' theorem)。

库仑定律的具体内容为：真空中两个静止的点电荷之间的作用力与这两个电荷所带电荷量的乘积成正比，与它们之间距离的平方成反比，作用力的方向沿着这两个点电荷的连线，同号电荷相斥，异号电荷相吸。具体来讲，对于电荷量分别为 q_1 和 q_2 的两个点电荷，当二者之间的距离为 r 时，它们之间的作用力可表示为

$$\boldsymbol{F}=\frac{kq_1q_2}{r^2} \tag{2-1-7}$$

其中，k 是库仑常量，其取值为 $k=9.0\times10^9\ \mathrm{N{\cdot}m^2/C^2}$。

电荷之间的作用力是电荷之间交换虚光子所导致的。虚光子是传播力的一种效应，尽管在现实中测量不到这种粒子，但是能测出力存在的效应。在电场中，试探电荷受力的外因是外部存在电场，内因是本身带电荷。由于电场是客观存在的，场强大小与试探电荷无关。

事实上，由于电场是矢量场，根据矢量场的唯一性定理，电场的散度、旋度和边界条件就可以描述一个电场。例如，真空中静电场方程为

$$\nabla\cdot\boldsymbol{E}=\frac{\rho}{\varepsilon_0},\quad \nabla\times\boldsymbol{E}=0 \tag{2-1-8}$$

其中，$\boldsymbol{E}$ 为电场强度，ρ 为场点处的分布电荷密度，ε_0 为真空介电常数。

4. 磁是什么？

公元前 6、7 世纪，希腊哲学家泰勒斯 (Thales) 发现摩擦琥珀会吸引麦秆的碎渣，犹如磁石吸铁屑，他错误地把电和磁混为一回事，这一见解一直延续了 2 200 年。

科学家们一开始是独立研究电现象和磁现象的。1600 年，威廉 · 吉尔伯特 (William Gilbert) 发现磁石吸铁、磁石指南以及摩擦生电等现象，并出版了科学专著《论磁石》。1820 年，汉斯 · 奥斯特 (Hans Oersted) 在一次讲座上偶然发现通电的导线让旁边的小磁针偏转了一下，这个微小的现象虽然没有引起听众的注意，但是却激起了奥斯特的兴趣。他深入研究了这个现象，成功发现了电流的磁效应。1820 年 7 月 21 日，四页纸的论文《论磁针的电流撞击实验》轰动了科学界，撬动了电和磁联系的大门。1934 年，奥斯特被命名为磁场强度的单位。

科学家们沿着奥斯特的发现，试图开展定量研究。在奥斯特正式发表论文三个月后，毕奥和萨伐尔在拉普拉斯的帮助下就找到了电流在空间中产生磁场大小的定量规律，即毕奥–萨伐尔定律。与电场中的库仑定律类似，基于毕奥–萨伐尔定律，即可算出任意电流在空间中产生磁场的大小，但是这种方法在实际使用的时候会比较烦琐。

1820 年 9 月，安培进一步发现，不仅电流能够产生磁场，而且反过来磁场对通电的导线也会产生一种作用力。两个月后，安培发现了一个更简单实用地计算电流周围磁场的方式，即安培环路定理，如下式所示：

$$\oint_C \boldsymbol{B}\cdot\mathrm{d}\ell=\mu_0 I_{\mathrm{enc}} \tag{2-1-9}$$

安培环路定理揭示了真空中恒定电流磁场的基本规律，上式中，等式左侧表示磁感应强度 $\boldsymbol{B}$ 沿任意闭合路径 C 的线积分，等式右侧表示路径 C 所包围的电流的代数和的 μ_0 倍。其中，μ_0 是表征真空磁性质的常量，称为真空磁导率，取值 $\mu_0 = 4\pi \times 10^{-7}$ H/m (亨利/米)，I_{enc} 表示闭合路径 C 所包围的电流的代数和。此外，安培还总结了如何判断电流产生的磁场的方向，即安培定则，也就是右手螺旋定则。

与电场的定义思路类似，磁场 $\boldsymbol{B}$ 的定义为

$$\boldsymbol{f} = q\boldsymbol{v} \times \boldsymbol{B} \tag{2–1–10}$$

其中，$\boldsymbol{f}$ 表示运动电荷在磁场中所受到的磁力，q、$\boldsymbol{v}$ 分别表示运动电荷的电荷量和速度。运动电荷在磁场中受力的外因是有磁场，内因是电荷带电且有速度，这是模仿电场的定义来定义磁场。

描述真空中磁场的数学方程为

$$\nabla \cdot \boldsymbol{B} = 0, \quad \nabla \times \boldsymbol{B} = \mu_0 \boldsymbol{J} \tag{2–1–11}$$

其中，$\boldsymbol{B}$ 为磁场的磁通密度，μ_0 为真空磁导率，$\boldsymbol{J}$ 表示磁场空间点处的电流密度。

洛伦兹力是运动于电磁场的带电粒子所感受到的作用力。记洛伦兹力为 $\boldsymbol{f}$，洛伦兹定律指出

$$\boldsymbol{f} = q(\boldsymbol{v} \times \boldsymbol{B} + \boldsymbol{E}) \tag{2–1–12}$$

此合力同时包含了磁场力 $q\boldsymbol{v} \times \boldsymbol{B}$ 和电场力 $q\boldsymbol{E}$ 两部分。

至此，在电生磁方面，用安培环路定理或者毕奥–萨伐尔定律计算磁场的大小，用安培定律判断磁场的方向。在奥斯特发现电生磁 11 年后，1831 年，实验物理学家法拉第发现磁生电的规律，即电磁感应定律。

2.1.2 磁生电

空中虽然看似空无一物，但实际上存在着电场或磁场，这些“场”能够作用于带电或带磁的物体，产生力的效应。法拉第首先提出了“场”的概念，并发现了电磁感应现象，总结出电磁感应定律，被誉为“正确理解电磁现象的带路人”。

电磁感应现象指的是，磁通量在穿过闭合电路时发生变化，从而产生感应电动势。当闭合电路中的导体在磁场中切割磁感线时，导体中就会产生感应电流。1855 年，麦克斯韦在《论法拉第力线》中赋予了法拉第力线精确的数学表述，推导出库仑定律和高斯定律，并在实验事实及动力学的基础上提出了一套全新的电磁学理论。

根据电磁感应定律，任何封闭电路中感应电动势大小，等于穿过这一电路磁通量的变化率，用公式表示为

$$\mathcal{E} = -\frac{\mathrm{d}\phi}{\mathrm{d}t} = -\frac{\mathrm{d}}{\mathrm{d}t}\iint_S \boldsymbol{B} \cdot \mathrm{d}\boldsymbol{S} = \iint_S -\frac{\partial \boldsymbol{B}}{\partial t} \cdot \mathrm{d}\boldsymbol{S} \tag{2–1–13}$$

其中，ϕ 表示回路所包含的磁通量，电动势 $\mathcal{E}$ 的正方向规定为回路平面 $\boldsymbol{S}$ 法线的右手螺旋方向。

另一方面，根据斯托克斯定理，对于任意取定的空间回路 $\boldsymbol{\ell}$，成立

$$\mathcal{E} = \oint_{\ell} \boldsymbol{E} \cdot \mathrm{d}\boldsymbol{\ell} = \iint_{S} (\nabla \times \boldsymbol{E}) \cdot \mathrm{d}\boldsymbol{S} \tag{2–1–14}$$

联立以上两式得到

$$\nabla \times \boldsymbol{E} = -\frac{\partial \boldsymbol{B}}{\partial t} \tag{2–1–15}$$

特别地，对于静磁场，

$$\nabla \times \boldsymbol{E} = 0 \tag{2–1–16}$$

成立。对于变化磁场激发的电场，

$$\nabla \times \boldsymbol{E} = -\frac{\mathrm{d}\boldsymbol{B}}{\mathrm{d}t} \tag{2–1–17}$$

成立。

2.1.3 电生磁

1820 年，奥斯特发现了电流具有磁效应，初步揭示出电现象和磁现象背后可能存在紧密联系。紧接着安培、毕奥、萨伐尔等人进一步研究了电流的磁效应，并经拉普拉斯等协助总结为电流元相互作用的基本规律，即现在所称的安培定律，电动力学理论由此发展起来。安培还提出了试图解释物质磁性起源的分子电流假说，认为一切磁效应都可以归因于电流与电流的相互作用，但安培提出的分子并非现代意义上的分子，物质磁性的本质要到 20 世纪量子理论发展起来之后才能得以正确解释。

安培定律只适用于静磁学，在电动力学中，当物理量包含时间时，安培定律就不一定成立了。1873 年，麦克斯韦在《论物理力线》中认为变化的电场也能产生磁场，提出了位移电流的概念，并对安培定律进行扩充，得到以下关系：

$$\oint_{\ell} \boldsymbol{B} \cdot \mathrm{d}\boldsymbol{\ell} = \mu_0 \left(I_{\mathrm{enc}} + \varepsilon_0 \frac{\mathrm{d}}{\mathrm{d}t} \int_{S} \boldsymbol{E} \cdot \mathrm{d}\boldsymbol{S} \right) \tag{2–1–18}$$

其中，$\boldsymbol{S}$ 是以闭合回路 $\boldsymbol{\ell}$ 为边界的任意曲面，闭合回路 $\boldsymbol{\ell}$ 的绕行方向与面元矢量 $\mathrm{d}\boldsymbol{S}$ 的方向满足右手螺旋关系，$\varepsilon_0 = 8.854\,187\,818 \times 10^{-12}$ F/m，为真空介电常数。式 (2–1–18) 又称为麦克斯韦–安培方程，表明传导电流和时变的电场都能产生磁场。变化的电场和电流是磁场的旋涡源，变化的电场和电流与其激发的磁场之间符合右手螺旋关系。

麦克斯韦–安培方程可以等价改写为

$$\oint_{\ell} \boldsymbol{B} \cdot \mathrm{d}\boldsymbol{\ell} = \mu_0 I + \mu_0 \varepsilon_0 \frac{\mathrm{d}\phi_E}{\mathrm{d}t} \tag{2–1–19}$$

利用旋度定理并两侧求导，可以得到

$$\nabla \times \boldsymbol{B} = \mu_0 \left(\boldsymbol{J} + \varepsilon_0 \frac{\partial \boldsymbol{E}}{\partial t} \right) \tag{2–1–20}$$

其中电流 $I = \int_S \boldsymbol{J} \cdot \mathrm{d}\boldsymbol{S}$ 为分布电流密度 $\boldsymbol{J}$ 在闭合回路 $\boldsymbol{\ell}$ 所围面积 $\boldsymbol{S}$ 内的积分，ϕ_E 为回路所包围的电通量。

2.1.4 麦克斯韦方程组

在詹姆斯 · 麦克斯韦 (James Maxwell) 诞生前的半个世纪里，人们在电磁现象的研究上取得了显著进展。库仑提出了描述电荷间相互作用的库仑定律；奥斯特发现电流可以使小磁针发生偏转，从而揭示了电与磁之间的联系。此后，法拉第的电磁感应定律、安培的环路定理和高斯定理相继问世，进一步深化了电磁学的理论基础。这一时期，电磁现象的三个最基本定律——库仑定律、毕奥–萨伐尔定律和法拉第电磁感应定律，已基本得以总结和确立。直到 1865 年，麦克斯韦凭借其卓越的数学才能，全面地将这些定律纳入一个统一的框架，通过引入数学分析方法，创造性地提出了麦克斯韦方程组，开创了电磁学研究的新纪元。

1. 麦克斯韦方程组的数学形式

麦克斯韦方程组是一组描述电场、磁场与电荷密度、电流密度之间关系的偏微分方程，其积分形式表示为

$$\begin{cases} \displaystyle\oiint_S \boldsymbol{E} \cdot \mathrm{d}\boldsymbol{S} = \frac{q}{\varepsilon_0} \\ \displaystyle\oiint_S \boldsymbol{B} \cdot \mathrm{d}\boldsymbol{S} = 0 \\ \displaystyle\oint_{\ell} \boldsymbol{E} \cdot \mathrm{d}\boldsymbol{\ell} = -\frac{\mathrm{d}\phi_B}{\mathrm{d}t} \\ \displaystyle\oint_{\ell} \boldsymbol{B} \cdot \mathrm{d}\boldsymbol{\ell} = \mu_0 I + \mu_0 \varepsilon_0 \frac{\mathrm{d}\phi_E}{\mathrm{d}t} \end{cases} \tag{2–1–21}$$

这组方程全面地描述了时变电磁场的特性。

具体而言，第一方程式是描述电荷如何产生电场的高斯定律。该式表示闭合曲面上的电通量，也就是穿出曲面的电场线根数，等于曲面内的电荷代数和 q 与真空介电常数 ε_0 的比值。从这个式子我们可以得出，电场是有源场，它的源就是空间中的电荷。正电荷会向外发射电场线，负电荷会从周围吸收电场线。电荷的电荷量越大，所发射或者吸收的电场线越多。

第二方程式是描述磁单极子不存在的高斯磁定律。该式表示通过闭合曲面上的磁通量始终为零。也就是说，磁感线要么不穿透这个曲面，要么一定是既穿入这个曲面，又穿出这个曲面，因此磁感线的通量为零。从这个式子我们可以得出，磁场

是无源的，既没有起点也没有终点，而总是闭合的。因为不存在“磁荷”这种东西，世界上目前没有磁单极子。

第三方程式是描述时变磁场如何产生电场的法拉第感应定律。方程左边表示沿着一个闭合路径的电场路径积分，即这个闭合路径上的电动势，等于回路 ℓ 所包围的磁通量 ϕ_B 的变化率。因此，感生电动势产生的原因是磁通量的变化。这个式子，成功解释了法拉第电磁感应定律中“感生电动势”这一部分的实验结果，证实了电动势是由磁通量的变化引起的。

第四方程式是描述电流和时变电场怎样产生磁场的麦克斯韦–安培定律。方程左边表示沿着任意一个路径的磁场路径积分，右侧的 μ_0 表示真空磁导率，I 表示电流，ϕ_E 表示这个路径上所包围的电通量。这个式子告诉我们，静止的电流可以产生恒定磁场，而变化的电场可以产生变化的磁场。此公式完全是由麦克斯韦独立提出的，彻底将电与磁联系在了一起。

另外，麦克斯韦方程组的微分形式为

$$\begin{cases} \nabla\cdot\boldsymbol{E}=\dfrac{\rho}{\varepsilon_0} \\ \nabla\cdot\boldsymbol{B}=0 \\ \nabla\times\boldsymbol{E}=-\dfrac{\partial\boldsymbol{B}}{\partial t} \\ \nabla\times\boldsymbol{B}=\mu_0\left(\boldsymbol{J}+\varepsilon_0\dfrac{\partial\boldsymbol{E}}{\partial t}\right) \end{cases} \tag{2–1–22}$$

由上式可以看出，时变电磁场的时变电场是有旋有散的，时变磁场是有旋无散的。但是时变电磁场的电场与磁场是不可分割的，因此时变电磁场是有旋有散场。

2. 麦克斯韦电磁场理论

电荷与电荷、磁极与磁极、通电导线与通电导线之间都是通过电场和磁场的力线相互作用。电力和磁力以振动方式进行传播，在分析这个过程时，安培使用的是超距思想，法拉第使用的是力线思想。事实上，法拉第发现了电磁感应现象，麦克斯韦把磁生电用数学语言进行了描述。此外，麦克斯韦扩展了安培环路定理，也考虑了位移电流激发磁场的情况。麦克斯韦电磁场理论应运而生。

麦克斯韦电磁场理论的主要思想如下：① 变化的磁场产生电场，均匀变化的磁场产生恒定的电场，非均匀变化的磁场产生变化的电场，恒定的磁场不产生电场；② 变化的电场产生磁场，均匀变化的电场产生恒定的磁场，非均匀变化的电场产生变化的磁场，恒定的电场不产生磁场。

变化的电场和磁场总是相互联系的，形成一个不可分离的统一的场，这就是电磁场。静态的或动态的电荷可以激发电场，变化的磁场也可以激发电场。尽管激发的电场产生的位移电流与传导电流都可以产生磁场，但位移电流与传导电流有以下本质区别：① 位移电流的本质是变化着的电场，而传导电流产生的原因是自由电荷的定向运动；② 传导电流在通过导体时会产生焦耳热，而位移电流则不会产生焦耳热，也不会产生化学效应；③ 位移电流也即变化着的电场可以存在于真空、导体、电介质中，而传导只能存在于导体中。

3. 麦克斯韦方程组推导出电磁波

对于关于位置 x 和时间 t 的标量函数 f，经典波动方程表示为

$$\frac{\partial^2 f}{\partial x^2}=\frac{1}{v^2}\frac{\partial^2 f}{\partial t^2} \tag{2–1–23}$$

其中，v 表示波的传播速率。事实上，该式是牛顿第二定律的另一种表现形式。

然后定义拉普拉斯算子

$$\nabla^2=\frac{\partial^2}{\partial x^2}+\frac{\partial^2}{\partial y^2}+\frac{\partial^2}{\partial z^2} \tag{2–1–24}$$

利用拉普拉斯算子，经典波动方程可以改写为

$$\nabla^2 f=\frac{1}{v^2}\frac{\partial^2 f}{\partial t^2} \tag{2–1–25}$$

我们对麦克斯韦方程组 (2–1–22) 的第三方程式两侧取旋度，可以得到

$$\nabla(\nabla\cdot\boldsymbol{E})-\nabla^2\boldsymbol{E}=-\frac{\partial}{\partial t}(\nabla\times\boldsymbol{B}) \tag{2–1–26}$$

根据麦克斯韦方程组

$$\nabla\cdot\boldsymbol{E}=0 \tag{2–1–27}$$

$$\nabla\times\boldsymbol{B}=\mu_0\varepsilon_0\left(\frac{\partial\boldsymbol{E}}{\partial t}\right) \tag{2–1–28}$$

可将式 (2–1–26) 改写为

$$\nabla^2\boldsymbol{E}=\mu_0\varepsilon_0\frac{\partial^2\boldsymbol{E}}{\partial t^2} \tag{2–1–29}$$

其中，μ_0 和 ε_0 为常量。

可以看出，式 (2–1–29) 是一个只包含电场的二阶方程。类似地，对麦克斯韦方程组 (2–1–21) 的第四方程式两侧取旋度，可以得到独立的磁感应强度方程

$$\nabla^2\boldsymbol{B}=\mu_0\varepsilon_0\frac{\partial^2\boldsymbol{B}}{\partial t^2} \tag{2–1–30}$$

对比式 (2–1–25)、式 (2–1–29) 和式 (2–1–30) 可以发现，电场和磁感应强度都满足波动方程，即电场、磁场都以波的形式在空间中传播。此外，由式 (2–1–29) 和式 (2–1–30) 可知，电场和磁场的波动方程的形式相同，且它们的波速相同。通过对比经典波动方程的速度项，可知电磁波的传播速度为

$$v=\frac{1}{\sqrt{\mu_0\varepsilon_0}} \tag{2–1–31}$$

其中，$\mu_0 = 4\pi \times 10^{-7}$ N/A^2，$\varepsilon_0 = 8.854\,187\,818 \times 10^{-12}$ F/m。计算得到 $v = 2.997\,9 \times 10^8$ m/s，而在真空中测得的光速为 $c = 299\,792\,458$ m/s，麦克斯韦由此猜测光是一种电磁波。麦克斯韦方程组回答了电磁场是什么，对于电磁场的更深层次内涵，则需要由量子力学来解释。

麦克斯韦方程组是人类有史以来最美的物理学方程之一，它集合了电磁学的基本定律，是电磁学的基石。它告诉我们：电场和磁场并非单独存在，而是统一于电磁场之中。空间某处只要有变化的磁场就能激发出涡旋电场，而变化的电场又能激发涡旋磁场。交变的电场和磁场互相激发就形成了连续不断的电磁振荡，并向空间传播，即电磁波。电磁波是电磁场的运动形式。

在麦克斯韦之前，牛顿的万有引力定律成功地将地球上的物体与宇宙中的天体的运动联系起来，统一了天上和地下。在麦克斯韦之后，爱因斯坦的狭义相对论和广义相对论统一了时间与空间。而在牛顿和爱因斯坦之间，麦克斯韦用他的方程组统一了电场与磁场，他预言的电磁波成为现代最重要的通信方式。

2.1.5 电磁波发现对信息社会的影响

经典电磁理论提出后，由于这一理论足以解释当时已知的绝大多数电磁现象，其立即在科学界引起了轰动。但是，仍然有很多人对于光也是电磁波，特别是电磁波是否真实存在这一问题将信将疑。直到 1887 年，赫兹的电火花放电实验证实了电磁波的存在，且电磁波以光速传播。由此，经典电磁理论的正确性被坚实地确立起来。

电火花放电实验装置如图 2–1–2 所示。两个抛光的金属球之间存在很小的空气缝隙，环形导线作为接收器。将两个金属球都接在一个感应线圈上，感应线圈在两球间产生大电位差，可击穿空气缝隙在两球间产生放电现象。感应线圈不断在相反的方向上放电，根据麦克斯韦的理论，两球间作往返振荡运动的电荷会激励电磁波，波向外传播，在远离放电处存在很强的电场。接收器在空气缝隙处产生电位差，如果电位差足够大，将会观察到缝隙间有火花。赫兹发现，电火花的能量能够越过空间传到远处。这是人类历史上第一次证实了电磁波 (赫兹波) 的存在。从此，电磁波就真正诞生于世，造福人类，并且彻彻底底改变了人们的生活方式。

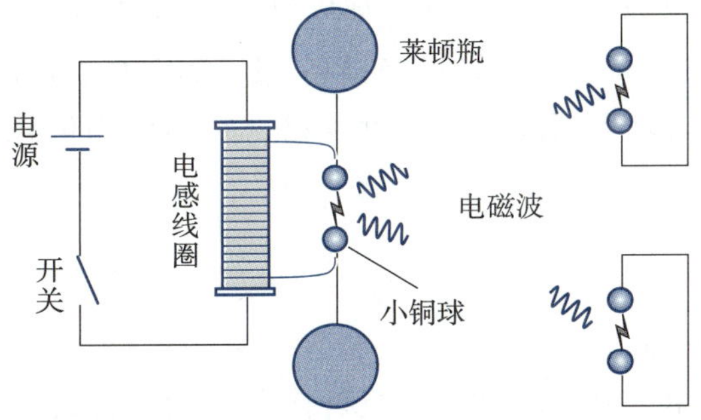

图 2–1–2 赫兹的电火花放电实验装置

电磁学的发展主要包括以下典型事件：

1898 年，意大利电气工程师马可尼第一次发射了无线电。

1906 年，无线电广播被发明出来后，人类开始有了收音机。

1930 年，雷达被发明出来后，劳伦斯・海兰 (Lawrence Hyland) 首次定位到了飞机。

1945 年，美国工程师斯彭塞发现了电磁波的热效应，发明了微波炉。

1957 年，人类第一颗卫星——斯普特尼克 1 号上天，开启太空时代。

1964 年，GPS 系统组网成功并投入使用。

1964 年，彭齐亚斯和威尔逊在研究雷达噪声的时候意外发现了微波背景辐射，证实了大爆炸理论，同时开启了射电天文学时代，将可观测频段由可见光频段拓展到无线电波、红外线、紫外线、X 射线、γ 射线频段。

1973 年，美国的摩托罗拉公司工程师马丁・库帕发明了手机，标志着移动通信时代的开始。

1986 年，第一套移动通信系统在美国芝加哥诞生，标志着 1G 通信时代的开始。

接下来就是大家熟悉的 2G、3G、4G、5G 移动通信时代，以及正在到来的 6G 通信时代。

从低频无线电到微波毫米波 (0.6 MHz~100 GHz 或 0.1 THz)，每次人类学会利用一个新的波段，都会给当时的生活和社会结构带来革命性的变化。无线电微波的典型应用如图 2–1–3 所示，在 0.6~1.6 MHz 频段，长波收音机走进人们的生活；在 54~700 MHz，广播电视开始使用；在 900 MHz~2.4 GHz 频段，大哥大/2G/3G/4G/5G 移动电话不断涌现；在 1~100 GHz 频段，雷达通信发挥着重要作用。

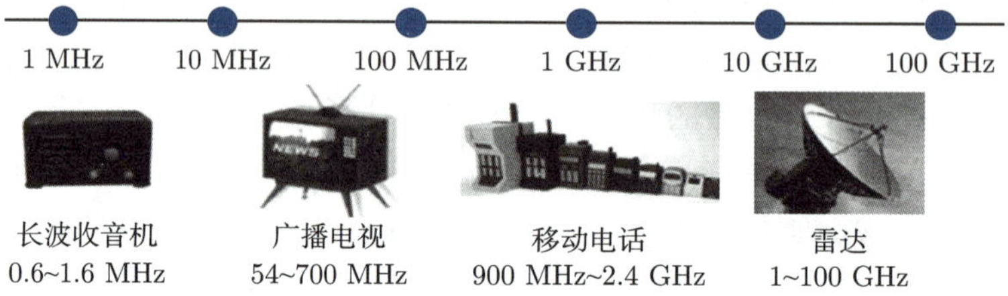

图 2–1–3 无线电微波的典型应用

除微波频段外，目前人类也已成功利用红外线到 X 射线的波谱，发明了夜视仪、照相机、紫外光刻和辐照、X 光机等设备，给人们社会生活带来巨大的便利。现如今，常用的 10 GHz 以下频段已经极度拥挤，频谱成为信息社会最为宝贵的稀缺资源。

2.2 量子科学

相对论和量子力学的建立是 20 世纪科技发展的里程碑事件，具有划时代的意义，改变了传统的时空观、物质观，推动了人类文明和经济社会发展。

2.2.1 量子力学的诞生过程

起步于 19 世纪末和 20 世纪初的量子力学，是由众多科学家用集体智慧创立的。量子力学解决了原子粒子的运行规律问题。微小时空是一个灿烂多彩并极具神秘的高速世界，是现代科学的中心，是信息技术发展的科学基础。

量子力学伴随着人们对亚原子结构的探索和对光谱、放射性、黑体辐射等问题的解惑而产生。为什么会有谱线？为什么会有放射性？黑体辐射的测量与理论计算结果为什么相差巨大？经典力学基本是牛顿一个人创造出来的，相对论也基本上是爱因斯坦一个人的贡献，但量子力学是经过近半个世纪 (自 1900 年算起)，通过世界范围内无数科学家几代人的努力，才建立起来的科学架构。

量子力学的研究最初主要围绕氢元素及其同位素中的亚原子粒子运动规律展开。为什么要研究氢呢？其一是氢原子最简单；其二是除氦原子外，其他原子都是由氢原子产生的；其三是氢原子在宇宙中含量最多 (约占 90%)，地球上的生命依靠太阳氢聚变产生的能量养育，因此研究光谱非常方便[①]。

1. 量子概念现身及辐射的理解

提及量子力学的诞生，首先要讲的就是量子概念的现身及辐射的理解。“量子”的概念是普朗克提出的，这段科学史被形容为“小心翼翼地推开了量子大门”。为什么说“小心翼翼”呢？因为普朗克本人也不敢确信物质世界竟然不是连续的。

热力学研究发现，任何物体都会向周围空间发射电磁波，辐射的频率从无线电波到 X 射线的各个波段都会覆盖。而且，温度越高，辐射强度就越大，电磁波频率也越高，这种由温度决定的辐射称为热辐射。另一方面，物体也会反射外来的电磁辐射，而反射的辐射能与物体自身的形状和外来辐射的特征均有关。因此，在热辐射的研究中，常用黑体 (black body) 这一理想化的物理模型——它能够吸收外来的全部电磁辐射，并且不发生任何反射或透射。黑体辐射出的电磁波称为黑体辐射。

尽管黑体的辐射特性非常简单，但是解释其辐射强度随频率变化的关系却异常困难[②]。在 1900 年左右，描述黑体辐射最好的公式是威廉·维恩 (Wilhelm Wien) 类比麦克斯韦分子速率分布而提出的维恩公式，即

$$I(\nu,T)=\frac{2h\nu^3}{c^2}\mathrm{e}^{-\frac{h\nu}{k_\mathrm{B}T}} \tag{2–2–1}$$

其在短波范围与实验相符，但在长波极限下与实验有明显的偏差。

1900 年 6 月，约翰·瑞利 (John Rayleigh) 和詹姆斯·金斯 (James Jeans) 运用经典能量均分定律提出了瑞利–金斯公式，即

$$I(\nu,T)=\frac{2\nu^2k_\mathrm{B}T}{c^2} \tag{2–2–2}$$

① 推荐读者阅读《氢的传奇 (Hydrogen: the essential element)》进行深入了解。

② 黑体辐射强度通常用辐射率描述，即在单位时间内从单位表面积和单位立体角内以单位频率 (或单位波长) 间隔辐射出的能量。

其在长波极限下与实验相符，但在短波下的能量密度迅速增大，同实验结果矛盾，这在物理学史上被称作“紫外灾难”。

当时，马克斯·普朗克 (Max Planck) 通过自己的研究也建立了黑体空腔模型，并且发现在空腔模型中，如果熵与能量的关系为 $\left(\mathrm{d}^2S/\mathrm{d}U^2\right)^{-1}=aU$，就可以得到维恩公式；如果熵与能量关系为 $\left(\mathrm{d}^2S/\mathrm{d}U^2\right)^{-1}=bU^2$，就可以得到瑞利–金斯公式。他对这两个关系做了线性内插，即假定 $\left(\mathrm{d}^2S/\mathrm{d}U^2\right)^{-1}=aU+bU^2$，就得到了现在我们所知的普朗克黑体辐射公式：

$$I(\nu,T)=\frac{2h\nu^3}{c^2}\frac{1}{\mathrm{e}^{h\nu/k_{\mathrm{B}}T}-1} \tag{2–2–3}$$

其在短波范围内过渡到维恩公式，在长波极限下过渡到瑞利–金斯公式，精确地贴合于实验得出的黑体辐射能量分布曲线，如图 2–2–1 所示。

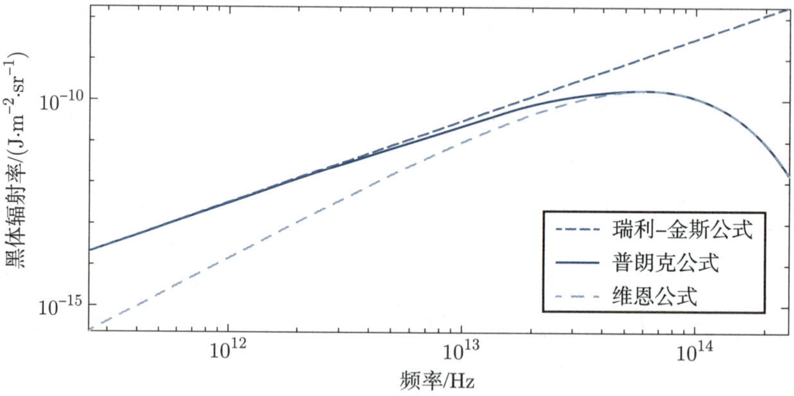

图 2–2–1 黑体辐射能量分布曲线

得到黑体辐射公式后，普朗克想为他的公式找到一个解释。他求助于路德维希·玻耳兹曼 (Ludwig Boltzmann) 曾经用过的一个手段，即对能量进行离散化处理 (便于统计求和)，由此成功地得到了自己的辐射公式。但他发现对玻耳兹曼来说，能量离散化只是一种计算手段，最后可以让离散程度趋于零。而对于黑体辐射，如果他这么做，就只能得到瑞利–金斯的结果。这意味着能量离散化是黑体辐射的一个基本特点，具有物理实在性，这就是能量量子化的发现。辐射能量可以用数学公式表示为 $E=nh\nu$，其中 ν 为电磁波的频率，h 为普朗克常量，通过实验数据拟合得到 $h\approx 6.626\times 10^{-34}$ J·s。

1900 年 12 月 14 日，普朗克在柏林的物理学会上发表了题为《论正常光谱的能量分布定律的理论》的论文，正式提出了普朗克公式，推开了量子力学的大门，这一天被定为量子力学的诞生日。普朗克量子论假说具有划时代的意义，量子概念的问世打破了经典观念，但是普朗克本人以及同时代的学者并没有充分认识和理解到，直到五年后爱因斯坦发展了量子论，提出光量子的概念并成功解释光电效应以后，人们才逐渐认识到普朗克量子论的巨大价值。

2. 做“送分题”的爱因斯坦

爱因斯坦的伟大并不完全是因为广义相对论和狭义相对论，还因为光电效应，他也因此获得 1921 年的诺贝尔奖。光电效应指出，在光线的照射下，某些物质内部的电子会被光子激发形成电流，可以简单概括为“光生电”。光电效应的特别之处在于，其现象的出现取决于光的频率而非光强。如果光频率没有高于某个阈值，即使是用再强的光照射，也不能激发出电子。频率越高，激发的电子能量也越高。此外，光电效应具有瞬时性，只要光的频率高于金属的极限频率，光的亮度无论强弱，电子的产生都几乎是瞬时的。这一现象是由赫兹发现的，但一直无法得到合理解释，直到爱因斯坦受普朗克量子论的启发，才从科学上成功解释了这一现象。

爱因斯坦假定激发出电子需要一定的能量，称之为逸出功 W_0。光子能量需要大于逸出功才能激发出电子，由此建立了光电效应方程，即

$$E_{\mathrm{k}} = h\nu - W_0 \tag{2–2–4}$$

1905 年，爱因斯坦在论文《关于光的产生与转化的启发式观点》中，首次提出了能量量子化的概念以及光粒子概念，从而建立了光量子理论。在光量子概念的启发下，德布罗意发现了物质波，使人们认清了微观世界的波粒二象性。更进一步，薛定谔在此基础上创立了波动力学，为量子力学的建立奠定了基础。

3. 玻尔的原子模型及光谱的理解

玻尔是量子力学的关键人物，也是量子革命的灵魂人物。他在 1911 年获得博士学位后，到英国进一步学习，先在剑桥大学的卡文迪什实验室①，后又转赴曼彻斯特大学。在曼彻斯特大学，玻尔参加了以卢瑟福为首的科学团体，从此与卢瑟福建立了长期的紧密合作。

1911 年，卢瑟福提出了有核原子模型，此模型指出电子在原子核外运动，很好地解释了 α 粒子散射实验，但与经典的电磁理论产生了矛盾。一方面，核外电子在绕核运动时应当辐射出电磁波而损失能量，电子绕核运动的轨道半径也相应减小，电子瞬时就会坍塌到原子核里。另一方面，随着绕核运动轨道半径的不断连续变化，原子辐射电磁波的频率也应该是连续变化的。这样，原子光谱就应该是连续的。然而，事实上，原子系统非常稳定，并且原子光谱都是分立的。

玻尔意识到了经典理论在解释原子结构方面的困难。在普朗克关于黑体辐射的量子论和爱因斯坦的光量子论的启发下，他在 1913 年提出了自己的原子结构假说。在这一过程中，瑞士数学教师约翰·巴耳末 (Johann Balmer) 于 1885 年提出的关于氢原子光谱中可见光波段波长的经验公式 (又称巴耳末公式) 起到了很重要的作用

$$\lambda = B\frac{m^2}{m^2-4}, \quad m = 3, 4, 5, \cdots \tag{2–2–5}$$

① 卡文迪什实验室是物理学领域非常著名的实验室，其历代主任都是物理大师：创建者兼首届主任是电磁学之父麦克斯韦，第二任是推导出黑体辐射公式的瑞利，第三任是电子的发现者汤姆逊，第四任是发现了 α 射线和原子核的卢瑟福。

其中 λ 是谱线波长，$B = 364.56$ nm 是实验测得的常量。巴耳末公式是在寻找可见光波段 4 条谱线波长的公共因子和比例系数的过程中拟合出来的，与实测结果符合得非常好，每一个 m 值都对应了氢原子谱线中的一条线，见表 2–2–1。

表 2–2–1 巴耳末公式与实测对比

m	巴耳末公式计算波长/Å	埃斯特朗测量波长/Å
3	6 562.08	6 562.10
4	4 860.80	4 860.74
5	4 340.00	4 340.10
6	4 101.30	4 101.20

就在玻尔思考原子结构的关键时刻，巴耳末公式犹如一把解开原子结构谜题的钥匙，为他打开了原子理论的大门。他从最简单的氢原子入手，提出了三个假设：① 定态假设，即原子系统只能停留于一系列分立的能量状态中，在这些状态中，电子绕核作加速运动，原子不吸收也不辐射能量，这种状态称为原子系统的稳定状态(定态)；② 跃迁假设，即原子从一种定态跃迁到另一种定态时，需要辐射或吸收固定频率的光子，光子的能量由这两种定态的能量差决定；③ 轨道假设，即原子的不同能量状态跟电子沿不同的圆形轨道绕核运动相对应，电子绕核运动的角动量满足角动量量子化条件。

上述假设 ① 解决了原子的稳定性问题，假设 ② 解释了线光谱的起源，假设 ③ 表明了电子的轨道也是不连续的。

玻尔在上述假设的基础上建立了新的氢原子模型，如图 2–2–2 所示。玻尔的原子模型第一次将光谱纳入了一个理论体系中，大大加深了人们对光谱的理解。电磁波的频谱广泛，可见光只占极小的一点。而因为谱线是跟原子能级相关的，所以同一种元素的谱线固定。玻尔理论指出了当时原子物理的发展方向，极大地推动了各种实验研究的发展。

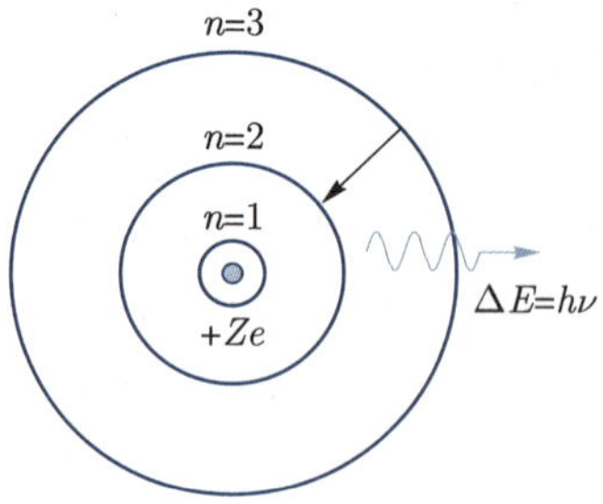

图 2–2–2 玻尔模型

4. 中微子的发现及放射性的理解

前面的章节中提到过四种射线：α 射线是氦核粒子射线，β 射线是由电子组成的粒子射线，γ 射线是由高能光子组成的粒子射线，X 射线是由原子核外的电子跨能级跃迁产生的光子束。其中前三种射线都是从原子核中发射出来的，其能量比化学反应中原子放出的能量高 100 万倍。

在原子核放射电子的研究中，科学家面临三方面的困惑：

① 电子在放射前是如何被束缚在原子核中的?

② 为什么实验测量出的电子从原子核中带走的能量、质量小于原子核失去的能量和质量?

③ 自旋 (角动量) 为什么不守恒?

1930 年，泡利思考了 β 衰变的问题，并预言了中微子的存在——在原子核中存在一个静止质量为零、具有 $\frac{1}{2}$ 自旋、电中性的粒子。在发生放射性 β 衰变时，中微子随电子一起出射，带走了一部分能量，因此出现了能量亏损。1956 年，物理学家弗雷德里克·莱因斯 (Frederick Reines) 和他的同事克莱德·考恩 (Clyde Cowan) 在测量中子衰变为质子的实验中，直接观测到了中微子的存在。

第一个困惑的解决则归功于费米在 1934 年提出的亚原子粒子的相互作用理论：微观物理世界中，相互作用都是以粒子的产生和湮没 (放射和吸收) 作为媒介的，例如，电磁相互作用 (电生磁或磁生电) 以光子的产生和湮没作为媒介的。当原子核发生放射性衰变时，产生一个电子和一个中微子，这两个粒子在放射发生前并不独立存在。

这两个猜想都是大胆假设出来解释难题的，但需要小心地验证其真实性。中微子的求证花了 26 年，希格斯粒子的求证花费了 60 年。可以看出，在科学研究中有两句话非常重要：大胆假设，小心求证。

量子化概念被接受后，开启了量子力学的新纪元。玻尔的模型激发了无数的后辈物理学家从量子化的角度研究原子模型，泡利不相容性、海森伯不确定性、拉比质子磁矩等，如同雨后春笋一样地建立起来，并最终建立了量子力学理论。可以说，玻尔的原子模型是通往量子力学理论的桥梁。

2.2.2 量子力学的主要成就

1. 建立了原子的结构模型

量子力学的第一个成就是建立了原子的结构模型。最初的原子模型是 1803 年提出的道尔顿模型，该模型中的原子是一个坚硬的实心小球，原子是组成物质的最小单位，如图 2–2–3 所示。1897 年汤姆孙发现了电子，否定了道尔顿的“实心球模型”，并提出了葡萄干布丁模型。该模型认为，原子就像一个布丁，原子里的电子就像是布丁中的葡萄干，均匀地镶嵌在布丁里面。1909 年，卢瑟福散射实验证实了原子核的存在，否认了葡萄干布丁模型。卢瑟福根据他的实验结果设计出行星模型——然而行星模型在经典电磁学中无法稳定存在。由此，玻尔提出了量子的分立轨道模型。1926 年，薛定谔和海森伯根据不确定原理，用电子云描述电子位置的概率区，提出了电子云模型。至此，原子结构模型比较妥善地建立了起来。

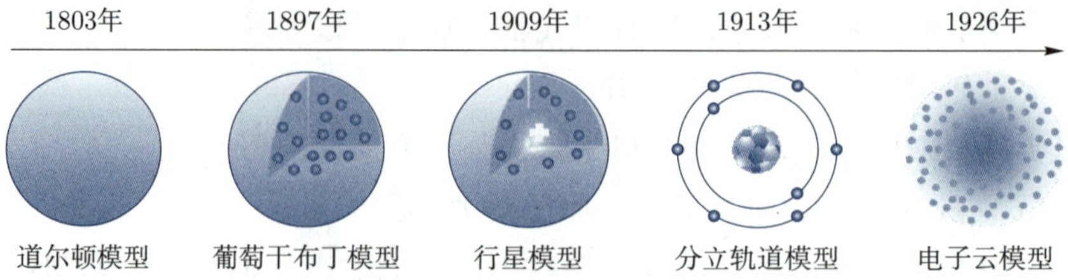

图 2–2–3 原子结构模型发展

在描述原子结构的过程中，量子力学提出了三个标志性的方程——海森伯的矩阵方程、薛定谔的波动方程，以及狄拉克的相对论方程。其中，海森伯的矩阵方程用矩阵描述了原子不同能级的动量和位置，薛定谔方程与海森伯矩阵方程是等价的，而狄拉克的相对论方程是满足狭义相对论的波动方程。

三个方程中应用最普遍的就是薛定谔方程，它揭露了微观世界中物质运动的基本规律，在量子力学中有着非常重要的地位。如果说经典力学体系运动规律由牛顿力学定律来描述，电磁现象的基本规律由麦克斯韦方程组来描述，那么在量子力学领域，系统的状态则由薛定谔方程的解——波函数来描述。量子力学的核心问题便是探究波函数的变化规律。

(1) 薛定谔方程的猜想过程

薛定谔从经典的波动方程入手，应用于粒子，加入量子化的概念，猜想出了粒子的波动方程。首先，经典波动方程的最平凡的解——平面波解，具有如下形式：

$$\psi\left(\boldsymbol{r},t\right)=A_0\mathrm{e}^{i(\boldsymbol{k}\cdot\boldsymbol{r}-\omega t)} \tag{2–2–6}$$

其中 $\boldsymbol{k}$ 为波矢 (波数矢量)，其对应的标量为波数 $k=2\pi/\lambda$，ω 为角频率。然后，根据德布罗意假说，粒子的能量和动量分别表示为

$$\begin{cases} E=h\nu=\dfrac{h\omega}{2\pi}=\hbar\omega \\ p=\dfrac{h}{\lambda}=\dfrac{hk}{2\pi}=\hbar k \end{cases} \tag{2–2–7}$$

于是，对于动量 p 确定的自由粒子，分别用能量和动量替换平面波的角频率和波矢，可以知道自由粒子的波函数形式如下：

$$\psi(\boldsymbol{r},t)=A_0\mathrm{e}^{\frac{i}{t}(p\cdot\boldsymbol{r}-Et)} \tag{2–2–8}$$

在上式两侧计算关于 t 的导数和计算散度，可以分别得到

$$\begin{cases} \mathrm{i}\hbar\dfrac{\partial\psi}{\partial t}=E\psi \\ -\hbar^2\nabla^2\psi=p^2\psi \end{cases} \tag{2–2–9}$$

在速度远小于光速的时候，粒子的能量和动量具有关系

$$E=\frac{p^2}{2m} \tag{2–2–10}$$

于是由式 (2–2–9) 可以得到

$$\mathrm{i}\hbar\frac{\partial\psi}{\partial t}=-\frac{\hbar^2}{2m}\nabla^2\psi \tag{2–2–11}$$

这就是自由粒子的波函数所满足的方程，这个方程实质上正是自由粒子的薛定谔方程。

而对于有势能的粒子来说，能量就是自由粒子动能加上势能，那么动量和能量的关系满足

$$E=\frac{p^2}{2m}+V \tag{2–2–12}$$

于是有

$$E\psi=\left(\frac{p^2}{2m}+V\right)\psi=-\frac{\hbar^2}{2m}\nabla^2\psi+V\psi \tag{2–2–13}$$

这里需要提出一个基本假设，认为含势能的系统能量与波函数的乘积也满足 $\mathrm{i}\hbar\partial\psi/\partial t=E\psi$。由此可知一般势场中运动的粒子的波函数满足以下方程：

$$\mathrm{i}\hbar\frac{\partial\psi}{\partial t}=-\frac{\hbar^2}{2m}\nabla^2\psi+V\psi \tag{2–2–14}$$

这就是普遍形式的薛定谔方程。尽管薛定谔方程是波动方程，但是它是根据传统波动方程结合粒子性质 $E=p^2/(2m)$ 和量子化的概念 $p=h/\lambda$，$E=h\omega$ 猜测出来的，因而隐含了“波粒一体 (波粒二象性)”的概念。1926 年 1 月，薛定谔发表论文，建立了氢原子的定态薛定谔方程并求解，得到了氢原子的能级结构。之后他又在同年连续发表了 5 篇论文，建立了波动力学的完整框架，系统地回答了当时已知的各种量子现象。

值得一提的是，波函数 $\psi(\boldsymbol{r},t)$ 本身没有具体的物理意义，马克斯 · 玻恩 (Max Born) 在 1926 年提出了波函数的统计解释——波函数的模平方反映了粒子在某处出现的概率。这一诠释迅速引发了轩然大波。粒子从根源上就是随机运动的，没有一个确定的轨道，这彻底震撼了人们的世界观，在物理学界引发了一次关于量子力学的大论战。其中一方是以玻尔为核心的支持派，包括玻恩、泡利、海森伯，另一方是反对派，包括爱因斯坦、德布罗意、普朗克。而方程的提出者薛定谔本人并不赞同这种统计或概率论的解释。论战中爱因斯坦说了一句著名的话：“上帝不掷骰子。”玻尔则针锋相对地反驳：“请你不要告诉上帝应该怎么做。”

然而，这一概率诠释最终得到了实验验证。1964 年，约翰 · 斯图尔特 · 贝尔 (John Stewart Bell) 提出了贝尔不等式，将量子大论战从带有哲学色彩的纯粹思辨具象为实验可证的科学理论。1982 年，贝尔不等式得到实验验证，实验结论压倒性地支持了概率诠释，为大战画上了句号。

至此，薛定谔方程描述了粒子的波函数，波函数给出了粒子出现的概率，薛定谔又证明了薛定谔方程与海森伯的矩阵方程等价，非相对论的量子力学就这样建立完成了。

理论上讲，只需要知道势能就可以求出薛定谔方程的解，但含时间方程的求解实在是过于困难。薛定谔方程是一个线性方程，意味着经典力学的叠加定理仍然成立。为了方便求解，可以采用分离变量法，将含有时间的部分与含有空间的波函数分开，即 $\psi(\boldsymbol{r},t)=\varphi(t)\psi(\boldsymbol{r})$。

分离变量之后，含时间的部分可以直接求解得 $\varphi(t)=\mathrm{e}^{-\mathrm{i}Et/\hbar}$，而不含时间的部分则可以得到一个仅含空间变量的方程，也就是定态薛定谔方程

$$E\psi=-\frac{\hbar^2}{2m}\nabla^2\psi+V\psi \tag{2–2–15}$$

这样一来，势场不随时间变化的薛定谔方程的求解，便可以归结为以下步骤：首先求解定态薛定谔方程，然后将含有时间的部分与之相乘，得到含时间的解。其中，求解定态薛定谔方程又分为以下四步：① 列出每个势能区域的一维定态方程；② 各势能区域分别解方程；③ 使用波函数边界条件定解；④ 使用归一化条件确定系数。下面我们以一维无限深势阱为例，展示薛定谔方程的求解过程。

(2) 一维无限深势阱的薛定谔方程

在量子力学里，无限深势阱问题是一个理想化的问题。无限深势阱是一个有限尺寸的位势阱，势阱内位势为 0，势阱外位势为无限大。在势阱内，粒子感受不到任何作用力，可以自由地在势阱内移动。可是，势阱壁是无限高的，粒子完全地束缚于势阱内。简便起见，这里我们仅讨论粒子移动于一维空间的问题。对于一维无限深势阱而言，其势能函数表示为 $V(x)=\begin{cases}0, & 0<x<a\\ \infty, & x\leqslant 0 \text{ 或 } x\geqslant a\end{cases}$，如图 2–2–4 所示。

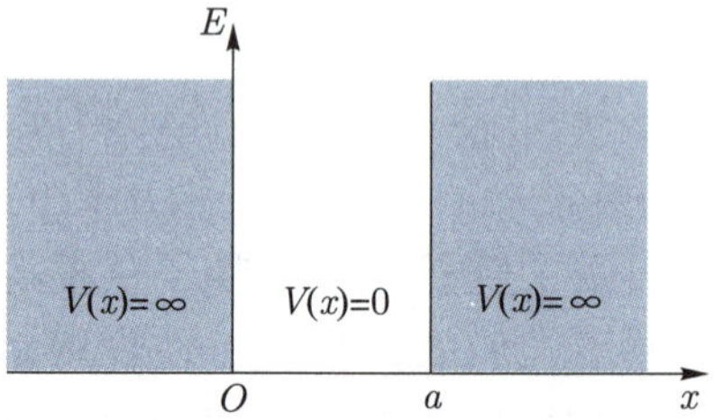

图 2–2–4　一维无限深势阱示意图

势阱内的薛定谔方程为

$$-\frac{\hbar^2}{2m}\frac{\mathrm{d}^2\psi}{\mathrm{d}x^2}=E\psi \tag{2–2–16}$$

方程通解为

$$\psi(x)=A\sin(kx)+B\cos(kx),\quad 0<x<a, k^2=\frac{2mE}{\hbar^2} \tag{2–2–17}$$

其中 A 和 B 是待定系数，由边界条件确定。具体来讲，由于粒子仅有有限的能量，只能在势阱内活动，因此势阱外的波函数是 0，即 $\psi(0)=\psi(a)=0$，展开得到

$$\begin{cases} B=0 \\ A\sin(ka)=0 \end{cases} \tag{2-2-18}$$

考虑非平凡解 ($A\neq 0$)，那么应有 $ka=n\pi$，也即

$$k=\frac{n\pi}{a},\quad n=1,2,3,\cdots \tag{2-2-19}$$

由此解得波函数为

$$\psi(x)=A\sin\left(\frac{n\pi}{a}x\right),\quad n=1,2,3,\cdots \tag{2-2-20}$$

最后，由于波函数的模方代表概率，波函数需要满足归一化条件 $\int_0^a|\psi(x)|^2\,\mathrm{d}x=1$，由此得到 $A=\sqrt{2/a}$，从而定态波函数的数学形式如下：

$$\psi(x)=\sqrt{2/a}\sin\left(\frac{n\pi}{a}x\right),\quad n=1,2,3,\cdots \tag{2-2-21}$$

其中，每一个定态波函数都与一个能量相对应，也即

$$E_n=\frac{\hbar^2}{2m}k^2=\frac{\pi^2\hbar^2}{2ma}n^2=n^2E_1 \tag{2-2-22}$$

这便是能量量子化。

对于更复杂的量子系统，诸如有限深势阱、氢原子、谐振子等，都是采用这一套流程，本质是求解微分方程，只是在数学上更为复杂。

(3) 氢原子的薛定谔方程

前面提到玻尔通过经典理论和量子化假设，推导出了氢原子能级的公式。下面简要介绍量子力学中的氢原子的薛定谔方程的求解方法及相关结果。

在氢原子中，电子的势能函数为

$$U=-\frac{e^2}{4\pi\varepsilon_0 r} \tag{2-2-23}$$

其中，r 是电子到质子核的距离，由于质子核的质量很大，假设质子核是静止的。将 U 代入薛定谔方程得

$$\frac{\partial^2\psi}{\partial x^2}+\frac{\partial^2\psi}{\partial y^2}+\frac{\partial^2\psi}{\partial z^2}+\frac{2m}{\hbar}\left(E+\frac{e^2}{4\pi\varepsilon_0 r}\right)\psi=0 \tag{2-2-24}$$

考虑到势能是关于 r 的函数，为方便起见，采用极坐标 (r,θ,φ) 代替直角坐标 (x,y,z)，即 $x=r\sin\theta\cos\varphi$，$y=r\sin\theta\cos\varphi$，$z=r\cos\theta$。在一般情况下，波函数 ψ 既是 r 的函数，又是 θ 和 φ 的函数，通常采用分离变量法求解，即设

$$\psi(r,\theta,\varphi)=R(r)\,\Theta(\theta)\,\Phi(\varphi) \tag{2-2-25}$$

其中 $R(r)$、$\Theta(\theta)$、$\Phi(\varphi)$ 分别是 r、θ、φ 的函数。经过一系列数学换算后，得到三个独立函数 $R(r)$、$\Theta(\theta)$、$\Phi(\varphi)$ 所满足的三个常微分方程

$$\frac{1}{r^2}\frac{\mathrm{d}}{\mathrm{d}r}\left(r^2\frac{\mathrm{d}R}{\mathrm{d}r}\right)+\left[\frac{2m}{\hbar}\left(E+\frac{e^2}{4\pi\varepsilon_0 r}\right)-\frac{\lambda}{r^2}\right]R=0 \tag{2–2–26}$$

$$\frac{1}{\sin\theta}\frac{\mathrm{d}}{\mathrm{d}\theta}\left(\sin\theta\frac{\mathrm{d}\Theta}{\mathrm{d}\theta}\right)+\left[\lambda-\frac{m_l^2}{\sin^2\theta}\right]\Theta=0 \tag{2–2–27}$$

$$\frac{\mathrm{d}^2\Phi}{\mathrm{d}\varphi^2}+m_l^2\Phi=0 \tag{2–2–28}$$

其中 m_l 和 λ 是引入的常量。解此三个方程，并考虑到波函数应满足的标准条件，即可得到波函数 $\psi(r,\theta,\varphi)$。

在求解上述第一个常微分方程时，容易知道，氢原子的能量 E 必须满足量子化条件

$$E_n=-\frac{me^4}{32\pi^2\varepsilon_0^2\hbar^2}\frac{1}{n^2}=-\frac{me^4}{8\varepsilon_0^2h^2}\frac{1}{n^2} \tag{2–2–29}$$

式中 $n=1,2,3,\cdots$ 称为主量子数。这与玻尔的氢原子能级公式是一致的，但玻尔是人为地加上量子化假设，而量子力学则是在求解薛定谔方程的过程中自然得到的量子化结果。

(4) 狄拉克方程与相对论性量子力学

狄拉克看到薛定谔方程以后，敏锐地发现了其缺陷——粒子运动的动量和动能用的是低速经典模型，即 $E=p^2/(2m)$，而非狭义相对论模型。为此，他在薛定谔方程的基础上，加入粒子变速运动的狭义相对论理论，提出了满足狭义相对论的量子力学方程——狄拉克方程。

具体来讲，在狭义相对论中，自由粒子的能量和动量的关系为

$$E=\sqrt{p^2c^2+m^2c^4} \tag{2–2–30}$$

注意到上式右侧涉及开方，难以通过常规变换消除①。为此，狄拉克考察上式等号右侧，意识到若能找到方程 $p^2+m^2c^2=(\alpha p+\beta mc)^2$ 的解，便可消除根号。然而，容易验证，该方程在实数域和复数域内均无解。

那么什么样的 α 和 β 能满足该方程呢？狄拉克发现了该方程的四阶矩阵解。如果是三维空间，p 有 p_x、p_y、p_z 三个分量，且以下等式成立：

$$p^2=p_x^2+p_y^2+p_z^2 \tag{2–2–31}$$

于是式 (2–2–30) 可以改写为

$$p_x^2+p_y^2+p_z^2+m^2c^2=(\boldsymbol{\alpha}_1p_x+\boldsymbol{\alpha}_2p_y+\boldsymbol{\alpha}_3p_z+\boldsymbol{\beta}mc)^2 \tag{2–2–32}$$

① 变换的核心是用能量的“特殊”表达式乘上波函数。这里要求既要消除根号，又不能使用平方。克莱因–戈尔登方程就采取 E^2 与 ψ 相等，出现了负概率，且解不出氢原子能级分布，结果只适应玻色子粒子自旋为零的粒子，如希格斯粒子、介子等，不能描述自旋为半整数的费米子。

狄拉克找到了一组矩阵 $\boldsymbol{\alpha}_1$、$\boldsymbol{\alpha}_2$、$\boldsymbol{\alpha}_3$、$\boldsymbol{\beta}$ 可以满足式 (2–2–32)，费米找出了另一组矩阵 (称为“标准组”) 也能满足式 (2–2–32)。狄拉克的这一组矩阵也称为“泡利组”，矩阵组如下：

$$\boldsymbol{\alpha}_1=\begin{bmatrix}0&0&0&1\\0&0&1&0\\0&1&0&0\\1&0&0&0\end{bmatrix}=\begin{bmatrix}0&1\\1&0\end{bmatrix}\otimes\begin{bmatrix}0&1\\1&0\end{bmatrix}$$

$$\boldsymbol{\alpha}_2=\begin{bmatrix}0&0&0&-\mathrm{i}\\0&0&\mathrm{i}&0\\0&-\mathrm{i}&0&0\\\mathrm{i}&0&0&0\end{bmatrix}=\begin{bmatrix}0&1\\1&0\end{bmatrix}\otimes\begin{bmatrix}0&-\mathrm{i}\\\mathrm{i}&0\end{bmatrix}$$

$$\boldsymbol{\alpha}_3=\begin{bmatrix}0&0&1&0\\0&0&0&-1\\1&0&0&0\\0&-1&0&0\end{bmatrix}=\begin{bmatrix}0&1\\1&0\end{bmatrix}\otimes\begin{bmatrix}1&0\\0&-1\end{bmatrix}$$

$$\boldsymbol{\beta}=\begin{bmatrix}1&0&0&0\\0&1&0&0\\0&0&-1&0\\0&0&0&-1\end{bmatrix}=\begin{bmatrix}1&0\\0&-1\end{bmatrix}\otimes\begin{bmatrix}1&0\\0&1\end{bmatrix}$$

将式 (2–2–32) 两边同时乘以波函数进行变换，得到

$$\frac{1}{c}E\psi=(\boldsymbol{\alpha}_1p_x+\boldsymbol{\alpha}_2p_y+\boldsymbol{\alpha}_3p_z)\,\psi+\boldsymbol{\beta}mc\psi \tag{2–2–33}$$

因为波函数具有形式 $\mu(\boldsymbol{r},t)=A\exp\left[-\frac{\mathrm{i}}{\hbar}(-p\cdot\boldsymbol{r}+Et)\right]$，满足

$$E\psi=\mathrm{i}\hbar\frac{\partial\psi}{\partial t},\quad p\psi=-\mathrm{i}\hbar\frac{\partial\psi}{\partial x} \tag{2–2–34}$$

于是可以将式 (2–2–33) 改写为

$$\frac{1}{c}\mathrm{i}\hbar\frac{\partial\psi}{\partial t}=-\mathrm{i}\hbar\left(\boldsymbol{\alpha}_1\frac{\partial\psi}{\partial x}+\boldsymbol{\alpha}_2\frac{\partial\psi}{\partial y}+\boldsymbol{\alpha}_3\frac{\partial\psi}{\partial z}\right)+\boldsymbol{\beta}mc\psi \tag{2–2–35}$$

对上式稍作变形，利用关系 $\boldsymbol{\beta}^2=\boldsymbol{I}$，可以得到

$$\mathrm{i}\hbar\left(\frac{1}{c}\boldsymbol{\beta}\frac{\partial\psi}{\partial t}+\boldsymbol{\beta}\boldsymbol{\alpha}_1\frac{\partial\psi}{\partial x}+\boldsymbol{\beta}\boldsymbol{\alpha}_2\frac{\partial\psi}{\partial y}+\boldsymbol{\beta}\boldsymbol{\alpha}_3\frac{\partial\psi}{\partial z}\right)=mc\psi \tag{2–2–36}$$

$$\mathrm{i}\hbar\left(\frac{1}{c}\gamma_0\frac{\partial\psi}{\partial t}+\gamma_1\frac{\partial\psi}{\partial x}+\gamma_2\frac{\partial\psi}{\partial y}+\gamma_3\frac{\partial\psi}{\partial z}\right)=mc\psi \tag{2-2-37}$$

其中 $\boldsymbol{\gamma}_0=\boldsymbol{\beta}$，$\boldsymbol{\gamma}_1=\boldsymbol{\beta}\boldsymbol{\alpha}_1$，$\boldsymbol{\gamma}_2=\boldsymbol{\beta}\boldsymbol{\alpha}_2$，$\boldsymbol{\gamma}_3=\boldsymbol{\beta}\boldsymbol{\alpha}_3$。接着引入狄拉克张量算符

$$\boldsymbol{\gamma}^\mu\partial_\mu=\frac{1}{c}\gamma_0\frac{\partial}{\partial t}+\boldsymbol{\gamma}_1\frac{\partial}{\partial x}+\boldsymbol{\gamma}_2\frac{\partial}{\partial y}+\boldsymbol{\gamma}_3\frac{\partial}{\partial z} \tag{2-2-38}$$

可以将式 (2–2–37) 简写为

$$\mathrm{i}\hbar\boldsymbol{\gamma}^\mu\partial_\mu\psi=mc\psi \tag{2-2-39}$$

进一步选取自然单位制 $\hbar=c=1$，则有 $(\mathrm{i}\gamma^\mu\partial_\mu-m)\psi=0$。最后，定义算符 $\partial'=\boldsymbol{\gamma}^\mu\partial_\mu$，则可以得到

$$\left(\mathrm{i}\partial'-m\right)\psi=0 \tag{2-2-40}$$

这便是常见的狄拉克方程。

狄拉克方程统一了狭义相对论和量子力学，实现了比薛定谔方程更通用的微观粒子运动描述，具有重大意义：

① 适应于高速运动粒子的波函数描述。从推导狄拉克方程的过程中可以看出，它利用了狭义相对论的动量和能量关系，因此它能描述高速运动的粒子 (如电子) 的运动，拓展了薛定谔方程的应用范围。

② 揭示了电子自旋的特性。泡利借助泡利矩阵来描述电子的自旋，其三个矩阵如下：

$$\boldsymbol{\sigma}_1=\begin{bmatrix}0&1\\1&0\end{bmatrix},\quad \boldsymbol{\sigma}_2=\begin{bmatrix}0&-\mathrm{i}\\\mathrm{i}&0\end{bmatrix},\quad \boldsymbol{\sigma}_3=\begin{bmatrix}1&0\\0&-1\end{bmatrix}$$

这个矩阵组与狄拉克的矩阵组非常一致，引入泡利矩阵组，就可以将狄拉克矩阵组改写为

$$\boldsymbol{\alpha}_1=\begin{bmatrix}0&\sigma_1\\\sigma_1&0\end{bmatrix},\quad \boldsymbol{\alpha}_2=\begin{bmatrix}0&\sigma_2\\\sigma_2&0\end{bmatrix},\quad \boldsymbol{\alpha}_3=\begin{bmatrix}0&\sigma_3\\\sigma_3&0\end{bmatrix}$$

所以，狄拉克矩阵包含了泡利矩阵，既然泡利矩阵具有自旋的属性，那么狄拉克矩阵就一定隐含自旋。这说明电子的自旋是狭义相对论的必然要求，电子必然有自旋。所谓电子自旋并不是说电子在绕一个轴转动，而是说明电子具有磁矩 (施特恩–格拉赫实验中的发现)，这个磁矩“虚拟”出自旋。

③ 开启了认识反物质的先河。在求解狄拉克方程时，出现了能量为负的结果，如何解释出现的负能量呢？狄拉克提出了“狄拉克海”的概念。他认为真空中充满了“负能级”，以“空穴”的形式存在。当电子占据到这个“空穴”中，这个电子就具有“负能级”，就变成正电子。因此，真空中是被电子填满的“负能级”空间，称为“狄拉克海”。只是无法观测到待在“负能级”的电子，一旦“负能级”中的电子吸收能量，就会跃迁到正能级，成为我们可以观察的电子。这种“空穴”就像电子粒子一

样，有相同质量、有与电子所带电荷相等的正电荷和相同的自旋，所以狄拉克认为，这类正电子就是反物质。1932 年，安德森在宇宙射线中观测到正电子，证实了反物质的存在。此后数十年间，物理学家相继发现反质子、反中子等一系列反粒子，逐步完善了人类对反物质世界的认知。值得一提的是，我国物理学家赵忠尧在发现正电子方面也作出了先驱贡献。

虽然狄拉克方程成功地将量子力学与狭义相对论结合起来，并预言了粒子的自旋和反粒子的存在，但是这一理论仍然有其局限性。首先，对于因果性问题，狄拉克方程无能为力，仍容许量子力学中的超距作用 (或非定域性)。更重要的是，不论是 K-G 方程还是狄拉克方程，它们都可以导出粒子数守恒的结论，因此无法描述粒子的产生、湮没过程。因此，在相对论量子力学的尝试中，虽然狄拉克方程比 K-G 方程进步了很多，但是它仍然是一个有局限性的理论，之后在此基础上进一步拓展完善的满足狭义相对论的量子理论，则是“量子场论” (quantum field theory)。

2. 揭示了亚原子粒子的基本特征

量子力学的第二个突出贡献是揭示了亚原子粒子的基本特征。亚原子粒子的基本特征可以概括成四个主要性质：波粒二象性、不确定性、叠加性与纠缠性。

(1) 波粒二象性

波粒二象性是指亚原子粒子同时具有粒子的特性和波的特性，而波长是由粒子的动量决定的。用公式描述就是：$p = h/\lambda$，动量和波长由普朗克常量联系起来呈反比的关系。宏观物体的动量都非常大，波长都极端短，比原子尺寸还小十几个、几十个数量级，因而宏观物体不能表现出波动性质。

德布罗意计算电子波长为 $\lambda = h/(mv) = 3.33 \times 10^{-10}$ m，这个波长与玻尔理论计算出的氢原子最低能态的轨道周长完全相同。通过波动的性质可以进行解释：要形成稳定态，电子轨道上的波必须是驻波，那么轨道周长就必须是波长的整数倍，也就导致了轨道和能级的离散化。这个结果与玻尔模型和薛定谔方程是一致的。

(2) 不确定性

不确定性是粒子具有波粒二象性的体现。对于一个由不同波长的波叠加起来的波包，叠加的短波成分越多，波包的位置就越精确，但同时波长代表动量，因而动量的方差反而越大。不确定性是由海森伯提出的，用数学描述起来就是

$$\begin{cases} \Delta p \cdot \Delta x \geqslant \dfrac{\hbar}{2} \\ \Delta E \cdot \Delta t \geqslant \dfrac{\hbar}{2} \end{cases} \tag{2–2–41}$$

动量测量越精确，位置测量就越模糊；能量测量越精确，时间的测量就越模糊。这是量子力学中不确定性原理的核心。不确定性揭示了微观世界的一个基本特征：某些物理量 (如位置和动量) 无法同时被精确确定，这种限制并非仅仅因为测量手段的影响，而是量子系统本身的固有属性。

具体来说，假设存在一个粒子，要想测量它的位置，可以把一个光子打到它身

上。为了提高位置测量的精度，需要使用波长更短的光子，但这会导致光子的动量变大，撞击粒子后使粒子的动量变得更不确定，反之亦然。然而，即使不进行测量，粒子的位置和动量也天然具有这种互斥的不确定关系，因为它们是由量子态的波函数决定的。

(3) 叠加性

一个系统处于某个状态，对其进行多次测量，得到的结果不是一个确定的值，而是若干值的一个分布，那么这个状态就是叠加态。例如一个两能级系统 $a\left|0\right\rangle+b\left|1\right\rangle$，其中 a、b 分别为系统处于 $\left|0\right\rangle$ 和处于 $\left|1\right\rangle$ 的概率，由于归一化原理，它们满足绝对值的平方和等于 1，即 $a^2+b^2=1$。当对系统进行测量时，有 b^2 的概率测量到能级为 $\left|1\right\rangle$，有 a^2 的概率测量到能级为 $\left|0\right\rangle$。

(4) 纠缠性

双粒子或多粒子体系中，粒子间可能处于纠缠态。这种状态下，每个粒子的特性 (如自旋方向) 都无法单独描述，必须将它们看作一个整体来理解。举一个例子：一个电子和一个正电子碰撞湮没产生一对自旋为零的光子，但每一个光子都有单位自旋。在测量之前，这两个光子都处于正负自旋的叠加态，可能为正也可能为负。但是在测量以后这两个光子无论相距多远，它们的自旋指向都必须保持相反 (一个自旋向上，另一个必须向下)。这就是叠加态的纠缠。

3. 找出了万物运行的四种力

量子力学的第三大贡献就是找出了万物运行的四种力。

(1) 引力

这种力作用于所有存在质量的两个物体之间，也称为万有引力。它是最弱的力，在两个电子之间电磁力比引力要强 10^{42} 倍。引力子是引力的交换粒子，质量为 0，且自旋为 2，它的力是长程的。太阳和地球之间的引力可以归结为这两个物体构成的粒子之间引力子的交换。实引力子构成引力波，于 2015 年首次被探测到。

(2) 电磁力

电磁力作用于带电荷的粒子 (例如电子、夸克) 之间，同性相斥，异性相吸。由于两个物体之间的净电磁力非常小，在宏观物体间没有电磁力显现 (因为大的物体包含了等量的正负电荷，净电荷几乎为零)。电磁力在原子和分子的小尺度下起主要作用，也是制约原子大小的主要因素。

(3) 弱核力

弱核力负责控制放射性 (α、β、γ 射线) 衰变，是导致 β 衰变以及与中微子有关的各种转变的原因。这里的 “弱” 是相对强核力和电磁力而言的，它比引力要强得多。弱力子分为 W^+、W^- 和 Z^0 (不带电) 三种，它们于 1983 年在日内瓦质子同步加速器被发现。弱力子质量很大，是质子质量的 80 多倍，因此它的力程很短。弱相互作用存在于质子、中子、电子和中微子之间，在中子和质子转换过程的交换粒子就是 W – Z 组合三粒子。弱力仅作用于自旋为 1/2 的所有物质粒子 (费米子)，弱粒子自旋为 1。

(4) 强核力

强核力是四种基本力中最强的作用力，它将质子和中子中的夸克束缚在一起，同时也将原子核中的质子和中子束缚在一起。其载力子只能与自身或夸克相互作用，这种粒子称为胶子，共有 8 种。强核力总是把粒子束缚成不带颜色的结合体。由于夸克有三种颜色 (红、绿或蓝)，胶子总是将夸克三胞胎或者夸克与反夸克两胞胎组合在一起 (红 + 绿 + 蓝 = 白；红 + 反红 = 白，绿 + 反绿 = 白，蓝 + 反蓝 = 白)。类似的胶子也有颜色，色禁闭使人们既得不到单独的胶子，也得不到单独的夸克。在正常能量下，强核力很强，而且作用距离越远，力越强大，这种强核力将夸克紧紧地捆在一起。

四种基本力中的三种 (即电磁力、弱核力、强核力) 已经通过杨振宁的杨–米尔斯规范场统一起来了，仅有引力还没有被纳入，将四种力统一成为当代物理学家的首要目标。

4. 发展了量子电动力学和量子色动力学

量子电动力学和量子色动力学是量子场论的两个重要分支，它们分别描述了电磁作用和强相互作用力在量子力学尺度上的行为。它们的研究对象和内容涉及广泛的主题，包括光子的发射和吸收、带电粒子的产生与湮没、散射等过程，还有色禁闭和规范场的理论。这些研究成果为人类认识和理解微观世界起到了重要的推动作用。

量子电动力学 (quantum electrodynamics，QED) 是研究电磁相互作用在量子领域的理论，它概括了原子物理、分子物理、固体物理、核物理及粒子物理各个领域中电磁相互作用的基本原理。QED 认为，电荷和电磁场的相互作用可以等效为引起能级跃迁的微扰，而能级跃迁引起了发射光子数量的变化，但整体上满足能量和动量守恒。这个理论解释了光子的发射和吸收、带电粒子的产生与湮没、带电粒子间的散射和带电粒子与光子之间的散射等过程。

量子色动力学 (quantum chromodynamics，QCD) 是研究强相互作用的理论，研究的对象是色荷，而不是电荷。在 QCD 中，强相互作用不像两个相反电荷之间的电场线那样分散在空间，而是集中在两个色荷的连线上形成一根弦，这就不能把两个色荷分开到大的距离 (色禁闭)。QCD 是用来描述夸克和胶子之间的相互作用，胶子是色场的量子，就如同光子是电磁场中的量子一样。

2.2.3 量子科学的贡献

从 1900 年开始，量子力学已经历经 120 多年的历史，世界物理学界的主流认为：量子论是科学史经过最准确检验的和最成功的理论。量子力学理论成果在我们生存的宇宙微观和宏观领域都得到了广泛应用，其贡献主要体现在以下几个方面。

1. 成为各领域研究的理论先导

量子力学与经典力学和相对论 (应用于宏观的低速和高速环境) 截然不同，它从根本上重新定义了我们对物质结构和相互作用的认识，并且详细阐述了原子级微观世界的独特性质。在这个微观层面，关于原子和分子的结构、原子核的组成以及粒子物理的多个方面，都深刻依赖于量子力学的理论框架。量子力学的发展陆续解决了这些难题：光谱是什么？放射性是什么？物体为什么有导体、半导体和绝缘体之分？元素周期率的本质是什么？为什么会有化合物分子？离子键和共价键的本质是什么？等等。

虽然量子力学主要是为了解释微观世界的现象而发展的，但它在某些宏观天体和宇宙现象的解释中也起到了不可或缺的作用。在宏观领域，量子力学对宇宙的起源、天体物理的研究起到了理论先导作用，对宇宙大爆炸理论、宇宙膨胀理论、天体运动理论、行星生命周期理论等都给予了有力支撑。

2. 成为信息技术发展的重要推手

从 20 世纪 50 年代开始，信息技术发展进入了指数的拐点，高速发展，其根源是量子力学、相对论和电磁学等科学研究的理论成果的推动。技术的发展和科技产业的兴起，引发了半导体芯片 (微电子)、微纳米、光电子、计算机、电视、卫星定位、通信、电子显微、核磁共振成像等产业的蓬勃发展，促进了人类社会的文明。可以说，没有量子力学的科学推动，我们就没有今天的物质文明和精神文明。

3. 成为平衡世界政治格局的帮手

量子力学的发展，直接催生了原子弹和氢弹的诞生。二战的两颗原子弹在日本爆炸，加速了战争结束的进程。而战后原子弹的研制和使用限制，帮助实现了世界政治格局的平衡，特别是中国“两弹一星”的研制成功，为中国和世界的和平稳定发展奠定了重要物质基础。

我国共有 23 位“两弹一星”元勋。在 1999 年 9 月 18 日授勋时，有一些元勋已经去世了，但历史将永远记住他们。特别指出的是，郭永怀是“两弹一星”元勋当中唯一的烈士，他在 1968 年从西北返回北京时在南苑机场由于飞机故障坠机丧生，在死前仍与护卫紧紧抱着刚获得的氢弹实验数据。

鉴于量子技术在全球政治与战略领域具有深远的影响力，世界各主要技术强国在量子技术领域的竞争愈发激烈。近些年来，多国积极把量子技术纳入国家的发展战略之中，并相继制定了相关的发展规划，以加速量子技术的本土化进程。中国在量子技术的发展上取得显著进展，尤其在量子应用等领域已处于国际领先水平。

4. 成为量子信息科技的催化剂

作为量子信息科技发展的催化剂，量子力学在过去的一个世纪中引发了第一次量子革命，极大地改变了世界。从原子弹到半导体芯片，再到激光技术，这些重大的技术进步都建立在量子力学的基础之上。现在，量子技术作为一种前沿科技，正在引领所谓的“第二次量子革命”，催生了一系列创新性的科技突破。例如，量子加密、量子通信、量子计算和量子测量技术等都显示出超越传统科技的显著优势，并成为各国高度关注的焦点。

特别是在量子测量领域，包括量子惯性导航、量子目标识别、量子重力测量、量子时间基准和量子磁场测量等，它们在国防和军事领域具有重要的战略意义，已经引起了世界各国政府和科研机构的高度关注。随着这些技术在实际应用和工程化方面取得进展，预计它们将在国家安全和公共利益的关键领域发挥重要作用。

5. 成为引领未来能源革命的先锋

可控核聚变一直是受到全世界关注的能源项目，作为能够改变世界的能源项目，可控核聚变具有无可比拟的优势，虽然与普通核电站使用的核裂变技术都属于核反应，但核聚变产生的能源更加清洁、高效，核燃料也更容易获得。但目前可控核聚变技术也面临着高温、高能等条件下的控制和稳定性的挑战。科学家们通过对量子力学的深入研究和应用，为可控核聚变技术提供理论基础指导，这种清洁、高效和可持续能源技术才能在未来有望引领能源革命。

思考题

1. 分别从数学和场的角度出发，试述斯托克斯定理的意义。
2. 试述麦克斯韦方程组的积分形式和微分形式，并解释其物理意义。
3. 什么是位移电流？什么是传导电流？位移电流和传导电流的本质区别是什么？
4. 试述薛定谔方程的物理意义。
5. 试述玻尔的量子论存在哪些不足。

第 3 章 三个理论

20 世纪中期，科技的迅速进步使得科学研究各个领域逐渐细分，但与此同时，各学科之间的交叉融合也愈加显著。为了应对这一变化，信号理论 (简称信号论)、信息论和控制论这三门学科理论应势而生，极大地促进了当时科学技术和思维的进步，也为现代多门新兴学科的诞生奠定了坚实的基础。

首先，信号论作为电子与通信领域的支柱理论，探究信息的传递和变换。信号论的核心思想在于理解和优化信息传递中的信号，使其在不同媒介和系统中得以有效传输。这一理论的成功应用，不仅推动了通信技术的革新和雷达业的发展，也催生了各种数字信号处理技术，为音频、图像和视频等多媒体信息的高效传递奠定了基础。其次，信息论则深入挖掘了信息的本质和度量方式。由克劳德・香农 (Claude Shannon) 提出的信息熵理论成为信息论的核心，揭示了信息量与不确定性之间的紧密关系。信息论不仅为通信系统提供了量化的工具，更深刻地影响了密码学、数据压缩等多个领域，为信息处理和存储的理论和实践提供了坚实的理论基础。最后，控制论则聚焦于系统的动态过程和稳定性。从生态系统到工业生产，从机器人到经济系统，控制论为各种复杂系统的建模、分析和优化提供了强大的工具。通过理解和操纵系统的输入和输出，控制论不仅为自动控制系统的设计提供了指导原则，也为实现自适应、智能化的系统开拓了新的研究方向。

信号论、信息论和控制论三门学科相辅相成，构建起了信息科技的坚实理论体系。在这一章中，我们首先介绍信号的表示和分析方法，然后探索信息的本质和香农三大定理的内涵，最后概述控制理论的发展历程，并了解几种典型的控制系统。

3.1 信号论

信号论是电子工程、通信工程、控制工程和系统工程等领域的一门跨学科性的基础学科，研究信号的分析和处理，涉及“信号与系统”“数字信号处理”“信号检测与估计”“随机信号处理”等众多基础课程。掌握信号论的基本原理，有助于理解这些课程的核心概念，更为深入研究更复杂的理论和技术打下坚实基础，是成为信息领域顶级专家学者的必备条件。

3.1.1 信号的概念与分类

信号在我们的日常生活中随处可见，比如手机的铃声、时钟的报时声、交通信号灯、汽车的喇叭声等。但要给出信号确切的定义，需要先理解它与信息、消息之间的关系。接下来通过一个电话的例子来说明。甲通过电话告诉乙一条消息，如果这是乙之前不知道的事情，那么乙从中获取了信息，而电话传输线上传送的是包含甲语言的电信号。这里，语言是甲传递给乙的消息，而电话传输的电信号则是运载消息、传送信息的信号。

所谓的信息，指的是在人类社会及自然界中需要进行传递、交换、保存和检索的数据。消息则是信息的表现形式，包括语言、文本、图形和数据等。通常，为了传递和交换消息，需要依靠某种物理量作为载体。这些物理量称为信号，其变化中包含了所传递的信息。而在所有的信号中，电信号因其易传输、高可靠性和成本低廉而成为日常中应用最为广泛的形式。信号作为信息的载体，在信息的获取和利用过程中扮演着至关重要的角色。为了有效地提取和利用这些信息，我们需要对信号进行深入的分析与处理。

根据信号的来源，信号可以分为自然信号和人为信号。自然信号是由自然现象产生的，如地震波、电磁波等；而人为信号则是人类为了传递信息而创造的，如通信信号、雷达信号等。根据信号的传输方式，信号可以分为有线信号和无线信号。有线信号是通过电缆等物理介质进行传输的，而无线信号则是通过电磁波进行传输的。此外，根据信号所具有的时间函数特性，信号还可以有如下分类方式：

① 确定信号与随机信号。确定信号是可用确定的函数表示的信号。随机信号是无法用明确的数学关系式来表达，或取值具有不确定性的信号。电子系统中的起伏热噪声、干扰信号都是随机信号。

② 连续信号与离散信号。连续信号在时间上连续变化，即在任何时刻都有一个定义的值。这类信号通常用于模拟处理，具有无限多的可能取值。离散信号是指信号在时间上只有有限或可数的离散值。通常这类信号是在特定时间点上取样得到的。

③ 模拟信号与数字信号。模拟信号的时间和幅值均连续，而数字信号的时间和幅值均离散。模拟信号随时间的变化是连续的，处理过程中采样抽取 (抽样定理保证可无失真恢复原信号) 转变为数字信号。

④ 周期信号与非周期信号。每隔一定时间，按相同规律重复变化的信号为周期信号，不具有周期性的信号为非周期信号。

⑤ 能量信号与功率信号。能量信号是指能量有限但功率为零的信号，通常用于表示局部能量集中的信号。功率信号是指功率有限但能量无限的信号，由于平均功率有限，不会在有限时间内耗尽能量。

3.1.2 信号的表示与变换

信号中蕴含了各种信息，为了从中提取出我们所需要的关键信息，必须对信号进行分析和处理。信号分析有助于我们了解信号的特性和变化规律，从而更好地认识信号，而信号处理则是将信号加工和变换，使其更适合特定的需求。信号分析和处理是相辅相成的，通过分析了解信号的特性，我们能更有效地进行信号处理。最终目的是充分利用信号中的信息，实现对这些信息的有效利用。

信号的分析与处理技术发展可以追溯到 17 世纪的经典数字分析技术，这些技术的数字化改进在 20 世纪 40~50 年代的数字控制系统中得到了体现。1807 年，傅里叶变换的提出为信号处理领域提供了频域分析的有力工具，标志着信号处理从模拟时代向数字时代的过渡。到了 20 世纪 60 年代，数字信号处理开始崭露头角，贝尔实验室与麻省理工学院的科学家们开发了一系列算法和软件工具，用于数字信号处理和滤波器设计。随着研究的深入，快速傅里叶变换 (fast Fourier transform，FFT) 的发明使得频谱分析的计算速度大幅提升，实现了电子计算机在谱分析领域的实际应用。这一突破性的进展不仅奠定了信号与系统分析的实用基础，还形成了以数字滤波及快速傅里叶变换为核心内容的数字信号处理基本方法与概念。自 20 世纪 70 年代起，数字信号处理作为一个专门的学术领域开始在学术界受到广泛关注。

从另一个维度来看信号处理的研究发展，其发展经历了从处理确定信号的传统阶段到处理随机信号的现代阶段的转变。研究方法也从最初的利用理想化数学模型近似信号并精确计算，逐步转向利用统计概率等方法和精细化数学模型进行估计预测。1946 年，丹尼斯·加博 (Dennis Gabor) 提出的短时傅里叶变换 (short-time Fourier transform，STFT) 为信号处理提供了时频分析工具，从而在信号处理时兼顾时域和频域，可以对非平稳信号进行更好的分析处理。1984 年，吉恩 · 莫莱 (Jean Morlet) 提出的小波变换思想进一步克服了 STFT 的时窗选择问题，为非平稳随机信号的分析处理提供了更为精细化、更好用的多尺度细化分析工具。下面介绍信号的几种表示形式。

1. 信号的向量表示

信号具有大小和方向，主要属性是能量和波形。如果用向量的长度表示信号的能量，用向量的方向表示信号的波形，则可以用向量来表示信号。线性代数知识告诉我们，任何一个向量都可以用一组基向量的线性组合来表示。即向量可以用正交集函数来表示，不同的正交集选取方法造就了不同的表示方法，例如傅里叶级数表示法、沃尔什函数集表示法 (常用于图像和语言处理) 等。设正交函数集 $E=\{e_1,e_2,\cdots,e_n\}$，$x(t)$ 为任意信号，则一定存在一组系数 $a_1,a_2,\cdots,a_n$ 满足

$$x(t)=\sum_{i=1}^{n}a_ie_i(t) \tag{3-1-1}$$

此时，正交函数集 $E=\{e_1,e_2,\cdots,e_n\}$ 就是正交向量基。

值得一提的是，信号的向量表示以线性代数为基础，线性代数是研究向量空间和线性变换的重要数学分支。借助线性代数的相关理论，不但可以对信号进行分析

和处理，还能够用于信号的压缩和重建。在几何层次上，线性代数主要关注向量、向量加法、向量数乘、基、线性组合、张成空间等概念，这些概念可以用来描述几何空间中的点、直线、平面等几何对象。几何层次的理解可以帮助我们更好地理解线性代数的概念和工具，以及它们在实际问题中的应用。在数值层次上，线性代数主要关注矩阵、行列式、线性方程组、特征值和特征向量等概念，这些概念可以用来解决各种数值计算问题，例如线性方程组求解、最小二乘法、特征值问题等。数值层次的理解可以帮助我们顺利地应用线性代数的工具解决实际问题。所以线性代数是信号分析的重要工具。

信号的向量表示通常涉及对信号进行采样的过程。在离散时间中，信号可以表示为一个有限维度的向量。一个离散时间信号通常是在离散时间点上测量或采样得到的。这些点可以用整数表示，例如 $t = 0, 1, \cdots, N-1$。信号在这些离散时间点上的采样可以表示为一个序列，例如 $x[n]$，其中 n 是整数时间索引，这个序列包含了信号在不同时间点上的采样值。

信号 $x[n]$ 可以视为一个列向量 $\boldsymbol{x}$，其中的每个元素表示信号在对应时间点上的采样值，即

$$\boldsymbol{x} = [x[0], x[1], \cdots, x[N-1]]^{\mathrm{T}} \tag{3-1-2}$$

其中 N 是信号的长度。

2. 信号的变换

信号处理的本质是信息的变换和提取。而信息的提取需要借助各种信号获取方法以及信号处理技术。信号处理的目的是从信号中提取尽可能多的有用信息，例如，将信号的有用分量增强、估计信号的特征参数、识别信号的特性、抑制有害分量，认识客观物理过程的内在规律。

我们看到的世界都以时间贯穿，这种以时间作为参照来观察动态世界的方法称为时域分析。除了时域，傅里叶变换提供了一个全新的角度——频域 (frequency domain)，来观察世界。如图 3–1–1 所示，从时域上看到的是三个不同频率的正弦波，而从频域上看到的是三条谱线。

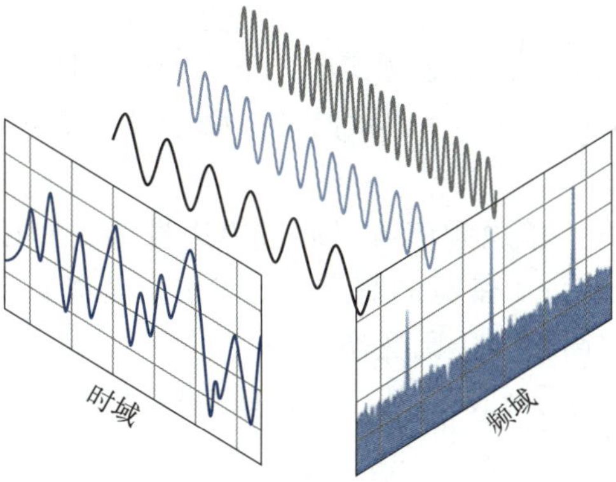

图 3–1–1 信号时域频域关系图

频域是描述信号在频率方面特性时用到的一种坐标系。正弦波是频域中唯一存在的波形，是圆周运动在一条直线上的投影，因此频域的基本单元也可以理解为一个始终在旋转的圆。

(1) 傅里叶变换

信号可以用函数来表示，而傅里叶变换提供了一个全新的角度来审视和分析信号。对于一个非周期信号 $x(t)$，其傅里叶变换 $X(f)$ 定义为

$$X(f) = \int_{-\infty}^{\infty} x(t)\,\mathrm{e}^{-2\pi \mathrm{j} f t}\mathrm{d}t \tag{3–1–3}$$

傅里叶变换是信号处理的基石。任何时域信号，都可以通过傅里叶分析，映射到频域，得到其在频域上的分解。换言之，可以通过无穷多正弦波的叠加得到该频域信号。傅里叶分析不仅是一个数学工具，更是一种颠覆性的思维模式。

注意到对于一个实信号 $x(t)$，其傅里叶变换 $X(f)$ 同时包含正频率和负频率，且满足共轭对称性，即 $X(f) = X^*(-f)$。这表明负频率部分并不提供新的信息，因此可以将正频谱部分提取出来。具体而言，将实信号 $x(t)$ 转换为解析信号 $z(t) = x(t) + \mathrm{j}\,\hat{x}(t)$，其中 $\hat{x}(t)$ 是 $x(t)$ 的希尔伯特变换，有

$$\hat{x}(t) = \frac{1}{\pi}\int_{-\infty}^{\infty} \frac{x(\tau)}{t-\tau}\mathrm{d}\tau \quad \Leftrightarrow \quad x(t) = -\frac{1}{\pi}\int_{-\infty}^{\infty} \frac{\hat{x}(\tau)}{t-\tau}\mathrm{d}\tau$$

此时解析信号 $z(t)$ 的傅里叶变换 $Z(f)$ 满足

$$Z(f) = \begin{cases} X(f), & f \geqslant 0 \\ 0, & f < 0 \end{cases}$$

以上即为单边频谱的复信号表示。这种处理方式能够简化信号分析和处理，特别是在带宽受限的系统中具有实际意义，具体优点如下：

① 消除负频率成分。实际信号由于物理上无法产生负频率，负频率的存在只是数学上的产物。通过复信号的单边频谱表示，我们只需处理正频率成分，从而简化了信号的分析和处理。

② 消除频率交叉问题。在双边频谱中，正负频率可能会导致频率交叉，影响滤波器的设计和信号的分离。而在单边频谱中，由于没有负频率成分，频率交叉的问题得以避免。

③ 提高带宽利用率。单边频谱可以通过单边带调制等技术有效利用频谱资源。只需传输正频率成分，减少了带宽的需求，尤其在频谱资源紧张的情况下更显重要。

(2) 拉普拉斯变换 (简称“拉氏变换”)

对于一个连续时间信号 $x(t)$，其拉普拉斯变换 $X(s)$ 定义为

$$X(s) = \int_{-\infty}^{+\infty} x(t)\,\mathrm{e}^{-st}\,\mathrm{d}t \tag{3–1–4}$$

通过拉普拉斯变换，信号 $x(t)$ 可以被表示为在复平面上的一个复数函数 $X(s)$。这可以看作是一个复数域上的向量表示，其中复平面的实部和虚部表示不同的信号特性。拉普拉斯变换的基元是指数函数 e^{-st}，其中 s 是复数，这些指数函数构成了拉普拉斯域的基础，用于表示信号在复平面上的频域特性。

(3) 小波变换

小波变换通过对信号在不同尺度和位置上的小波基函数的加权求和来表示信号，将信号分解成不同尺度和频率的小波基函数，可以表示为

$$X(a,b)=\int_{-\infty}^{+\infty}x(t)\,\psi_{a,b}(t)\,\mathrm{d}t \tag{3-1-5}$$

其中 $\psi_{a,b}(t)$ 是小波基函数，a 为尺度参数，b 为平移参数。

通过小波变换，信号 $x(t)$ 可以表示为小波系数的向量。小波系数对应于不同尺度和频率的小波基函数在信号中的权重。小波变换使用小波基函数作为基元，其中基函数是通过缩放和平移得到的一组基。这些基函数具有局部性，使得小波变换可以在时域和频域上提供局部信息。

随着硬件技术的不断进步和计算能力的持续提升，复杂信号处理的快速实现成为可能，也使传统信号处理的局限性逐渐暴露出来。传统信号处理是用不同的数学模型去近似表示现实中的信号，并基于此进行分析和处理。由于现实中的信号往往具有非线性、非因果、时变、非平稳或非高斯等特性，传统信号处理方法往往难以达到足够的精确性、适用性和鲁棒性。当硬件和计算等条件不再成为瓶颈时，信号论研究将更加注重对信号的统计特征进行估计与预测，利用小波分析等方法对信号的各个局部进行多尺度的时频分析。这种精细化、自适应的信号分析处理方法将使我们能够更好地处理非平稳、非线性的随机信号，推动信号处理向更为精确、智能的方向发展。

(4) 沃尔夫变换

沃尔夫变换是一种时域分析方法，用于同时考虑信号的时域和频域特性。对于一个信号 $x(t)$，其沃尔夫变换定义为

$$W_x(t,f)=\int_{-\infty}^{+\infty}x\left(t+\frac{\tau}{2}\right)x^*\left(t-\frac{\tau}{2}\right)\mathrm{e}^{-\mathrm{j}2\pi f\tau}\mathrm{d}\tau \tag{3-1-6}$$

沃尔夫变换的结果可以被看作是一个二维时频矩阵，其中矩阵的每一列对应于信号在不同时刻的瞬时频率分量。这可以被看作是一个向量表示，其中每列代表信号在时频域上的一种特性。沃尔夫变换的基元是信号自身的平移和调制。它通过计算信号在不同时间和频率上的自相关来获取时频表示。

3. 信号的卷积

卷积是一种积分运算，它可以用来描述线性时不变系统的输入和输出的关系。“卷”指的是函数的翻转，“积”则指的是滑动积分/加权求和。卷积可以看作是将一

个函数在时间上进行翻转和平移，然后在每个位置上与另一个函数相乘并叠加所有这些乘积的过程。对于连续信号，卷积定义为

$$(f^*g)(n) = \int_{-\infty}^{\infty} f(\tau)\, g(n-\tau)\, \mathrm{d}\tau$$

对于离散信号，卷积定义为

$$(f^*g)(n) = \sum_{\tau=-\infty}^{\infty} f(\tau)\, g(n-\tau)$$

在连续情况下，叠加是对乘积求积分的过程；在离散情况下则是将两个序列相乘并求和。对于线性时不变的系统，输入可以分解成很多强度不同的冲激的和的形式 (对于时域就是积分)，输出是这些冲激分别作用到系统产生的响应的和 (或者积分)，即输入与系统冲激函数的卷积。卷积的物理意义实际上表达了时域中输入、系统冲激响应，以及输出之间的关系。

3.1.3 信号的检测与估计

信号不仅仅是简单的时间变化，它承载了物理世界的所有特征。通过将物理世界的特征调制到信号的参数上，例如频率、振幅、相位等，我们可以实现对自然界的认知与分析。在电磁空间中，通过对信号参数的检测与估计，我们能够重建物理世界的状态和变化。

信号检测的目标是从背景噪声中判断信号是否存在，这一过程在通信接收机、雷达探测系统中尤为重要。比如，在通信系统中，接收端需要检测发送端发出的信号，并与噪声区分开来，从而确保信息的正确传输。同样，在雷达系统中，目标物的回波信号也需要从复杂的噪声背景中识别出来。信号检测通常依赖于假设检验，通过比较接收到的信号特性与预定的标准来判断信号的存在与否。

信号估计则是在已知信号存在的情况下，尽可能准确地恢复信号的参数特征，同时利用传输的特性，估计出一些参数，如时延、频移等。在通信系统中，接收机需要估计信道中的衰落、噪声以及信号的具体内容。在导航系统中，卫星信号的估计对定位精度至关重要。估计理论的核心任务是通过最优方法减少误差，使得从噪声污染的数据中能够可靠地恢复信号的本质。

随着现代信息技术的快速发展，信号检测与估计理论已成为保证信息传输、处理和识别精度的关键。理解并掌握这些理论对工程师和研究人员开发高效的通信与探测系统具有重要意义。在接下来的部分中，我们将简要介绍信号检测与估计的基本理论和主要方法，并通过典型应用展示其在实际系统中的广泛应用。

1. 信号检测理论

信号检测理论主要解决从噪声中识别信号的问题。在通信、雷达、医学图像处理等领域，信号检测是确保系统正常运行的关键步骤。信号检测理论以统计学为基础，提供了一个系统框架，用于分析信号在噪声背景下的检测概率、误差率等性能

指标。下面我们将讨论假设检验、奈曼·皮尔逊 (Neyman Pearson) 准则以及典型的信号检测问题。

(1) 假设检验

假设检验是信号检测的核心方法，旨在通过观察数据来判断某个假设是否成立。在信号检测的场景中，假设检验分为两个基本假设：

① 零假设 H_0：信号不存在，观察到的只是噪声；

② 备选假设 H_1：信号存在，观测数据包含信号和噪声的混合。

信号检测的任务是根据接收到的数据，决定是否接受 H_0 或 H_1。这个过程可以形象地看作是信号与噪声之间的区分，其中数据是从噪声中观测到的结果。

为了进行判断，信号检测通常基于某种统计量 $T(x)$，并通过比较 $T(x)$ 与预定的阈值 γ 来做出决策：如果 $T(x)>\gamma$，则接受 H_1(信号存在)；如果 $T(x)\leqslant\gamma$，则接受 H_0(信号不存在)。不同的检测方法就体现在选取不同的统计量和阈值，而不同的检测方法可以具有不同的性能，例如检测到信号的概率、误报 (虚警) 率等。

(2) 奈曼–皮尔逊准则

奈曼–皮尔逊准则是解决二元假设检验的经典方法，旨在最大化给定虚警概率的情况下的检测概率。具体而言，奈曼–皮尔逊引理指出在对数似然比检验 (likelihood ratio test，LRT) 中，如果已知信号和噪声的概率密度函数 $p(x|H_1)$ 和 $p(x|H_0)$，最佳的检测准则是比较似然比 $\Lambda(x)$

$$\Lambda(x)=\frac{p(x|H_1)}{p(x|H_0)}$$

与阈值 η 的值：当 $\Lambda(x)>\eta$ 时，接受 H_1，否则接受 H_0。这个准则保证了在限定虚警概率 (false alarm probability)P_{f} 的前提下，检测概率 (detection probability)P_{d} 最大。在这里，虚警是指信道中只有噪声时，噪声被误判为信号，即在 H_0 为真时，误判为 H_1；检测成功是指信道中存在信号时，信号被正确检出，即在 H_1 为真时，正确判为 H_1。

通过调节阈值 η，可以在 P_{f} 和 P_{d} 之间做权衡，这形成了接收机操作特性 (receiver operating characteristic，ROC) 曲线，表示不同检测器性能之间的折中。

2. 信号估计理论

信号估计理论是从观测数据中估计未知信号参数的一类技术，在通信、雷达、控制和信号处理等领域有着广泛的应用。与信号检测不同，信号估计不只是判断信号的存在与否，还需尽可能准确地估计信号的具体特征，如幅度、频率或相位等。通过估计理论，我们能够从噪声中提取有用信息，并优化系统性能。

(1) 最小均方误差估计

最小均方误差 (minimum mean square error，MMSE) 估计是信号估计中的经典方法之一，其目标是使得估计值与真实值之间的均方误差最小化。假设我们要估计某个随机变量 θ，其观测数据为 x，MMSE 估计通过最小化以下期望来获得：

$$\hat{\theta}_{\mathrm{MMSE}}=\arg\min_{\hat{\theta}} E\left[\left(\theta-\hat{\theta}\right)^2\right]$$

其中 $E[\cdot]$ 表示期望。

根据贝叶斯理论，MMSE 估计的解析表达式为

$$\hat{\theta}_{\mathrm{MMSE}} = E\left[\theta\left|x\right.\right]$$

即在给定观测数据 x 的条件下，θ 的条件期望值就是 MMSE 估计。MMSE 估计在复杂的噪声环境下具有良好的性能，因为它充分考虑了估计过程中信号和噪声的统计特性。

MMSE 估计在无线通信中非常重要，尤其在信道估计和信号恢复过程中。例如，在信道传输中，接收端通过 MMSE 估计可以从接收到的信号中恢复出发送端的原始信号，即使信道带来了不确定的干扰。

(2) 最大似然估计

最大似然估计 (maximum likelihood estimation，MLE) 是另一种常见的估计方法，其目标是找到能够最大化观测数据的似然函数的参数值。假设我们有一组观测数据 x，其似然函数为 $L\left(\theta|x\right)$，其中 θ 为待估计参数，MLE 估计的定义为

$$\hat{\theta}_{\mathrm{MLE}} = \arg\max_{\theta} L\left(\theta\left|x\right.\right)$$

这意味着 MLE 估计选择的参数值 $\hat{\theta}_{\mathrm{MLE}}$ 能够使得观测数据最有可能出现。

最大似然估计具有无偏性和渐近有效性。其中，无偏性是指当样本量足够大时，MLE 估计的期望值等于真实参数值；渐近有效性是指 MLE 估计在大样本下具有最优的估计性能，能够达到克拉默–拉奥下界。

考虑一个简单的例子，假设我们观测到的信号为已知幅度 s 的高斯噪声信号，即 $x = s + n,\quad n \sim N\left(0, \sigma^2\right)$。在这种情况下，信号的似然函数为

$$L\left(s\left|x\right.\right) = \frac{1}{\sqrt{2\pi\sigma^2}} \exp\left[-\frac{\left(x-s\right)^2}{2\sigma^2}\right]$$

为了找到 s 的最大似然估计，最大化该似然函数的对数并求导，得到 $\hat{s}_{\mathrm{MLE}} = x$。因此，观测值 x 本身就是 s 的最大似然估计。

(3) 贝叶斯公式与机器学习

贝叶斯估计 (Bayesian estimation) 基于贝叶斯定理，通过结合先验知识和观测数据来估计信号的参数。贝叶斯估计与 MLE 不同，它在估计过程中考虑了信号参数的先验分布，使得估计值更为稳健，尤其适用于样本量较少且先验知识能够提供额外信息的情况。根据贝叶斯定理，估计参数 θ 的后验概率分布可以表示为

$$p\left(\theta\left|x\right.\right) = \frac{p\left(x\left|\theta\right.\right)p\left(\theta\right)}{p\left(x\right)}$$

其中 $p\left(\theta\right)$ 是 θ 的先验分布，$p\left(x|\theta\right)$ 是似然函数，$p\left(x\right)$ 是观测数据的边缘分布。

上式也称为贝叶斯公式，贝叶斯公式是用来更新对一个事件发生概率的理解工具。假设你有一些初步的想法或信念 (这叫作 “先验知识”)，然后你获得了新信息或数据，贝叶斯公式就帮助你更新你的信念，得到更准确的判断 (这叫作 “后验概率”)。举个简单的例子，假设你是一位医生，正在试图判断一个病人是否患有某种病症。你知道某种病症在某个人群中发生的概率 (先验概率)。同时，你还知道病人出现某些症状的概率 (这称为 “似然性”)。当病人出现这些症状时，贝叶斯公式帮助你根据这些信息更新你对病人是否患病的信念 (后验概率)。具体来说，贝叶斯公式帮助你结合 “已知的先验概率” 和 “新的观察数据” 来得出一个更新后的概率。这种做法可以帮助你在不确定的情况下作出更有根据的决策。

在机器学习中，贝叶斯方法有很多应用，特别是在不确定性建模、推断和决策的过程中。贝叶斯方法的核心思想就是，在得到新的数据或信息后，我们要如何调整对模型或数据背后潜在规律的理解。

以贝叶斯推断为例，贝叶斯推断是机器学习中最常见的应用之一，它帮助我们在数据不足或有噪声的情况下，从多个假设或模型中推断出最有可能的参数。在传统的机器学习方法中，我们通过训练数据得到一个最优的参数值。比如在回归问题中，可能是求解权重。而在贝叶斯方法中，贝叶斯推断的目标是得到参数的分布，而不是单一的参数值。换句话说，贝叶斯方法给我们提供的是一个关于参数可能性的分布，而不仅仅是一个点估计。为什么这样有用呢? 因为在现实中，数据往往是不完全或有噪声的，直接给出一个 “最优” 值有时并不可靠。通过参数的分布，我们不仅知道哪个参数更可能，而且可以了解不同参数值之间的可能性，以及我们不确定的地方。举个例子，假设我们用贝叶斯方法来训练一个机器学习模型，比如预测房价。我们不是得到一个单一的预测值 (比如预计的房价为 100 万)，而是得到一个房价的范围 (比如可能在 90 万到 110 万之间)，这让我们可以量化预测的不确定性。这个在现实世界中非常有用，特别是在面对不确定和动态变化的数据时。

贝叶斯推断还可以与神经网络相结合，来量化参数的不确定性。神经网络是一种强大的机器学习工具，它通过大量的权重和偏置来表示复杂的函数关系。传统的神经网络通过调整权重和偏置来最小化损失函数，但这种方法通常是基于点估计的，即训练得到的参数只有一个确定的值。而贝叶斯神经网络则不同。贝叶斯神经网络通过引入贝叶斯推断来学习神经网络中的权重。换句话说，网络的每个权重都不再是一个固定值，而是一个随机变量，其有一个概率分布。这样，贝叶斯神经网络能够提供不确定性估计，即不仅知道某个预测的值，还能知道这个预测值的可靠性。例如，假设一个神经网络用于图像分类，传统神经网络可能会直接输出一个分类结果 (比如 “猫” 或 “狗”)。而贝叶斯神经网络不仅会给出预测类别，还会告诉你这个分类结果的不确定性，比如 “猫” 的预测概率为 80%，而 “狗” 的预测概率为 20%。这对处理模糊或不完全数据的任务非常有用。

在实际应用中，神经网络往往面临数据噪声或分布外数据的挑战。在这种情况下，贝叶斯方法可以帮助神经网络量化预测的不确定性。比如，在某些情况下，神经网络可能会对某些数据的预测有较高的信心，而对于另一些数据则不太确定。贝叶斯方法通过计算权重的后验分布，帮助网络了解在不同输入下其预测的可信度。

回到贝叶斯估计问题上来，贝叶斯估计的目标是通过该后验分布来获得信号的估计值。常见的贝叶斯估计方法有两种：

① 最大后验概率估计：选择使得后验概率最大的参数值 $\hat{\theta}_{\mathrm{MAP}}$。

② 贝叶斯平均估计：计算后验分布的期望值，即

$$\hat{\theta}_{\mathrm{Bayesian}} = E\left[\theta\left|x\right.\right] = \int \theta p\left(\theta\left|x\right.\right)\mathrm{d}\theta$$

(4) 克拉默–拉奥下界

克拉默–拉奥下界 (Cramer-Rao Lower Bound，CRLB) 提供了一个评估估计器精度的理论下限。CRLB 给出了任何无偏估计器在估计过程中所能达到的最小方差，帮助我们判断一个估计器是否已经接近最优。

CRLB 由参数的 Fisher 信息矩阵 $J(\theta)$ 给出，表示为

$$\mathrm{Var}\left(\hat{\theta}\right) \geqslant \frac{1}{J(\theta)}$$

其中 $J(\theta)$ 表示 Fisher 信息量，定义为

$$J(\theta) = -E\left[\frac{\partial^2 \ln L\left(\theta\left|x\right.\right)}{\partial\theta^2}\right]$$

3. 应用实例

雷达系统广泛应用于航空航天、军事、交通监控等领域，其主要任务是通过发射电磁波探测目标物体的存在，并根据回波信号检测目标的位置和运动状态。在雷达系统中，信号检测用于从噪声中检测目标的回波信号，从而判断目标物是否存在。

典型的雷达信号检测方法包括相干检测和非相干检测。相干检测能够在已知信号相位的情况下提供更高的检测精度，广泛应用于现代雷达系统中。而在相位信息不可用的情况下，非相干检测则是一种有效的替代方案。雷达中的检测算法通常需要在目标检测概率和虚警概率之间进行权衡，以确保系统在复杂环境中具有良好的检测性能。

在检测到目标存在后，雷达还需要估计目标的具体参数，如距离、速度和方位角。目标距离估计通常基于回波信号的到达时间，速度估计则依赖于多普勒效应 (通过测量频率偏移来推断目标的速度)。最大似然估计和 MMSE 估计常用于雷达系统中的目标参数估计。例如，MLE 可以用于估计回波信号的到达时间，从而确定目标与雷达的距离。通过优化估计算法，雷达系统能够在噪声环境下精确定位目标，并提高目标跟踪和识别的精度。

3.2 信息论

信息理论是信息工程专业学生必修的课程，但同学们在学习过程中普遍感到非常难，学完课程仍是“一头雾水”。究竟怎样才能把信息讲明白，编写组人员打破常规教材的做法，把重点放在对信息概念的理解上，尤其是加强了对信息的定量描述，从信息的定性理解、定量描述和香农的三大定理展开讨论，试图从逻辑上理清概念之间的关系，为后续课程学习打下坚实的基础。

本章节就从信息的定性理解、定量描述、香农定理等方面展开讨论。

3.2.1 信息的定性理解

我们每天都在获取信息、处理信息、利用信息，那么信息到底是什么呢？现实工作中遇到的消息、信号、数据、情报、知识等名词与信息有什么样的关系呢？

用定性的语言来描述信息，不同专业的人士有不同的理解。下面就介绍几种理解信息的视角。信息论的奠基者香农认为“信息是用来消除随机不确定性的”；控制论创始人诺伯特·维纳 (Norbert Wiener) 认为“信息是人们在适应外部世界，并使这种适应反作用于外部世界的过程中，同外部世界进行互相交换的内容和名称”；经济管理学家认为“信息是提供决策的有效数据”；美国著名物理化学家约西亚·吉布斯 (Josiah Gibbs) 认为“‘熵’是一个关于物理系统信息不足的量度”；电子学家认为“信息是电子线路中传输的以信号作为载体的内容”；我国著名的信息学专家钟义信教授认为“信息是事物存在方式或运动状态，以这种方式或状态直接或间接的表述”；美国信息管理专家福雷斯特·霍顿 (Forest Horton) 给信息下的定义是“信息是为了满足用户决策的需要而经过加工处理的数据，信息是经过加工的数据，或者说，信息是数据处理的结果”。

综合上述的不同观点，信息概念可以概括如下：信息是对客观世界中各种事物的运动状态和变化的反映，是客观事物之间相互联系和相互作用的表征，表现的是客观事物运动状态和变化的实质内容，消除的是客观事物的不确定性。说明一下：信息是事物运动的状态与方式，是物质的一种属性。在这里，“事物”泛指一切可能的研究对象，包括外部世界的物质客体，也包括主观世界的精神现象；“运动”泛指一切意义上的变化，包括机械运动、化学运动、思维运动和社会运动；“运动方式”是指事物运动在时间上所呈现的过程和规律；“运动状态”则是事物运动在空间上所展示的形状与态势。

以上是用定义的语言来解释信息，非常抽象，很不好理解。其实我们每天玩手机、打电话、读报纸、看新闻等行为都是在获取信息，它们的共同点就是消除人们对事物的不确定性。用手机看李子柒的视频，消除了你对李子柒每天在干什么的不确定性；给高考结束的孩子打电话，消除了你对孩子心情状态的不确定性；看新闻联播，消除了你对一天发生的国内外大事不确定性的认知。下面通过一些例子来理解信息是用来消除不确定性的。邻居家的小朋友随机掷了个骰子，让你猜猜是几点。在没有任何信息的支撑下，骰子的点数可以是 1 到 6 任意数，对你来说是不确定的，猜中的概率是 1/6。这时你的女朋友给了你信息，她说骰子的点数小于 3，那么就消除了骰子是 6、5、4、3 的不确定性，只存在 2 和 1 的不确定性，这个信息就消除了你的部分不确定性，如果她告诉你是 2，则完全消除了你的不确定性。女朋友可以用语音、纸条、电话等方式传递信息给你，也就是说无论用什么样的载体都可以传递信息。再比如大家都爱用的例子：同学小明做某道数学题，有 ABCD 四个选项，其中正确答案是 C。小明不会这道，所以他认为 ABCD 选项正确的可能性一样，存在着答案的不确定性，选择每项的正确概率都是 25%。如果同桌小红给小明提供一个 B 选项是错的信息，那么 B 选项的可能性从 25%降低到了 0%，不确定答案就只有 ACD 三个选项了，这个信息消除了部分不确定性，若小红告诉小明正确答案是 C 的信息，则将 C 选项概率提升到了 100%，完全消除了小明做题的不确定性。若小红告诉小明答案肯定是 ABCD 其中一项的信息，就提供了 0 bit 的信息，也就是所谓的“废话”，没有消除小明做题的不确定性。同理小红无论用纸条还是用话语做载体告诉小明信息，都是一样的信息效果，与信息载体的形式无关。

从以上描述，我们可以对信息给出如下几点结论：

第一，信息都是有源作支撑的，这个源就是信源，信源是信息的载体，也可理解为消息，如文字、语音、图像、视频等都可以作为信息的载体。

第二，信息就是对事物存在的状态和存在方式不确定性的描述，它的作用是消除事物的不确定性，获取信息，就是对信息源状态进行了采样，就意味着消除或部分消除了信息源的不确定性，信息就是认识主体对事物的不确定性减少或消除。

第三，信息是抽象的，看不见摸不着，它与采用的载体形式无关，也就是说，信息是隐含在消息之中的，无论采用何种消息都能描述信息。信息不同于消息，消息只是信息承载的“外壳”，信息则是消息的“内核”；信息也不同于信号，信号 (电信号或光信号等) 是消息的载体，当然也是信息的载体，信息是信号所载荷的内容；信息不同于数据，数据是记录包含信息和噪声的一种数字化形式，信息要通过基于知识的处理去掉噪声，才能提取出来。

下面通过一个通信传输的例子，进一步理解信息的概念。假设要传输的信源有 8 个样本 $(X_1, X_2, \cdots, X_8)$，其出现是等概率的，即其样本空间表示为

$$X = \begin{Bmatrix} X_1 & X_2 & X_3 & X_4 & X_5 & X_6 & X_7 & X_8 \\ \dfrac{1}{8} & \dfrac{1}{8} & \dfrac{1}{8} & \dfrac{1}{8} & \dfrac{1}{8} & \dfrac{1}{8} & \dfrac{1}{8} & \dfrac{1}{8} \end{Bmatrix}$$

对应的样本信号编码分别为 **000** 到 **111**，其发送的消息是信源传输，发送的信号是编码传输，如表 3–2–1 所示。

在信道没有噪声的情况下，接收端没有收到信号之前，不知道发送端发送的是哪一个样本。$X_1, X_2, \cdots, X_8$ 任何一个都以 1/8 的概率出现。如果接收端收到了 **0**，那么肯定是收到了 $X_1 \sim X_4$ 的其中一个了，收到的概率都是 1/4，而收到 $X_5 \sim X_8$ 的概率就为零了，消除了部分不确定性；如果接收端再收到一个 **0**，那么接收到的样本一定是 **000** 或 **001** 的其中一个，对应的概率就是 1/2，这就进一步消除了不确

定性；如果第三个码收到的是 1，那收到的样本就是 X_2 了，也就是说收到 X_2 的概率为 1，其余概率都为零，就完全消除了不确定性，消除的不确定性就是信息。从以上可以看出，信源输出的是消息，编码输出的是信号，而信息是隐含在信源和信号之中的。

表 3–2–1 发送端的信源和编码

信源输出	编码输出	发送概率
X_1	**000**	1/8
X_2	**001**	1/8
X_3	**010**	1/8
X_4	**011**	1/8
X_5	**100**	1/8
X_6	**101**	1/8
X_7	**110**	1/8
X_8	**111**	1/8

3.2.2 信息的定量描述

当今世界，信息技术的发展和应用已经对经济社会的进步起到了至关重要的作用，信息无时、无处、无人不在，信息正在覆盖传统行业，渗透到各行各业，并连接世界万物，形成“地球村”。可以说我们已进入信息时代。尽管如此，人们对信息的本质依然缺乏普遍共识。以香农为代表的经典信息理论深入人心，并在信息社会发展过程中，起了核心作用，但不少学者认为香农信息理论有很大的局限性，难以描述日趋广泛的大型信息系统。经典信息理论的物理概念清晰，给出了信息压缩、信息传输和信道编码的方向，支撑了各种以通信为主体的信息手段建设，推动了经济社会的进步，所以我这里谈的信息定量描述主要是经典信息论的理论。

香农信息论主要研究了如下问题：

① 什么是信息？信息如何定量地描述？将信息与语义区别开来，不管是图像、视频还是语音或文字，都可以抽象地用 **0**、**1** 序列来表示，实现信息的定量化，让信息变得可测。

② 信息能否被压缩或者恢复？压缩的极限条件是什么？进一步说，在允许一定失真的条件下，信息压缩的极限是什么？这从理论上解决为什么一个光盘能把几部电影影像装进去。

③ 在给定的含噪声的信道中，信息传输速率有无上限？如果有上限，这个极限又是多少？这解决了信息传输过程中的定量计算问题。

④ 在一个受干扰的信道上，要想实现在一定误码率标准下的信息传输，可以通过增加冗余实现，那么，增加冗余的极限是什么？直观地说，就是增加多少冗余就可以实现“无失真”传输？这就为各种信道编码的方法提供了努力的方向。

概括上面四点，香农信息论解决了一个信息定义和三个极限的 (优化的方向在哪里？）理论问题，业界普遍认为：在科学史上，香农是可以和牛顿、麦克斯韦、爱因斯坦、杨振宁等齐名的天才人物，虽然爱因斯坦发现了相对论，但这个理论并没有把我们带入相对论的时代，而香农开创的信息论却把人类带入了信息时代，是他开创了一个信息时代的理论基础，下面就先详细介绍香农对信息的定义，后续再介绍三个极限理论。

信息的量化定义是从通信系统模型切入的，通信系统的模型可以用图 3–2–1 表示。

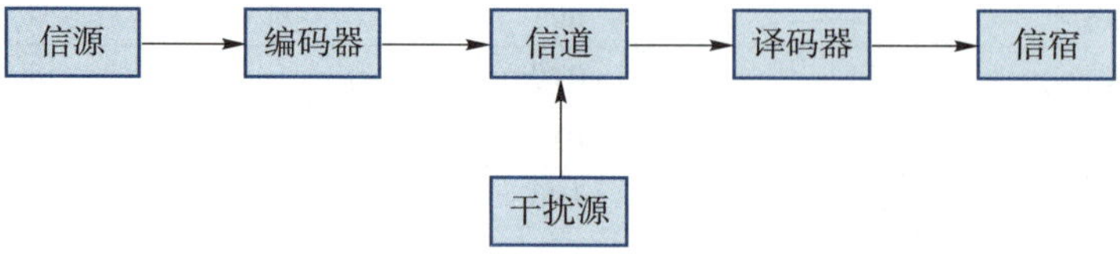

图 3–2–1 通信系统的模型

这里的通信可以理解为广义的，即传统的电报、电话、广播电视和雷达系统。现代的卫星通信、移动通信、计算机网络等都可列为通信系统。上述所有功能系统尽管形式和用途各不相同，但把核心功能抽象出来，都有一个本质上的相同点：信息的单向传输。所以上述模型具有普适性，通信的目的是在接收端完整地或在给定失真准则下重现发送端发出的消息。

信源是产生消息的源，前面说过消息可以是文字、语言、图像和视频等。消息可以以离散或连续的形式表达，对接收方来说，消息本质特征是随机不确定性，也就是说，在收到这些消息之前无法准确知道它的内容，如果能知道的话，通信就失去了意义。例如，传统电报用的莫尔斯码是用点（·）、划（—）的不同组合表达了 26 个英文字母，莫尔斯电码对照表如图 3–2–2 所示，这其实就是一种编码方式。

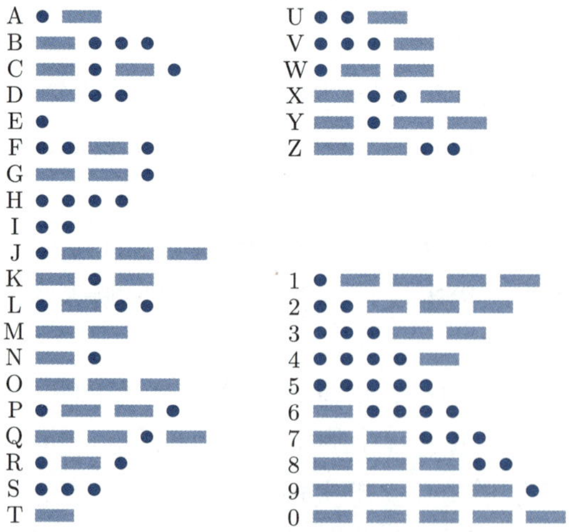

图 3–2–2 莫尔斯电码对照表

假如发送端是一篇由 26 个字母和标点符号组成的文章（文字），它的 26 个字母出现是随机的，也就是说每个字母的出现具有一定的概率，在没有收到之前，谁也不知道下一个会是什么字母。消息的随机性或者不确定性，恰恰是我们通信过程中要消除的。理解消息的不确定性对于理解信息的定义十分重要。

编码器是将信源产生的消息变换为“适应”信道传输信号的设备，这里的“适应”有三方面含义，一是信源输出消息有冗余，要把它去掉，以减少传输过程中对资源的消耗，提高传输效率，这实际上是消息变换，也叫编码；二是信道有噪声和各类干扰。如何把消息进行变换，让它在接收端能纠正在传输过程中出错的地方，这就是大家经常听到“纠错编码”的含义；三是要把编码后的消息调制到一个载波信号上，使得信号的频幅特性与信道的特征相适应。以载波信号为正弦波为例，大家知道正弦波有三要素，振幅、频率和相位，把编码消息的随机变化分别转化为正弦波的振幅、频率和相位变化，就完成了调制。信号的频谱特性与信道的频谱特性应当匹配，例如：有线架空铜质明线最高传输频率是 150 MHz，超过这个频率就要向空中辐射，传输损耗加大，所以用架空明线传输信号的频率不能超过 150 MHz。同轴电缆、光纤、大气等都有一定的传输频谱特性，信号的设计要适应信道的要求。

信道是将信号从发送端传送到接收端的媒介，也称传输通道，它也包括收发设备在内的软硬件设备，如功率放大器、收发天线等。信道的种类很多，狭义的信道有架空明线、电缆、光缆、电离层、对流层等，广义的信道有磁盘、U 盘、卡片、书籍等。

干扰源是指传输过程中，在整个通信系统中各部分引入的干扰，干扰不仅仅作用于信道上，在信源、编码、译码等环节都会引入干扰。干扰是通信的天敌，一方面它会阻塞通信，让通信的功能失效。另一方面，在通信功能实现时，会出现错误的状态，也就是通常说的误码，因此信息论要对干扰进行数学分析，定量地给出实现通信功能的信道容量和无失真 (允许失真度) 传输的实现途径。

花了这么长篇幅介绍通信模型，就是为了给信息定量描述做铺垫，下面书归正传。

从上面定性描述得知，信息是用于衡量消除不确定性的，信息量大就意味着消除不确定性的能力强，那如何定量地描述信息的大小呢？香农就想到用概率来表示不确定性，某事件的不确定性与其出现概率是相关的，事件出现的概率小说明不确定性大，这样就可以用事件概率的倒数来表示不确定性，即 $1/P(x)$，x 代表一个事件，例如，通信中要传输的某个代码，因为概率小，不确定性大，概率大，不确定性小，所以用概率的倒数表示不确定性非常合理。

如果把信息量也用概率的倒数来表示，对多个事件信息量的计算将会产生问题，大家知道多个事件同时发生的概率是多个事件发生概率的乘积，同时，要做到多个事件的同时发生的总信息量等于每个事件信息量的和，用概率的倒数直接表示信息就会出现矛盾，既是概率的相乘，又是信息量的相加。怎么解决这个矛盾呢？用对数！如果把信息量定义为 $I(x) = \log_2[1/P(x)] = -\log_2 P(x)$，这个问题就解决了。设消息 x 的样本为 $(X_1, X_2, \cdots, X_n)$，对应的概率为 $(P_1, P_2, \cdots, P_n)$，则总信息量为

$$I(x) = -\log_2(P_1 \times P_2 \times \cdots \times P_n) = -(\log_2 P_1 + \log_2 P_2 + \cdots + \log_2 P_n)$$
$$= I(x_1) + I(x_2) + \cdots + I(x_n)$$

用对数实现的总信息等于单个事件信息量的和，但用什么底的对数呢？这个问题的理解是打开信息量化的钥匙，非常关键。我们先回到对数的本质，对数 $\log_a x$ 是指数 $a^{\log_a x} = x$ 的逆 (反) 函数。其数学定义是求多少个 a 的连乘的结果等于 x，转化为一种物理意义就是：最少问多少个 a 的问题可以把一件事情搞清楚，而信息就是消除不确定性的度量，恰恰是要把问题搞清楚，显然按照上述信息量的定义 $I(x) = -\log_2 P(x)$，问多少个 a 的问题就是信息量啦。“a 的问题” 的 “a” 就是关键了，“a” 通俗地讲就是怎么问？我们在日常生活中，要把事情快速搞明白的方法就是询问是或否，所以用二种状态 “是与否” 来问，最有效！香农定义的信息量就用了以 2 为底的对数。下面通过一个例子说明。

假如有一个整数数列 $\{1, 2, \cdots, 64\}$，随意抽取一个数，让你猜出这个数，猜这个数用 “是或否” 来问，你最少要问几次才能猜中，如果不用信息量来计算，而采用二分法猜，先问是否小于 32 吗？再问是否小于 16 吗？再问是否小于 8 吗？这样递归询问，最少询问 6 次就可以下结论了。用香农对信息量的定义来计算就很容易，每个数抽到的概率是 1/64，则猜数字所需的信息量就是 $\log_2[1/(1/64)] = 6$。

用以 2 为底的对数来度量信息对二进制编码来表示事件简直就是绝配，直接就把二进制的位数转化为事件的信息量了。从二进制编码的角度来看，信息量可以理解为用多少个比特 (bit) 可以描述一个事件，n 个比特可以表示 2^n 个不同的事件。

下面举一个我们每天都用手机打电话的例子，来说明如果将通话事件进行二进制编码，并理解用二进制对事件编码的位数就是事件的信息量。

① 场景：北京的老王通过手机和上海的小李讲话，场景模型如图 3–2–3 所示。

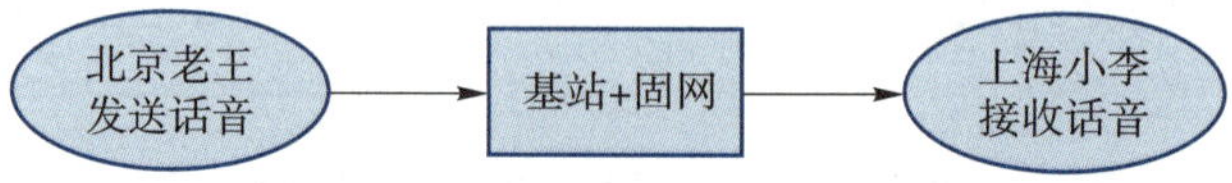

图 3–2–3　场景模型

② 物理实现过程：第一步，先将老王的声波信号转换为电信号，比如转化为 0~3 V 的电压，频率范围为 0.3~3.4 kHz。这个电信号要反映老王说话的声波变化规律。第二步，把连续的电信号变为二进制数字序列，这通常是用 A/D(模拟变数字的转换) 实现的。第三步，经信源编码和信道编码的射频数字序列通过发射装置送到基站和固定网络，传给上海小李的手机的接收装置，信源编码和信道编码将在后续的内容中介绍。第四步，上海的小李收到信号再解码，并将发送的数字二进制码序列还原，再将数字二进制码序列变为连续的电信号，最后再将连续的电信号转换为我们耳朵能听清楚的声波信号，初接触这个物理实现过程的朋友，可能会认为这太烦琐了，直接传声波或者传模拟的电信号不行吗？不行！因为声波在大气中衰减，传播距离有限，必须用电信号传播，这很好理解，传输模拟电信号没有压缩，所需

的信道资源太多，而且受各种噪声和干扰影响，通话质量无法保证，早期的通信都用模拟信号体制，远距离通话质量是非常差的。

③ 二进制编码的过程：从以上介绍可见，将话音模拟的电信号转换为二进制序列是非常重要的，下面就重点把这一概念讲清楚，就以上面假设的电信号的电压为 0~3 V 为例来加以说明。实际工程中，电压没有这么高，这里为了把问题说清楚，故意把电压范围扩大了。

先假定这个反映话音的电信号的波形如图 3–2–4 所示。

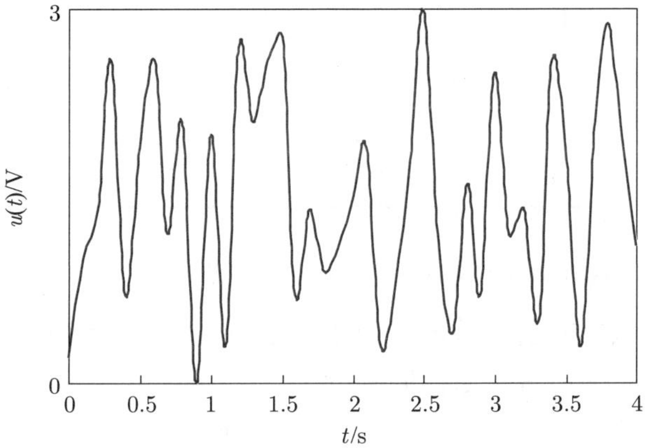

图 3–2–4 电信号的波形

这是一个随时间变化的随机信号，最大电压是 3 V，最小为 0 V，我们现在的工作就是用二进制数字序列把这个随机电信号表达出来。首先采样，就是按时间顺序把某个时间点的电压取出来，例如在 0.1 s 处采样得到 1 V，在 0.2 s 处采样得到 1.4 V 等，采样的间隔决定采样的信号能否真实地反映连续电信号的变化规律，采样太稀疏，不能反映话音的规律，在还原的时候就会失真，采样太密集会浪费信道的传输资源。奈奎斯特定理可以解决这个问题，在这里只引出来，不再加以介绍。然后用二进制编码，所谓编码就是将采样得到的离散电压值，转换为二进制码。用几位二进制码呢？这与电压量化的层级有关系，量化的层级越多，用二进制码的位数就多，假如用 0.1 V 作为区别电压层级的标准，那么 0~3 V 的范围就可以有 31 个状态，即 0 V，0.1 V，0.2 V，$\cdots$，3 V。要能表达 31 个状态，至少需要 5 位二进制编码，表 3–2–2 是 5 位二进制编码和电压的对应关系，这就实现了电压与二进制码的一一对应关系。

用 0.1 V 的台阶量化是不够的，它不能精细地反映电压的变化态势，如果把量化的电压变为 0.01 V，那么 0~3 V 范围内的状态就是 301 个，就需要 9 位二进制码才能把这 301 个状态一一对应 (9 位可以表示 512 个状态，8 位仅能表示 256 个状态)，所以二进制编码的位数是由性能决定的，好的通话性能，二进制码的位数就多。

现在回过头再看这句话："从二进制编码角度来看，用对数表示的信息量，就可以理解为用多少个二进制位 (多少比特) 可以描述一个事件"，上列的话音 (事件) 可以用二进制码来表示，这个二进制码的位数就是话音的信息量。从这个意义上讲，世间万物都是有特征的，一切特征皆可以用二进制编码（即我们通常讲的万物数字化），编码的二进制位数就是信息量，所以信息就无处不在。

表 3–2–2 电压量化的 31 种状态

序号	电压大小/V	二进制码
1	0	**00000**
2	0.1	**00001**
3	0.2	**00010**
4	0.3	**00011**
5	0.4	**00100**
⋯	⋯	⋯
30	2.9	**11101**
31	3	**11110**

3.2.3 香农信息论的三个定理

香农信息论是从研究通信的数学问题开始的，前面介绍了信息的量化问题，下面开始介绍信息论是如何解决通信问题的。

1. 香农第一定理

香农第一定理又称为可变长无失真信源编码定理。这里有三个关键词，第一，可变长编码，就是为不同概率事件分配不同长度的二进制编码，常出现的事件（概率小，信息量大）编码短一些，莫尔斯编码就是这种思路；第二，信源编码，是对通信过程中的信源进行编码，其目的是压缩信源数据量，使得存储、传输及计算效率更高；第三是无失真，意思是经过编码压缩后的数据仍能保留应有完整的信息，不会出现失真问题。

香农第一定理有两层逻辑。第一层是定义了独立事件集的信息熵，即平均信息量，设信源符号有几种（例如要传输英文的文章，其符号包括 26 个字母的大小写、标点符号等），这些符号抽象为 $x_1, x_2, \cdots, x_n$，对应每个符号出现的概率为 $P_1, P_2, \cdots, P_n$，且各种符号出现彼此独立，则信源的平均不确定性就是每个符号不确定性的统计平均值，也称为信息熵，即 $H(x) = -\sum_{i=1}^{n} P(x_i)\log_2 P(x_i)$。

信息熵就是平均信息量，在定义了信息熵之后，就产生了第二层含义：无失真信源编码的平均码长只能做到无限接近信息熵值，不可能小于信息熵值。也就是说，当信源编码的平均码长大于信息熵值，就会出现失真，这种压缩就是损失信息量的，所以是有损压缩。下面具体解释一下这段话的含义。

信源编码就是将信源符号转化为新的码符号，正如前面讲的莫尔斯码就是将各种英文字母、数字和标点符号等转换为点（·）和划（—），不同的符号采用不同的点划长度，经常出现的符号使用短的编码，例如：A(·—)、E(·)、T(—) 字母等经常出现的符号使用短的编码，而不经常出现的字母，如 Y(—·——)、Q(——·—)、

X(—· ·—) 等，就用长的编码。将信源进行这样一种符号转换 (编码) 可以去掉一些冗余信息，使传输的效率更高，这个过程就叫信息编码。由于每个符号编码的长度是不一样的，所以叫可变长信源编码。平均编码长度，简称平均码长，是一个非常重要的概念，它是衡量编码方案的效率及信息压缩的程度，其意义是 $L=\sum_{i=1}^{n}P_iL_i$，其中 P_i 表示第 i 个符号出现的概率，L_i 表示第 i 个符号的编码长度；再以摩尔斯码为例，其平均码长就是将各种符号出现的概率统计出来，分别乘以对应的码长，再求和，就得出这种编码的平均码长。例如，据统计大量文章，得出 H 出现的概率是 5.9%，它对应的编码是 (····)，其码长是 4，再比如 Z 出现的概率只有 0.07%，其编码为 (—— ·)，其码长是 3。把所有的数据都统计出来，就可以得到莫尔斯码的平均码长。

有了对信源信息熵和可变长信源编码平均长度的理解，香农第一定理就搞定了。香农第一定理说的是可变长无失真信源编码的极限原理，即想要编码无失真，可变长信源编码的平均码长只能无限接近信息熵，不能小于信息熵。这给信息编码指定了努力的方向，即平均码长无限逼近信息熵，这样的编码效率最高，如何做到逼近呢？就要使编码所用的符号尽量服从等概率分布，从而使每个符号所携带的信息量最大，进而可以用尽可能少的码符号传输信源信息。莫尔斯码仅用 “·” 和 “—” 两个符号，分布没有做到点和划的等概率分布，所以该编码在过去很有效，但在信息论理论下，其效率不是很高，现在很少使用了。在数字化的时代，都是用 **0**、**1** 来编码，在一个具体物理系统实现中，如何将信源符号转化为等概率的二进制码，就成为信源编码人的追求目标。

2. 香农第二定理

香农第二定律的理解相对容易，与我们的常识相近。它指出的是在有噪声的情况下，如何可靠地传输信息，其信道传输信息量的上限能力表达式为：$C=B\log_2(1+SNR)$，其中 B 为信道的带宽，它表示信道在频率域上的宽度，即信道能够传输的频率范围，单位为 Hz，这个范围越宽，理论上信道能够承载的信息量就越大，就相当于马路越宽，在其上跑的车越多。SNR 是信噪比，即信号功率 S 与噪声功率 N 之比，即 $SNR=S/N$，信噪比大，对传输信息有利，提高信噪比的途径就是要么增大信号功率，要么减少噪声功率。C 为信道的容量，它表示信道在每秒钟内能够传输的最大比特数，单位为 bit/s(比特每秒)，相当于马路上单位时间通过车的数量。

这个定理讲的是信道带宽和信噪比与信道容量之间的制约关系。一方面，信道容量由带宽及信噪比决定，增大带宽和信噪比可以增大信道容量，在信道容量一定的情况，可以折中带宽和信噪比的要求。另一方面，在给定带宽和信噪比的前提下，信道能传输信息的速率 (即信道容量) 就确定了，传输速率不可能高于 $B\log_2(1+SNR)$。我们以家庭路由器通信为例，假设运营商承诺网络频段的带宽为 10 MHz，在用户离路由器 3 m 时，信噪比 $SNR=63$，此时通信容量 $C=10\log_2(1+63)=80\text{Mbit/s}$，当距离增加到 9 m 时，信噪比 SNR 减少到 7，此时通信容量 $C=10\log_2(1+7)=$

30Mbit/s，用户明显感到网速下降，这不是运营商偷工减料，而是信噪比变小了。

香农第二定理告诉通信系统的设计者，要权衡好通信容量、信噪比和信道带宽的关系，因为这三者是相互制约的。这有点像我们在嘈杂的环境下 (比如火车站、饭店、公共汽车上等)，两个人相隔一段距离讲话，要保证互相能够听清楚，要把握说话音量、音调和速度之间的关系，即“大声说、夹声说、慢慢说”，有助于听清楚对方讲话。大声说就是提高信噪比，夹声说就是扩大频带宽度，慢慢说就是降低声音的传输速率，以适应信道的噪声和带宽。当然，“反复说”也能让别人听明白。这是香农第二定理延伸涉及的内容，即信道编码理论，所以声波和无线电波的传输有相似之处，这对我们理解香农定理非常有帮助。

在香农第二定律中，信噪比是通信中一个非常重要的问题。在其分母中，通常包括噪声和干扰两项内容，往往在信道中噪声和干扰是很大的，香农第二定律指出了无论噪声和干扰是多么大，总能通过降低传输速率实现通信，除非噪声和干扰无限大。这就从理论上给出了一个启发，或者说一个方向，能否通过增加冗余来进行纠错，实现正常通信，这就是信道编码理论。通过增加冗余实现干扰纠错就如同讲话的“反复说”，反复说的本质也是增加冗余，但人的耳朵有自动纠错功能，尽管有干扰和噪声，通过反复说，人的耳朵和大脑可以比较每次接收到的内容，相互印证，自动纠错，实现信息的正确接收。信道编码思路就是通过发射端增加已知的冗余 (编码)，在接收端通过处理 (解码) 实现对被干扰信息的正确恢复。从这可以看出，香农第一定理和香农第三定律 (后面将介绍) 都是对信源压缩，减少冗余，而第二定理则要增加冗余，提高信道的抗干扰能力，看似是一个矛盾，实际目的不同。信源压缩的是多余的信息，而信道编码增加的冗余是纠错码的需要。很多科技工作者一辈子都在找合适的增加冗余编码方法，实现抗干扰能力的提升，这里用到数学工具和编码理论，是一个专门的学科方向。

在通信工程中，处处有香农第二定律应用的身影，例如在移动通信工程中，很多工程实现方法都是利用香农第二定理，用式 (3–2–1) 加以描述：

$$C=\sum_{i=1}^{m} W_i \log_2\left(1+\frac{\sigma_i^2 p_i}{N_i+I_i}\right) \tag{3–2–1}$$

式中，m 是等效的信道数。通过空分复用接入技术，借助更多的天线和基站间的协作实现等效信道数的增加，增大信道容量，当然频分多址、时分多址和码分多址也是等效信道数增加技术；$\sigma_i^2 p_i$ 是采用信道均衡技术，尽可能提高每一个信道的接收功率；通过减少邻区、邻域 I_i 干扰技术，也可以提高信道容量。总之，通信中采取的各种技术措施，都是以香农定律作指导。

3. 香农第三定律

香农第三定律是保失真度准则下的有失真信源编码理论，也称有损信源编码定理。这句话有两个关键词，一是信源编码，这与第一定律相同，二是有失真，且在保失真度准则下的失真。什么叫保失真度准则呢？失真度是一个衡量信号在传输或处理过程中信息损失程度的概念。当发送的信号与接收到的信号之间存在差异时，就称为失真，量化这种差异的大小就称为失真度，失真度反映了信号传输或处理物理系统的性能。保失真度准则是指在允许一定失真度的情况下，总能寻找到一种信源编码方式，使得编码后的信息传输速率略高于信息率失真函数，同时确保编码后的信号平均失真度不超过设定的阈值。

具体来讲，设 D 为失真度，$R(D)$ 为一离散无记忆信源的信息率失真函数，它描述了在不同失真度下，能够达到最小信息传输速率的函数，或者说是信源信息量可被压缩的最低限度。对于任意给定的允许平均失真度 $D(D \geqslant 0)$，和任一小的正数 a，以及任意足够长的码长 N，总存在一种信源编码 W，其码字个数 M 满足 $M \leqslant \mathrm{e}^{N\cdot[R(D)+a]}$，且编码后信号的平均失真度 $D'(W)$ 满足 $D'(W) \leqslant D + a$。这就是香农第三定理的内容，比较难理解。

通俗地讲，在实际通信或信息处理系统中，由于受信道带宽和噪声干扰的限制，往往无法实现无失真传输或处理信号，第三定理指出了有失真 (在允许的范围内) 编码方向，即可以根据允许的失真度和信源特性，设计一种合适的编码方法，在保证一定传输效率的同时，控制失真度在一定范围内。一句话，第三定理指导下的编码，实现了对语言、图像和视频的有损压缩，大大减轻了信道和存储的压力。

在第三定理中涉及失真度的量化定义和计算问题。由于失真类型不同 (波形失真、互调失真、相位失真等)，选择的参考信号不同，其定义和计算也不同，工程中有专门的失真度仪器测量失真度，信息率失真函数的计算就更为复杂，与失真度量、信源特征、编码方案紧密相关，这里就不作介绍了。

图 3–2–5 梳理了香农信息论的逻辑关系，其中① 、② 和③ 分别代表香农第一、第二和第三定理。

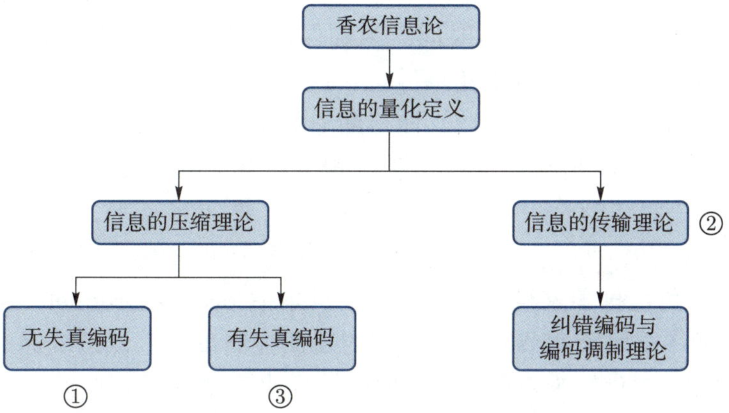

图 3–2–5 香农信息论的逻辑关系

综上所述，香农信息论在量化定义信息的基础上，给出了信息压缩和传输的努力方向，即目标，但没有给出实现目标的具体方法。后人在香农的理论的指导下，找到了一个又一个实现目标的优化方法，引领了信息时代的发展，深刻地改变当今世界。作为一名信息领域的学生，一定要深刻领会信息论的逻辑关系，在理论的指导下，开创事业的未来。

3.3 控制论

控制论是一门关于人机交互的学科，由诺伯特·维纳 (Norbert Wiener，1894 年—1964 年) 在 1948 年通过其著作《控制论：动物与机器中的控制与通信》正式界定。这门学科主要围绕着反馈、控制和通信的原则来探究各种系统，这些系统可能是生物的、机械的、社会的或是由众多部分组成的任何整体。控制论同时涵盖了反馈控制和信息理论的定量分析以及定性的分析工具，甚至可以被看作是一种技术哲学。控制论的特点是将反馈概念普遍化，并视其为技术世界的基本原则。此学科与信息理论、人因工程、系统理论等领域紧密相关，对这些领域都有深远的影响。维纳的定义和探讨不仅启发了工程师和系统理论家，还影响了广大的技术爱好者。

控制论已经在全球范围内对多个学科造成了重大的思想影响。这门学科已经渗透到经济学、技术，甚至政治思想等多个主流学科领域中，在信息系统中随处可见控制理论的应用。控制论对其他系统科学的影响非常大，它不仅推进了学术研究的深入，也形成了现今技术文化中的一个重要的话语权和世界观，促进了全球思想和科技的发展。通过探索这门学科的多方面应用，我们可以更深入地理解技术与人类社会的互动及其发展趋势。

3.3.1 控制论的发展史

最早见诸记录的控制系统是古希腊人和阿拉伯人在公元前 300 年至公元 1 年间发明的浮球调节装置，例如用于水深调节的浮球系统。这种装置通过维持恒定的水位来调整水流，从而以一个恒定的速度注水到接收容器中，接收容器中的浮动指针随水位升高而上升，用以显示时间。为确保流量恒定，需维持漏壶中水位不变。随着漏壶中水位的下降，浮球跟随降低，导致水自动补充到漏壶中。当水位回升至设定高度，浮球便自动封闭入水口，使得漏壶的水位稳定在预设高度。中国古代的著名控制系统包括指南车与都江堰水利工程等。都江堰 (大约公元前 256 年至前 251 年建成) 被广泛认为是一个卓越的控制系统。两千多年来，它依然造福着成都平原。

进入近代，荷兰科学家科内利斯·德雷贝尔 (Cornelis Drebbel，1572 年—1633 年) 首次发明了一个用于调节孵化箱温度的反馈控制系统。该系统通过控制炉温对孵化箱进行加热。孵化箱为双层结构，中间填充水，以便热量能够均匀传递至内层。温度传感器为一个盛有酒精和水银的容器。温度升高时，传感器内水银柱上升，导致阀门关闭，减少气体进入，从而降低温度；温度降低时，水银柱下降，阀门开启，气体流量增加，从而提升温度。这是现代温度控制技术的早期形式。

人们普遍认为最早应用于工业过程的控制器是詹姆斯·瓦特 (James Watt) 在 1788 年应用于蒸汽机的飞球式调速器，如图 3–3–1 所示。飞球式调速器，也称为离心式调速器 (centrifugal governor)。下图展示了其工作原理：假定蒸汽机运行在平衡状态，两个重球在与中心轴成某一给定角度的锥面上围绕轴旋转。当蒸汽机负载增大时，它的速度降低，两个重球下跌到更小的锥面上旋转，引起杠杆运动打开蒸汽室主阀 (执行机构)，从而增加进入的蒸汽量，以恢复降低的速度。因此，球与中心轴的角度是用来传感输出速度的。飞球式调速器被认为是控制发展史上的一个重要里程碑，该装置通过感应蒸汽机速度变化进行反馈调整，以保持机器平稳运行，这种机制后来被广泛应用于各种机械和工业系统中。

1868 年，麦克斯韦发表了《论调速器》(*On Governor*) 一文，对几种调速器进行了系统分析，并给出了稳定性条件。这被认为是第一篇对反馈控制系统进行系统理论研究的论文，这标志着控制理论从实践到理论的重要转变。1948 年维纳为他的学说取名控制论 (cybernetics) 就是为了向麦克斯韦的《论调速器》论文致敬，因为 cybernetics 和 governor 的希腊文同源。维纳的控制论的提出，进一步拓宽了控制理论的应用领域，影响了工程、数学、生物、心理学等多个领域。

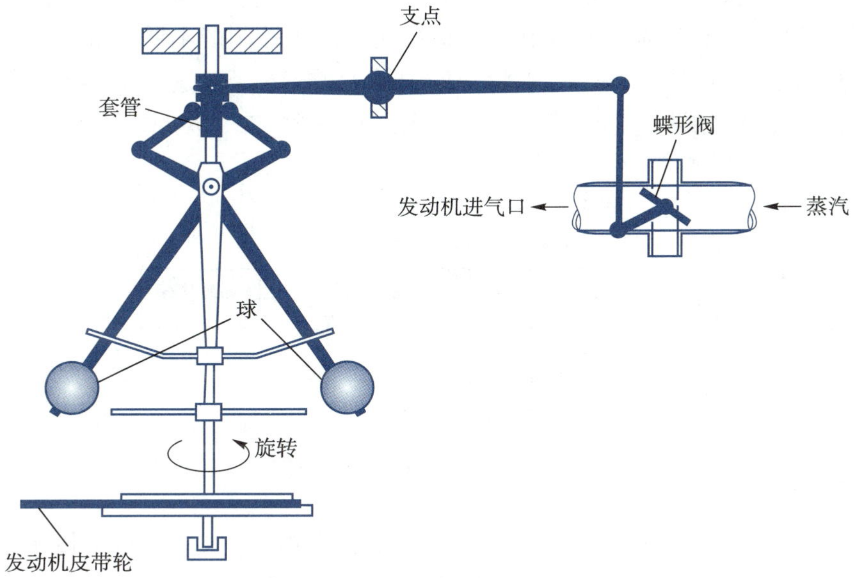

图 3–3–1 飞球式调速器示意图

19 世纪后半叶至 20 世纪初，反馈控制器被广泛应用于许多不同的工程领域，包括电压、电流和频率的调节，蒸汽发电中的锅炉控制，电机的速度控制，船舶和飞行器的驾驶和稳定，以及过程工业中的温度、压力和流量控制等。随着控制系统在多个领域的使用增多，特别是在一些复杂的机械装置上，如船舶的自动导航装置和涉及多个变量控制问题的锅炉控制，控制系统的设计问题也变得突显。当时主要存在的问题包括缺乏通用语言来理论上理解动态系统的控制问题，缺乏简单易行的分析和设计方法。当时唯一可用的分析工具似乎只有微分方程和当时还不太广为人知的劳斯–赫尔维茨 (Routh-Hurwitz) 判据，但应用这个判据需要获取系统参数值，而且难以具体指导如何设计出使系统稳定的控制器。

美国发明家和企业家埃尔默 · 斯佩里 (Elmer Sperry) 敏锐地观察到，人们在进行控制调整时并非简单地采用开关控制，而是综合运用了预测、在被控量接近目标值时撤出控制，以及在存在持续的偏差时进行小幅度的慢慢调节等方法。在 1911 年，他设计了一种采用较为复杂控制律——PID 控制结合自动增益调整的船舶自动驾驶仪，被认为是最早发明的 PID 控制器。之后在 1922 年，俄裔美国科学家尼古拉斯·米诺尔斯基 (Nicholas Minorsky) 从理论上清晰地分析了船在常值扰动下的自动驾驶问题，并推导出了 PID 控制器形式，如图 3–3–2 所示。迄今为止，PID 控制方法是应用最广泛的一种控制方式，超过 95%的过程控制回路和 90%的航空航天控制回路都基于 PID 控制。PID 控制器的输入是系统参考输入与系统实际输出的偏差，不包含系统模型的信息。在 PID 控制器中，比例控制 (P) 是一种最简单的控制方式，但单纯的比例控制存在稳态误差，属于有差调节。为此，需要引入积分控制 (I)，通过对误差进行累积，消除系统的稳态误差。另一方面，由于控制系统中的惯性组件或者滞后组件的变化总是落后于误差的变化，在克服误差的调节过程中，可能会出现振荡甚至失稳现象。为此，需要引入微分控制 (D)，通过预测误差变化趋势，改善系统在调节过程中的动态特性。PID 控制的本质是综合利用当前的误差 (比例)、过去的误差 (积分) 和将来的误差 (微分)，经过这三个误差的加权来控制被控对象，PID 的调优主要就是调节三个加权系数 K_P、K_I 和 K_D。

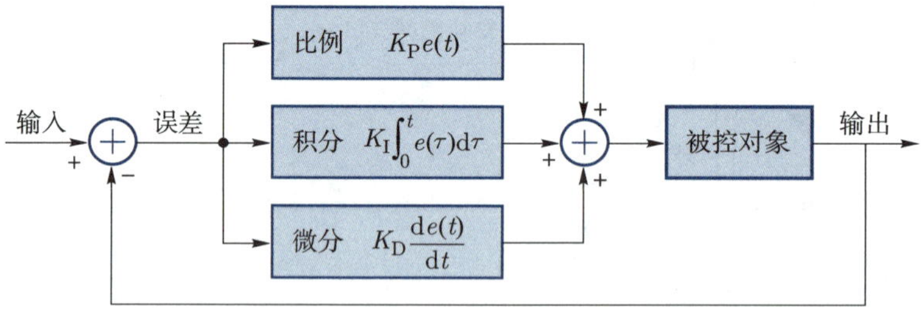

图 3–3–2 PID 控制器框图

在 20 世纪 20 年代到 40 年代，不同国家的不同小组独立进行了控制系统分析与设计研究，而在美国，最有影响的几项工作主要来自以下几个群体：首先是贝尔实验室 (AT&T Bell labs) 的工程师和科学家，他们开发了控制系统分析与设计的频域方法。具体而言，哈罗德·布莱克 (Harold Black) 在 1927 年发明了负反馈放大器，通过将输出的放大信号再反馈到输入端，可以减少由噪声和器件参数漂移造成的失真。然而，由于引入了反馈装置，系统变得更加复杂，从而变得不稳定。哈利·奈奎斯特 (Harry Nyquist) 和亨德里克·伯德 (Hendrik Bode) 通过考虑使用频率响应和复变函数理论进行分析，发展出了控制系统分析与设计的频域方法。而频域方法至今仍是控制工程师们最喜欢和信赖的一种方法，广泛应用。频域方法可以克服处理微分方程的困难，直接利用系统频域响应的实验数据进行控制系统的分析与设计。另一个重要原因是，虽然稳定性是控制系统设计中的首要问题，但系统仅具有稳定性是不够的。一个好的控制系统除了需要具有稳定性，还应具备快速响应、准确性和抗扰性等可能相互冲突的性能指标。频域设计可以通过伯德图 (Bode plot)

清晰地展现系统的频率响应，同时在不同频段兼顾各项指标进行设计，简洁而直接。这些内容与我们学习信息系统的课程关联性很强。

第二个群体在美国过程工业领域。20 世纪 30 年代到 40 年代，美国过程工业中的工程师和科学家开始系统地建立和开发控制系统设计方法，一个代表性工作是泰勒仪器公司的约翰・齐格勒 (John Ziegler) 和纳撒尼尔・尼科尔斯 (Nathaniel Nichols) 在 1942 年提出的 PI 及 PID 控制的参数整定方法，后来被称为 Ziegler-Nichols 调整法。第三个群体在麻省理工学院的电子工程系，设计了微分方程模拟计算机，从而可以进行动态系统仿真，随后利用模拟计算机进行了控制系统的时域仿真。

第二次世界大战后，经典控制技术基本建立起来了。这种技术是针对单输入线性定常系统的设计方法。它主要包括用微分方程描述系统特征根的时域方法，以及用带宽、谐振、幅值/相位裕度以及频域响应图展示系统行为的频域方法，虽然时域方法可以描述系统的实时行为，但二战期间的工作充分展示了频域响应方法在反馈系统设计上的威力。维纳提出的 Cybernetics 学说既涵盖了理性的抽象概念，比如控制和反馈，同时也包含了丰富的想象力，比如人与机器的融合以及机器拟人化和人机械化等方面。Cybernetics 一经发表，便被视为一种新思想甚至新兴学科，引起了工程、数学、生物、心理以及社会、哲学和政治等多个领域的极大关注。1954 年，钱学森以火箭的控制与制导等实际问题为应用背景，在美国发表了《工程控制论》，其中含有更多的数学描述。

现代控制科学的发展主要受到两大因素的推动：一是美苏太空竞赛，二是数字计算机的出现，分步递推迭代运算成为现实，用状态空间法，将高阶常微分方程转化为一阶微分方程组，这不仅仅使得高阶微分方程求解得到程序化支撑，更重要的是为多输入和多输出系统和时变非线性系统提供了新的分析方法。航天任务需要研究解决导弹与太空飞行器的发射、机动、制导及跟踪等问题，这个问题的特点是物理模型可以用一组一阶微分方程 (线性或非线性) 描述，再就是航天器上装有具备良好精度的测量装置 (传感器) 用于状态测量、轨迹规划，状态空间方法发挥了重要作用。航天任务的需求强力推动了现代控制理论的发展，贝尔曼的动态规划、庞特里亚金的极大值原理和卡尔曼滤波被认为是现代控制理论的三个代表性工作。

现代控制理论的起点可以追溯到 1956 年，当时在德国海德堡举行了一次国际自动控制会议，来自许多国家的学术与工业界代表参加了会议。会上，一些代表提议成立一个国际组织来促进自动控制技术的发展。于是，国际自动控制联合会 (简称 IFAC) 于 1957 年 9 月在巴黎正式成立。苏联申请了 1960 年在莫斯科举办第一届 IFAC 世界大会。因此，有人将 1960 年第一届 IFAC 世界大会的召开视为现代控制理论起点的重要标志。IFAC 是一个以国家组织为成员的国际性学术组织，中国是其创始成员国，钱学森代表中国被选为第一届 IFAC 理事会成员。

20 世纪 70 年代后，新的控制理念和理论陆续涌现。其中，由哈罗德・罗森布罗克 (Howard Rosenbrock) 提出的多变量频率域控制理论和洛特菲・泽德 (Lotfi Zadeh) 等人开创的模糊控制理论尤为显著，代表了控制理论的两个重要方向。近年来，伴随经济与科技的迅猛发展，自动控制理论及其应用领域不断深化和扩展。工程实践中出现的新问题及新思想激发了新方法的迅速发展。此外，不同学科间的相互渗透和融合趋势愈发明显，理论成果的实际应用也加速推进。

3.3.2 控制论的基本内容

控制论的基本内容主要分为线性系统理论、最优估计理论、系统辨识与最优控制理论四个部分。其中，线性系统理论主要包括对系统可控性、可观测性和稳定性的研究；最优估计理论是对系统状态和参数的估计，旨在通过最小化估计误差或其他代价函数来优化系统性能；系统辨识是针对脉冲响应，各种类型的最小二乘法、辅助变量法、多变量系统和闭环系统的辨识和辨识试验中问题的研究；最优控制理论主要研究最优控制中的变分法、庞特里亚金最大 (小) 值原理、贝尔曼的动态规划以及二次型指标最优线性反馈控制等。

1. 线性系统理论

线性系统理论是控制理论领域内专注于分析和设计线性动态系统的一个分支。该理论是控制系统中非线性、最优、自适应、鲁棒和随机控制理论的基础性理论。它主要涉及两大研究方向：系统分析和系统综合。系统分析的目标是理解系统的运动规律，而系统综合则聚焦于如何通过设计改变这些运动规律。线性系统理论的基础在于建立精确的数学模型，这些模型包括状态、输入、输出以及干扰变量等元素，及其相互之间的参数和常量关系。这些模型通常表现为两种形式：时间域模型和频率域模型。时间域模型用于描述线性时变和时不变系统的动态，通常通过微分方程组或差分方程组来表达；频率域模型则通过传递函数和频率响应来描述，仅限于线性时不变系统。

发展至今，线性系统理论形成了四个主要的研究分支，即状态空间法、几何理论、代数理论和多变量频域方法，每种方法都基于特定的分析工具和系统描述方法。状态空间法是其中最早和影响最广的方法，它使用状态方程和输出方程来描述系统的动态行为，并依托线性代数和矩阵理论进行系统分析和设计。该方法已形成一套完整的理论和算法，适合利用计算机进行处理。几何理论则将线性系统的分析转化为状态空间中的几何问题，利用线性代数的几何表述来分析系统的结构特性，如能控性和能观测性。这一方法以其直观性和简洁性被广泛应用，尽管其抽象性要求较高的数学基础。代数理论使用抽象代数工具，将系统中的变量关系视为代数结构之间的映射，使线性系统的描述和分析完全形式化和抽象化。该理论在理解系统内在的代数结构方面具有独特优势。多变量频域方法是基于状态空间法的频率域分析和综合技术，尤其适合处理多输入多输出系统。该方法分为传统的频率域方法和多项式矩阵方法，前者侧重于通过单输入单输出系统组合的方式分析多变量系统，后者则使用传递函数矩阵和多项式矩阵的计算完成系统的分析和设计。这些方法不仅直观，而且更便于调整和综合，适用于计算机辅助设计。

总体而言，线性系统理论不仅是系统控制理论的基础，也是实现复杂系统分析和设计的重要工具，其发展的各个分支为解决实际工程问题提供了多样化的方法和深刻的理论支持。

2. 最优估计理论

在现代工程和科技领域，如自动控制、航空航天、通信、导航和工业生产等，估计问题变得日益重要。估计主要是提取观测数据中的信息，比如在飞行器导航中估计其位置、速度和加速度等状态变量，这些变量均是随机过程。从带有随机误差的观测数据中估计某些参数或状态变量即为“估计”，此过程常需要处理诸如随机测量噪声等挑战。估计理论专注于处理受干扰的量测数据，用于估计随机变量、随机过程或系统某些特征。估计问题分为两大类：经典估计 (参数估计或静态估计) 和现代估计 (状态估计或过程估计)。经典估计主要涉及利用量测数据和依据量测方程来估计系统的参数或状态，是概率论和数理统计的一个分支。现代估计则结合了现代控制理论、计算机技术与概率理论，依据动态的状态方程和量测方程来估计系统状态，是控制理论的重要组成部分。

最优估计理论考虑的是如何进行最佳的估计，其历史可追溯到伽利略，他在研究误差函数最小化的方法时提出了估计理论问题。此后，最小二乘估计法也被提了出来。进一步由费歇尔、维纳以及柯尔莫哥洛夫等学者发展，极大似然估计、维纳滤波和维纳–霍普夫方程等重要成果均被提出。随后卡尔曼滤波理论被用于估计线性系统的状态，它是将统计方法应用于通信和控制系统的研究，标志着现代估计理论的发展。维纳滤波是频域设计方法，利用输入信号和量测信号的统计特性来设计最优滤波器；而卡尔曼滤波是一种时域递推的方法，特别适用于时变、非平稳和多维信号的估计。对于非线性系统，最初的线性滤波方法不再适用，因此需要发展非线性滤波算法。非线性滤波问题理论上更为困难和复杂。扩展的卡尔曼滤波用于近似非线性系统函数，虽然仅提供次优解。其他方法如标称状态滤波和二阶滤波方法也试图提高近似精度。更精确的方法如概率滤波法和粒子滤波器逐渐发展，后者通过增加粒子数减小估计误差，尽管计算量较大。

总之，估计理论是现代科技领域不可或缺的部分，涵盖了从参数估计到状态估计的广泛应用，解决了从线性到非线性系统的复杂问题，推动了相关技术和理论的进一步发展。

3. 系统辨识

建立系统在状态空间的数学模型虽然是一项基础工作，但由于系统的复杂性，常难以直接通过解析方法建立。系统辨识方法通过分析系统的输入输出数据，从预定的模型类中选出一个与实际系统相等价的模型。具体来说，如果模型的结构已知，只需通过输入输出数据确定参数，为参数估计；而需要同时确定模型结构和参数的过程则为系统辨识。系统辨识的目标是基于输入输出数据，构建一个与被辨识系统性质相等价的模型。这个过程中的数据、模型以及检验模型近似程度的性能准则为系统辨识的三个基本元素。为适应工程设计的需求，通常将解析方法与系统辨识相结合。首先通过对系统工作原理和动态过程的解析得出初步的模型结构和参数范围，然后利用系统辨识技术进一步辨识未知参数。实践表明，这种相结合的方法是有效的。

系统辨识的步骤主要包括：确定辨识目的、验前知识的收集、选择合适的辨识方案、结构参数与模型参数的确定，以及模型的校验。辨识目的对于系统分析和模型建立至关重要，不同的辨识目的会影响模型结构的选择和辨识速度及精度要求。验前知识即对系统的预先理解，可以减少辨识过程的盲目性，这通常基于对系统的基本理解和初步试验。随后，根据辨识目的和验前知识，合理选择辨识方案，这包括选择开环或闭环系统辨识、在线还是离线辨识、选择模型类型及试验信号等。在具体实施中，确定模型的结构参数 (如系统的阶数) 和模型参数 (如状态方程的系数) 是关键步骤。确定参数的过程是通过选定的性能准则函数和计算方法，根据观测数据来优化模型参数。这些计算方法包括脉冲响应法、最小二乘法、极大似然法等。

最后，辨识出的模型需要通过校验确保其准确性，常用的校验方法包括“白色度”检验和通过实际输入输出比较等。整个系统辨识过程是一个复杂但系统的工程任务，涉及多种技术和方法，其效果直接影响到模型的应用效果和可靠性。

4. 最优控制理论

最优控制理论是现代控制理论中非常关键的一个分支，自 20 世纪 50 年代以来，随着空间技术的发展，它逐渐形成了一个较为完整的理论体系。这一理论主要研究如何根据被控对象的数学模型，选择合适的控制策略使得性能指标达到最优。从数学角度看，这涉及解决一类带约束的泛函极值问题，属于变分学范畴。工程中常见的问题是控制变量在闭集中的情况，而传统变分法在此类情况下力不从心，因此，现代变分理论应运而生。

在现代变分理论中，极小值原理和动态规划是两种最常用的方法。极小值原理由苏联科学家庞特里亚金在 20 世纪 50 年代提出，它是在哈密顿原理的启发下形成的，通过它可以解决具有闭集约束的控制问题。动态规划则由美国学者贝尔曼在同一时期提出，主要用于优化多阶段决策问题。这两种方法各有特点，极小值原理适用于连续系统，而动态规划则尤其适合处理离散系统。

随着计算技术的进步，最优控制理论也引入了基于计算机的数值计算方法，如邻近极值法、梯度法等，这些方法允许直接搜索复杂性能指标的最优解。此外，计算机的广泛应用还促进了在线控制的实现，进一步推动了理论的实际应用。

今天，随着研究的不断深入，最优控制理论已经与其他控制领域相互融合，发展出如鲁棒最优控制、随机最优控制等多个新的分支，显示了该理论的广泛应用前景和持续的活跃性。该领域不仅在理论上不断创新，在实际应用中也显示出极大的潜力和实用价值。

5. 智能控制理论

智能控制理论处于控制论与人工智能的前沿，旨在利用先进的智能算法提升控制系统的性能和适应性。与传统依赖精确数学模型不同，智能控制采用多种人工智能技术，使系统在复杂动态环境中实现更精准、灵活的操控，推动了控制系统的发展。

模糊控制是智能控制的重要技术，利用模糊逻辑处理现实中的不确定和模糊信息。在工业自动化中，面对原材料波动、设备老化和环境变化，模糊控制器通过预设规则实时调整生产参数，提高效率和产品质量。

神经网络在智能控制中同样关键，模拟人脑的学习能力，优化控制策略。深度神经网络和卷积神经网络在处理复杂非线性系统和大量数据方面表现出色。例如，无人驾驶汽车利用神经网络快速识别路况并作出决策，机器人通过神经网络感知环境，规划行动，实现高效操作。

强化学习作为智能控制的前沿技术，通过与环境的持续交互优化策略，具有高度自适应性。在智能电网中，强化学习平衡发电与用电，应对用电高峰和新能源波动；在智能交通系统中，优化交通信号灯配时，确保道路畅通和安全，提升资源利用和系统稳定性。

此外，自适应控制与遗传算法等优化技术结合，进一步提升智能控制系统的性能。遗传算法通过模拟自然选择优化控制参数，增强系统的鲁棒性和适应能力。在航空航天和自动化制造等高要求领域，结合遗传算法的自适应智能控制系统可以有效应对环境变化和内部不确定性，确保系统稳定运行。

总体而言，智能控制理论通过融合模糊控制、神经网络、强化学习和优化技术，显著提升了控制系统的性能和适应性，广泛应用于各类复杂动态环境中，推动了现代控制技术的发展。

3.3.3 控制系统应用

控制技术在生物医学工程和健康应用领域发挥了关键作用，极大提升了多种疾病患者的生活质量。例如，透析机运用自适应技术，如压力控制和抗凝功能，为患者提供必需的医疗服务。在急诊室中，实时监测病人的重要生理参数并结合适时的治疗措施，有效提升了病人的护理质量。外科手术领域也见证了控制技术带来的显著进步，尤其是微型机器人的使用和无线通信技术的发展，使得医生能够通过微创手段进行手术，提高了手术的安全性和效率。此外，如 ALF-X 系统这样的远程机器人手术系统极大地改善了手术操作的精确性和便捷性。该系统由 SOFAR S.p.A. 与欧洲委员会联合研发，具备触觉反馈功能，允许医生通过触觉设备感知手术工具的力量，实现精确控制。系统的模块化设计包含多个机械臂，可通过远程操作实现快速的手术响应，显著提升了腹腔镜手术的效率和安全性。在辅助残障人士的应用中，控制技术也起到了至关重要的作用。例如，仿生耳等前馈控制技术通过直接刺激听觉神经，帮助严重耳聋者恢复听力，显著改善了他们的生活质量和社交能力。各种医疗设备如心脏起搏器、胰岛素泵及电动假肢等，都依赖于精确的控制和反馈机制，以确保设备的高效和安全运行。

家庭自动化领域同样受益于反馈技术的应用。从基本的家用电器到高端的摄像头和智能手机，通过引入温度反馈、动态声音控制和图像稳定技术等，大幅提升了设备的功能性和用户体验。例如，现代洗衣机和烘干机通过智能水耗控制提高了使用效率，而智能手机和耳机利用反馈技术有效屏蔽背景噪音，即使在嘈杂环境中也能提供清晰的音质。

综上所述，控制技术在医疗和家庭自动化领域中的应用不仅提升了设备性能和操作便捷性，更在很大程度上改善了人们的生活质量和社会参与度，展现了其广泛的影响力和未来发展的巨大潜力。

思考题

1. 信号可以进行加法和乘法运算。详细说明这些运算的定义，以及它们在信号处理中的实际应用。
2. 采样定理在信号处理中的作用是什么？请解释为什么在进行模拟信号到数字信号的转换时需要遵循采样定理。
3. 详细介绍香农熵的概念。它是如何与信息的不确定性相关联的？请提供一个实际例子来说明。
4. 信息论如何与数据隐私保护相关联？请讨论信息论在数据安全和隐私保护方面的应用。
5. 控制器的设计是控制系统中的关键步骤。请详细说明比例、积分和微分控制器的基本原理，以及它们是如何协同工作的。

第 4 章

四种电路

经典力学中的“电子运动说”将电流现象解释为“带电粒子的流动”，即把电子看作一个粒子，给金属两端加一个电场时，金属中的电子就会在电场的作用下运动，从而形成电流。尽管电场的传播速度可以达到光速，电子的实际移动速度却非常慢，为 10^{-5}m/s 的数量级①。简单来说，电池正端积累很多正电荷，负端积累很多负电荷。当开关闭合时，根据同性相斥、异性相吸的原则，电荷开始流动，形成了电子的运动。这种电子的移动是连续的，而非跳跃式的。具体来讲，电子与第一个原子核脱离电场，同时开始与第二个原子核建立电场。在这样反复脱离和建立电场的过程中，电子发生移动，同时激发出磁场，所以我们会观察到通电导线周围存在磁场。

在更深的层次上，电流是导体内部物质微粒的极性感应，是能量在带电粒子间的流动或传递，是运动的电场。事实上，物质微粒带有电荷和电场，但在一个整体电荷平衡的物体中，这些电荷的电场之间彼此抵消，整体不显示电性。但当这些微粒因为某种原因开始重新排列其极性时，它们会导致宏观上的电荷迁移，也就是电流的形成。这种微粒极性的变化和传递是为了在微观层面上达到静电平衡。而当物体带有电荷时，它会表现出对其他物体的吸引或排斥力，这就是我们通常所说的静电力，也是物体试图达到电荷平衡的一种表现。

这一章将分别对基础电路、模拟电路、数字电路和微波电路的结构和分类加以介绍。电路的本质就是利用各类元器件的拓扑结构调控电磁场，进而实现对电荷的控制。而研究各种电路则转化为电流、电压、频率等物理量的调控和分析。

4.1 基础电路

电路是电流流通的路径，是由金属导线和电器、电子部件组成的导电回路，通常由电源、负载 (用电设备)、连接导线以及控制电器等组成。电源是产生电能的设

① 假设电压 220 V，灯泡功率 200 W，使用横截面积 $S = 4\ \mathrm{mm}^2$ 的纯铜电线。记 v 为电子的漂移速度，I 为电流，q 为单个电子所带电荷量，N 为单位体积的电子数。根据 $I/S = qNv$，可以得到 $v \approx 10^{-5}$m/s。

备，能够将其他形式的能量转变成电能，并为用电设备供给能量；负载将电能转变为其他形式的能量；连接导线把电源和负载联成一个闭合通路，起着传输和分配电能的作用；控制电器执行控制任务和保护电器设备。

电路通过一系列电子元器件实现对电磁场的精确调控。站在更高的层次看，电路的核心作用是通过元器件调控电荷、电子、光子和空穴的行为，进而影响电压、电流的变化。通过这些变化，电路能够调节基本粒子的运动规律，控制能量的传输、转换和存储。例如，电路中的电流变化可以改变电子的运动路径，从而实现信号处理、能量传输、信息传递等功能。电路不仅是物理现象的一个实现平台，它通过精细的调控，构建起复杂的电子系统，推动了现代科技和信息技术的进步。

4.1.1 基本电路元件

实际电路中使用的电路元器件一般都存在电能的消耗现象和电磁能的储存现象，这些现象交织在一起并发生在整个部件中。从能量的视角看，电路通过元器件来调整能量的时空分布。电压可以理解成静止电场强度的电势能，电流可以理解成运动电场强度的电动能，电阻可以理解成电能转换为其他能量的电耗散。如果把这些现象或特性全部加以考虑，就给分析电路带来了困难。因此，必须在一定条件下，忽略它的次要性质，用一个足以表征其主要电磁性能的模型来表示，以便进行定量分析。

当实际电路尺寸远小于其使用时最高工作频率所对应的波长时 (这个条件称为集总假设)，可以定义出几种理想元件，用来构成实际部件的模型。在集总假设条件下，每种理想元件只反映一种基本电磁现象，其电磁过程分别集中在各元件内部进行，且可用数学方法精确定义，这样的元件称为集总参数元件，简称集总元件。在现代的电路理论中，“电路”一般指的是由各种集总参数元件按照一定的组织方式进行连接形成的整体，所以它也被称为集总参数电路。

电阻、电容、电感是三种典型的集总参数元件。电阻元件表征消耗电能的特性，电容元件表征储存电场能量的特性，电感元件表征储存磁场能量的特性。电容由两个相互靠近的导体和中间夹一层不导电的绝缘介质组成。简单来讲，电容元件是利用异种电荷之间的吸引，把异种电荷彼此隔着绝缘介质吸引在一起而实现“容”电的，其充电过程如图 4–1–1 所示。流经电容的电流大小为 $i_C = c\mathrm{d}u_C/\mathrm{d}t$，即电容电压的变化率。电容的阻抗为 $Z = 1/8(\mathrm{j}\omega C)$。在相位上，电容的电流波形比电压波形提前 90°。

电感是电路中用于存储磁场能量的一种基本元件，它在电路中表现出阻碍电流变化的特性，即当通过闭合回路的电流改变时，其会产生感应电动势来阻碍电流变化。最简单的电感元件是螺旋管线圈，其用于描述器件对抗电流变化的能力，如果对抗电流变化的能力越强，那么电感的感性越大，反之越小。相位上，电感的电流波形比电压波形滞后 90°，如图 4–1–2 所示。

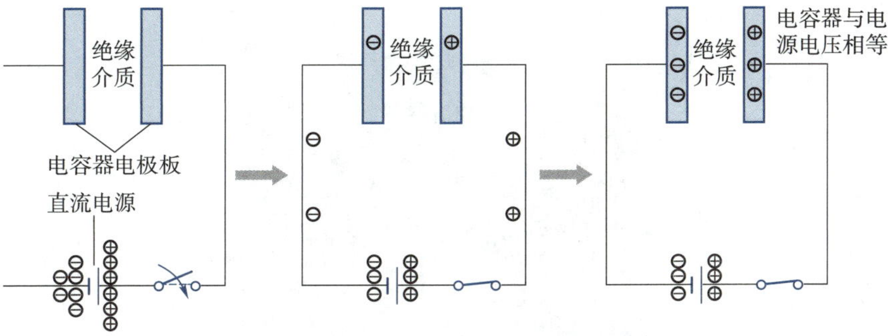

图 4–1–1 电容元件充电过程示意图

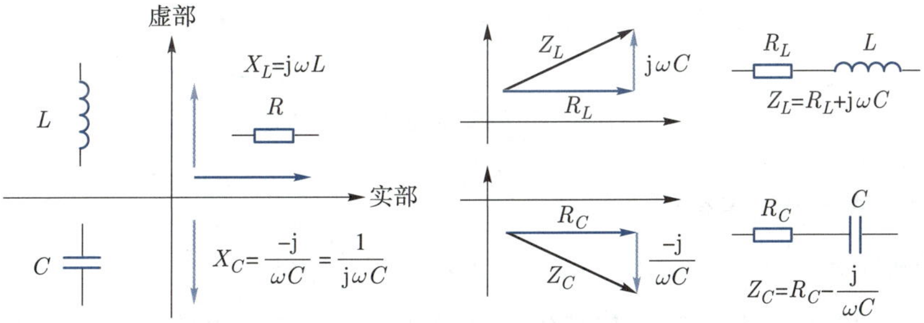

图 4–1–2 不同元件的电流波形和电压波形相位比较

电容和电感都是储能元件，前者利用电场储存能量，后者利用磁场储存能量。电容的电压不能突变，电感的电流不能突变；如果非要突变，则使电容电压突变需要无穷大的电流，使电感电流突变需要无穷大的电压。对于交流信号，容抗 (电容的电抗) 随频率增大而减小，感抗 (电感的电抗) 随频率增大而增大。在直流电路中，达到稳态后，电容相当于开路，电感相当于短路。在正弦交流电路中，理想的电容和电感产生的都是无功电流。

电路元件与电路变量之间具有密切的联系。电路的四大基本变量是指电流 i、电压 u、电荷 q 和磁通量 ϕ。电阻表征电压与电流之间的关系；电容表征电荷与电压的关系；电感表征磁通量与电流之间的关系，四种基本元件之间的关系如图 4–1–3 所示。最初于 1971 年，加州大学伯克利分校的蔡少棠教授推测，除了电阻器、电感器和电容器这些集总参数元件之外，理论上还应存在一种第四类元件，它可以用于描述磁通量与电荷之间的关系。

忆阻器，全称记忆电阻器，可以看作一种有记忆功能的非线性电阻。忆阻器有电阻的量纲，但和电阻不同的是，忆阻的阻值是由流经它的电荷确定。当施加电压或电流时，忆阻器内部的材料结构会发生变化，导致电阻值发生相应的调整。这种电阻值的变化是可逆的，意味着忆阻器可以在不同的电阻状态之间切换，从而存储和处理信息。由于忆阻器尺寸小、能耗低，所以能很好地储存和处理信息。一个忆阻器的工作量，相当于一枚中央处理器 (central processing unit，CPU) 芯片中十几个晶体管共同产生的效用。忆阻器由于其优异的性能，已经展现出其广泛的应用前景。这种基础元器件，有望从根本上颠覆现有的硅芯片产业。

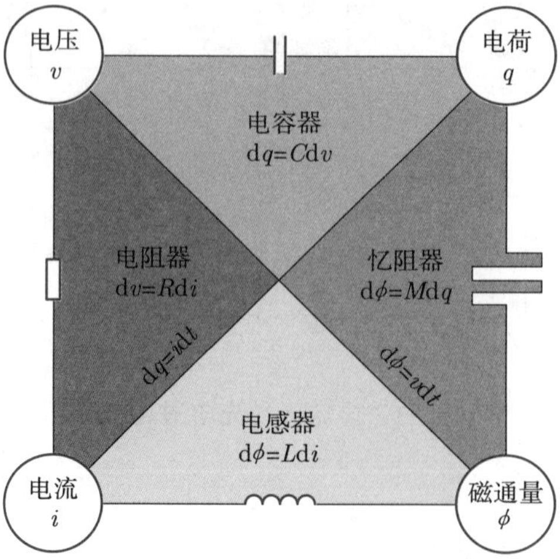

图 4–1–3 四种基本元件之间的关系

4.1.2 基本电路定律

1. 欧姆定律

在电路学领域，欧姆定律与基尔霍夫定律一起奠定了电路理论的基础。欧姆定律阐明了电导体两端的电压 V 与穿过该导体的电流 I 之间存在正比关系①，可以用数学表达式 $V \propto I$ 来表示。据此，电阻 R 被定义为这种正比关系的常量，即 $R = V/I$。实际上，所有电导体都表现出某种电阻，包括超导体在一般温度下的微小电阻。

然而，并非所有元件都遵循欧姆定律，该定律是基于实验推论出的规则，并仅在特定理想条件下成立。遵循欧姆定律的元件或电路，其电阻不随电流和电压的变化而变化，被称为“欧姆元件”“欧姆电路”或“欧姆式导体”。相反，那些不遵循欧姆定律的元件或电路，其电阻可能会随电流和电压的变化而改变，因此被称为“非欧姆元件”“非欧姆电路”或“非欧姆式导体”。

2. 基尔霍夫电路定律

德国物理学家古斯塔夫·基尔霍夫 (Gustav Kirchhoff) 在 1845 年提出两条电路学定律：基尔霍夫电流定律与基尔霍夫电压定律。该定律描述了电荷的守恒性及电势的保守性，被广泛地应用于基础电路的分析。

基尔霍夫电流定律 (简称 KCL) 是对电荷守恒定律在电路中的具体表现。所谓电荷守恒，即电荷既不会创造也不会消灭。基本电路中将由一个或几个元件首尾相接构成的一段无分支电路称为支路，而将连接三个及以上支路的连接点称之为节点。根据电荷守恒定律，节点处既不会产生电荷也不会使电荷消失，只有与之相连的支路的电荷会流过该节点，同时，节点是理想的连接点，不会存储电荷，所以在任意

① 欧姆定律得名于德国物理学家格奥尔格·欧姆 (Georg Ohm)，他在 1827 年发表的著作《直流电路的数学研究》(*The Galvanic Circuit Investigated Mathematically*) 中，详细描述了简单电路两端电压与电路中电流之间的关系。

时刻，电路中的任一节点上电流的代数和恒等于零，即节点处流入电流的总和等于流出电流的总和。对于图 4–1–4(a) 中的节点，成立 $i_1+i_4=i_2+i_3$。

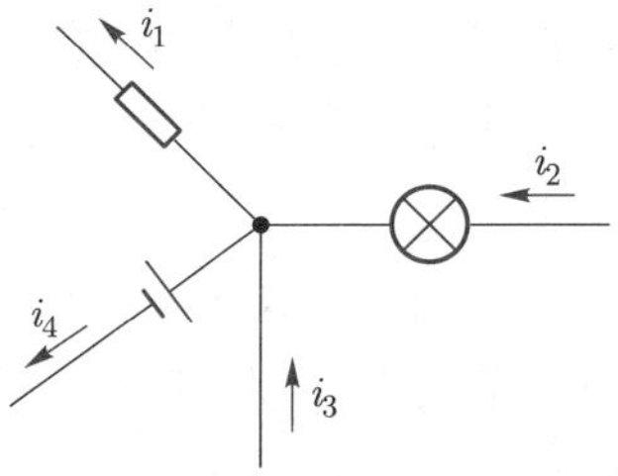

(a) 电流定律

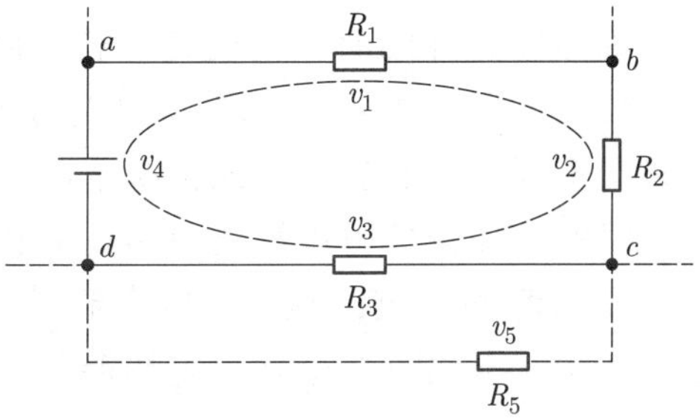

(b) 电压定律

图 4–1–4 基尔霍夫电路定律

基尔霍夫电压定律 (简称 KVL) 是能量守恒定律在电路中的具体表现。一个孤立系统内，能量既不会凭空产生，也不会凭空消失。在电路中，能量守恒定律同样适用，在某些元件中失去的能量会转移到其他的元件中。能量守恒法则表现为回路中各节点电压的变化。回路是电路中的闭合路径，由多个支路相连组成，在任何一个时间，沿绕行方向，回路中各支路电压的代数和恒等于零。对于图 4–1–4(b) 中的任意闭合回路，有 $v_4=v_1+v_2+v_3$。

4.1.3 电路分析方法

欧姆定律反映了元件的电压与电流之间的约束关系，而基尔霍夫定律反映的支路电流和支路电压之间的约束关系，只与电路结构相关。因此欧姆定律和基尔霍夫定律共同构成了电路分析的基本约束，是进行电路分析的基本依据。在此基础上，形成了电路分析的三大方法，即叠加方法、分解方法和变换方法。

1. 叠加方法

电路可以分为线性电路和非线性电路。线性电路中所用的元器件是线性电子元件，电阻、电容和电感元件是典型的线性元件。非线性电路是指含有除独立电源之外的非线性电子元件的电路，二极管、晶体管为典型的非线性元件。本节介绍的叠加方法主要面向线性电路的分析。

线性电路由线性元件、独立电源或线性受控源组成，独立电源是电路的输入，也称为激励，包括电压源和电流源两种。电路中各线性元件上的电压或电流的变化称为由激励引起的响应。线性电路中，响应和激励之间存在线性关系。当电路中存在多个激励时，响应与激励之间的线性关系依然满足，具体表现为以下性质：

(1) 齐次性：在线性电路中，当所有激励都同时增大 K 倍或减小为原来的 K 分之一时，响应也将同样增大 K 倍或减小为原来的 K 分之一。如果 x 激励下的响应为 y，则 Kx 激励下的响应为 Ky。

(2) 可加性：多个激励共同作用引起的响应，等于每个激励单独作用所引起的响应之和。具体来讲，如果 x_1 激励下的响应为 y_1，x_2 激励下的响应为 y_2，则 x_1 和

x_2 共同激励下的响应为 y_1+y_2。

此外，若元件特性或元件参数随时间而变，就叫时变元件。含时变元件的电路是时变电路，不含时变元件的电路是时不变电路。时不变电路的基本特性是电路的响应特性不随激励施加的时间而变化。若电路对激励 $x(t)$ 的响应为 $y(t)$，则非时变电路对于延迟激励 $x(t-t_0)$ 的响应必为 $y(t-t_0)$。时变电路不具有这种特性，施加激励的时间不同，它的响应形式会有不同。

线性电路的叠加特性可以简化电路的分析流程，在多激励电路中，可以单独分析每一个激励引起的响应，然后将所有激励引起的响应叠加即为整个电路的响应。如图 4–1–5 所示，电路有一个独立电压源和一个独立电流源，根据叠加定理，成立 $i_1=i_1'+i_1''$。

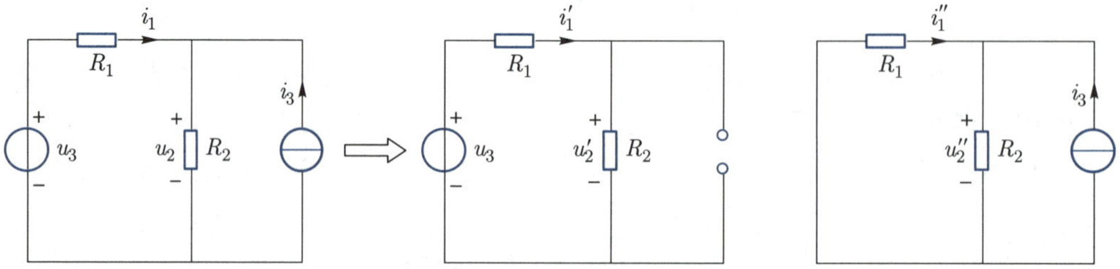

图 4–1–5 叠加定理

2. 分解方法

叠加方法的思路是将多个激励电路的求解问题化为简单激励电路的求解问题，而分解方法的思路是将结构复杂电路的求解问题化为结构较简单电路的求解问题。与叠加方法只适用于线性电路不同，分解方法也适用于非线性电路。分解方法即“分”而“解”之的方法。在分析电路时，某一时刻我们可能只关注电路局部或某一支路的电压电流变化，对整个电路做整体分析将带来过多的联立方程，给方程的求解带来困难。分解方法的主要思路是将整个电路网络分解成多个子网络，对每个子网络分别求解得到整个电路的分析结果。如图 4–1–6 所示为将一个复杂电路网络 N 分解为 N_1、N_2 和 N_3 三个子网络的示意图，像 N_1 和 N_3 这种对外只有两个端钮的子网络称为单口网络，N_2 这种有“两对”端钮的子网络称为双口网络。

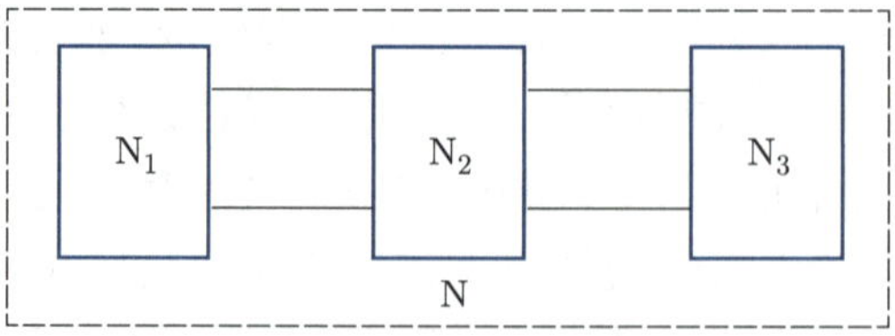

图 4–1–6 电路分解示意

采用分解方法分析电路时，在分析某一个子网络的过程中，我们往往只关注所分析子网络的具体结构，而其他子网络对所分析子网络的影响则主要体现在端口处的电流和电压变化上。因此，我们可以采用等效方法，用一个简单的等效电路替换子网络，从而简化电路的分析过程。在进行电路等效时，我们重点关注等效电路在端口处的电压电流关系，使之与被替代电路的电压电流关系相同。

对于无源网络，我们可以用一些简单的电路等效方法，例如我们可以用一个电阻代替两个串联或并联的电阻。对于有源网络，通常依据戴维南定理 (Thevenin's theorem) 和诺顿定理 (Norton's theorem) 进行等效。

(1) 戴维南定理

戴维南定理的含义为：一个由独立电压源、独立电流源及电阻组成的两端点电路，可以等效为一个独立电压源串联一个电阻。这两个等效参数只取决于原始电路的拓扑结构和元件参数。其中电压源的电压等于该网络的开路电压 u_{oc}，串联电阻 R_0 等于该网络中所有独立源为零值时所得网络的等效电阻，如图 4–1–7 所示。其中等效串联电阻称为戴维南等效电阻。

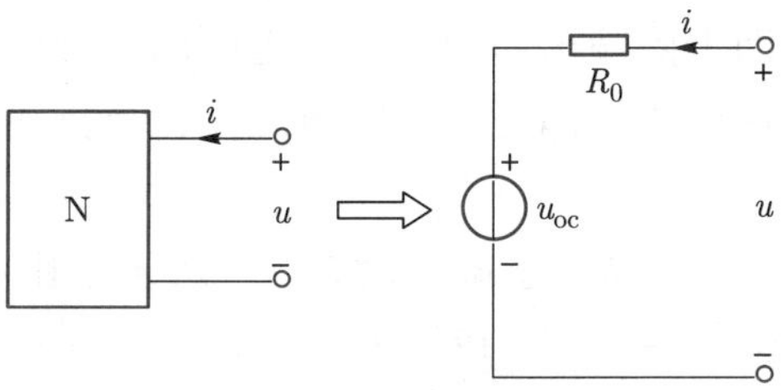

图 4–1–7 戴维南定理

(2) 诺顿定理

诺顿定理的含义为：一个由电压源及电阻组成的两端点电路，可以等效为一个电流源并联一个电阻。其中电流源的电流等于该网络的短路电流 i_{sc}，并联电阻 G_0 等于该网络中所有独立源为零值时所得网络的等效电阻，如图 4–1–8 所示。其中，等效并联电阻称为诺顿等效电阻。

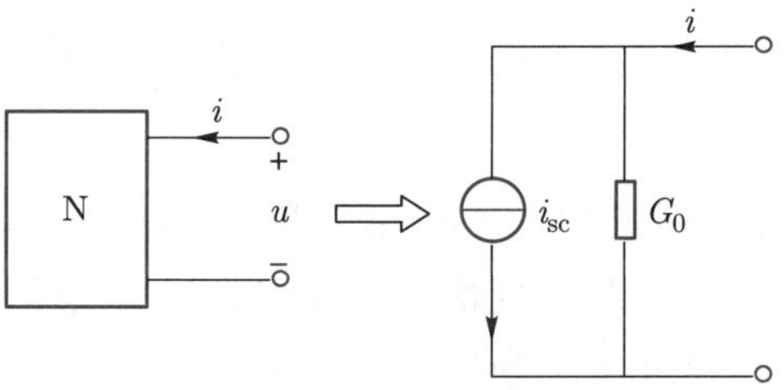

图 4–1–8 诺顿定理

3. 变换方法

如果电路中所含的电压为交流电源，则电路称为交流电路，如果交流电路中所含的元件均为电阻元件，则电路称为交流电阻电路。对于交流电阻电路的分析，仍可沿用前述的方法。当电路中包含电容或电感等动态元件时，电路称为交流动态电路。分析交流动态电路时，可以采用交换方法，包括相量分析法和其他变换方法等。

相量分析法是一种专门分析正弦稳态电路的变换方法。在正弦稳态电路中，各个电压、电流响应与激励均为同频率的正弦波，在已知频率的情况下，可用欧拉恒等式将给定的正弦函数变换为复平面上的相量。相量由正弦信号的有效值 U 和初始相位 ψ 构成，采用相量分析法分析电路时，将电压和电流均表示为相量，则电路分析过程即为分析电压相量和电流相量之间关系的过程。

电路分析中涉及的基本变换包括复数变换、傅里叶变换、拉普拉斯变换、Z 变换等。从数学上讲，变换是指数学函数从原向量空间在自身函数空间变换，或映射到另一个函数空间，或对于集合 X 到其自身 (比如线性变换) 或从 X 到另一个集合 Y 的可逆变换函数。变换在本质上是函数 $f(x)$ 利用变换因子进行的一种数学映射，比如傅里叶变换就从时域变换为频域，傅里叶逆变换就从频域变换为时域。变换可以给我们提供一个全新的视角来观察和分析电路与系统。

对于交流动态电路，由于有电容、电感等储能元件的存在，因此电路分析的初态不一定是稳定状态，即电路输出的响应可能由两部分激励产生，一是外加激励产生的响应，二是储能元件的原始储能带来的响应。在分析整个电路的全响应时，可以将两种类型的响应分别处理。

零输入响应：零输入响应是指系统在没有任何外部激励 (输入信号为零) 的情况下，由系统的初始条件引起的响应。在如图 4–1–9(a) 所示的 RC 一阶电路中，开关 S 闭合前电容 C 已充电，其电压 $u_C = U_0$，开关 S 闭合后电压 $u_C(t)$、$u_R(t)$ 和电流 $i(t)$ 都是按同样的指数规律衰减。

零状态响应：零状态响应是指系统在初始条件下 (储能元件的初始储能为零)，仅由外部激励引起的响应。在如图 4–1–9(b) 所示的 RC 一阶电路中，开关 S 闭合前电容没有储能，初始状态为 0。在 $t=0$ 时刻，开关 S 闭合，电路接入直流电压源 U_s，$t>0$，电容电压趋近于 U_s。

全响应：全响应是零输入响应与零状态响应的总和，描述系统在任何情况下的整体行为。在如图 4–1–9(c) 所示的 RC 一阶电路中，已充电的电容经过电阻接到直流电压源 U_s，电容原有电压 $u_C = U_0$，$t>0$，电容电压趋近于 U_s。

4. 高阶电路分析方法

求解高阶电路时，可以通过拉氏变换用复频域的代数方程来描述电路中的电压、电流关系，然后再应用拉普拉斯反变换，求得高阶电路中的电压、电流响应的时域方程。针对非正弦激励，通过拉氏变换，将积分变成相除、微分变成相乘。

以图 4–1–10 为例，可以知道

$$LC\frac{\mathrm{d}^2u_0(t)}{\mathrm{d}t^2}+RC\frac{\mathrm{d}u_0(t)}{\mathrm{d}t}+u_0(t)=u_\mathrm{i}(t) \tag{4–1–1}$$

其中

$$\mathcal{L}\left[\frac{\mathrm{d}u_0(t)}{\mathrm{d}t}\right]=sU_0(s)-u_0(0) \tag{4–1–2}$$

$$\mathcal{L}\left[\frac{\mathrm{d}^2u_0(t)}{\mathrm{d}t^2}\right]=s^2U_0(s)-su_0(0)-u_0'(0) \tag{4-1-3}$$

因此

$$LC\left[s^2U_0(s)-su_0(0)-u_0'(0)\right]+RC\left[sU_0(s)-u_0(0)\right]+U_0(s)=U_\mathrm{i}(s) \tag{4-1-4}$$

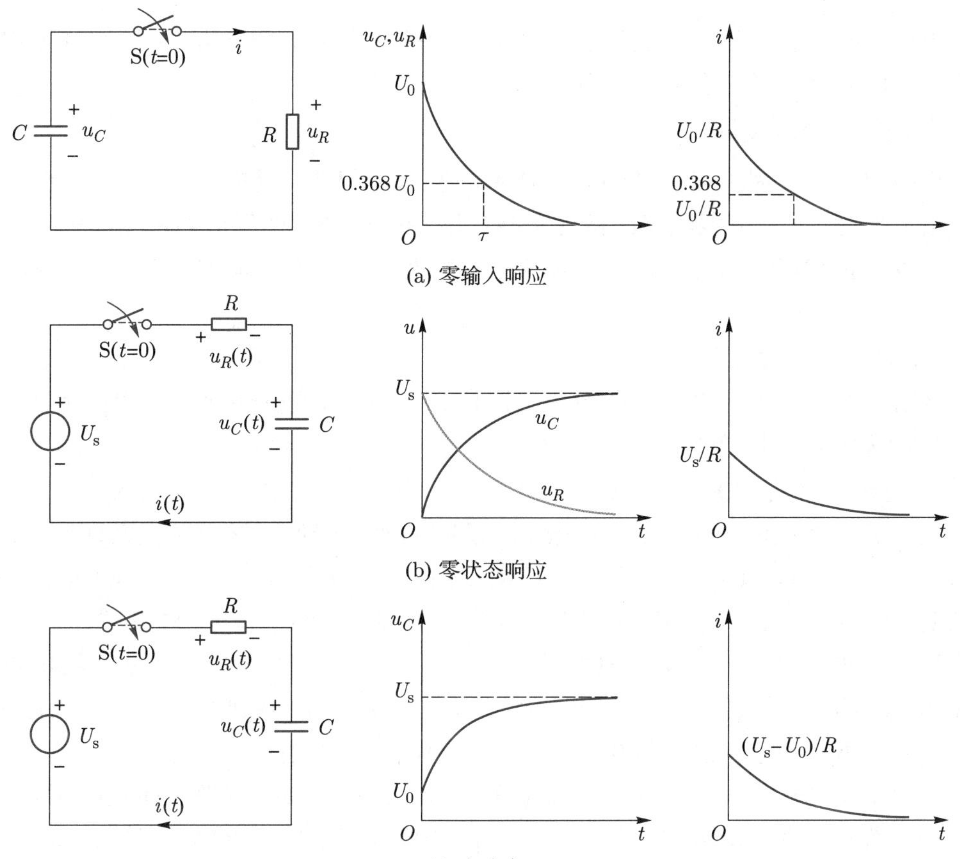

图 4-1-9 电路的零输入响应、零状态响应和全响应

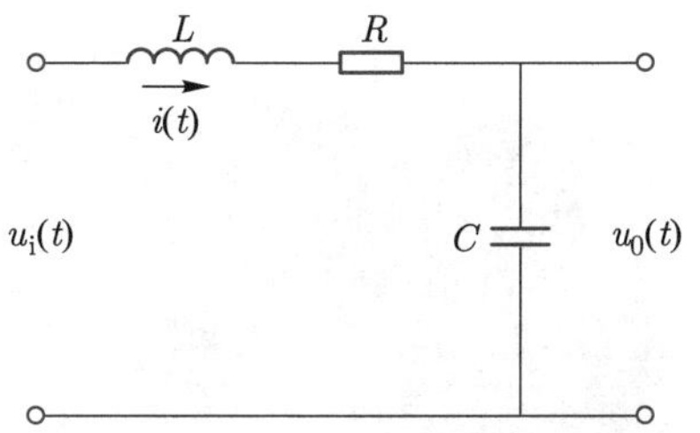

图 4-1-10 高阶电路示例

4.2 模拟电路

模拟电路指的是利用以晶体管为主的器件对模拟信号进行一系列处理的电路。由于人类可以感知到的外部信息都是模拟信号，且大自然中大多数信息变化均以模

拟信号的形式存在，比如动物发出的声音信号等，因此模拟电路在日常生产生活中十分重要。模拟电路是现实世界与电子世界的接口，可以将信号转换为电信号并直接处理，比如收音机获取播报、广播站发送消息等。

4.2.1 模拟电路介绍

由于模拟电路的历史源远流长、其衍生出的种类也十分丰富，接下来我们围绕模拟电路的发展史及其分类来展开介绍。

1. 模拟电路的发展史

模拟电路的发展可以追溯到电子技术的发展历程中，是电子技术发展中的一个重要组成部分。尽管模拟电路的概念和技术随着电子技术的发展而不断演变和进步，但其基本原理和应用始终围绕着对模拟信号的处理和转换，其发展阶段大致可分为两个部分。

(1) 分立元件阶段

该阶段主要为各种电子元件诞生的阶段，在这一时期电子管和晶体管相继面世，是后续阶段发展的基础。

① 电子管时代 (1905 年—1948 年)

电子管是早期的利用“爱迪生效应”发明的放大器件，被封装在密闭真空玻璃容器中，通电时其电场对自由电子有控制作用，由此来放大小信号。1904 年，约翰 · 弗莱明 (John Fleming) 根据“爱迪生效应”的原理，发明了世界上首只电子二极管，从此标志着电子技术进入电子管时代。此后，人们对电子管的改进创新层出不穷。1906 年，美国发明家李 · 德 · 福里斯特 (Lee De Forest) 在弗莱明电子管内放置了一个金属栅网，通过控制金属栅网和灯丝之间电压的大小调节电流，并且电流的大小同时取决于其极性：负电压会阻碍电子的流动，即近似于断路，而正电压则会增强电子的流动，即对电流起到放大作用。由此他发明了世界上第一只三极管，也是世界上第一个可以控制电流的真空电子管。但如图 4–2–1 所示的电子管有一个显著缺点，即栅极和金属铜板之间电容很大，导致不必要的振荡。

图 4–2–1 电子真空管 (见彩色插页)

1916 年，德国德律风根公司的华特 · 肖特基 (Walter Schottky) 发明了四极管，它的特点是有两个栅网，控制栅极负责放大电流，帘栅极负责消除阳极和栅极之间的过渡电容。但这种结构又引入了新的问题，帘栅极电场使得在阳极产生二次电子发射，再次发射的电子被帘栅极吸收，导致阳极电流下降。为了克服这一缺点，1926年时吉勒·霍尔斯特 (Gilles Holst) 和伯纳德·泰勒根 (Bernard Tellegen) 引入第三个栅极，在阳极和帘栅极之间添加抑制栅极，将二次发射的电子反射回阳极，增大了电子管的放大系数，同时改善了电子管的频率谐振，这种新电子管称为五极管。

相较于西方，我国的电子管出现时间相对推迟。1940 年开始，中国开始尝试研发电子管，逐渐在世界上具有一席之地。国产电子管有曙光、桂光等品牌，功能分为电压放大管、功率管、直热式功率管等。

电子管的不断改进催生了许多早期对电子管的应用。1922 年，帕特里克·布莱顿成功用真空电子管制作了广播接收机，不仅改善了广播接收机的性能，也为后来的广播技术发展奠定了基础。1942 年，由美国科学家阿塔纳索夫设计的阿塔纳索夫–贝瑞计算机测试成功，其采用电子真空管作为电能元件，是世界上公认的首台电子计算机。1946 年，美国的约翰·莫克利 (John Mauchly) 和约翰·埃克特 (John Eckert) 基于 ABC(Atanasoff-Berry Computer) 计算机的工作原理，发明了第一台通用电子计算机 ENIAC。其使用了 17 468 根电子管和 7 200 根水晶二极管，占地 170 m^2，功耗高达 150 kW。但是电子管体积庞大、重量较重、功耗高、发热量大、机械强度低，因此使用寿命较短，且由于材料老化等限制因素导致工作时间不能太长。

② 晶体管时代 (1948 年—1959 年)

电子管电路由于其体积庞大、功耗巨额、寿命短暂，难以大规模普及。对于当时的人们，急需一种成本更加低廉且可以广泛应用的解决方案，半导体材料的出现让模拟电路快速发展成为可能。晶体管 (transistor) 一词由 “传输 (transfer)” 和 “电阻 (resistor)” 两个词组成，恰恰说明了晶体管中半导体材料具有 “通” 和 “阻” 两种形态。晶体管横空问世后很快便取代了电子管的位置，从此电子管只应用在一些高精度的设备和实验室中。

1947 年，美国贝尔实验室威廉·肖克利 (William Shockley)、约翰·巴丁 (John Bardeen) 和沃尔特·布拉顿 (Brattain) 等人发明了世界上首个晶体管，如图 4–2–2 所示。它是一种点触型锗晶体管，可以通过改变锗接触点之间的距离来控制电压。同年，肖克利发明出三明治结构的 PNP 结型晶体管 (bipolar junction transistor, BJT)，并随后发表《半导体中的电子和空穴》，从原理上详细解释了结型晶体管的工作方式。同年，戈登·蒂尔 (Gordon Teal) 和摩根·斯帕克斯 (Morgan Sparks) 研制出锗 NPN 结型晶体管。

在晶体管诞生的十年中，人们发明了许多新型晶体管。比如在 1950 年，日本科学家西泽润一和渡边宁发明了首个结型场效应晶体管 (junction field-effect transistor, JFET)。之后几年，科学家们研究发现，在四价元素中，硅比锗更适合生产晶体管，从此硅成为晶体管中应用最广泛的半导体材料。

虽然我国对模拟电路的研究相较于西方国家更晚，但凭借科学家们不舍昼夜的辛勤研究，我国半导体技术发展迅猛。1956 年底，在中国科学院应用物理研究所中，半导体器件实验室响应周恩来总理主持的全国《十二年科学技术发展规划》，制造出了中国第一只晶体管。这距离美国人发明世界上第一个晶体管刚好过去了 10 年，标志着中国这个发展中国家，和西方发达国家一样，进入了半导体时代，我国在零基础的薄弱条件下实现了“从零到一”的突破，震撼了全世界。

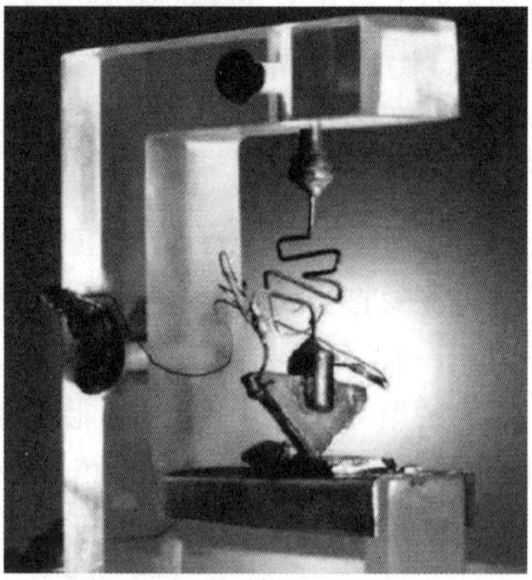

图 4–2–2 第一只点触型锗晶体管 (见彩色插页)

在分立元件时期，使用晶体管的模拟电路利用传输导线连接单个半导体元件，比起电子管，体积大小、耗能强度和成本价格均取得了大幅度的改善。1954 年，美国贝尔实验室研制出首台晶体管计算机 TRADIC，其使用了大约 700 个晶体管，占地仅约 0.279 m^2，功率仅为 100 W。晶体管的发明和应用，是模拟电路发展史上一个代表性的里程碑，标志着电子技术的重大突破。

(2) 集成电路时代

在半导体晶体管发明后的一段时间内，人们只是简单地把其当作电子管的替代品，并没有很高的重视。直到模拟集成电路的出现，半导体技术才发挥出它的潜能，推动了模拟电路技术的快速发展。

集成电路是指把各种分立元件及导线集成，封装在同一块半导体介质基片上的电路。1958 年，杰克 · 基尔比 (Jack Kilby) 发明了世界上第一块集成电路，他将晶体管元件和被动元件 (电阻、电容、电感) 固定在同一块锗片上，用金丝当作联通导线，如图 4–2–3 所示。

图 4–2–3 第一块集成电路 (见彩色插页)

1959 年，美国贝尔实验室的韩裔科学家姜大元 (Dawon Kahng) 和马丁 · 艾塔拉 (Martin Atalla) 发明了金属氧化物半导体场效应晶体管 (metal-oxide-semiconductor field-effect transistor，MOSFET)，简称为 MOS 管。1963 年，仙童半导体公司的弗兰克 · 万拉斯 (Frank Wanlass) 发明了 CMOS 技术，将 N、P 两种 MOS 管进行互补集成，标志着集成电路走向快速发展的时代。

集成电路向着小型化目标的发展速度极快。1965 年，摩尔定律提出：集成电路上的元件数每隔 1~2 年增加一倍，其性能也会提升一倍，现实中的集成电路证明了这个结论的合理性。如表 4–2–1 所示，集成电路最初仅达到小规模，其逐渐发展成为中、大，甚至超大规模的集成电路，只用了近 30 年时间。

随着技术的发展，集成电路物理尺寸的不断缩小面临挑战，一方面逼近了物理极限，另一方面成本急剧增加，使得摩尔定律濒临失效。目前，集成电路已经达到纳米级尺寸，频率可高达太赫兹级别，单片集成可容纳数千万个元器件，将器件、电路与系统结合，形成集成电路系统。相比于世界，我国集成电路的发展之路更加坎坷。1965 年，上海冶金研究所联合上海元件五厂，共同实现了我国第一块集成电路，取得了开门红。

表 4–2–1 集成电路发展过程

时间	规模	集成元器件数目
20 世纪 50 年代末	小型集成电路	1 百
20 世纪 60 年代	中型集成电路	1 千
20 世纪 70 年代	大型集成电路	大于 1 千
20 世纪 70 年代末	超大型集成电路	1 万
20 世纪 80 年代	特大型集成电路	大于 10 万

然而好景不长，从改革开放以来，我国的模拟集成电路发展受到了诸多阻碍。这主要是因为，大量进口国外产品的同时，技术被国外严格封锁，大幅度挤压了中国自主设备和自主研发的生存空间，导致我国产品的产能和良品率低。

多年依赖国外技术让我国的地位变得被动，也让我们明白技术要掌握在自己手里才安全。从 2018 年开始，国外对我国集成电路技术的打压，令国产企业变得岌岌可危，各大企业纷纷寻求自己的技术路线，中国技术也在艰难条件中取得飞速的发展。目前我国已在光刻机技术领域取得重大突破，国产替代进口也成了必然趋势，虽然目前距离突破西方国家“卡脖子”技术还有很长的路要走，但是未来可期。

2. 模拟电路的分类

模拟电路可以根据不同的分类标准进行划分，主要包括以下几种类型：

① 按处理信号的频率分类，模拟电路可以分为低频模拟电路、高频模拟电路和射频 (radio frequency，RF) 模拟电路。

② 按功能分类，通用模拟电路可以分为放大电路、滤波电路、振荡电路、功率电路、运算电路、调制/解调电路等；专用模拟电路可分为音响系统、电视接收机、

录像机及通信系统等。

③ 按输入输出关系分类，模拟电路可分为线性模拟电路和非线性模拟电路。

4.2.2 线性模拟电路

我们一般把由线性元件和独立源等组成的电路叫作线性电路，这里的独立源也可以用线性受控源替代；如果电路中存在非线性元件，那么我们一般称之为非线性电路，一般来说，这里所指的非线性元件不包括独立源。独立源一般有电压源和电流源两种，它们作为电路的输入，也称为激励；电路中各部分产生的电压或电流的变化称为由激励引起的响应。其中“线性”代表激励和响应之间关系可以用线性函数表示。常见的线性元件包括电阻、电容和电感，前面已经详细介绍过，这里不再赘述；线性放大电路是一种重要的线性模拟电路，我们主要对它进行介绍。

1. 线性放大电路

在实际电路中，一般的传感器输出的电信号都是非常的微小，大多数无法直接显示，也很难进一步处理，所以这些信号通常需要经过线性放大才能被显示和观察。如图 4–2–4 所示为放大电路的结构示意图。

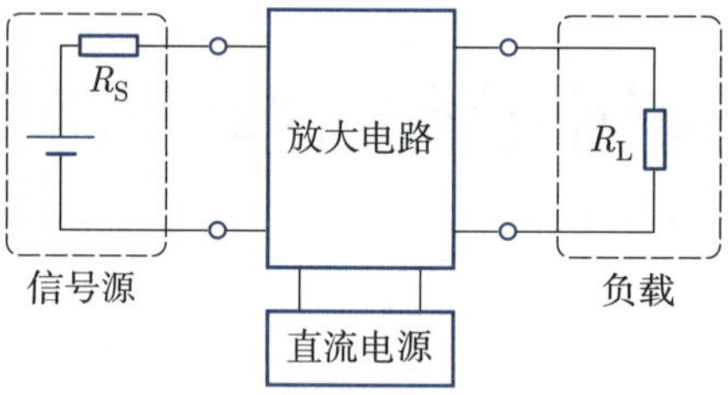

图 4–2–4 放大电路的结构示意图

(1) 放大电路的主要指标

为了衡量放大电路的品质优劣，制定了放大电路的相关指标，主要包括以下五方面：

① 输入电阻。输入电阻可以由输入电压除以输入电流计算得出，放大电路能从信号源获取多大的信号取决于输入电阻。

② 输出电阻。输出电阻反映放大器带负载的能力。通俗来说，带负载的能力可以理解为放大电路输出量受负载影响的程度。对于理想的放大电路，负载的变化不影响输出信号的变化。

③ 增益。增益即放大器的放大倍数，四种类型的放大器分别具有不同的增益，电压放大器的增益定义为电压增益 A_v，即输出电压除以输入电压；电流放大器的增益定义为电流增益 A_i，即输出电流除以输入电流；互阻放大器的增益定义为互阻增益 A_r，即输出电压除以输入电流；互导放大器的增益定义为互导增益 A_g，即输出电流除以输入电压。增益反映的是放大电路将供电电源能量转化为信号能量的能力。

④ 频率响应。放大电路的频率响应定义为在输入正弦信号的情况下，输出随

输入信号频率连续变化的稳态响应。频率响应反映了放大器可以正常工作的频率范围。

⑤ 非线性失真。放大器的功能是对输入信号进行线性放大，也就是说放大增益是与输入信号幅度无关的。但由于组成放大器的元件本身是非线性的，因此，随着输入信号的变化，放大器的增益不能保持稳定，这种由非线性引起的失真称为非线性失真，非线性失真会使输出波形产生新的高次谐波。

(2) 运算放大器

运算放大器是一种电子放大单元，它可以通过高增益特性和负反馈机制，实现对输入信号的精确放大和处理。“运算放大器”的发明初期主要面向模拟计算机应用，使用该模块完成数学运算，因而得名。

在实际应用中，运算放大器通常会和反馈网络结合，通过调节和稳定增益，从而实现各种功能。无论是输入信号的叠加运算还是微分运算、积分运算，都可以作为其输出信号。运放既可以用独立的器件实现，也可以采用半导体芯片实现。运算放大器具有近似理想的特性，因此运算放大器自 20 世纪 60 年代诞生以来，快速成为模拟电路中应用极为广泛的器件，广泛应用于信号的放大、运算等电路。

运算放大器一般为双电源供电，包括一个正电源 V_+ 和一个负电源 V_-。其基本结构包括输入级差分放大、中间级电压放大和输出级功率放大三个部分。输入级包括同相输入端 P 和反相输入 N，输出端为 O，其对地电压分别为 v_P、v_N 和 v_O，其简化模型如图 4–2–5 所示。

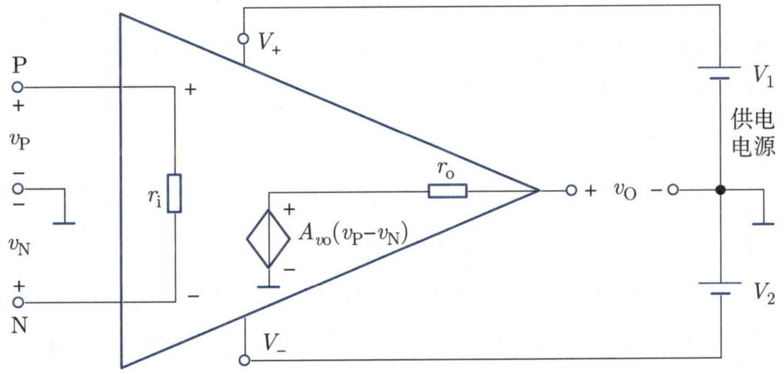

图 4–2–5 运算放大器简化模型

根据简化模型，当运算放大器的输出端无负载时，输出电压为 $v_\mathrm{O}=A_{vo}\times(v_\mathrm{P}-v_\mathrm{N})$，其中 A_{vo} 称为开环电压增益。对于理想放大器，其性能指标如下所述：

① 开环电压增益无穷大，即 $A_{vo}\to\infty$；

② 输入电阻趋近于无穷大；

③ 输出电阻为 0；

④ 对所有频率的信号都有完全相同的增益。

当前运算放大器的性能已经趋近于理想放大器，其输出电压的范围由正负电源的值限定，根据其开环电压增益无穷大的特性可知，$v_\mathrm{P}-v_\mathrm{N}$ 的值很小，趋近于零，即运算放大器两输入端的电压近似相等，如同两输入端近似短路，这种现象称为“虚短”。同时，根据输入电阻无穷大的特性可知，运算放大器输入端近似无电流，近似断路，这种现象称为“虚断”。“虚短”和“虚断”现象为我们分析和使用运算放大器带来了极大的方便。

由于运算放大器的开环电压增益极高，因此要求输入端之间的电压差极小，为了保证这一点，需要在电路中引入负反馈来减小 $v_{\mathrm{P}}-v_{\mathrm{N}}$ 的值，基于此结构，可以实现多种运算放大器的应用，如同相放大、反相放大、电压跟随、信号求和、信号积分、信号微分等。

2. 线性滤波电路

(1) 滤波电路的基本组成

模拟滤波电路的核心组成部分是电阻、电容和电感以及运算放大器等元件。根据不同的设计需求和复杂程度，滤波电路可以是简单的 RC、RL 或 LC 网络，也可以是复杂的多级有源滤波器。

① 电阻：电阻是控制电流和电压的元件，滤波电路中的电阻常与电容、电感组合，用来确定滤波电路的时间常数和截止频率。

② 电容：电容在电路中的作用是阻挡低频、传导高频信号。电容值的大小决定了电路对不同频率信号的响应特性。

③ 电感：电感与电容的作用相反，它可以传导低频信号、阻挡高频信号。电感器的使用在滤波电路中较为常见，尤其是在电源滤波电路中。

④ 运算放大器：有源滤波电路使用运算放大器来提高滤波器的性能，有源滤波器相对于无源滤波器来说，能够更灵活地调节增益、实现较高的品质因数，并能够在不增加电路复杂性的前提下，实现多级滤波功能。

(2) 滤波电路的原理及分类

滤波电路的核心原理是通过不同元件对不同频率信号的响应特性，实现对信号频谱的选择性通过或衰减。具体来说可分为以下四种：

① 低通滤波器：低通滤波器是一种允许低于截止频率的信号频率成分通过，同时衰减高于截止频率的信号频率成分的滤波器。其主要功能是去除高频噪声，保留有用的低频信号。低通滤波器典型结构是 RC 或 RL 电路。在 RC 电路 (RL 电路) 中，当输入信号频率较低时，电容阻抗较大 (电感阻抗较小)，信号可以顺利通过；当频率较高时，电容阻抗减小 (电感阻抗增加)，从而使高频信号受到抑制。

② 高通滤波器：高通滤波器是一种允许高于截止频率的信号频率成分通过，同时衰减低于截止频率的信号频率成分的滤波器。其主要功能是去除低频干扰，保留有用的高频信号。RC 高通滤波器是一种典型的高通结构，当频率较低时，电容阻抗较大，电阻与电容组成的电路会衰减低频信号；当频率升高时，电容阻抗减小，高频信号通过电容。

③ 带通滤波器：带通滤波器是一种允许特定频率范围内的信号频率成分通过，同时衰减低于和高于该频率范围的信号频率成分的滤波器。其主要功能是选取特定

频段的信号，用于频率选择性放大或信号提取。通常通过 LC 谐振电路或多级滤波电路实现，其频率选择性较强，广泛应用于通信和信号处理系统中。

④ 带阻滤波器：带阻滤波器允许高低频信号通过，阻挡某个频率范围内的信号。这类滤波器常用于抑制特定频率的噪声，如 50 Hz 电源噪声的抑制。

根据电路设计复杂性和性能要求，滤波器还可以分为以下几种：

① 巴特沃思滤波器：具有平坦的频率响应曲线，没有波纹，是一种通用型滤波器，常用于音频信号处理。

② 切比雪夫滤波器：相比巴特沃思滤波器，在带通频率范围内有波纹，但过渡带的衰减更陡峭，因此可以在更窄的带宽上实现较好的滤波效果。

③ 椭圆滤波器：提供最快的过渡带衰减，但代价是在通带和阻带都存在波纹，一般适用于对滤波精度要求非常高的应用场景。

(3) 模拟滤波电路的优点及其局限性

模拟滤波器适用于需要实时处理、低成本、低功耗的应用，尤其在高频或对信号保真度要求较高的场合。然而，它在复杂滤波需求、参数灵活调整及精度方面不如数字滤波器，因此现代系统常常结合模拟和数字滤波器以取长补短。

4.2.3 非线性模拟电路

对于晶体管器件而言，其工作曲线不再呈现完美线性关系，而是在特定范围内产生非线性区域。非线性电路与线性电路最大的区别在于，非线性电路工作时会产生新频率的信号，这也是非线性电路最典型的特征。本节介绍了常见的非线性元件，以及非线性典型电路。

1. 非线性元件

目前常用的非线性元件为半导体晶体管，半导体在常温下的导电能力处在导体和绝缘体之间，较为稳定的 +4 价元素如锗、硅等可以实现这种特殊性质。完全纯净的晶体半导体称为本征半导体，内含大量 +4 价的共价键，一般结构稳定。当受外界热干扰时，共价键被损坏，电子变为自由电子，其留下的空位叫作空穴，可以理解为带正电的载流子。在本征半导体中，电子和空穴时成对出现，称为电子–空穴对。

杂质半导体是指往半导体单晶中掺入少量杂质元素的半导体，其导电能力明显优于本征半导体，分为图 4–2–6(a) 中的 N 型和图 4–2–6(b) 中的 P 型两类。N 型半导体又称电子型半导体，其内部掺入的 +5 价元素 (如磷、砷、锑) 称为施主杂质。每个施主原子与周围四个半导体原子形成共价键后，剩下的一个电子无处配对，成为自由电子。此时的自由电子浓度远高于空穴，因此电子被称为多数载流子 (多子)，空穴为少数载流子 (少子)。P 型半导体又称空穴型半导体，其内部掺入的 +3 价元素 (如硼、镓、铟) 称为受主杂质。每个受主原子与周围四个半导体原子形成共价键时，剩余 1 个空位没有电子配对，成为空穴。此时的空穴浓度远高于自由电子，因此空穴为多数载流子 (多子)，电子为少数载流子 (少子)。

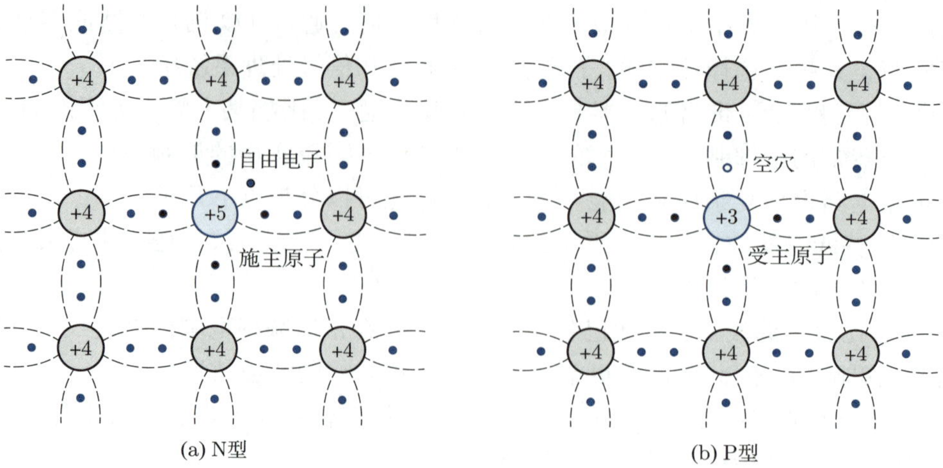

图 4–2–6 杂质半导体的两种形式

利用 P 型半导体与 N 型半导体结构，人们制造出半导体晶体管，其主要分为二极管、晶体管和场效应晶体管三种类型。

(1) 二极管

二极管是一种典型的非线性元件，其采用 PN 结作为半导体，二极管结构和符号如图 4–2–7 所示。PN 结中 N 型和 P 型半导体各占一边，交界处会形成一个电子–空穴对薄层，称为空间电荷区，也叫耗尽层。由于自由电子和空穴存在浓度差，多子向另一边作扩散运动，形成空间电荷区，正负离子形成电势差，产生的内电场又反过来加快了少子向另一边的漂移运动。这两种运动方向相反，均能通过电流改变空间电荷区的厚度，当扩散电流和漂移电流大小相同时，两种运动达到平衡，空间电荷区的大小稳定。

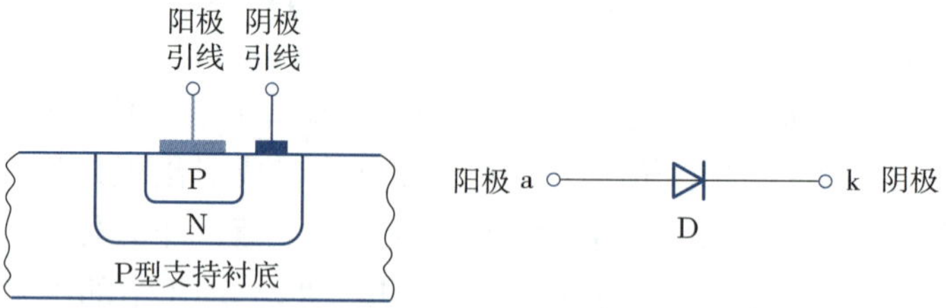

图 4–2–7 二极管结构和符号

当我们向二极管两端施加电压时，相当于对 PN 结引入了一个外电场。当施加与 PN 结自身内电场方向相反的外电场时，空间电荷区变薄，多子的扩散运动强于少子的漂流运动，因此电路中有较大的正向电流，这种情况称为二极管的正偏。而当施加与 PN 结自身内电场方向相同的外电场时，空间电荷区变厚，多子的扩散运动弱于少子的漂流运动，且少子的浓度很低，因此电路中有微弱的反向电流，这种情况称为二极管的反偏。因此二极管具有单向工作的特性，正向导通，反向截止。

对于二极管而言，其两端电压与经过的电流不再成正比，而是呈如下指数关系：

$$i = I_S\left(e^{u/U_T} - 1\right) \tag{4-2-1}$$

其中，I_S 是反向饱和电流，U_T 是温度的电压常量，在 300 K 的温度下大小约为 26 mV。

二极管的伏安特性如图 4–2–8 所示。值得注意的是，当给二极管施加过大的反向电压时，PN 结会被击穿：当电压超过某一大小时，电压的微小变化将引起电流的大幅增加，这个电压门限叫作反向击穿电压。当二极管被反向击穿后，一般无法恢复到正常性能，所以在工作时要严格遵守二极管的正常工作范围。

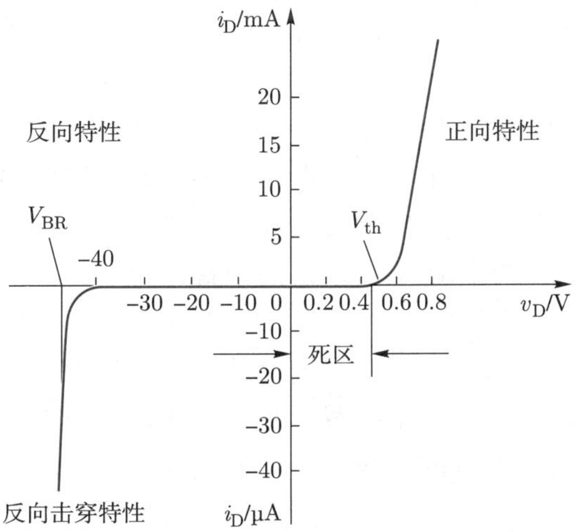

图 4–2–8 二极管的伏安特性

当工作频率较高时，二极管的结电容应当纳入考虑范围内。当电压改变时，PN 结配合充电放电，使其具有电容特性。空间电荷区载流子极性变化产生的电容叫作势垒电容，与半导体材料本身的介电常数、结面积和空间电荷区的长度有关，当二极管反偏时，电容约等于势垒电容的大小。扩散电容是多子在扩散过程中积累引起的，当二极管正偏时，电容约等于扩散电容的大小。二极管的电容通常很小，大概为几十皮法。

虽然在大多数情况中要避免二极管反向工作，但在有些应用中，恰恰需要利用二极管的反向非线性。下面介绍两种特殊的二极管，其可以长时间处于反向击穿状态，且仍能恢复到初始状态，除非电压过大发生过热损毁。

① 齐纳二极管

齐纳二极管工作在反向击穿区域。对于这种二极管的反向击穿有两种形式，分别为齐纳击穿和雪崩击穿。齐纳击穿的原理是，在高掺杂浓度下，当二极管两端电压达到反向击穿电压时，共价键被撕裂形成大量自由电子–空穴对，载流子浓度大幅增加。雪崩击穿是针对低掺杂浓度的 PN 结而言的，当二极管两端电压达到反向击穿电压时，载流子剧烈撞击原子核，撞出自由电子–空穴对，载流子增加引起更剧烈的撞击，撞出更多的载流子，因此反向击穿电流迅速增大。由于齐纳击穿的发现早于雪崩击穿，因此人们对两种工作原理的二极管统称为齐纳二极管。

齐纳二极管在反向击穿状态下电阻很大，因此当反向电流大幅变化时，反向电压基本保持不变，通常应用于稳压电路中，因此齐纳二极管又称为稳压二极管。

② 肖特基二极管

1958 年，贝尔实验室的肖特基等人发现了金属–半导体接触的整流特性，为肖特基二极管的发展奠定了基础。肖特基二极管的结构与其他二极管不同，不再采用 PN 结，而是一侧为 P 型半导体，另一侧为金属。

与锗硅半导体管相比，肖特基二极管的正向导通电压低于半导体 PN 结型二极管，且消耗更少的功率。肖特基二极管的反向恢复时间短，噪声低，适用于高频电路，在倍频器、混频器中均有应用，也可用于开关。

(2) 晶体管

这里的晶体管指的是双结型晶体管，有 NPN、PNP 两种类型。以 NPN 结构为例，发射极区域具有较高的掺杂浓度，而基极区域通常设计得非常薄，其厚度一般在几微米到几十微米之间，并且掺杂程度较低。要使晶体管具有放大作用，需要引入外部电源，且工作时必须保证发射结正向偏置，而集电结反向偏置。晶体管结构和符号如图 4–2–9 所示。

晶体管是同时通过自由电子和空穴两种载流子工作的，具体原理如下：当发射结正向偏置时，发射区的自由电子扩散到基区形成发射极电流。到达基区的电子大部分继续扩散，到达反向偏置的集电结，形成集电极电流。同时少子在外电场的作用下作漂流运动，由此产生反向电流。值得注意的是，发射极电流大小是基极和集电极电流大小之和，极性与基极电流相反。

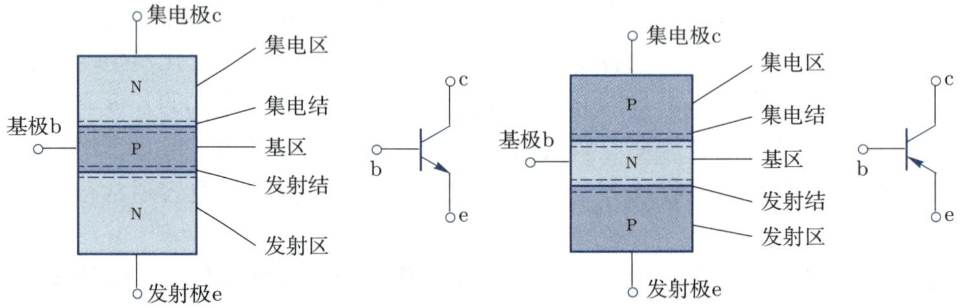

图 4–2–9 晶体管结构和符号

晶体管有三种接法，分别为共射、共集和共基接法。图 4–2–10(a) 的共射接法的电压、电流放大倍数均很高，共集的电压放大倍数略小于 1，但电流放大倍数高，共基的电压放大倍数高，电流的放大倍数略小于 1。

对于共射接法，集电极电流 I_C 和集–射电压 V_{CE} 的关系如图 4–2–10(b) 所示，分为截止区、放大区和饱和区三个区域。截止区处发射 PN 结未正向导通，放大区集电极电流大小只与基极电流有关而与电压无关，当集电极电流达到一定数值后晶体管进入饱和区，对应 V_{CE} 电压的数值较小。

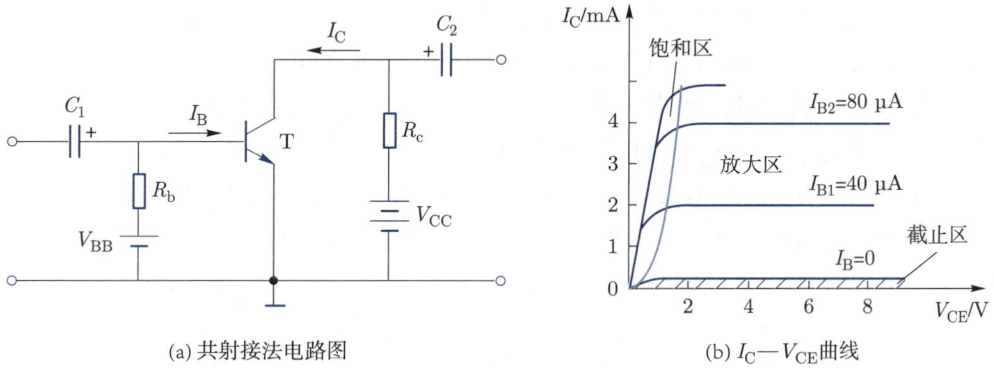

图 4–2–10 晶体管共射接法的电路图和 V_{CE}-I_C 曲线

(3) 场效应晶体管

不同于晶体管由两种载流子导电的工作方式，场效应晶体管只由单种载流子导电，又称单极型晶体管；不同于晶体管利用电流控制电流，场效应晶体管利用电压来控制电流。场效应晶体管可以分为结型场效应晶体管 (JFET) 和绝缘栅场效应晶体管 (MOSFET) 两种类型。

① 结型场效应晶体管

结型场效应晶体管结构也有三极，分别为源极、栅极和漏极，其结构和符号分为图 4–2–11 所示的 N 沟道和 P 沟道型，沟道两侧区域均为高掺杂半导体。在漏极和源极之间加上一个正向电压，N 沟道型场效应晶体管中多子为电子；而如果加的是反向电压，P 沟道型场效应晶体管中多子为空穴。

以 N 沟道型为例，其原理可以总结成，改变栅–源极之间的电压大小来控制漏极电流大小。施加反向电压时，两边的空间电荷区变厚，中间的导电沟道逐渐变窄，漏极电流随之减小；施加正向电压时，漏极电流增大。值得注意的是，空间电荷区的厚度改变主要在沟道位置。

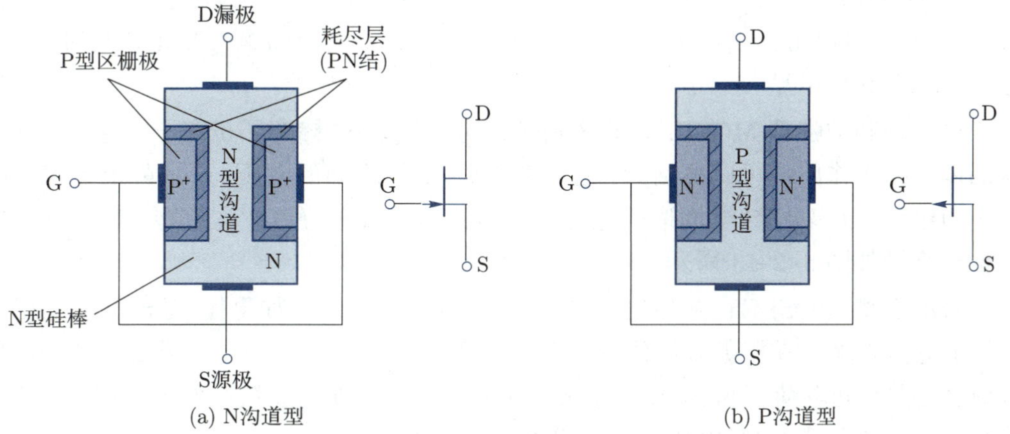

图 4–2–11 场效应晶体管的结构和符号

当漏–源极电压为 0 时，增加栅–源极之间的电压大小，空间电荷区的厚度会逐渐增大，当增加到一定程度时，沟道会被完全夹断，这个对应的电压大小叫作夹断电压。当栅–源极之间电压为定值时，增大栅极和漏极之间的负电压幅值，当电压大小恰好等于夹断电压时，沟道出现预夹断，即沟道刚刚出现闭合，如果继续增大栅极和漏极之间电压，沟道闭合程度继续加深。

当栅–源极的电压大小保持不变时，漏极电流的大小 i_D 只与漏–源极电压 u_{DS} 的大小有关，具体如图 4–2–12 的输出特性曲线所示。和晶体管的共射接法相似，漏极特性也可以分为三个区域，分别为可变电阻区、恒流区和夹断区。

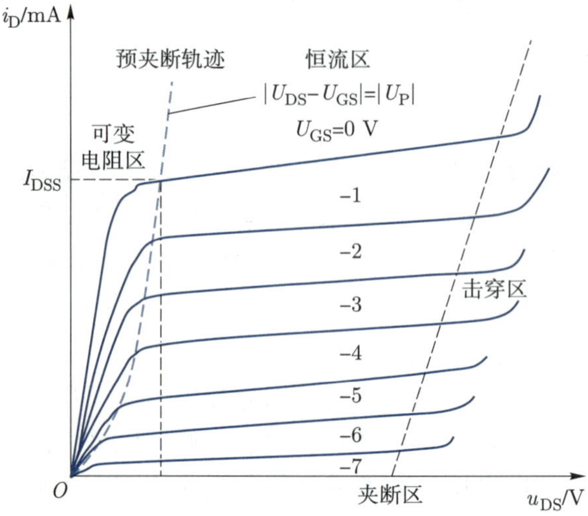

图 4–2–12 场效应晶体管的输出特性

② 绝缘栅型场效应晶体管

绝缘栅型场效应晶体管是一种利用电场效应控制电流流动的半导体器件，它主要由金属、氧化物和半导体组成，因此也被称为金属氧化物半导体场效应晶体管，或简称 MOSFET，和结型场效应晶体管相同，MOSFET 也分为 N 型和 P 型两种。MOSFET 还可以根据当栅极和源极之间电压为 0 时，漏源间是否存在导电沟道，而分为增强型和耗尽型。

耗尽型和增强型 MOSFET 的区别是，其 SiO_2 层中掺杂了正离子。绝缘栅场效应晶体管的工作原理可以概括为，通过调节栅–源极之间的电压，形成外电场来控制多子的运动，来改变导电沟道的宽度，从而控制漏极电流。N 沟道型 MOSFET 的结构和符号如图 4–2–13 所示。

对增强型 MOSFET 施加电压前，漏–源极间不导通。如果栅–源极之间电压增大，正电荷将聚集在栅极金属位置，吸引 P 型衬底中的电子，耗尽层变厚到一定程度时，会在空间电荷区和 SiO_2 间形成导电沟道，这个新沟道被叫作反型层。开始形成反型层所需的栅–源极电压称为开启电压。

在耗尽型 MOSFET 中，由于 SiO_2 绝缘层本身带正电荷，反型层在栅–源极电压为 0 时就已经存在。如果栅–源极之间电压增大，将排斥 P 型衬底中的电子，反型层随之变窄。当电压增大到一定程度时，反型层消失，漏极电流变为 0，这时的栅–源极电压大小称为截断电压。

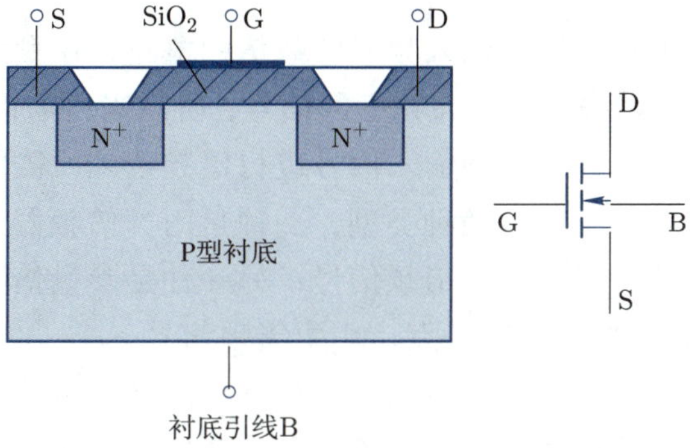

图 4–2–13 N 沟道型 MOSFET 的结构和符号

2. 非线性电路

利用上述非线性元件，人们针对不同应用需求，设计了不同种类的模拟电路。模拟电路的设计和应用在电子领域中占有重要地位，对于信号的处理和电子设备的功能实现起到了关键作用。

(1) 丙类放大器

晶体管功率放大器分为甲、乙、丙、丁 (ABCD) 四类，其中甲类和乙类放大器工作在线性区，丙类放大器工作在非线性区。丙类放大器的特点是适用于高频大功率信号，一般应用于发射机末端，保证输出信号的功率充足。

丙类放大器设计目的是尽可能将电源能量转换为输出信号的能量，所以输出功率和效率是其最主要的性能指标。因此，为了提高功放效率，应使功放处于丙类工作状态，这时由于极间电压的大小关系随着输入正弦信号而变化，输出信号不再是标准的余弦信号，而是余弦脉冲信号 (在一个周期内，部分时间为余弦信号)。根据傅里叶变换原理，可以对其分解为

$$i_c = I_{c0} + I_{cm1}\cos(\omega t) + I_{cm2}\cos(2\omega t) + \cdots + I_{cmn}\cos(n\omega t) \tag{4–2–2}$$

可以看出，该信号存在次谐波的分量，以二次谐波为例，其幅值为 I_{cm2}，这些谐波是非线性电路的副产物，如果直接输出会产生信号失真，因此在输出端加入了一个 LC 谐振回路，使工作频率固定在

$$f = \frac{1}{2\pi\sqrt{LC}} \tag{4–2–3}$$

实际起到滤波的作用。LC 回路的选择是十分严格的，对输出端口而言，LC 回路相当于一个窄带带通滤波器。如果 LC 回路失谐，相当于带通滤波器的通带偏移，有用信号无法通过，输出信号会因此变形失真。

输出信号的效率与交流输出信号幅值与直流电压的比值和功率放大器的导通角有关。导通角是指在一个周期内 (记为 2π)，有多长时间晶体管导通，其单位为度。

如果导通角取值过大，则工作效率太低；如果取值过小，虽然工作效率得到提升，但输出功率太小，人们通常折中取导通角为 70°。

(2) 倍频器

倍频器是一种输出频率等于输入频率整数倍的电路，在发射机等电子设备中被广泛应用。由于信号源无法发射很高频率的信号，所以当所需信号超过一定频率时，要在信号源后加上倍频器，对低频输入信号进行倍频达到所需频率。

利用晶体管的倍频器主要有两种类型，一种是丙类倍频器，其利用丙类放大器中输出信号存在谐波的特点，产生倍频信号；另一种是参量倍频器，其利用半导体结电容/电阻随电压非线性变化的特点，产生倍频信号。

丙类倍频器的实现方法与丙类放大器类似，只需将输出端的 LC 回路谐振频率换为需要的谐波频率，然后通过调节直流电压来调整导通角的大小，确保谐波信号的幅值达到最大。

我们常说非线性电路的最显著特点是会产生新频率的信号，这主要是由于，输出信号不再严格遵循正弦、余弦的形状时，通过傅里叶变换展开，会得到次谐波信号的分量。参量倍频器就是利用晶体管的变容特性，产生多次谐波信号，在输出端使用带通滤波器保留所需谐波分量，将其他次数的谐波分量滤除。二极管和晶体管均可以实现倍频器，其原理大致相同，晶体管自带输出信号的放大功能。但二者相比，二极管在高频下的损耗明显低于晶体管。

以二极管为例，介绍倍频器的设计思路。首先应注意的是，现在射频电路中，使用的是带有基片封装的多个二极管组成的集成二极管。高频倍频器常用的是工作在反向击穿状态的肖特基二极管，其优点是反应速度极快，适用于高频信号处理。如图 4–2–14 所示，对于倍频二极管，串联形式有平衡式二极管和非平衡式二极管两种结构。平衡式二极管可以滤除奇次谐波分量，非平衡式二极管可以滤除偶次谐波分量，其原理大致相同。以平衡式二极管为例，其从中间输入的两路信号分别可以表示为

$$\begin{aligned} I_1 &= f(V) = aV + bV^2 + cV^3 + dV^4 + eV^5 + \cdots \\ I_2 &= f(V) = -aV + bV^2 - cV^3 + dV^4 - eV^5 + \cdots \end{aligned} \tag{4–2–4}$$

两路信号叠加后，奇次分量抵消。还需要强调的是，滤波电路和二极管之间，应注意阻抗匹配。

图 4–2–14 (左) 平衡式二极管 (右) 非平衡式二极管

倍频器的性能指标一般为倍频效率和输出功率。二极管的倍频效率不超过 $1/n^2$，其中 n 是谐波次数。输出功率一般用等效全向辐射功率 (equivalent isotropic radiated power，EIRP) 来表示，等于功放的发射功率 (dBm) 加上天线的增益 (dB)，再减去馈电损耗 (dB)。

(3) 混频器

混频器是一种频率转换设备，实现信号上变频 (频率相加) 或下变频 (频率相减)，在无线通信系统中的频率转换、频率合成、调制解调广泛应用。混频器利用二极管、晶体管、场效应晶体管等器件的电容/电阻的非线性原理，将两个不同频率 (本振、射频) 的输入信号转变成一系列不同频率的输出信号。

一般混频的本振信号相对于射频信号是一个大信号，使二极管能正向导通，射频信号作为小信号，加载到非线性结电阻上进行混频。混频器分为基波混频和谐波混频两个类型，以下变频为例，基波混频是指本振和射频频率直接相减，谐波混频是指射频频率与本振的次谐波频率相减。

与只有基波输入和谐波输出两个端口的倍频器不同，混频器具有三个端口，包括入射频信号输入端口，本振信号输入端口，以及中频信号输出端口。但也有特殊情况，当基波混频器使用天线接收输入信号时，本振和射频信号共用一个输入端口。

混频器的性能指标包括变频增益/损耗、带宽、1dB 压缩点 (P1dB) 等。变频增益是指混频器中频输出功率和射频输入功率之比，单位为 dB，带宽一般是功率下降 3dB 对应的频段范围，1dB 压缩点是指当输入功率继续加大后，变频增益减小 1dB 所对应的输入功率，单位一般为 dBm。

混频器一般用于需要高灵敏度的接收机，因此要考虑噪声的影响。在高频混频器中考虑了三个噪声来源。第一是散粒噪声，由电子在通过结势垒时的随机涨落引起；第二是热噪声，由级联电阻引起；第三是热电子噪声，由本振功率驱动电子获得额外能量引起。一般使用噪声系数 (或换算为噪声温度) 来评判噪声的大小，定义为输入信噪比和输出信噪比的比值，单位为 dB。

理想的输出频率为两个输入频率或谐波频率的和频、差频信号，实际上除输出理想信号外，还有谐波等各种频率组合，所以要在输出端利用滤波器来选取所需的频率分量。干扰频率主要有组合频率干扰、副波道干扰和交调干扰三种类型。

① 组合频率干扰

由于变频器使用的是非线性器件，因此在变频器工作的过程中，流经变频管的信号频率不只有本振 f_{LO} 和射频 f_{RF}，还有它们频率的组合分量 $\pm mf_{\mathrm{LO}} \pm nf_{\mathrm{RF}}$ 等，m、n 为谐波次数。当这些组合频率分量在中频滤波器通带内时，就能顺利通过中频滤波器，对有用信号造成干扰。

② 副波道干扰

副波道干扰由频率为 f_{N} 的外来噪声引起，噪声信号进入混频器的输入端，和本振信号的频率 f_{LO} 的频率组合分量为 $\pm mf_{\mathrm{LO}} \pm nf_{\mathrm{N}}$，其中 m 是本振信号的谐波次数，n 是噪声信号的谐波次数。当这些组合频率分量等于或者接近中频时，就能通过中频滤波器，产生干扰和啸叫，当 $N = m + n$ 时，称此时的干扰为 N 阶副波道干扰。

副波道干扰分为中频、镜频和组合副波道干扰。当外来噪声频率与中频频率相同时，信号会进入混频器被放大，从而造成中频干扰。当 $m=n=1$ 时，相应的噪声频率等于本振频率和中频频率的和。由于此时射频频率和噪声频率关于本振频率对称，称为镜频干扰。当 $m \geqslant 1$ 且 $n \geqslant 1$ 时，对应干扰信号产生的干扰都称为组合副波道干扰。

③ 交调干扰

接收机的接收信号和噪声信号同时作用于接收机的输入端，由混频器的非线性而形成的干扰。如果接收机对接收信号调谐，那么干扰对象也能被接收到，干扰信号强弱随有用信号强度变化而变化，和干扰频率无关。

4.3 数字电路

模拟信号在时间和数值上都是连续的，这就带来两个问题，一是处理过程中容易受到噪声的干扰，二是模拟信号难以存储。数字信号是对模拟信号在时间上的采样和在数值上的量化，其抗干扰能力强且方便压缩和存储，在现代信号处理技术中占据着越来越重要的地位。数字电路是基于集成电路处理数字信号的电路，大规模和超大规模数字集成电路的快速发展使得数字电路的应用领域极其广阔。

4.3.1 模拟信号的量化

由 4.2 节知，模拟信号是时间和幅值均连续的信号，也就是说模拟信号具有无限的精度和连续性，因此存储和无失真传输及处理模拟信号非常困难。尤其在传输和处理方面，由于模拟信号的幅值连续特性，任何一点微弱的干扰都会造成信号的失真。同时，噪声对模拟信号的干扰会持续累积，进一步影响模拟信号的性能。

将模拟信号进行抽样和量化，从而将模拟信号转化为数字信号是解决模拟信号存储和处理难题的有效方法。在绝大多数场景中，我们并不需要无限精度和连续性的信号，这就为数字信号的使用提供了前提。数字信号是时间和幅值都离散的信号，数字电路的基本思想是采用数字信号近似表示模拟信号。如图 4–3–1 所示为用数

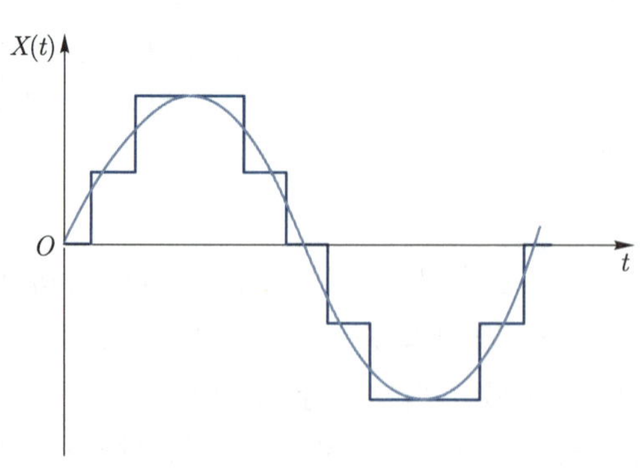

图 4–3–1 用数字信号表示正弦波

字信号表示正弦波的示意图。可见，数字信号使用有限个点和有限个幅值来近似表示模拟信号，单位时间内的点数越多，相邻幅值之间的间隔越小，数字信号与模拟信号之间的误差就越小。数字电路设计的过程就是采用满足要求的点数和幅值间隔来表示和处理模拟信号。

自然界中信号种类繁多，但绝大多数都属于模拟信号，要想使用数字电路对其进行分析处理，需要先将模拟信号转换为数字信号，这一过程称为模拟/数字转换，对应的电路称为模拟/数字转换器 (analog-to-digital converter，ADC)。同理，很多情况下数字信号并不能直接使用，需要通过数字/模拟转换过程变成模拟信号，对应的电路称为数字/模拟转换器 (digital-to-analog converter，DAC)。图 4–3–2 为典型音频信号处理系统，首先通过 ADC 将麦克风采集到的模拟信号转换为数字信号，经过数字电路处理后，再通过 DAC 将数字信号转换为模拟信号用于耳机或音响的播放。

图 4–3–2 典型音频信号处理系统示意图

ADC 是将模拟信号转换为数字信号的重要电路，其转换过程主要包含抽样、量化和编码三个部分：

① 抽样。抽样是对模拟信号的离散化过程，是用每隔一段时间的信号样值替代连续的模拟信号值。根据奈奎斯特抽样定理，为了从抽样信号中无失真地恢复原信号，抽样频率应大于信号最高频率的两倍。也就是说抽样的频率取决于要表示的模拟信号的最高频率。以语音电话信号为例，人的语音主要频率成分集中在 4 kHz 以下，因此电话语音使用的抽样频率一般定为 8 kHz。

② 量化。抽样过程将模拟信号变成了时间上离散的信号，但抽样信号的幅度依然是连续的。量化过程就是用一组规定的数值来近似表示抽样信号的幅值，是对模拟信号在幅值上的离散化。量化过程会引入信号幅值的误差，称为量化误差。量化误差取决于用于量化的数值的个数，用于量化的数值的个数称为量化级数，量化级数越大，量化误差越小。但量化级数的增大会带来数字信号处理复杂度的提升，因此实际系统中要根据具体的精度需求确定量化级数。

③ 编码。抽样、量化后的信号要经过编码，变成数字电路可以处理的数字信号。最简单的编码方式是二进制编码，就是用 n 位二比特数值表示量化后的抽样值。n 的数值越大，可表示的量化级数越大。

DAC 是数字信号转变为模拟信号的电路。严格来讲，DAC 输出的信号也不是模拟信号，因为 DAC 无法输出时间和幅值均连续的模拟信号。DAC 的主要思想是根据数字信号的值输出特定的电压值，输出的电压值会随着输入数字信号的值而变化，通过这一过程近似产生模拟信号。当输入数字值变化 1 时输出电压的变化量称为 DAC 的精度，DAC 的精度越高，输出信号越接近于想要输出的模拟信号。

4.3.2 数值的表示

为了在数字电路中表示数字，需要用到电路节点的不同状态表示不同的数。通常用电路中节点电位的高低来表示两个不同的数值，也就是说，数字电路中能表示的数值只有两个，即 **0** 和 **1**。因此，电路中通常使用二进制数。进一步地，如果要表示有符号数，其正负号也需要用电位的高低来表示，因此，在数字电路中表示数字时，需要根据不同的数字表示需求制定相应的规则。

1. 有符号数的二进制表示

在电路中表示有符号数时，需要解决两个基本问题，一是符号如何表示，二是数值如何表示。对于第一个问题，通常用二进制数的最高位表示符号，最高位为 **0** 代表正数，最高位为 **1** 代表负数。对于第二个问题，常用的表示方法有三种。第一种是原码表示法，数的大小以该数的绝对值表示。第二种是反码表示法，正数的大小由原码表示，负数的大小以该数绝对值的反码表示，其中数 N 的反码定义为 2^n-1-N，n 为二进制数的位数，其本质为二进制数的所有位均取反。第三种是补码表示法，正数的大小用原码表示，负数的大小用该数绝对值的补码表示，其中数 N 补码的定义为 2^n-N，n 为二进制数的位数，其本质为二进制数的所有位均取反后加 **1**。

补码表示法是当前电路中最常用的有符号数表示方法，其主要特点有两个，一是表示有符号数时，**0** 的表示方法只有一种，而原码和反码均有两个码字表示 **0**，这给电路的运算带来了极大的困难。二是补码表示的有符号数进行加减运算时，可以将符号位一起参与运算，无须对符号位进行特殊处理。

2. 二–十进制编码 (BCD 码)

数字系统中使用的是二进制数，而在许多场合需要处理十进制数。这就需要一种用二进制表示十进制数的方法，称为二–十进制编码，即 BCD 码。表示 1 位十进制数需要 4 位二进制数，共 16 个编码。二–十进制编码的主要目的就是从 16 个编码中选取 10 个合适的编码用以表示数字 0~9。根据选取的方法不同，常用的 BCB 码包括 8421 码、5421 码、2421 码、余 3 码等，各种 BCD 码的码字选取方式如图 4–3–3 所示。

3. 格雷码

为了在计算机等数字电子设备中便捷地表示和处理数字，往往要求代码需要按照一定的顺序进行变化，同时简化变化的过程。例如，在进行递增计数时，如果使用 8421 码，那么数字 7 到 8 就需要码元从 **0111** 变化为 **1000**，而在实际电路中，如果同时变化 4 位，那么过程中由于变化出现的先后，可能导致出现一些错误的结果如 **1100**、**0110** 等，使用格雷码就可以避免这种错误。格雷码是数字电路中常用的编码方式，格雷码的特点是相邻两个编码中只有 1 位不同，其他各位均相同。另外由于格雷码的最大数与最小数之间也仅一位数不同，即“首尾相连”，因此又称循环码或反射码。若将 BCB 码中的余 3 码均转换成对应的格雷码，则得到另外一种常用的 BCD 码——余 3 循环码。

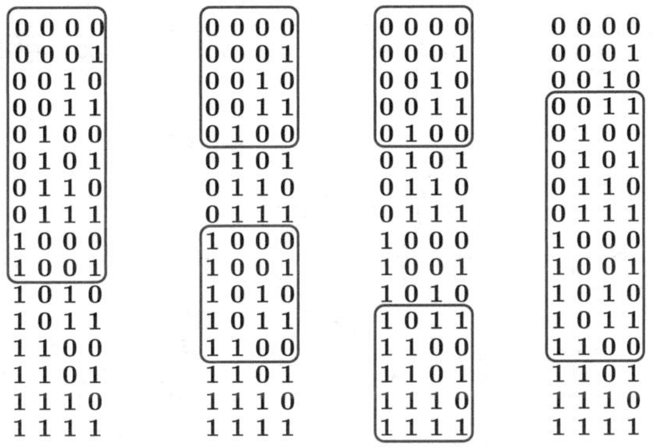

(a) 8421码 (b) 5421码 (c) 2421码 (d) 余3码

图 4–3–3 BCD 码的码字选取方式

二进制码和格雷码之间的相互转换通过**异或**运算完成。**异或**运算的定义如下:若参与运算的两个量相等,则**异或**运算结果为 **0**,反之,若参与运算的两个量不相等,则异或运算结果为 **1**。**异或**运算用符号 $\oplus$ 表示,即 $\mathbf{0}\oplus\mathbf{0}=\mathbf{1}\oplus\mathbf{1}=\mathbf{0}$, $\mathbf{0}\oplus\mathbf{1}=\mathbf{1}\oplus\mathbf{0}=\mathbf{1}$。设给定二进制码为 $B_{n-1}\cdots B_2B_1B_0$,则它对应的格雷码 $G_{n-1}\cdots G_2G_1G_0$ 的计算公式为

$$G_{n-1}=B_{n-1} \tag{4-3-1}$$

$$G_i=B_{i+1}\oplus B_i,\quad i=n-2,n-3,\cdots,2,1,0 \tag{4-3-2}$$

若给定格雷码 $G_{n-1}\cdots G_2G_1G_0$,则它对应的二进制码 $B_{n-1}\cdots B_2B_1B_0$ 的计算公式为

$$B_{n-1}=G_{n-1} \tag{4-3-3}$$

$$B_i=B_{i+1}\oplus G_i,\quad i=n-2,n-3,\cdots,2,1,0 \tag{4-3-4}$$

4.3.3 逻辑代数

尽管数字电路可以被设计得非常复杂和精细,但它们依然是由若干种简单的基本电路所构成。这些电路具有以下特点:电子器件不是工作在导通状态就是工作在截止状态,即电路工作在开关状态,故也称为开关电路;从电路的输入和输出来看,或是电平的高低,或是脉冲的有无,就整体而言,输入和输出之间的关系是一种因果关系,所以也将数字电路称为逻辑电路。逻辑代数就是研究逻辑电路的工具,逻辑代数为逻辑电路的设计、分析和优化提供着数学理论基础和工具。它的基本概念由乔治・布尔 (George Boole) 在 1847 年提出的,因此也被称为布尔函数。

逻辑代数中的变量不代表某个具体的值,它只表示两种对立的状态,可以是命题的正确和错误,可以是脉冲的有或无,也可以是开关的接通和断开等。因此,这些变量取值设置为 **0** 或 **1**,用来表示这两个对立的状态。此外逻辑代数中对于变量的基本运算也和普通代数有区分,在逻辑代数中只有**与**、**或**、**非** 3 种最基本的逻辑

运算。如图 4–3–4 所示，若以 A、B 表示开关的状态 (**1** 表示开关闭合，**0** 表示开关断开)，以 Y 表示指示灯的状态 (**1** 表示灯亮，**0** 表示灯不亮)，则**与**、**或**、**非**门电路可以分别由三张子图表示。相应地，可以列出**与**、**或**、**非**的逻辑真值表 (truth table)。

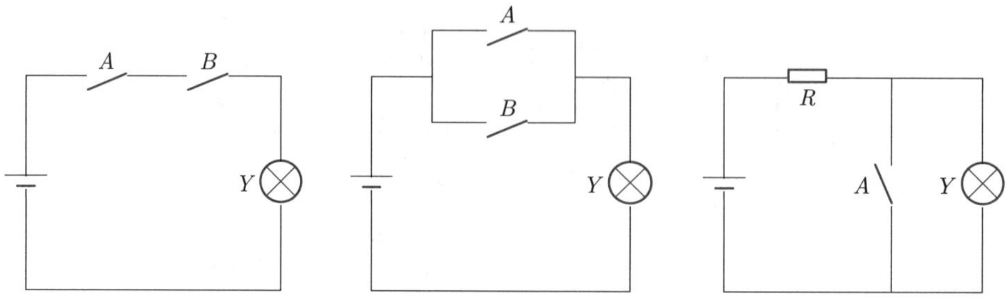

图 4–3–4 与、或、非门电路示意图

1. 逻辑代数的基本定理

根据**与**、**或**、**非**三种运算的基本含义，可以推导得出如下逻辑运算的基本定理，这些基本定理是进行逻辑运算的基础。

① 0-1 律 $A\cdot\mathbf{0}=\mathbf{0}$ $A+\mathbf{1}=\mathbf{1}$

② 自等律 $A\cdot\mathbf{1}=A$ $A+\mathbf{0}=A$

③ 重叠率 $A\cdot A=A$ $A+A=A$

④ 互补律 $A\cdot\bar{A}=\mathbf{0}$ $A+\bar{A}=\mathbf{1}$

⑤ 交换律 $A\cdot B=B\cdot A$ $A+B=B+A$

⑥ 结合律 $A\,(BC)=(AB)\,C$ $A+(B+C)=(A+B)+C$

⑦ 分配律 $A\,(B+C)=AB+AC$ $A+BC=(A+B)\,(A+C)$

⑧ 反演律 $\overline{A+B}=\bar{A}\cdot\bar{B}$ $\overline{AB}=\bar{A}+\bar{B}$

⑨ 还原律 $\bar{\bar{A}}=A$

2. 逻辑代数的重要规则

逻辑代数有三条重要规则：

① 代入规则。在任何一个包含变量 A 的逻辑等式中，若以另外一个逻辑式代入式中所有 A 的位置，则等式仍然成立。利用代入规则容易将常用公式推广到多变量形式。

② 反演规则。对于任意一个逻辑式 Y，若将其中所有的 “·” 换成 “+”，“+” 换成 “·”，**0** 换成 **1**，**1** 换成 **0**，原变量换成反变量，反变量换成原变量，则得到的结果就是 $\bar{Y}$。反演规则为求取已知逻辑式的反逻辑式提供了方便。

③ 对偶规则。对于任意一个逻辑式 Y，若将其中的 “·” 换成 “+”，“+” 换成 “·”，**0** 换成 **1**，**1** 换成 **0**，则得到一个新的逻辑式 Y^D，称 Y 和 Y^D 互为对偶式。对偶规则指出，若两逻辑式相等，则它们的对偶式也相等。

3. 逻辑函数的化简方法

逻辑函数是描述逻辑电路行为的数学表达式。每一个逻辑函数都对应着一个具体的逻辑电路，后者通过实际的电子元件来实现这些逻辑运算。逻辑表达式复杂，得到的逻辑电路就复杂；逻辑表达式简单，得到的逻辑电路就简单。因此，简化逻辑函数，求得最简逻辑表达式，可以简化相应的逻辑电路结构，进而节省元器件、降低成本、降低元器件的故障率、提高电路的可靠性，同时使元器件间的连线减少，为电路制作提供便捷。逻辑函数常用的化简方法包括公式法、卡诺图法和列表法(Q-M 法)。

所谓公式法就是反复运用逻辑代数的基本定律消除原表达式中多余的项和多余的因子，以求得最简的逻辑表达式。公式法存在两个问题，一是难以找到合适的定律和定理进行化简，二是难以判断化简的结果是否最简。卡诺图以图形化的方式巧妙地解决了上述问题。卡诺图的基本思想是将所有变量的最小项放置在一个表格中，并且将“逻辑相邻”的最小项放在表中位置相邻的格中，即建立了逻辑相邻和位置相邻的对应关系。依据逻辑相邻的最小项可以合并的原理，通过在卡诺图上对位置相邻的最小项进行“圈组合并”，达到逻辑表达式化简的目的。

列表法是一种表格式的逻辑函数化简方法，与卡诺图相比，该方法有两大优点，一是它是一种直接、系统生成最简逻辑函数表达式的方法，不依赖于设计者对逻辑相邻项的识别能力。二是卡诺图一般只能处理不超过 5 个变量的逻辑函数，而列表法对逻辑变量的个数不作限制。但列表法的步骤通常较为烦琐，因此比较适合于计算机编程进行逻辑函数化简，人工化简过程很少采用该方法。

4.3.4 基本门电路

数字电路中常用“门”代表实现基本逻辑功能的电路，如与门、或门、非门等。现代数字电路的门电路通常基于 MOS 晶体管进行设计，且采用 N 型 MOS 管和 P 型 MOS 管互补的逻辑，称为 CMOS 电路。图 4–3–5 为 CMOS 反相器的电路图。

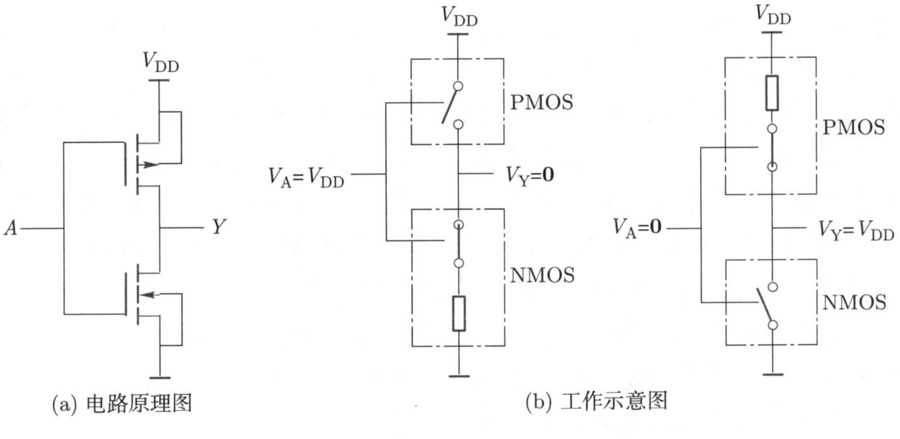

图 4–3–5 CMOS 反相器的电路图

在 CMOS 电路中，NMOS 管和 PMOS 管工作于截止和饱和两种状态，MOS 管截止时，相当于开关断开，MOS 管饱和时，相当于开关闭合，MOS 管等效为一个导通电阻。由于 NMOS 管和 PMOS 管的栅极接到一起作为输入端，因此无论输入端为 **0** 还是 V_{DD}，两个 MOS 管只有一个会导通，另一个截止，电源和地之间无静态电流。因此 CMOS 电路具有低功耗的优势。

基于此基本结构，可以构造更多的 CMOS 门电路，其构造方法如下：

① 电路中包含上拉网络和下拉网络，上拉网络由 PMOS 管构成，下拉网络由 NMOS 管构成；

② 输入端分别接到上拉网络和下拉网络中的晶体管栅极；

③ 下拉网络中两 NMOS 管并联表示两输入信号相**或**，两 NMOS 管串联表示两输入信号相**与**。上拉网络反之；

④ 下拉网络与上拉网络为对偶网络。

4.3.5 组合逻辑电路

数字电路分为组合逻辑电路和时序逻辑电路两类。组合逻辑电路的结构模型如图 4–3–6 所示，输出函数表达式为

$$z_i = f_i\left(x_1, x_2, \cdots, x_n\right) \tag{4–3–5}$$

上式表明，电路的输出仅仅与当前时刻电路的输入信号有关，与它在之前时刻的输入信号无关。因此，组合逻辑电路没有记忆功能，即电路不能储存与过去输入有关的信息。

图 4–3–6 组合逻辑电路的结构模型

组合逻辑电路所讨论的两个基本问题是逻辑分析和逻辑设计。逻辑分析是对已知逻辑电路的功能和行为进行理解和描述。其核心任务是通过逻辑表达式或真值表等方式，分析电路在不同输入条件下的输出结果，找出输出和输入之间的逻辑关系。逻辑设计是逻辑分析的逆过程，即根据给定的逻辑功能要求，确定一个能实现这种功能的最简逻辑电路。尽管目前中规模集成电路和大规模集成电路已经普遍应用，但由基本逻辑门组成的组合电路的分析和设计方法仍是研究数字电路的重要基础。

由门电路组成的组合逻辑电路的分析，一般可按以下几个步骤进行：

① 根据所给的逻辑电路图，写出输出函数逻辑表达式。一般从电路的输入端开始，逐级写出各级门电路的输出函数，直到整个电路的输出端。

② 根据已写出的输出逻辑函数表达式，列出其真值表。

③ 由真值表或逻辑函数表达式分析电路功能。

设计由小规模集成电路构成的组合电路时，强调的基本原则是获得最简的电路，即所用的门电路最少以及每个门的输入端数最少。一般可以按以下步骤进行：① 由

实际问题列出真值表。一般首先根据事件的因果关系确定输入、输出变量，进而对输入、输出进行逻辑赋值，即用 **0** 和 **1** 表示输入、输出各自的两种不同状态；再根据输入、输出之间的逻辑关系列出真值表。n 个输入变量，应有 2^n 个输入变量取值的组合，即真值表中有 2^n 行；但有些实际问题，只出现部分输入变量取值的组合。未出现者，在真值表中可以不列出。如果列出，可在相应的输出处记上“×”号，以示区别，化简逻辑函数时，可作为无关项处理；② 由真值表写出输出函数逻辑表达式。对于简单的逻辑问题，也可以不列真值表，而直接根据逻辑问题写出输出函数逻辑表达式；③ 化简、变换输出函数逻辑表达式；④ 画出逻辑图。

4.3.6 时序逻辑电路

时序逻辑电路是指该电路输出不仅依赖于当前的输入信号，还依赖于电路的当前状态。即时序逻辑电路具有记忆功能，能够保存与过去的输入信号有关的信息。

时序逻辑电路通常由组合电路和存储电路两个组成部分组成，且存储电路是必不可少的。此外，存储电路的输出状态必须反馈到组合电路的输入端，与输入信号一起，共同决定组合逻辑电路的输出。时序逻辑电路结构如图 4–3–7 所示，有 n 个外部输入变量 $x_1, \cdots, x_n$；m 个外部输出变量 $z_1, \cdots, z_m$。存储电路的输入信号 $w_1, \cdots, w_k$ 又称为驱动信号，是组合电路的部分输出信号；存储电路的输出信号 $q_1, \cdots, q_r$ 是组合电路的部分输入信号，称为状态变量，其每一种取值代表存储电路的一种状态。需要说明的是，上述输入、输出变量都是时间的函数，在时序电路中，这些变量取值的时刻都是离散的时间。因此，在逻辑函数描述中，必须引进时间变量 t。描述时序逻辑电路的输入变量、输出变量和电路状态之间的逻辑关系可采用下列三组向量方程：

$$Z(t_n) = F \tag{4-3-6}$$

$$W(t_{n+1}) = Q[X(t_n), Q(t_n)] \tag{4-3-7}$$

$$Q(t_{n+1}) = H[W(t_n), Q(t_n)] \tag{4-3-8}$$

以上三组方程分别为输出方程、驱动方程和状态方程。式中，t_n，t_{n+1} 表示相邻的两个离散时间。如果用 t_n 表示当前的考察时间，用 t_{n+1} 表示下一个考察时间，则 $Q(t_n)$ 表示存储电路的当前状态，称为原态，记为 Q^n；$Q(t_{n+1})$ 表示存储电路的下一个状态，称为新态 (或次态) 记为 Q^{n+1}。

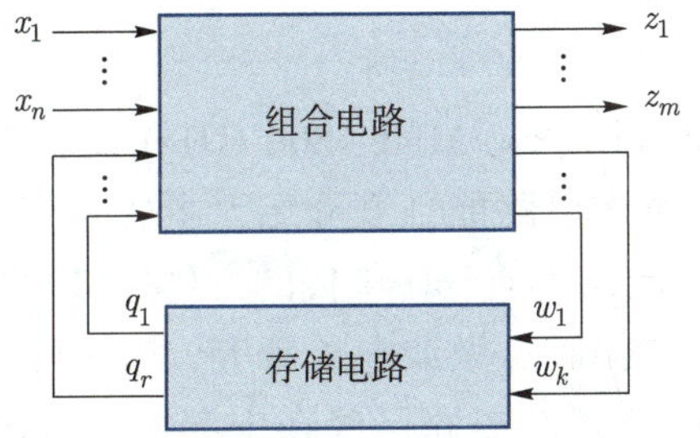

图 4–3–7 时序逻辑电路结构

由上述三组方程可以看出时序电路的内在联系：t_n 时刻的输出 $Z(t_n)$ 是由该时刻的输入 $X(t_n)$ 和该时刻存储电路的状态 $Q(t_n)$ 决定的；而 t_{n+1} 时刻存储电路的状态 $Q(t_{n+1})$ 是由 t_n 时刻存储电路的输入 $W(t_n)$ 和 t_n 时刻存储电路的状态 $Q(t_n)$ 决定的；$W(t_n)$ 由 $X(t_n)$ 和 $Q(t_n)$ 来决定。这样依次递推下去，说明任何时刻的输出，不仅和该时刻的输入有关，而且和该时刻电路的状态，即和以前的外部输入也有关。上述三组方程充分地反映了时序电路逻辑功能的特点。

由上述分析可见，时序电路主要是通过输入信号控制电路的状态按照要求变化，并根据状态和输入产生正确的输出信号。通常将时序电路称为有限状态机，而依据输出信号与输入信号的关系，又可将有限状态机分为米利型和摩尔型两种。图 4–3–8 和图 4–3–9 分别为米利型状态机和摩尔型状态机的结构图。由图可见，两种状态机的主要区别是输入信号是否直接影响输出信号。对于米利型状态机，输出信号为输入和当前状态的函数，而摩尔型状态机的输出只由当前的状态决定，与输入信号不直接相关。

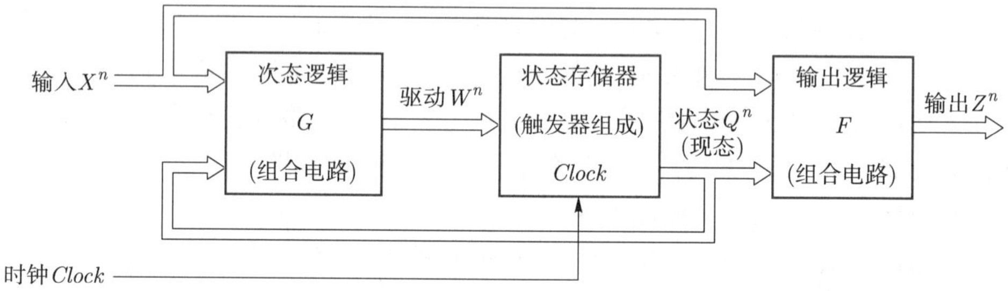

图 4–3–8 米利型状态机结构图

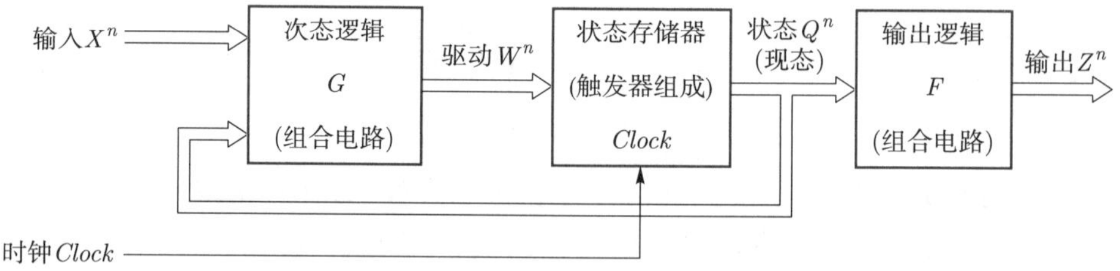

图 4–3–9 摩尔型状态机结构图

4.4 微波电路

微波电路主要应用于高频 (300 MHz~300 GHz) 设备中，具有体积小、重量轻、稳定性高等优点。之所以微波电路能独立介绍，主要是高频的器件和电路与低频的差别很大。微波电路起源于 20 世纪 40 年代的立体微波电路，它的主要组成部件有波导元件、波导传输线、谐振腔、微波电子管等，后来随着半导体的微波电路的出现和发展而愈发成熟。当前，微波电路已经在中继通信、卫星通信、定位与导航、雷达与探测等电子系统中发挥着重要的作用。本节内容将通过分布效应、传输线理论和史密斯圆图这三部分展开对微波电路的介绍。

4.4.1 分布效应

分布效应是指在电磁波传播过程中将微波电路的寄生电感、寄生电容及其相互作用分布在整个结构中，而不是集中在某一特定位置，这是与低频电路相比的最大不同之处。随着 20 世纪 30 年代到 40 年代微波理论的发展，人们开始注意到传统的电路理论已经不足以描述微波电路的行为，因为这些电路中的信号波长与电路尺寸相近，传统的集中元件模型失效。在这个时期，研究人员如汉斯・贝特 (Hans Bethe) 和内森・马尔库维茨 (Nathan Marcuvitz) 对波导中的场模式进行了研究，从而为理解分布效应奠定了基础。下面我们将通过长线和短线以及分布参数电路来描述分布效应。

1. 长线和短线

当电磁波在传输线上传播时，根据电磁波的波长与传输线的长度相对大小，传输线可以分为长线和短线。当传输的电磁波的频率很低时，只需要考虑电磁波的物理量随时间的变化，而不用考虑其空间分布，在此情况下传输线的尺寸相对于电磁波的波长非常小，可以认为传输线各处的电压和电流是同时建立起来的，电磁波的幅度和相位在整个传输线系统基本保持不变，此时的传输线系统称为短线。相反，当传输的电磁波频率很高时，传输线长度与波长可相比拟，甚至更大，传输线上各处电磁场的幅度和相位都不相同，电磁场空间分布不能忽略，此时传输线系统称为长线。值得注意的是，长线与短线是一个相对概念，是通过电磁波波长与传输线长度的相对大小来划分的。因此，传输线的几何长度很长并不代表就是长线，而短线也并不代表其几何长度很短。例如，生活中常见的高塔上架设的电力传输线，两座铁塔之间的传输线长度可达到 1 000 m，但是由于它传输的交流电频率非常低，只有 50 Hz(波长为 6 000 km)，此时传输线实际长度远远小于其波长，所以仍然称为短线。而对于微波频段的传输电路，尽管其尺寸只有几厘米甚至几毫米，但是其传输的电磁波频率非常高如 30 GHz(波长为 1 cm)，导致波长远小于传输电路大小，所以也能称为长线。一般认为，当传输线长度 $l \geqslant \lambda$ 时，可以视为长线。

2. 分布参数电路

低频电路中，电场能量和磁场能量分别集中在电容和电感中，各元件之间通过理想导线 (无电阻、无电感、无电容) 连接，而且这些导线及电路其他部分之间的电容也可以被忽略，由这些集总参数元件组成的电路称为集总参数电路。但是，实际上任何电路参数都具有分布性，即任何导线的电阻都是分布在它的全部长度上的；电感不仅仅是分布在线圈上，导线上同样也存在着分布的电感；两根导线之间不仅存在分布电容，而且由于绝缘的不完全性，处处有漏电导的存在。尽管传输线具有分布参数的特性，但在低频情况下或当信号的波长远大于传输线的实际长度时，这些由分布参数引起的效应可以忽略。在高频的长距离传输系统中，高频电流在导体表面流动会产生趋肤效应，导致导线的有效截面积减少，同时高频损耗电阻增加，并且沿传输线各处均存在能量损耗，这被称为分布电阻效应。此外，导线周围会形成沿线分布的高频磁场，这就是分布电感效应。在双导线系统中，电流彼此反向流动，导致两条导线之间产生沿线分布的高频电场，即分布电容效应。同时，由于导线周围的介质并非理想绝缘体，存在漏电现象，双导线之间形成并联电导，这就是分布电导效应。因此，当传输线的实际长度接近甚至超过信号的波长时，传输线上的电压和电流不仅依赖于时间，还与距离相关，此时所构成的电路被称为分布参数电路。

4.4.2 传输线理论

我们知道现代电磁理论的基础是麦克斯韦方程组，仅从数学方面考虑，麦克斯韦方程组可以完备地解决所有的经典电磁学问题，但是麦克斯韦方程组的复杂性限制了其在工程问题 (特别是微波网络分析) 上的应用。英国物理学家奥利弗・亥维赛 (Oliver Heaviside) 于 1885 年—1887 年提出了麦克斯韦方程组的现代形式，他的工作显著降低了麦克斯韦理论的数学复杂性——不但引入了向量符号，而且给出了传输线理论的基础，这使得麦克斯韦方程组能以更简单的形式应用在微波网络分析上。

传输线理论把由麦克斯韦方程组决定的场分析抽象出来，得到了更为简单的基本电路理论，因此在微波网络分析中具有重要意义。传输线理论与基于集总元件的电路理论的关键区别在于对电路物理尺寸与电磁波长关系的不同假设。集总元件电路理论假设电路的物理尺寸远小于信号波长，而传输线理论则在电路的物理尺寸与电磁波长相当或更大的情况下使用。因此，正如上节提到的，传输线是一个分布参数网络，传输线上的电压与电流的幅值与相位都会随时间与位置发生变化，我们不能再简单地将传输线视为“一段导线”。下面我们将通过有耗传输线上的波传播和无耗传输线上的波传播来介绍传输线理论的基础。

1. 有耗传输线上的波传播

如上一节所述，我们用一段双线来表示传输线。为了考虑到传输线上每一个点的电压与电流，我们使用微元思想，将传输线上的一段无限小长度 Δz 建模为一个集总电路来分析。对于微波传输线来说，我们需要考虑以下几个物理特性的影响：① 导体的有限电导率带来的电阻；② 两个导体之间靠近会带来的电容效应；③ 由导体间填充材料的介质损耗引入的电导；④ 两个导体的自感效应。考虑到以上分布效应的影响，我们可以将这段无限小长度 Δz 的传输线等效为如图 4–4–1 所示的集总元件电路。

图 4–4–1 中，R 表示两个导体单位长度的串联电阻，单位为 Ω/m；C 表示两个导体单位长度的并联电容，单位为 F/m；G 表示两个导体单位长度的并联电导，单位为 S/m；L 表示两个导体单位长度的并联电感，单位为 H/m。需要指出的是，有限长度的传输线可视为若干无限小长度 Δz 传输线的级联。

对于无限小长度 Δz 的等效集总元件电路，应用基尔霍夫电压定律可以给出

$$v(z,t) - R\Delta z i(z,t) - L\Delta z\frac{\partial i(z,t)}{\partial t} - v(z+\Delta z,t) = 0 \tag{4–4–1}$$

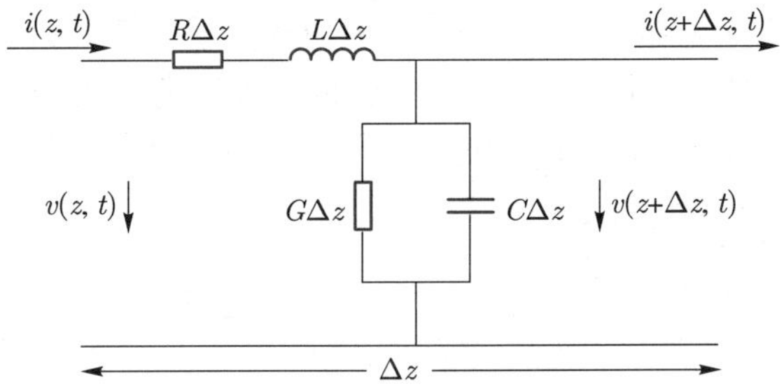

图 4–4–1 无限小长度传输线的等效集总元件电路

应用基尔霍夫电流定律可以给出

$$i\left(z,t\right)-G\Delta zv\left(z+\Delta z,t\right)-C\Delta z\frac{\partial v\left(z+\Delta z,t\right)}{\partial t}-i\left(z+\Delta z,t\right)=0 \tag{4–4–2}$$

式 (4–4–1) 和式 (4–4–2) 同时除以 Δz 并取 $\Delta z\to 0$ 时的极限，得到以下方程组

$$\frac{\partial v\left(z,t\right)}{\partial z}=-Ri\left(z,t\right)-L\frac{\partial i\left(z,t\right)}{\partial t} \tag{4–4–3}$$

$$\frac{\partial i\left(z,t\right)}{\partial z}=-Gv\left(z,t\right)-C\frac{\partial v\left(z,t\right)}{\partial t} \tag{4–4–4}$$

该方程组就是时域形式的传输线方程或电报方程。在简谐稳态条件下 (即经过傅里叶变换后) 式 (4–4–3) 和式 (4–4–4) 可以简化为

$$\frac{\mathrm{d}V\left(z\right)}{\mathrm{d}z}=-\left(R+\mathrm{j}\omega L\right)I\left(z\right) \tag{4–4–5}$$

$$\frac{\mathrm{d}I\left(z\right)}{\mathrm{d}z}=-\left(G+\mathrm{j}\omega C\right)V\left(z\right) \tag{4–4–6}$$

对该方程组的未知变量解耦后得到以下分别只含 $V\left(z\right)$ 和 $I\left(z\right)$ 的方程

$$\frac{\mathrm{d}^2V\left(z\right)}{\mathrm{d}z^2}-\gamma^2V\left(z\right)=0 \tag{4–4–7}$$

$$\frac{\mathrm{d}^2I\left(z\right)}{\mathrm{d}z^2}-\gamma^2I\left(z\right)=0 \tag{4–4–8}$$

式中，

$$\gamma=\alpha+\mathrm{j}\beta=\sqrt{\left(R+\mathrm{j}\omega L\right)\left(G+\mathrm{j}\omega C\right)} \tag{4–4–9}$$

为传播常数，它是频率的函数。式 (4–4–7) 和式 (4–4–8) 是二阶齐次微分方程组，它的通解为

$$V\left(z\right)=V_0^+\mathrm{e}^{-\gamma z}+V_0^-\mathrm{e}^{\gamma z} \tag{4–4–10}$$

$$I\left(z\right)=I_0^+\mathrm{e}^{-\gamma z}+I_0^-\mathrm{e}^{\gamma z} \tag{4–4–11}$$

式中，$\mathrm{e}^{-\gamma z}$ 项表示沿 $-z$ 轴方向的传播的电磁波，$\mathrm{e}^{\gamma z}$ 项表示沿 $+z$ 轴方向传播的电磁波。而对于某一具体问题的传输线方程的特解，则需要由传输线端口上的边界条件及激励来确定。将式 (4–4–10) 和式 (4–4–11) 分别代入式 (4–4–5) 和式 (4–4–6) 中，可以得到传输线上的电流为

$$I(z)=\frac{\gamma}{R+\mathrm{j}\omega L}\left(V_0^+\mathrm{e}^{-\gamma z}+V_0^-\mathrm{e}^{\gamma z}\right) \tag{4–4–12}$$

由式 (4–4–10)、式 (4–4–11) 与式 (4–4–12) 比较我们可以定义传输线的特征阻抗为

$$Z_0=\frac{V_0^+}{I_0^+}=-\frac{V_0^-}{I_0^-}=\sqrt{\frac{R+\mathrm{j}\omega L}{G+\mathrm{j}\omega C}} \tag{4–4–13}$$

特征阻抗可以用来表征传输线上电压与电流的关系。

回到时域，我们可以写出传输线上的电压随时间与位置的表达式

$$v(z,t)=\left|V_0^+\right|\cos\left(\omega t-\beta z+\phi^+\right)\mathrm{e}^{-\alpha z}+\left|V_0^-\right|\cos\left(\omega t+\beta z+\phi^-\right)\mathrm{e}^{\alpha z} \tag{4–4–14}$$

式中，$\phi^{\pm}$ 是电压相量 $V_0^{\pm}$ 的相位。传输线上电压和电流传播的波长为

$$\lambda=\frac{2\pi}{\beta} \tag{4–4–15}$$

相速为

$$v_{\mathrm{p}}=\frac{\omega}{\beta}=\lambda f \tag{4–4–16}$$

2. 无耗传输线上的波传播

式 (4–4–10) 和式 (4–4–11) 给出了传输线方程的通解，并且给出了一段传输线上电磁波传播的性质。上述一般传输线的解包含了传输线上的损耗，这使得传输线的损耗常数 α 不为零，但是在很多情况下，传输线上的损耗小到可以忽略不计，即在式 (4–4–9) 中，$R=G=0$，这样传播常数可以简化为

$$\gamma=\alpha+\mathrm{j}\beta=\mathrm{j}\omega\sqrt{LC} \tag{4–4–17}$$

可以看到，损耗常数 $\alpha=0$，这与我们的预期一致。无耗传输线的特征阻抗为

$$Z_0=\sqrt{L/C} \tag{4–4–18}$$

特征阻抗变成了实数。传输线上的电压与电流可以写成

$$V(z)=V_0^+\mathrm{e}^{-\mathrm{j}\beta z}+V_0^-\mathrm{e}^{\mathrm{j}\beta z} \tag{4–4–19}$$

$$I(z)=\frac{V_0^+}{Z_0}\mathrm{e}^{-\mathrm{j}\beta z}-\frac{V_0^-}{Z_0}\mathrm{e}^{\mathrm{j}\beta z} \tag{4–4–20}$$

波长简化为

$$\lambda = \frac{2\pi}{\beta} = \frac{2\pi}{\omega\sqrt{LC}} \tag{4-4-21}$$

相速为

$$v_{\mathrm{p}} = \frac{\omega}{\beta} = \frac{1}{\sqrt{LC}} \tag{4-4-22}$$

至此，我们介绍了电磁波在一段传输线上传播的方式及性质。传输线理论可以让我们在分析微波网络时不再需要从麦克斯韦方程组出发来进行计算复杂的场分析，并且为微波网络分析提供了一个基本范式，这极大程度地降低了微波网络分析的难度，具有重要意义。

4.4.3 史密斯圆图

史密斯圆图 (Smith chart) 是由美国工程师菲利普・史密斯 (Philip Smith) 发明的，当时他作为传输线工程师工作于新泽西州的贝尔实验室，并发表了两篇重要文章详细说明了这个工具。史密斯曾说过："在我能够使用计算尺的时候，我对以图表方式来表达数学上的关联很有兴趣"，他深入研究了传输线的问题，大大简化了射频和微波电路的设计过程。

史密斯于 1939 年首次提出了史密斯圆图的概念，通过一种直观的方式展示了复阻抗或复导纳与反射系数之间的关系，提供了一种使传输线现象可视化的有效方式。基于史密斯深厚的数学和工程理论基础，以及他对射频工程领域的深入理解，史密斯通过反复试验和验证，不断完善和优化，最终成功地将复杂的数学关系转化为直观的图形表示。史密斯圆图的发明为射频工程和微波工程领域带来了巨大的便利，使得工程师们能够更加直观地理解和设计电路。

1. 史密斯圆图是什么?

史密斯圆图是很多圆交织在一起的图，最初主要在传输线的阻抗匹配中用来避免进行烦琐的复数运算，自 20 世纪 30 年代产生以来，历经几十年而不衰，是微波技术诞生以来的一个伟大发明。史密斯图表的本质是一个电压反射系数的极坐标图：

$$\mathit{\Gamma} = \frac{Z_{\mathrm{L}} - Z_0}{Z_{\mathrm{L}} + Z_0} = \frac{z_{\mathrm{L}} - 1}{z_{\mathrm{L}} + 1} \tag{4-4-23}$$

其中，z_{L} 是归一化负载阻抗，即 Z_{L}/Z_0，Z_{L} 是线路本身的负载值，Z_0 是传输线的特征阻抗 (本征阻抗) 值，通常会使用 50Ω，任何无源的可实现的 ($|\mathit{\Gamma}| \leqslant 1$) 反射系数都可以在史密斯圆图上画成一个唯一的点，当阻抗匹配时，满足 $Z_{\mathrm{L}} = Z_0$，$z_{\mathrm{L}} = 1$，$\mathit{\Gamma} = 0$。

2. 史密斯圆图是怎么来的?

史密斯圆图将一个平面的坐标系"掰弯"，用一个圆形来表示一个无穷大的实部为 x 轴、虚部为 y 轴的复平面，任意一个复数都可以在这个复平面里表示。若特征

阻抗为 Z_0 的无耗传输线端接一个负载阻抗 Z_L，则负载上的反射系数可写为

$$\Gamma = \frac{z_\mathrm{L} - 1}{z_\mathrm{L} + 1} = |\Gamma|\, \mathrm{e}^{\mathrm{j}\theta} \tag{4-4-24}$$

其中 $z_\mathrm{L} = Z_\mathrm{L}/Z_0$ 是归一化负载阻抗。这个关系可用来求出用 Γ 表示的 z_L：

$$z_\mathrm{L} = \frac{1 + |\Gamma|\, \mathrm{e}^{\mathrm{j}\theta}}{1 - |\Gamma|\, \mathrm{e}^{\mathrm{j}\theta}} \tag{4-4-25}$$

复方程式 (4–4–25) 可以通过 Γ 和 z_L 的实部与虚部简化为两个实方程。令 $\Gamma = \Gamma_\mathrm{r} + \mathrm{j}\Gamma_\mathrm{i}$，$z_\mathrm{L} = r_\mathrm{L} + \mathrm{j}x_\mathrm{L}$，于是

$$r_\mathrm{L} + \mathrm{j}x_\mathrm{L} = \frac{(1 + \Gamma_\mathrm{r}) + \mathrm{j}\Gamma_\mathrm{i}}{(1 - \Gamma_\mathrm{r}) - \mathrm{j}\Gamma_\mathrm{i}} \tag{4-4-26}$$

用分母的复共轭分别乘以分子和分母，可以求出上述方程的实部和虚部为

$$r_\mathrm{L} = \frac{1 - \Gamma_\mathrm{r}^2 - \Gamma_\mathrm{i}^2}{(1 - \Gamma_\mathrm{r})^2 + \Gamma_\mathrm{i}^2} \tag{4-4-27}$$

$$x_\mathrm{L} = \frac{2\Gamma_\mathrm{i}}{(1 - \Gamma_\mathrm{r})^2 + \Gamma_\mathrm{i}^2} \tag{4-4-28}$$

可以看出，史密斯圆图的本质是由两套坐标系叠加而成。第一套坐标系是由反射系数的实部和虚部构成的隐性直角坐标系，这套坐标系的坐标线无须明确标示，用户可以通过与单位圆半径的相对长度来读取数值。第二套坐标系则是由归一化输入阻抗 (或归一化输入导纳) 的实部和虚部组成的显性曲线坐标系：

$$\left(\Gamma_\mathrm{r} - \frac{r_\mathrm{L}}{1 + r_\mathrm{L}}\right)^2 + \Gamma_\mathrm{i}^2 = \left(\frac{1}{1 + r_\mathrm{L}}\right)^2 \tag{4-4-29}$$

$$(\Gamma_\mathrm{r} - 1)^2 + \left(\Gamma_\mathrm{i} - \frac{1}{x_\mathrm{L}}\right)^2 = \left(\frac{1}{x_\mathrm{L}}\right)^2 \tag{4-4-30}$$

其中，式 (4–4–29) 和式 (4–4–30) 分别代表 Γ_r 和 Γ_i 平面上的两组圆，式 (4–4–29) 定义的是电阻圆，式 (4–4–30) 定义的是电抗圆。式 (4–4–29) 表示所有电阻圆的中心都在水平轴 $\Gamma_\mathrm{i} = 0$ 上，并通过圆图上右顶点 $\Gamma = 1$，式 (4–4–30) 表示所有电抗圆的中心都在竖直线 $\Gamma_\mathrm{r} = 1$ 上，并通过圆图上右顶点 $\Gamma = 1$，同时电阻圆和电抗圆相互正交。

如图 4–4–2 所示，史密斯圆图由很多圆交织在一起，以特性阻抗为 50 Ω 为例，50 Ω 的电阻圆经过圆心，该圆上的电阻值保持不变，电抗的值发生变化。电阻轴上从左到右电阻逐渐变大，从而可以得出“左短右开中匹配”。接下来，我们用颜色来区分史密斯圆图相关的区域特性。

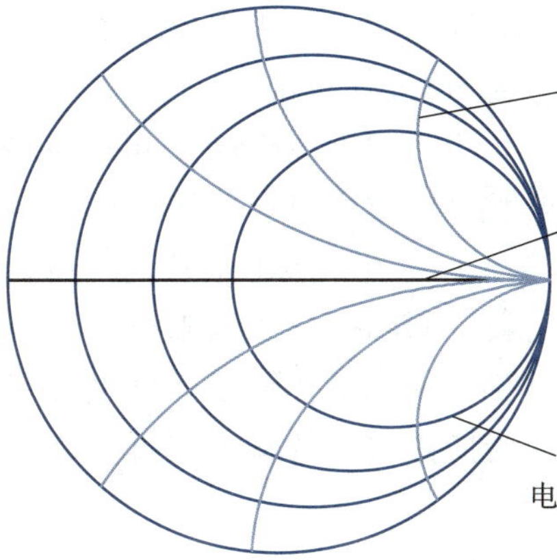

图 4–4–2 史密斯圆图组成 (见彩色插页)

图 4–4–3 的左侧展示了史密斯圆图中的电抗区域分布，其中电阻轴上方黄色区域为感性区域，即阻抗可以用 $R+\mathrm{j}X$ 表示，电阻轴下方蓝色区域为容性区域，即 $R-\mathrm{j}X$。图 4–4–3 的右侧展示了史密斯圆图中的电阻区域分布，其中绿色区域电阻值大于 50 Ω，棕色区域电阻值小于 50 Ω。

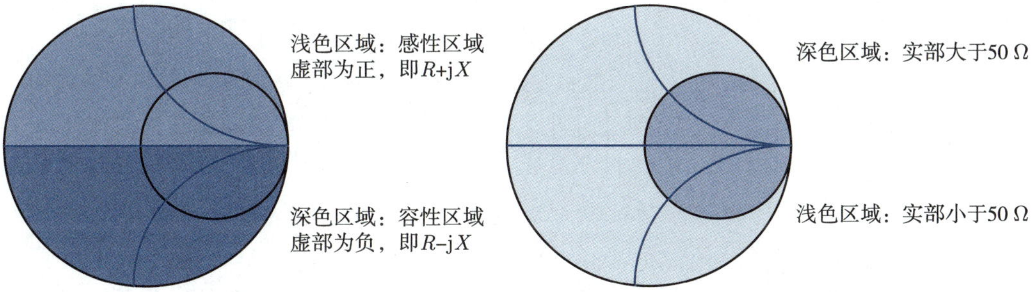

(a) 电抗区域分布 (b) 电阻区域分布

图 4–4–3 史密斯圆图的区域分布 (见彩色插页)

3. 史密斯圆图怎么看？

归一化阻抗值的读图方法：第一步，用阻抗值除以标准电阻，得到归一化实部阻抗值和归一化虚部阻抗值；第二步，在等电阻线上，找到归一化实部阻抗值对应的阻抗圆；第三步，沿着阻抗圆，向上或向下旋转，找到与归一化虚部阻抗值对应的等电抗弧；第四步，做个记号标记读数。利用反射系数可将传输线阻抗表示为

$$Z_{\text{in}}=Z_0\frac{1+\varGamma \mathrm{e}^{-2\mathrm{j}\beta\ell}}{1-\varGamma \mathrm{e}^{-2\mathrm{j}\beta\ell}} \tag{4–4–31}$$

其中 $\varGamma$ 是负载处的反射系数，l 是传输线的长度 (正值)。若已经画出负载处的反射系数 $|\varGamma|\,\mathrm{e}^{\mathrm{j}\theta}$，将长度为 l 的传输线并端接 z_{L}，看进去的归一化输入阻抗就可通过绕圆图中心顺时针旋转 $2\beta l$(即由 θ 减去 $2\beta l$) 求得，$\varGamma$ 的幅值不随传输线上的位置变化，半径保持不变。

如图 4–4–4 所示，史密斯圆图的外围刻有基于电磁波长的标度，并通过箭头标示朝向发射源的波长数 (wavelengths toward generator，WTG) 或朝向负载的波长数 (wavelengths toward load，WTL)。借助史密斯圆图，可以直观地看出传输线 $\lambda/2$ 的周期性。当从圆图上的任意一点顺时针或逆时针旋转一整圈时，归一化输入阻抗保持不变，这对应于在传输线上移动了一个或多个整数倍 $\lambda/2$。此外，若从某一点旋转半圈，反射系数将变为其相反数，而归一化输入阻抗则变为其倒数，这相当于沿传输线移动了 $\lambda/4$ 或其任意奇数倍，展示了传输线 $\lambda/4$ 的变换对称性。通过使用史密斯圆图，工程师可以轻松读取变换位置后的输入阻抗，避免了复杂的数学计算过程。

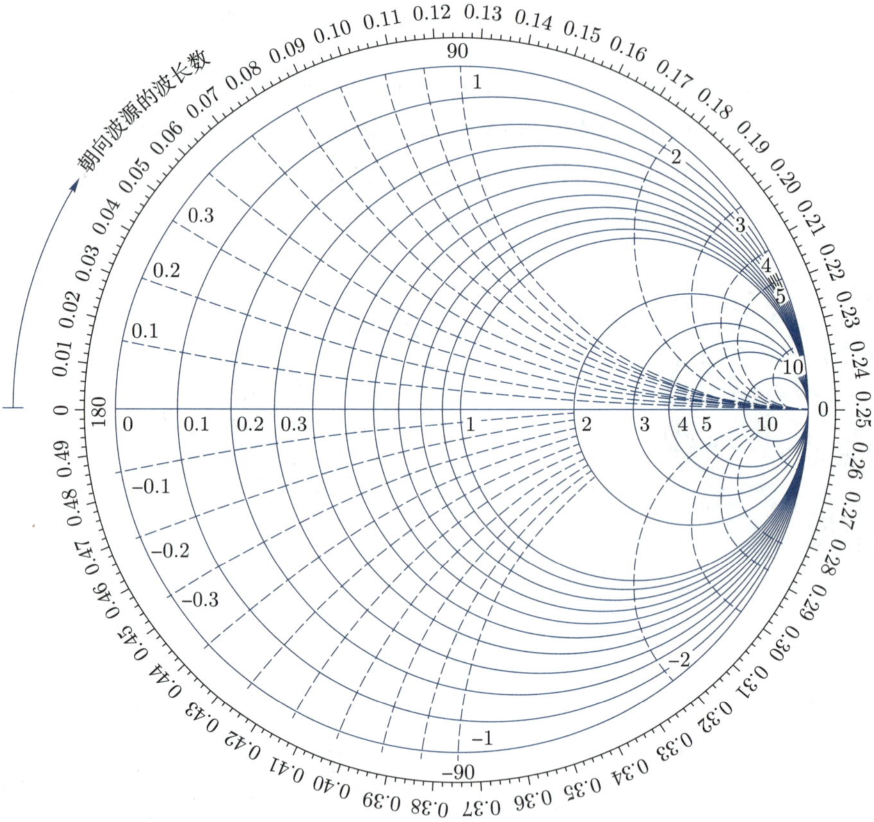

图 4–4–4 史密斯圆图

思考题

1. 请说明应用叠加定理时，电压电源和电流电源的等效方式有什么不同？
2. 请推导出在零输入响应中电压–时间满足的函数关系，并说明其与零状态响应下对应的关系的联系。

3. 请查阅资料后说明，在含有一个晶体管放大器的电路中，如何用等效的方式对电路进行分析？
4. 学会使用卡诺图法，并解释其原理。
5. 如何设计一个微波电路，使其能够在给定的频率范围内产生特定形状的波形？

第 5 章 五类器件

在当今信息时代，信息科技的飞速演进早已成为全球社会发展的核心动力。从计算机科学到通信技术，从人工智能到物联网，各种前沿技术的迅速崛起正在深刻地改变我们的生活和工作方式。数字时代的发展不仅离不开全球性的信息交流网络，更少不了那些默默发挥作用的关键器件。电路器件化、系统芯片化是大势所趋。在众多器件中，微电子、光电子、微纳米技术、真空管以及电能源无疑是信息科技领域的五大支柱器件。

微电子技术作为现代电子系统的基础，以微小尺寸和高度集成的特性，推动了计算能力的指数级增长。微电子器件的不断创新和发展，使得我们能够拥有更小巧、更强大的计算设备。光电子技术在信息传输和通信领域发挥着至关重要的作用。光纤通信系统的广泛应用极大地提高了数据传输的速度和稳定性，也为激光技术、摄像头、光学传感器等领域提供了强大的支持。微纳米技术是另一项引领科技潮流的重要力量，它涵盖了微电子、微机械、纳米材料等多个领域。通过微纳米技术，我们能够精确控制和操纵物质在微小尺度上的特性，为制造更小型、更高效的器件提供了可能。在过去的发展历程中，真空管曾是电子技术的代表之一，虽然目前已经被固态器件取代，但其在通信、放大和调制等方面的贡献不可忽视。真空管的发明和发展推动了电子技术的进步，为后来的微电子技术奠定了基础。电能源是各类电子设备的生命线，无论是移动设备还是大型计算机系统，都离不开高效稳定的电源系统。

这五类器件共同构成了信息科技的基础框架，为数字时代的繁荣发展提供了有力的支撑。本章将分别介绍这五类器件的原理和应用，以期更全面地理解它们在推动科技创新和社会变革中不可替代的地位。

5.1 微电子器件

作为电子学的重要分支学科，微电子学主要研究电子或离子在固体材料 (尤其是半导体材料) 中的运动规律。该学科的核心在于利用这些研究成果在半导体材料上构建微型化和高集成度的电路、子系统和系统，进而实现信息的精确感知、复杂分析和高效处理。由于微电子主要以半导体材料为研究对象和实现载体，因此，对应的产业也常常被称为半导体产业。

作为 20 世纪科技发展的重要产物，微电子技术已成为信息产业的基石和关键技术支撑。半导体产业更是被视为国家工业体系中的明珠，其发展水平是衡量一个国家综合国力和科技竞争力的重要指标。随着科技的飞速进步，基于微电子技术的各类芯片已广泛应用于国民经济、国防安全、工业生产以及人们的日常生活等多个领域。

5.1.1 微电子的起源与分类

1. 微电子与集成电路的发展

作为电子学的重要分支，微电子学以半导体材料的研究为基础，致力于实现电路和系统的集成，从而构建出复杂且微小化的芯片。其应用范畴极为广泛，涵盖了集成电路、微型传感器、光电器件以及特殊的分立器件等多个领域。其中，集成电路作为信息分析、处理和存储的关键，是微电子学中不可或缺的组成部分。根据全球半导体贸易统计组织 (WSTS) 的数据，2023 年全球半导体市场规模约为 5 269 亿美元，其中集成电路占比高达 81.3%，其重要性不言而喻。

芯片，作为半导体元件产品的统称，是集成电路的物理载体。通过布线将晶体管、电容、电感、电阻等元器件互联，并集成在一块半导体单晶片上，以实现特定的电路或系统功能。芯片的生产制造流程极为复杂，如图 5–1–1 所示，在芯片设计后，首先对多晶硅进行切割，得到硅片，经过数十次光刻、研磨、抛光等流程得到晶圆，最后封装和测试得到成品。这些步骤的精细执行确保了芯片的高性能和可靠性。

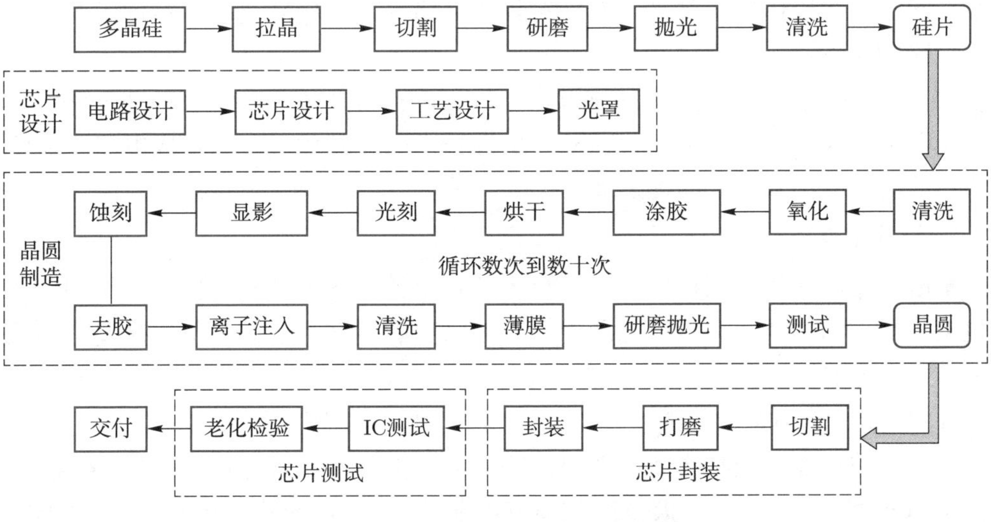

图 5–1–1 芯片的生产制造流程

集成电路的发明标志着电子学进入微电子学时代，为电子元件的微型化、低功耗和高可靠性发展奠定了坚实基础。自 1947 年 12 月 23 日世界上第一个晶体管的诞生开始，微电子技术便逐渐拉开了序幕。短短几年后，英国国防部皇家雷达研究所的杰弗里 · 达默 (Geoffrey Dummer) 在 1952 年提出了集成电路的设想，预见了电子电路可以无须外部连接线而直接在一块固体上实现的可能性。随着技术的不断进步，1958 年德州仪器公司的基尔比成功研制出全球首个集成电路，并于 1959 年 2 月向美国专利及商标局提交了集成电路专利申请。随后，罗伯特 · 诺伊斯 (Robert Noyce) 等人也提出了类似的集成电路专利，并引发了专利争夺战。基尔比和诺伊斯因此被富兰克林学会授予巴兰丁奖章，基尔比更是获得了 2000 年的诺贝尔物理学奖。

20 世纪 60 年代，金属–氧化物–半导体场效应晶体管 (MOSFET) 开始批量生产，其极低的控制电流使其在功耗方面具有显著优势。MOSFET 主要分为 NMOS 和 PMOS 两种类型。1963 年，仙童公司的万拉斯和萨支唐 (Chih-Tang Sah) 首次提出 MOSFET 逻辑门，这些逻辑门同时采用 NMOS 和 PMOS 晶体管，由此得名“互补金属–氧化物–半导体”，即 CMOS。与双极型电路相比，CMOS 电路的功耗大大降低，使得在单个芯片上集成更多晶体管成为可能。同时，随着硅平面工艺的开发，MOS 集成电路以其较小的晶体管面积、简单的制造工艺和较低的成本，受到了工业界的广泛青睐。

20 世纪 70 年代，集成电路行业进入成熟期。1971 年，Intel 公司成功研制出世界上第一款处理器芯片 4004，这一里程碑式的事件彻底改变了集成电路产业和计算机产业的格局，宣告了信息时代的到来。20 世纪 80 年代后，整个行业进入技术积淀期，台积电公司应运而生，电子设计自动化技术开始高速发展，为集成电路的进一步繁荣提供了有力支持。

20 世纪 90 年代，整个行业进入爆发期。以 ARM 为代表的 IP 服务公司的出现大幅降低了集成电路设计的门槛，吸引了众多公司加入集成电路设计领域。同时，通信、网络和多媒体技术的迅速发展对集成电路提出了更高要求，推动了各类不同集成电路的研发和应用。

进入 21 世纪，尤其是 2010 年以后，集成电路行业的并购整合迅速加剧。云计算、物联网、人工智能及新一代移动通信等技术的蓬勃发展，为集成电路产业注入了新的活力，推动其不断向前发展。

2. 集成电路的分类

集成电路的应用范围广泛，种类繁多，其分类方法也多种多样。常见的分类方法包括按器件结构类型、集成电路规模、电路功能等进行分类。下面简要介绍这些常见的分类方法。

(1) 按器件结构类型分类

集成电路按器件结构类型主要可分为三类：双极型集成电路、金属–氧化物–半导体 (MOS) 集成电路和双极–MOS 集成电路 (即 BiMOS 集成电路)。双极型集成电路基于双极型晶体管技术，其显著优点是速度快、驱动能力强，这使得它在需要高性能的场合中备受青睐。然而，它的功耗较大，集成度相对较低，这在一定程度上限制了其应用范围。MOS 集成电路具有高输入阻抗、高集成度、低功耗、成熟的制造工艺和良好的可扩展性，能够在小面积芯片上集成大量器件。作为 MOS 技术的一种，CMOS 集成电路进一步优化了功耗表现，尤其在静态状态下几乎不消耗电能，输出逻辑电平可为 V_{DD} 或 V_{SS}，而且上升和下降时间处于相同数量级。这些优势使其成为现代电子设备中主流的集成电路产品。另一方面，BiMOS 集成电路结合了双极型和 MOS 集成电路的优点，性能更为优越，但其制造工艺复杂，导致生产成本较高。

(2) 按集成电路规模分类

每个集成电路芯片上集成的元器件数量被称为集成度。集成度越高，意味着在相同面积的芯片上集成的晶体管、逻辑门、电路模块等元件越多。根据集成电路的规模，可以将集成电路分为小规模集成电路、中规模集成电路、大规模集成电路、超大规模集成电路、特大规模集成电路和巨大规模集成电路等。从小规模集成电路到巨大规模集成电路，集成电路的集成度越来越高，能够处理的数据量和任务也越来越复杂，电路集成度的提升满足了现代社会对信息处理能力的日益增长的需求。

(3) 按集成电路功能分类

根据集成电路的功能，可以将其分为数字集成电路、模拟集成电路和数模混合集成电路。数字集成电路主要处理离散的数字信号，对二进制数字信号进行逻辑运算和数据存储等功能。根据输入信号的时序关系，数字集成电路又可分为组合逻辑电路和时序逻辑电路。组合逻辑电路的输出仅取决于当前输入信号，而时序逻辑电路的输出则取决于当前输入信号和先前的逻辑状态。模拟集成电路则处理模拟信号(连续变化的信号)，包括线性电路、非线性电路和接口电路等。数模混合集成电路则将数字电路和模拟电路集成在一个芯片上，实现了更为复杂的电功能。这种集成电路结合了数字电路和模拟电路的优点，使其能够在同一芯片上完成更多的任务，是集成电路发展的新趋势。

5.1.2 半导体器件的基本原理

1. 半导体基本理论

生活中所有的物体按照导电性质可以分为导体、半导体和绝缘体。目前，大部分电子产品的核心单元都使用了半导体材料。半导体材料介于导体和绝缘体之间，具有独特的导电性质。常见的半导体材料包括元素半导体，如硅 (Si) 和锗 (Ge)，以及化合物半导体，如砷化镓 (GaAs) 等，其中硅是最常见和应用最广泛的材料。因此，我们在此对硅的物理结构进行重点分析，以了解半导体的工作原理。

硅作为一种四价元素，其原子的最外层轨道上具有四个电子。这些原子有序排列，相邻原子之间通过共价键连接。但与绝缘体不同，半导体中的共价键对电子的束缚并不牢固。在室温条件下，由于获得了足够的随机热振动能量，电子会挣脱共价键的束缚成为自由电子，并在原位置留下空位，这些空位被称为空穴，如图 5–1–2 所示。

空穴–电子对是半导体的一个重要特征，使其区别于导体和绝缘体。由于共价键中产生了空穴，在外加电场或其他能量的作用下，临近的价电子会迁移到这个空穴上，并在其原位置留下一个新的空穴，其他价电子也会移动到这个新的空穴上，从而实现电荷的迁移。空穴的移动实际上反映了受共价键束缚的电子的移动，只是方向相反。因此，空穴被视为一种载流子，其电荷量与电子相等但极性相反。空穴的数量决定了电流的大小，空穴越多，形成的电流也越大。

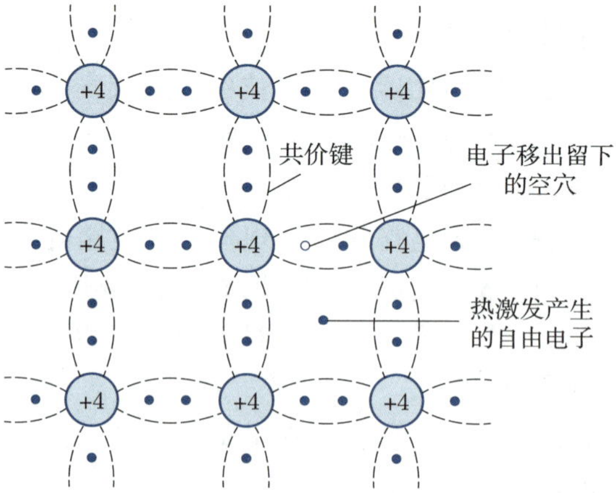

图 5–1–2 热振动共价键被打破产生的空穴–电子对

纯净的本征半导体中，空穴和电子成对出现，浓度相等。然而，由于本征半导体的载流子由热激发产生，受温度影响较大，且载流子浓度有限，这不利于器件的生产与使用。因此，常通过在纯净半导体中掺杂微量杂质的方法来改变半导体的导电性能。根据掺入的杂质性质，可以分为 P 型半导体 (空穴型) 和 N 型半导体 (电子型)。P 型半导体通过在硅晶体内掺入少量三价元素 (如硼) 形成。这些三价元素在与硅原子形成共价键时会产生一个空穴，使得空穴成为导体的主体。而 N 型半导体则掺入五价元素，形成多余的电子，使得自由电子成为主要载流子。

若在半导体的不同区域分别掺入三价元素和五价元素，就形成了 P 型区和 N 型区。在 P 型区和 N 型区的交界处，由于电子和空穴的浓度差异，会形成 PN 结。PN 结内部由于多数载流子的扩散和复合，电阻率很高。PN 结内部的正负离子相互作用会形成内电场，这个内电场会阻碍载流子的扩散，但也会使少数载流子发生漂移。

在外加电压时，PN 结会表现出单向导电性。当外加正向偏置电压时，PN 结导通，表现为小电阻；而当外加反向偏置电压时，PN 结截止，几乎不导电。这种特性使得 PN 结在二极管、晶体管等电子器件中发挥着重要作用。

2. 半导体器件基本方程

在外电场作用下，半导体器件内载流子的运动规律可以通过一套基本方程来描述，包括泊松方程、输运方程和连续性方程，这些方程是分析所有半导体器件的基本数学工具。

(1) 泊松方程

泊松方程在半导体器件分析中，主要用于描述的是电势与空间电荷密度的关系。在半导体材料中，电场和电势的分布与电荷的分布密切相关。泊松方程的一般形式可以表示为

$$\nabla \cdot \boldsymbol{D} = \rho_V (x, y, z) \tag{5–1–1}$$

其中 $\boldsymbol{D}$ 为电位移矢量，$\rho_V (x, y, z)$ 为自由电荷的体密度。

在半导体中，$\rho_V = q (p - n + N_\mathrm{D} - N_\mathrm{A})$。在静态或低频情况下，$\boldsymbol{D} = \varepsilon_\mathrm{s} \boldsymbol{E}$，$\varepsilon_\mathrm{s}$ 为半导体的电容率，$\boldsymbol{E}$ 为电场强度矢量。考虑到电场强度矢量与电势的关系 $\nabla \varPsi = -\boldsymbol{E}$，泊松方程可以进一步简化为

$$\nabla \cdot \boldsymbol{E} = -\nabla^2 \varPsi = \frac{q}{\varepsilon_\mathrm{s}} (p - n + N_\mathrm{D} - N_\mathrm{A}) \tag{5–1–2}$$

其中 $\varPsi$ 为静电势，q 为一个电子所带电荷量的绝对值，p、n、N_D、N_A 分别为空穴、电子、施主杂质和受主杂质的浓度。

泊松方程表明，空间任意点的电位移 (或电场强度) 矢量的散度与该点的电荷密度成正比。其物理意义在于，电场线总是从正电荷发出并终止于等量的负电荷。这意味着在电场中，正电荷作为电场线的源头，而负电荷则是电场线的汇聚点。

(2) 输运方程

输运方程 (或电流密度方程) 描述了半导体中电子和空穴的电流密度。这些电流密度由漂移电流和扩散电流两部分组成。漂移电流是载流子在电场作用下定向移动形成的电流，而扩散电流则是由载流子浓度梯度引起的。输运方程的一般形式为

$$\begin{aligned} \boldsymbol{J}_\mathrm{n} &= q\mu_\mathrm{n} n \boldsymbol{E} + q D_\mathrm{n} \nabla n \\ \boldsymbol{J}_\mathrm{p} &= q\mu_\mathrm{p} p \boldsymbol{E} - q D_\mathrm{p} \nabla p \end{aligned} \tag{5–1–3}$$

式 (5–1–3) 中，$\boldsymbol{J}_\mathrm{n}$、$\boldsymbol{J}_\mathrm{p}$ 分别为电子电流密度矢量和空穴电流密度矢量，D_n、D_p 分别为电子和空穴的扩散系数，μ_n、μ_p 分别为电子和空穴的迁移率。

以空穴电流密度为例，空穴的电荷密度 qp 与其在电场中的漂移速度 $\mu_\mathrm{p}\boldsymbol{E}$ 的乘积表示空穴的漂移电流密度；∇p 是空穴的浓度梯度，空穴的扩散流密度 $D_\mathrm{p}\nabla p$ 与 q 的乘积表示空穴的扩散电流密度。需要注意的是，在载流子迁移率和扩散系数确定时，漂移电流受载流子浓度和电场强度的影响，而扩散电流仅仅由载流子浓度梯度决定。

(3) 连续性方程

连续性方程描述了半导体中电子和空穴浓度的变化。它基于这样一个事实：某一区域内载流子浓度的变化率等于该区域内载流子的净产生率 (产生率减去复合率) 与该区域内载流子净流动率 (流入率减去流出率) 之和。连续性方程的一般形式为

$$\begin{aligned} \frac{\partial n}{\partial t} &= \frac{1}{q} \nabla \cdot \boldsymbol{J}_\mathrm{n} - U_\mathrm{n} \\ \frac{\partial p}{\partial t} &= -\frac{1}{q} \nabla \cdot \boldsymbol{J}_\mathrm{p} - U_\mathrm{p} \end{aligned} \tag{5–1–4}$$

在方程中，U_n 表示电子的净复合率，即半导体单位体积内单位时间内复合的电子数与新生成的电子数之差；U_p 则表示空穴的净复合率。当复合过程多于生成过程时，净复合率大于零，表示有净的复合；反之，当生成过程多于复合过程时，净复合率小于零，表示有净的生成。这些方程描绘了半导体中载流子浓度的动态变化，是理解和分析半导体器件动态特性的关键。

5.1.3 微电子的应用

微电子作为一门研究和应用微米尺度下电子器件和集成电路的学科，具有尺寸小、集成度高、速度快和功耗低等特点。它在计算机、通信、医疗、能源等各个领域都有广泛的应用。随着技术的不断进步和创新，微电子将继续推动现代社会的发展，并为人们带来更多便利和创新。微电子技术在各个领域都有广泛的应用，包括但不限于以下几个方面：

1. 计算机与信息技术

微电子技术是推动计算机与信息技术领域核心科技进步的动力。微处理器作为计算机的“大脑”，其性能的提升直接决定了计算机处理数据的速度和效率。此外，随着人工智能和机器学习的兴起，微电子技术在这些领域的应用也越发广泛。高性能的 AI 芯片，如张量处理单元 (tensor processing unit，TPU) 和神经网络处理单元 (neural network processing unit，NPU)，能够处理海量的数据并快速完成复杂的计算任务，为图像识别、自然语言处理等应用提供了强大的计算支持。同时，云计算和大数据技术的快速发展也离不开微电子技术的支持，数据中心中的高性能服务器和存储设备依赖于微电子器件的高效和可靠。

2. 通信与无线技术

微电子技术在通信与无线技术领域中起着重要的作用。随着 5G 和未来的 6G 通信技术的发展，对微电子技术的要求也在不断提高。为了支持更高的数据传输速率和更低的延迟，微电子工艺需要不断创新，以制造出高频、高速、高集成度的集成电路。此外，物联网 (Internet of things，IoT) 的兴起也极大地推动了微电子技术的进步。大量的 IoT 设备需要低功耗、小尺寸的微电子芯片来支持长时间持续工作和便捷的部署。这些芯片不仅保证了设备之间的通信畅通，还为智能家居、智能城市等应用提供了可能。

3. 汽车与交通

微电子技术在汽车与交通领域的应用极大地提高了汽车的性能和安全性。随着电动汽车和自动驾驶技术的发展，微电子器件在汽车中的应用越来越广泛。电动汽车的电池管理系统、电机控制系统和充电设施都离不开高性能的微电子芯片来确保其安全和高效运行。同时，自动驾驶技术需要先进的传感器融合、图像处理和数据分析能力，这些都需要微电子器件提供强大的计算支持。此外，车载娱乐系统、导航系统等功能也依赖于微电子技术的支持，为乘客提供了更加便捷和舒适的乘车体验。

4. 医疗与生物技术

在医疗与生物技术领域，微电子技术为医疗诊断和治疗提供了更好的工具。微电子器件可以用于制造生物传感器、医疗设备和医学影像设备，如植入式心脏起搏器、人工听力设备等，用于监测生命体征、诊断疾病和治疗患者。这些设备具有高可靠性和高灵敏度，能够准确地监测和诊断疾病，为医生提供有力的治疗依据。此外，微电子技术还支持基因测序、蛋白质分析等生物学研究和药物研发，为医学领域的进步作出了重要贡献。

5. 能源与环境

在能源与环境领域，微电子技术为实现可持续发展提供了重要支持。微电子器件可以用于制造太阳能电池板、能源管理系统和环境监测设备，实现可再生能源的高效利用和环境保护。太阳能电池板通过微电子器件将太阳能转化为电能，为清洁能源的利用提供了有效途径。能源管理系统则通过微电子芯片对能源供应和需求进行实时监测和控制，以实现能源的高效利用并减少浪费。环境监测设备则通过微电子器件实时监测环境变化，为环境保护和灾害预警提供了重要数据支持。

5.2 光电子器件

光电子学是光与电子技术的结合，通过光子和电子的相互作用实现信息的传输与处理。该领域自 20 世纪初开始发展，随着量子力学和固体物理学的突破逐步完善，并在现代技术中占据重要地位。光电子技术广泛应用于通信、传感、医疗和工业领域，其发展也对信息技术的进步起到了至关重要的作用。光电子技术不仅极大地提高了数据的存储容量和传输速度，还为未来的计算和通信技术提供了新的可能性。

5.2.1 光电子的起源与发展

光电子技术的萌芽可以追溯到 19 世纪，当时光电效应首次被发现。1887 年，德国物理学家赫兹观察到紫外线照射下金属表面释放电子的现象，这一实验为后来的光电效应研究奠定了基础。1905 年，爱因斯坦基于量子理论对光电效应作出了深入解释，提出了光子概念，并因此获得了诺贝尔物理学奖。爱因斯坦的光电效应方程为

$$E = h\nu - \phi \tag{5-2-1}$$

其中，E 是被释放电子的能量，h 是普朗克常量，ν 是入射光的频率，ϕ 是材料的逸出功。该方程说明了光子能量和释放电子能量之间的关系，奠定了光电子学的基础。20 世纪 60 年代，激光器的发明使光电子学迈向实用化。美国物理学家西奥多・梅曼 (Theodore Maiman) 于 1960 年首次实现了红宝石激光，标志着激光技术的开端。激光器在通信、工业加工、医疗等多个领域的应用引发了一场技术革命。

光电子学的核心在于高效实现光信号与电信号的转换，这一过程依赖光电效应和电光效应。光电效应是指光子撞击材料表面时，将能量传递给电子，使其释放并

形成电流，光电二极管和太阳能电池即基于这一原理。电光效应是指在外加电场的作用下，材料的折射率或光学性质发生变化，从而影响光的相位、偏振等传播特性。

光电子学结合了光学、电子学、材料科学和量子物理等多个领域的知识。在应用方面，光纤通信系统显著提高了信息传输的速度和容量，医疗领域的光学成像和激光手术使诊断与治疗更加精确和微创。而在工业加工中，激光技术为高精度切割、焊接和材料处理提供了有效手段。随着技术的进步，光电子学逐渐扩展至量子光学、光子计算等新兴领域，这些技术不仅提升了信息处理能力，还为能源、环境和医疗等领域提供了新的解决方案。通过对光与电信号转换机制的研究与应用，光电子学已成为现代科技的重要支柱，未来发展潜力巨大。

5.2.2 光电子器件的基本原理

光电子学系统的关键在于光电子器件。这些器件主要包括激光器、光纤、光探测器等，它们的性能直接影响光电子学的应用与发展。

1. 激光器

光源是光电子学中的核心元件之一，能够提供用于信号传输和处理的光子。光源分为自然光源和人造光源两类。自然光源如太阳光、星光等，具有广泛的波长范围和非相干性。而人造光源通过不同物理机制产生光，主要包括以下几种：白炽灯利用热辐射原理产生连续光谱的可见光，适用于普通照明；发光二极管 (LED) 通过电子与空穴的复合过程产生光，具有效率高、寿命长的优点，广泛用于显示和照明；激光器通过受激辐射产生高度相干和单色的光，适用于精密加工和通信等领域。

激光器是光电子学中最重要的人造光源之一，其名称源自“受激辐射的光放大”(light amplification by stimulated emission of radiation)。激光器的核心原理是利用受激辐射，通过一个增益介质在谐振腔内产生放大的光信号，激光器工作机制如图 5–2–1 所示。激光器与其他光源相比，具有单色性、相干性和方向性的特性。激光器的工作机制可概述为以下三个步骤：

① 激发态粒子产生：增益介质中的原子或分子通过外界能量 (如电能或光能) 被激发到高能态，形成粒子数反转状态。

② 受激辐射：当一个光子经过激发态粒子时，该粒子会释放一个相同相位和频率的光子，从而产生受激辐射。这一过程使光子数量成倍增加。

③ 谐振腔放大：通过谐振腔的反射，光子在腔内反复通过增益介质，进一步放大光强度，最终形成激光输出。

根据增益介质的不同，激光器可分为几种类型，包括气体激光器 (如氦氖激光器，广泛用于光学实验和激光干涉测量)、固体激光器 (如掺钕钇铝石榴石激光器，主要应用于工业加工和医疗设备) 以及半导体激光器 (如激光二极管，广泛用于光通信和条码扫描器等消费电子设备)。这些激光器在功率、波长和应用场景上各具特点，可以根据特定需求选择合适的激光器类型。

由于激光具有独特的光学特性，激光器在众多领域中具有广泛的应用。通信领域利用激光实现高速长距离的数据传输，成为全球互联网的基础；在工业加工 (尤其在航空航天和汽车制造) 领域中激光被用于精密切割、焊接和材料处理；医疗领域则利用激光进行精确的外科手术，如视力矫正和肿瘤治疗；此外，激光器还广泛应用于测量与传感领域，进行高精度测距、光谱分析和环境监测等。

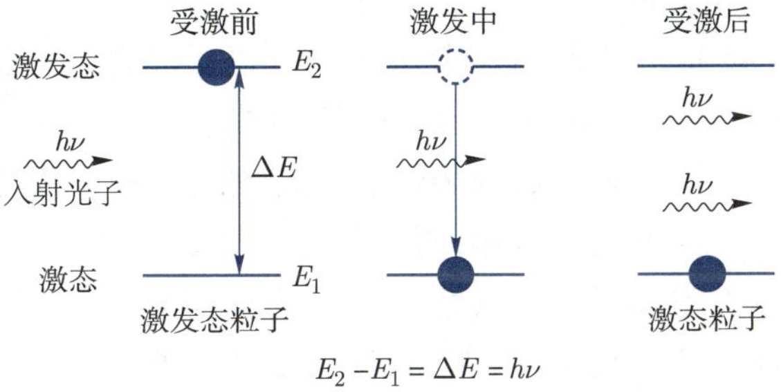

图 5–2–1 激光器工作机制

2. 光纤

光纤是现代通信技术的核心组件之一，能够以极高的效率传输光信号，实现远距离的数据传输。光纤通信利用光子作为信息载体，通过光纤传输光信号，极大地提升了通信速度和容量。

光纤的基本结构如图 5–2–2 所示，共包括三层：核心 (core) 为最内层，光信号在此传播，其直径和材料决定传输特性；包层 (cladding) 则包围核心，具有较低的折射率，以确保光信号通过全内反射传输；保护层 (buffer coating) 是外层保护材料，用于防止光纤受损。

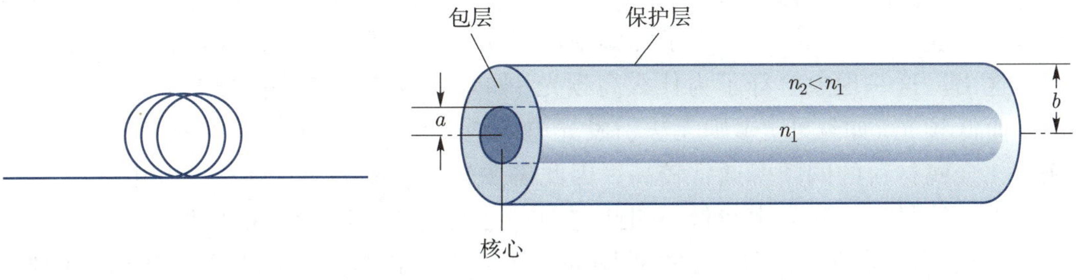

图 5–2–2 光纤的基本结构

光纤通常由玻璃或塑料制成，依赖全内反射原理传播光信号。根据斯涅尔定律，光信号在光纤核心与包层的界面发生全内反射，只要入射角大于临界角，光就会在核心内不断反射，从而实现远距离传输。临界角的计算公式为

$$\theta_c = \arcsin\left(\frac{n_{\text{clad}}}{n_{\text{core}}}\right)^2 \tag{5–2–2}$$

其中，θ_c 是临界角，n_{core} 和 n_{clad} 分别是光纤核心和包层的折射率。为了保证全内反射，光纤核心的折射率必须高于包层的折射率。此外，光纤的传输受到色散 (dispersion) 和衰减 (attenuation) 的限制，色散效应会导致不同波长的光以不同速度传

播，从而影响信号的清晰度。色散的影响可以通过带宽–距离积公式表示：

$$B \cdot L = C \tag{5–2–3}$$

其中，C 是带宽距离积常数，B 是系统带宽，L 是传输距离。式 (5–2–3) 表明，随着传输距离的增加，系统的可用带宽会下降。

根据传输模式的不同，光纤可以分为单模光纤 (single-mode fiber) 和多模光纤 (multimode fiber) 两大类。单模光纤具有较细的核心，适用于长距离传输，能够传输高频宽的光信号，常用于高速数据传输和电信网络；而多模光纤则核心较粗，允许多种光模式传播，适合短距离传输，常用于局域网 (LAN)。

光纤广泛应用于长距离通信、互联网骨干网、数据中心、海底光缆等领域。随着 5G 和数据中心的发展，光纤技术将在未来的通信网络中扮演更为重要的角色。

3. 光探测器

光探测器是光电子学中的关键元件之一，它能够将光信号转换为电信号，用于信息的检测、传输与处理。光电转换是许多现代技术的基础，尤其是在光通信、成像和传感领域。

根据光电效应的原理，入射光子必须提供足够的能量来克服逸出功，才能使电子从材料表面逸出。对于给定材料，光电效应发生的条件是入射光子的频率必须超过材料的阈频率 (threshold frequency)，即

$$\nu_{\text{threshold}} = \frac{\phi}{h} \tag{5–2–4}$$

其中，$\nu_{\text{threshold}}$ 是材料的阈频率。只有当入射光子的频率 ν 满足 $\nu > \nu_{\text{threshold}}$ 时，光电效应才能发生。如果入射光子的频率低于阈频率，即使光子能量再强，也无法使电子逸出。这一现象解释了为什么高频光 (如紫外线或 X 射线) 更容易触发光电效应，而低频光 (如红外光) 则无法引发光电效应。对于不同材料，阈频率有所不同。例如，金属材料的阈频率通常较高，因此需要较高频率的光才能引发光电效应，而某些半导体材料的阈频率较低，因此它们对可见光和近红外光更为敏感。

光电探测器种类繁多，根据不同的应用需求可以选择不同类型的光电探测器。常见的光电探测器包括光电二极管、光电倍增管 (PMT) 和光电导探测器。光电二极管利用 PN 结的光电效应工作，灵敏度高且响应速度快，广泛应用于光通信和光传感；光电倍增管利用光电效应和电子倍增机制工作，具有极高的灵敏度，适合弱光探测；光电导探测器则基于光照引起的导电性变化工作，适用于红外成像和环境监测。不同类型的光电探测器因其工作原理、灵敏度和响应波长的不同，适用于各类光电系统，选择合适的探测器对于系统性能至关重要。

5.2.3 光电子的应用

在现代科技迅速发展的背景下，光电子学技术在通信、计算和数据存储领域展现出巨大的潜力与应用价值。

1. 光纤通信

光纤通信系统是光电子学在通信领域最重要的应用之一，利用光子作为信息载体，通过光纤实现数据的高速传输。

光纤通信系统的基本结构包括三个主要部分：光源、光纤和光接收器。每个部分在光信号的生成、传输和接收中发挥着至关重要的作用。首先，光源通常是激光二极管 (LD) 或发光二极管 (LED)，用于将电信号转换为光信号。在光纤通信系统中，激光器是主要光源，因为它们能产生高强度、相干的光信号，适合长距离传输。其次，光纤负责传输光信号，通过全内反射，光信号可以在光纤内长距离传播而损耗极少。根据传输距离和带宽要求，选择单模光纤或多模光纤。最后，光接收器通常为光电二极管，它将接收到的光信号转换为电信号，完成光电转换，其灵敏度和响应速度直接影响通信系统的性能。此外，光纤通信系统中还包括中继器，用于在长距离传输中对信号进行放大，确保光信号强度不因距离过长而衰减至不可检测的程度。

光纤通信相比传统电缆通信具有显著优势，主要体现在高带宽、长传输距离、强抗干扰能力和高安全性。光纤通信的带宽远远超过铜线等传统介质，可以传输大量数据，适合高速互联网和大数据传输。光纤的衰减极低，尤其是单模光纤，在长距离传输中几乎没有明显的信号损失，且中继器的使用进一步扩展了传输范围。此外，光信号不受电磁干扰，确保了在复杂环境下的高质量信号传输。并且光纤难以被窃听和篡改，具有较高的物理安全性，适合敏感数据的传输，如金融和国防领域。

光纤通信技术已经成为现代通信网络的核心，广泛应用于多个领域。在长途通信中，光纤连接城市、国家乃至洲际，例如海底光缆利用光纤技术实现洲际互联网和数据传输。在数据中心与企业局域网 (LAN) 中，光纤通信提供高速网络连接，确保数据的快速处理与传输。此外，全球互联网的骨干网依赖光纤技术支持高容量、低延迟的数据传输，是现代互联网基础设施的重要组成部分。

光纤通信技术通过将光作为信息载体，推动了现代通信系统的发展。凭借高带宽、低衰减和强抗干扰能力，光纤通信不仅支撑着全球互联网的发展，也应用于各类高性能通信系统。

2. 光计算

光计算利用光子代替电子进行信息处理，具有高速、低延迟和低功耗的优势。量子光学计算更进一步，利用光子的量子特性进行计算，具备传统计算机无法企及的处理能力。

光计算的基本原理是使用光子作为信息载体，通过光学器件 (如光波导、光学开关和光学调制器) 实现逻辑运算和数据处理。由于光子的传输速度更快且信号衰减更小，光计算在处理速度和能效上相比传统电子计算显著提高。量子光学计算则利用光子的量子特性，如量子叠加和量子纠缠，进一步增强计算能力。通过操作光子的量子态，量子光学计算可以实现超越经典计算机的能力，具备解决复杂问题和加速算法执行的潜力。

光计算在许多高性能计算领域展现出广泛应用前景，包括人工智能、大数据处理和科学模拟。随着光子学技术的不断发展，光计算有望逐步成为主流的计算模式，推动未来计算技术的进步。

3. 光存储

光电子学技术在数据存储领域的应用主要体现在光存储设备和光学数据处理系统中。这些技术的引入显著提高了数据存储的容量、速度和可靠性。

光存储是一种利用光子进行数据读写的技术，常见的光存储设备包括 CD、DVD 和 Blu-ray 光盘。随着技术的发展，新型光存储技术如全息存储和多层光盘存储正在成为研究热点，这些技术有望进一步提升存储密度和存储速度。全息存储基于光的干涉和衍射原理，通过在光敏介质中记录干涉图案，实现高容量的数据存储，具备超高存储密度和超快读写速度的优点。

5.3 微纳米器件

微机电系统 (micro-electro-mechanical system，MEMS) 通过传统集成电路制造技术与微加工技术，将微机械结构、微传感器、微执行器和处理电路集成在同一芯片上，是实现感应、致动、能量转换和信息处理等功能的智能微系统，涉及电学、力学、热能、光学、磁学、生物化学等多学科的交叉领域。将机械系统的尺寸缩小到毫米级甚至微米级，再与微电子电路一起集成到芯片上，其本质是将机械系统微型化，对工艺的要求高。与采用传统工艺制造的同类产品相比，MEMS 具有体积小、重量轻、响应速度快、可靠性高、功耗低、可批量生产、易于集成和可实现智能化多功能化等优点。MEMS 被认为是 21 世纪最有前途的使能技术之一，如果半导体微制造是第一次微制造革命，MEMS 则是第二次革命。

回顾 MEMS 的发展历程，它是在集成电路制造技术发展的基础上出现的，1959 年，美国物理学家理查德·费曼 (Richard Feynman) 在题为 “底层还有大空间”(“There's plenty of room at the bottom”) 的著名演讲中指出 “将来电动马达只有指甲那么大，将进入一个小得惊人的世界”，由此提出了微机械和微器件的设想，并预测了在原子尺度上操纵物质的可能性以及将面临的挑战。1964 年，时任西屋 (Westinghouse) 公司工程师的哈维·内桑森 (Harvey Nathanson) 制造出第一个可以批量生产的 MEMS 器件——谐振栅极晶体管，将机械元件与电子元件连接在一起。栅极是可动的悬臂梁结构，依靠静电力控制栅极和基片之间的距离，是最早的微机械振荡器、微机械滤波器、加速度传感器、陀螺仪等的基本结构模型。MEMS 的第一轮商业化浪潮始于 20 世纪 70 年代到 80 年代，随着各向异性深硅蚀刻、阳极键合、牺牲层表面微加工和光刻–电铸–注塑 (lithographie-galvanoformung-abformung, LIGA) 等特色 MEMS 工艺的开发，膜片式硅微机械压力传感器、加速度传感器、喷墨打印机喷头、原子力显微镜、旋转式静电侧驱动马达、多晶硅铰链等产品快速走向市场。20 世纪 90 年代，随着个人计算机和信息技术快速兴起，德州仪器公司根据静电驱动微镜阵列生产出投影仪，亚德诺半导体 (Analog Devices) 公司的加速度计、高电容密度动态随机存取存储器等迅速进入市场。到了世纪之交时，随着光纤通信技术和新兴生物 MEMS 技术的发展，微光学器件如可变形光栅光调制器、MEMS 光网络交换机、光开关；生物 MEMS 器件如药物输送系统、胰岛素泵、DNA 阵列、片上实验室、血糖仪、神经探针阵列和微流控技术等成为增长强劲的领域。

目前，MEMS 产业呈现的新趋势是产品应用的扩展，其开始向智能手机、生物医疗、计算机、能源、海量数据存储、可穿戴设备等新领域扩展，结合三维异质异构集成技术和一体化封装技术形成面向射频模块、加速度传感器、系统控制芯片、3D 存储器、三维架构微处理器等功能的微系统集成，如图 5–3–1 所示。

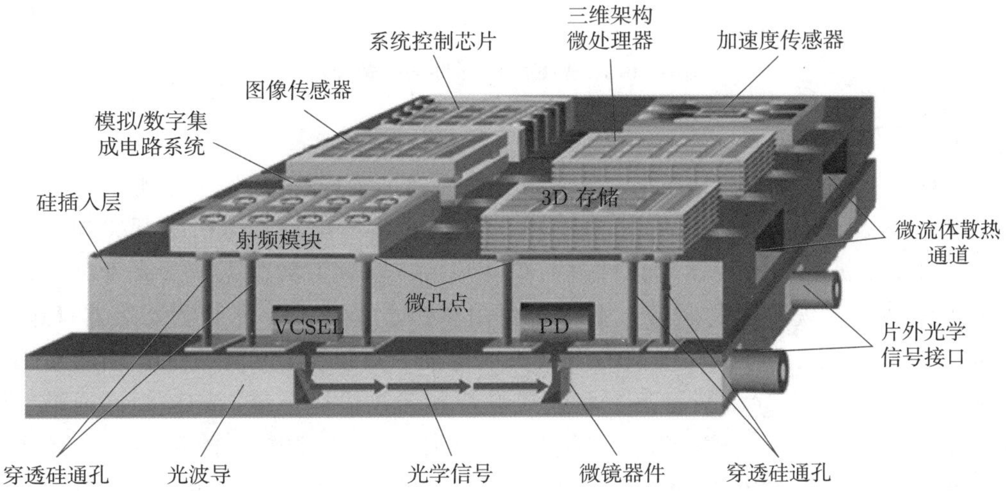

图 5–3–1 异质异构集成功能微系统 (见彩色插页)

5.3.1 MEMS 的特点与分类

1. MEMS 特点

MEMS 的特点如下：

① 微型化：MEMS 器件具有体积小、重量轻、高空间利用率、低能耗、惯性小、谐振频率高和响应时间短等优点。

② 机械电性能优良：MEMS 主要采用硅材料，其强度、硬度和杨氏模量与铁相当，密度接近铝，热传导率则类似钼和钨，且容易与集成电路 (IC) 集成，这使得它具有很好的稳定性、可靠性等机械电性能。

③ 批量生产：MEMS 器件采用半导体制作工艺，在一片晶片上可以生产出成百上千个微型机电装置或者完整的 MEMS，在大规模生产中实现了低单位成本。如图 5–3–2 所示为 MEMS 器件的制备流程。

④ 集成化：MEMS 的集成化程度高，可以将传感、执行和信号处理等不同功能集成在同一片芯片上。它通过将不同功能、不同敏感方向或驱动方向的多个传感器或执行器集成在一个系统中，可以形成微传感器阵列、微执行器阵列，甚至集成多

种功能的复杂微系统。

⑤ 多学科交叉：MEMS 技术结合了电子、材料科学、机械工程、信息与自动控制、物理学、化学和生物学等多个学科的知识，推动了技术的创新和突破。

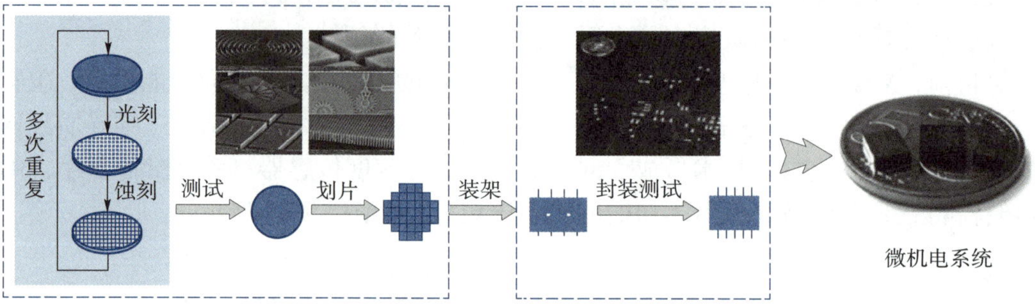

图 5–3–2 MEMS 器件的制备流程

2. MEMS 分类

按应用方向，可以将 MEMS 分为射频微系统、光学微系统、生物医学微系统、能源微系统等。RF MEMS 采用 MEMS 工艺将电容、电感、微机械开关为代表的无源元件、滤波器、移相器等组件进行单片集成，实现射频微系统。光学微系统利用微机械结构实现对光的调控，系统主要由微镜、光开关、光调制器等器件组成，能满足光通信、光谱分析等领域的需求。生物医学微系统主要面向芯片实验室 (lab on chip，LOC)、医疗诊断设备、植入式设备和药物输运系统，构建由微通道、微混合器、储液池、药物输运等主要结构组成的微全分析系统。能源微系统是能量收集系统，通常有压电式、热电式、电磁式，为能量动力系统的微型化提供了解决方案。

按组成单元的功能，可以将 MEMS 分为微传感器 (加速度传感器)、微执行器 (微马达、微镜、光开关、微泵、弹簧、铰链、马达、齿轮)、微结构，以及包括多个单元的集成系统。

具体而言，MEMS 传感器是把 MEMS 芯片和专用集成电路芯片 (application-specific IC，ASIC) 进行集成，可以是单片集成也可以是多片集成，如图 5–3–3 所示。前者负责将需要感知的外部信号，如速度、压力、温度、声音等，转化为电容、电阻、电荷等信号，后者负责将其进一步转化为电信号，并驱动 MEMS 芯片和外部通信等。

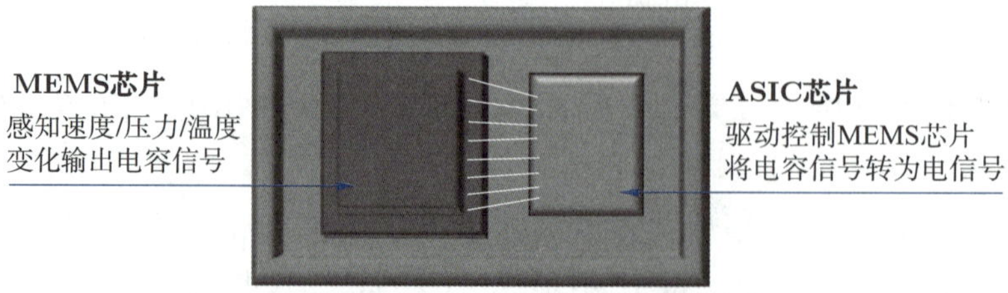

图 5–3–3 MEMS 传感器内部结构示意图

MEMS 执行器是一种换能器，可以将电能转换为机械能对外做功，实现对外部系统的控制，从而完成对复杂运动的控制。例如光学微系统中光开关和微镜实现对光信号传输的控制，喷墨打印机喷头实现对墨水的喷出控制，微静电马达通过将静电力施加在定子和转子之间的间隙中，驱动转子旋转。

5.3.2 典型 MEMS 器件

汽车电子、消费电子、运动跟踪、机器人、虚拟现实 (virtual reality，VR)/增强现实 (augmented reality，AR)、航空航天和军事等领域均依赖高精度、高灵敏度、小型化和高集成能力的惯性导航系统，其中包含两种核心 MEMS 惯性器件，分别是 MEMS 陀螺仪和 MEMS 加速度计，前者感知物体的角速度，后者感知物体的线速度。

1. MEMS 陀螺仪

(1) MEMS 陀螺仪的原理

传统陀螺仪主要使用角动量守恒原理来进行工作，它的基本原理是当陀螺转子不停转动时，由于角动量的存在，其旋转轴的方向不会随着承载支架的旋转而变化。然而，传统机械陀螺仪存在体积大、成本高和不适合批量生产的缺点。1991 年，美国的 Draper 实验室发明了硅微机械陀螺。随着微机电技术的进步，MEMS 陀螺仪的尺寸大幅减小，性能提高，成本下降，开始在商业市场上普及。进入 21 世纪，深反应离子蚀刻技术、频率调制和闭环控制技术使 MEMS 陀螺仪在精度、稳定性和功耗方面显著进步。在汽车导航系统、工业自动化、消费电子 (如智能手机、游戏控制器) 等领域得到广泛应用。

MEMS 陀螺仪主要使用科里奥利力 (Coriolis force)，又称科氏力来进行工作，科氏力就是在旋转物体径向运动时产生的切向力。例如，如果将地球自转视为逆时针方向，那么在北半球，惯性会导致物体受到顺时针的地转偏向力，使得河流的右岸比左岸受到更多的冲刷，电风扇的顺时针旋转也是为了减小地球自转对器件的影响。实际上，科氏力并不是真实的力，它是直线运动和旋转运动结合在一起形成的惯性力。

MEMS 陀螺仪通常包含两个可移动的电容板，如图 5–3–4 所示。其中，径向的电容板被加以振荡电压，迫使物体径向运动。当物体旋转时，内部梳状结构一部分产生偏转，改变梳状结构间的距离，从而改变电容，由此测量出转角。简而言之，MEMS 陀螺仪的结构，就是一个在圆盘上的物体块，被驱动着不停地来回径向运动。在旋转状态下，径向运动会产生科里奥利力，科里奥利力是一种惯性力，当一个物体在旋转参考系中运动时，科里奥利力作用于这个物体，计算公式如下：

$$\boldsymbol{F}_{\text{coriolis}} = -2m(\boldsymbol{\omega} \times \boldsymbol{v}) \tag{5–3–1}$$

其中 m 为物体的质量，$\boldsymbol{\omega}$ 为旋转参考系的角速度，$\boldsymbol{v}$ 为物体相对于旋转参考系的运

动速度。于是，水平于地面方向运动分量的物体受力大小为

$$F = 2mv\omega \sin\theta \tag{5–3–2}$$

图 5–3–4 MEMS 陀螺仪原理图

其中 θ 为偏转的角度。由于科里奥利力与角速度成正比，因此可以通过测量电容的变化来计算出角速度。

(2) MEMS 陀螺仪的分类

MEMS 陀螺仪有多种类型，可以根据材料、振动结构、驱动方式、检测方式和调制方式进行以下分类：

① 按材料划分：微机械陀螺仪可以分为硅基材料陀螺仪和非硅基材料陀螺仪。硅基材料陀螺仪主要包括压电石英陀螺仪和压电陶瓷陀螺仪，其中压电石英陀螺仪因其高精度成为当前主流，但由于其加工工艺复杂、成本高且抗过载能力差，不适合低成本的民用市场需求，因此大多数国家目前都在研究非硅基微机械陀螺仪。

② 按振动方式划分：微机械陀螺仪根据其内部结构振动方式的不同可以分为角振动陀螺仪和线振动陀螺仪。角振动陀螺仪围绕一个轴进行来回振动，而线振动陀螺仪则沿一条直线来回振动。

③ 按驱动方式划分：微机械陀螺仪根据其驱动方式的不同，主要分为静电驱动陀螺仪、电磁驱动陀螺仪和压电驱动陀螺仪。静电驱动陀螺仪在驱动电极上施加变化电压，利用静电力来驱动微机械结构的振动；电磁驱动陀螺仪在电场中施加垂直于电场方向的变化电流，利用电磁感应原理驱动微机械结构振动；压电驱动陀螺仪在驱动电极上施加变化电压，利用压电效应使陀螺发生形变，从而驱动微机械结构振动。

④ 按检测方式划分：微机械陀螺仪包括压阻式陀螺仪、电容式陀螺仪、压电式陀螺仪、隧道式陀螺仪和热膨胀流式陀螺仪等。压阻式陀螺仪通过检测端电阻的变化来工作；电容式陀螺仪通过检测端电容的变化来工作；压电式陀螺仪通过检测端电荷的变化来工作；隧道式陀螺仪通过检测端隧道电流的变化来工作。热膨胀流式陀螺仪是一种新型的角速度传感器，具有结构简单、加工成本低和抗冲击性能强的优点。其工作原理是通过方波信号驱动热源加热，形成热膨胀流，当角速度输入时，在科氏力作用下使热敏检测丝之间产生温度差，从而检测角速度。

⑤ 按调制方式划分：微机械陀螺仪可划分为频率调制和幅度调制。频率调制通过科氏效应引起的频率变化实现角速度检测，具有比例因子稳定性好、温度稳定性高、应力漂移小以及带宽高等优点；幅度调制通过测量与驱动方向垂直的方向上可动质量块的位移幅度来检测旋转角速度。

(3) MEMS 陀螺仪的工艺流程

基于牺牲层体微加工工艺的陀螺仪工艺流程如图 5–3–5 所示，其工艺流程主要包含以下步骤：首先是晶圆流程 [如图 5–3–5(a) 所示]，选取 P 型硅衬底，对其进行干法 RIE 或者湿法 KOH 蚀刻凹槽，以此界定导电极板之间的间距；进行硼掺杂，掺杂深度将决定质量块的厚度；RIE 蚀刻结构层；然后是衬底流程 [如图 5–3–5(b) 所示]，选取 Pyrex 7740 玻璃基底，对其进行 HF 湿法蚀刻凹槽；借助金属剥离工艺实现驱动电极和检测电极的图形化；硅基底与玻璃基底阳极键合，之后对硅基底进行湿法蚀刻，并通过释放工艺完成陀螺仪的制备。

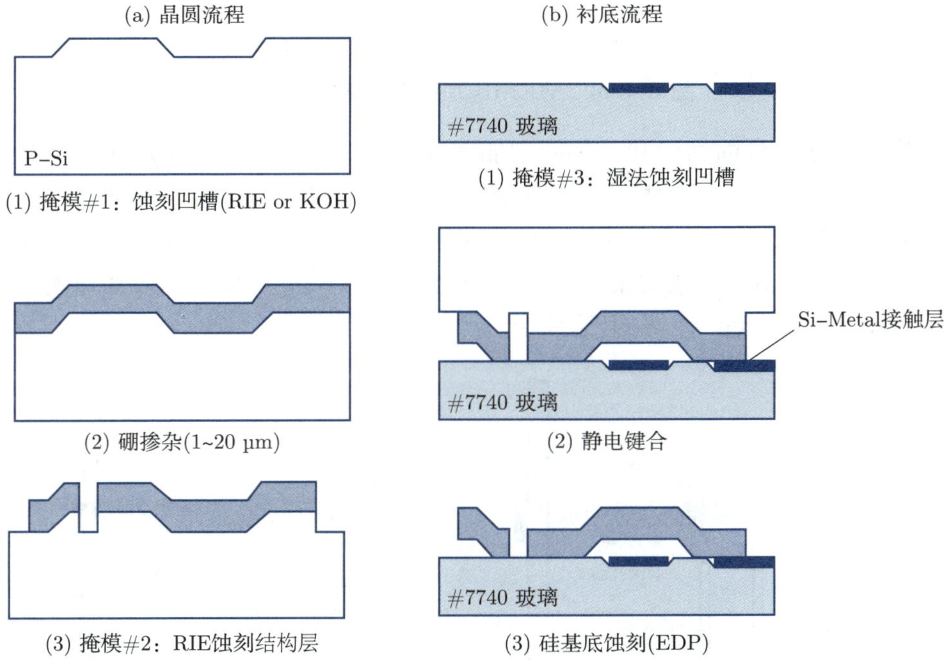

图 5–3–5 MEMS 陀螺仪工艺流程图

2. MEMS 加速度计

(1) MEMS 加速度计的原理

MEMS 加速度计是一种惯性传感器，基本结构主要有硅质量块、悬空弹性梁、极板，如图 5–3–6 所示。

MEMS 加速度计的硅质量块通过弹簧与底座连接，受到的加速度会改变与固定在底板上极板的距离，从而改变电容。MEMS 技术通过材料蚀刻，增大极板之间的正对面积。在移动相同的距离时，面积越大，电容变化越大，所以微机械技术增强了传感器的灵敏度。加速度产生的惯性力引起硅质量块相对底座产生位移，电容值发生变化。电容值的变化可以产生电流信号供其信号处理单元采样，ASIC 芯片读取电容值的变化，并将其转化为电学信号输出，从而测量加速度的大小和方向。其原理是利用牛顿第二定律，计算公式如下，感应精度主要受蚀刻深宽比的影响。

$$\boldsymbol{F} = m\boldsymbol{a} \tag{5–3–3}$$

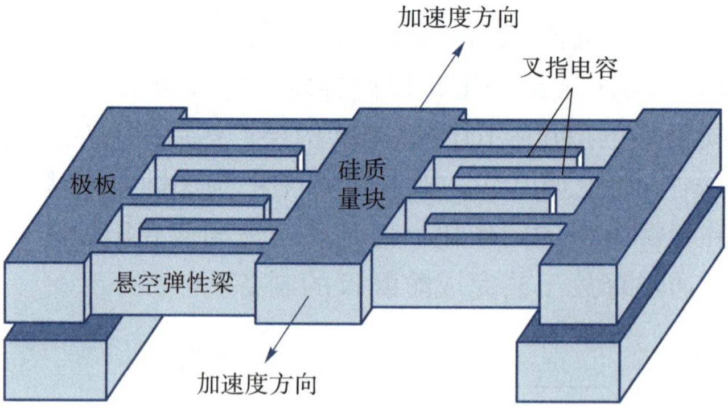

图 5–3–6 MEMS 加速度计基本结构

电容式加速度计的结构和工作原理如图 5–3–7 所示。悬空的质量块两端与支撑梁相连，质量块上带有可动梳齿，与固定梳齿组合构成检测电容。当加速度作用在质量块时，质量块产生运动，通过检测梳齿极板之间电容发生的变化来计算输入的加速度。分辨率取决于质量块的布朗噪声等效加速度和电路噪声等效加速度，动态特性分析类比二阶质量–弹簧–阻尼系统。

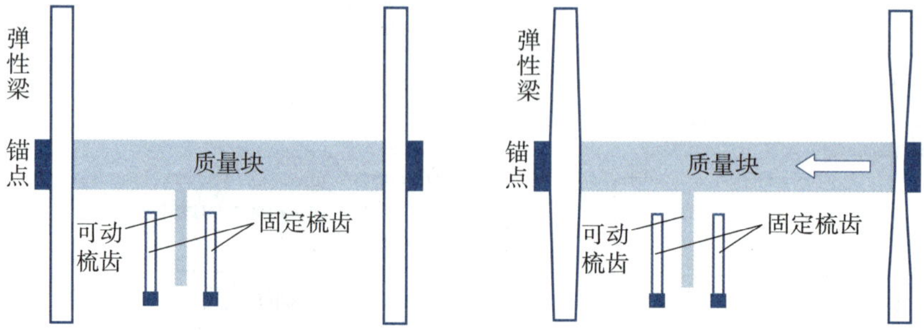

图 5–3–7 电容式加速度计结构和工作原理

(2) MEMS 加速度计的分类

MEMS 加速度计按检测方式可划分为谐振式加速度计、电容式加速度计、压阻式加速度计、压电式加速度计、隧穿式加速度计、热传导式加速度计。谐振式加速度计利用质量块在加速度作用下产生的惯性力使弹性谐振梁发生应变，从而改变谐振频率，通过测量频率变化来得到加速度的大小。电容式加速度计是通过改变电容极板间距或者极板交叠面积来检测加速度的大小，可动质量块上带有可动电极，与固定电极形成平板电容或者梳齿电容结构。压阻式加速度计利用硅的压阻效应，通过注入工艺，改变弹性梁的电阻，弹性梁在质量块惯性力的作用下产生变形，从而改变压阻阻值，通过电桥测量电阻完成加速度的测量。压电式加速度计利用的是薄膜材料的正压电效应，当传感器产生加速度信号时，可动质量块与基板产生相对位移，引起弹性梁的变形，压电薄膜将这一变形转换为电荷，平板电极收集电荷。隧穿式加速度计是在质量块上制造一个隧道针尖，与固定的隧道针尖产生隧穿电流，测量隧穿电流保持不变时的电压来检测加速度的大小。热传导式加速度计将加速度作用在加热气团上，气团即为可动质量块，检测气团引起的温度场分布变化，从而实现加速度的测量。

MEMS 加速度计主要的应用领域有惯性导航系统、医学健康监测 (如心率、呼吸频率、运动失稳、帕金森运动失衡、运动姿态)、汽车工业 (安全气囊)、消费电子、建筑和结构震动监测 (如地震监测、桥梁震动安全监测) 等。

(3) MEMS 加速度计的工艺流程

带有垂直梳齿的电容式加速度计的工艺流程如图 5–3–8 所示，工艺流程主要有：

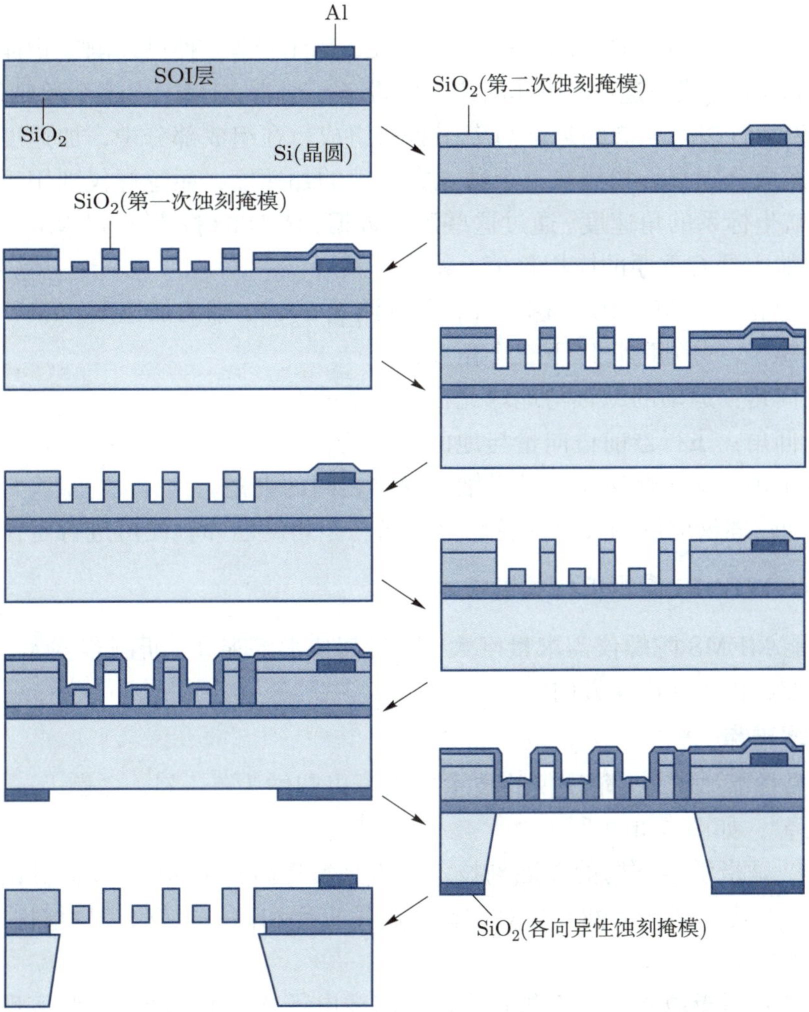

图 5–3–8 MEMS 加速度计工艺流程图

选取 SOI 基底，溅射 Al 并干法蚀刻，实现金属 pad 图形化；PECVD 沉积 SiO_2，RIE 干法蚀刻；RIE 干法蚀刻 Si 到接近 SOI 器件层厚底的一半，形成垂直梳齿电极的间隙结构；继续进行图形化 SOI 器件层，Si 蚀刻到 SOI 的埋氧层；正面 PECVD SiO_2 作为钝化层，图形保护，背面沉积 SiO_2，光刻 SiO_2，TMAH 湿法各向异性腐蚀 Si；蚀刻埋氧层，利用缓冲氢氟酸溶液腐蚀 SiO_2 牺牲层，进行结构释放，形成质量块的悬空结构。

5.3.3 MEMS 惯性导航系统

惯性导航系统 (inertial navigation system，INS) 通过加速计和陀螺仪来测量物体的加速度和角速度，它还可以借助计算机实时计算运动物体的位置、速度和姿态。由于 INS 不依赖外部参考系，因此常被用于飞机、潜艇、导弹和各种航天器。近年来，以无人车、无人船和无人机组成的无人平台逐步发展，惯性导航系统的研发需求越来越高，结合北斗系统形成的捷联导航系统已充分实现了速度、姿态控制的智能化和自主化导航。

惯性测量单元 (inertial measurement unit, IMU) 是一种可以测量物体在三个轴向上的姿态角度 (或角速度) 和其加速度的设备。通常，IMU 由多个单轴加速度计、陀螺仪、磁力计以及相应的运动与姿态算法组成。在组成部分中，加速度计负责在载体坐标系内分别测量物体在三个独立方向上的加速度，而陀螺仪则用于测量载体相对于导航坐标系的角速度。通过这些测量数据，IMU 能够计算推导出物体的姿态。IMU 在导航中具有重要的应用价值。

IMU 中有三个 MEMS 加速度计，分别测量 $x/y/z$ 轴的加速度。IMU 中有三个 MEMS 陀螺仪，分别测量以下三个角度：

① 航向角：运动的纵轴与地球北极之间的夹角；

② 俯仰角：飞行器前进向量与地面的夹角；

③ 翻滚角：又称侧滚角，是光轴与视轴之间的夹角。

将这种陀螺仪应用到飞机或轮船上，当三个角度已知，便可进行定位。

5.3.4 MEMS 陀螺仪的关键技术

高性能 MEMS 陀螺仪需求量巨大，同时其技术要求高、研制难度大，下面重点介绍技术难点和重点攻关方向。

1. 技术难点

研制高性能 MEMS 陀螺仪的技术要求可以归纳为“一刻、二微、三漂、四大、五快、六降”，如图 5–3–9 所示。

“一刻”是指敏感结构的深蚀刻技术，这是实现高精度 MEMS 器件的关键，要求具有高深宽比、高均匀性、高对称性、高垂直度和高一致性，对材料、工艺和设备的要求十分苛刻。

“二微”是指极微弱信号检测和测控电路微电子化，在微结构中要实现极小位移和电容的检测，其前端检测技术极具挑战。同时实现小型化、低功耗、自主可控，测控电路必须做成专用集成电路 (ASIC)。

“三漂”是指温漂、时漂、频漂控制，这三项漂移是 MEMS 器件保持精度面临的主要难题，由于其来源因素复杂，相互耦合影响，且难以建模和辨识，补偿与抑制非常困难。

“四大”是指大动态、大过载、大振动、大时储 (长时间存储的性能稳定)，是各种工况条件下确保工作效果的性能要求。

“五快”是指快封测、快集成、快启动、快对准、快标校，是满足制导弹药大批量、低成本、快速投入各场景的技术要求。

“六降”是指降重量、降体积、降功耗、降周期、降成本、降维保，是各应用系统对 MEMS 器件实用性的综合要求。

由上可见，MEMS 陀螺仪是“小器件、大科学”的典型代表。

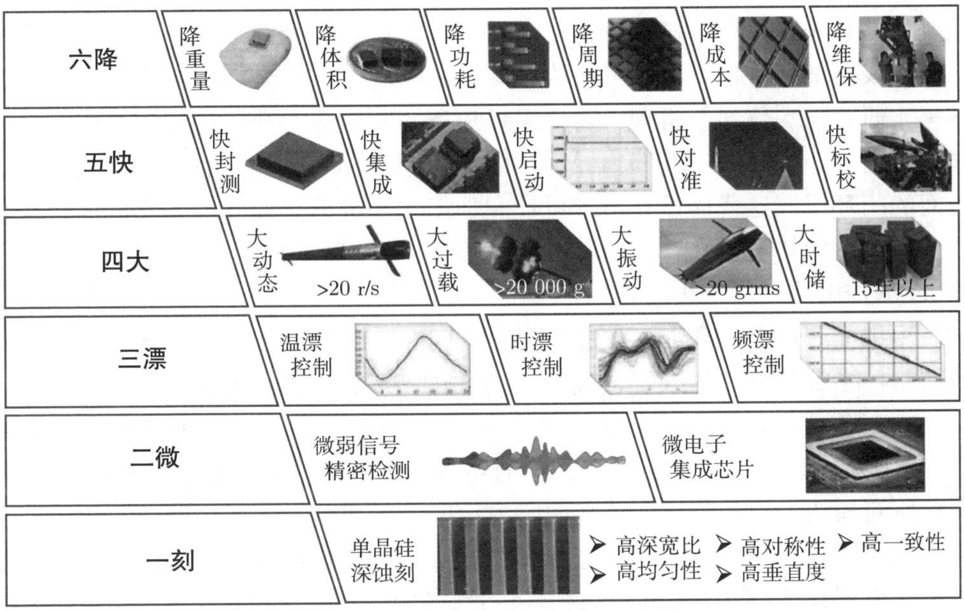

图 5–3–9 MEMS 陀螺仪技术要求 (见彩色插页)

2. 亟须攻关的核心技术

(1) MEMS 陀螺仪谐振结构优化设计软件平台

谐振结构是 MEMS 陀螺仪的核心部件，直接决定其性能上限。高精度、大过载、大动态等性能指标对谐振结构参数的要求相互制约，同时，加工工艺、测控电路等也与陀螺仪的性能密切相关。要实现最优的设计，必须全面考虑各指标要求以及加工误差、测控电路等因素的综合影响，结构的综合优化设计面临极大的挑战。深入研究性能影响机理，并建立起“结构多参数、多目标自主优化”“敏感结构对制造误差的容差能力评估”“结构–电路一体化联合仿真”三大核心功能为一体的结构优化设计软件平台，使其具备结构参数自主优化、容差能力判断和综合性能评估等功能，是系列化高性能 MEMS 陀螺仪高效率综合优化设计的关键。

(2) 自主可控加工工艺

加工技术是 MEMS 传感器的核心技术，也是我国与国外差距最大的技术领域，材料、工艺和设备严重受制于国外，是高性能 MEMS 陀螺仪完全自主可控面临的严重威胁。硅基材料及其加工设备的研发国家早有布局，当前要重点突破的是超高深宽比的深反应离子蚀刻技术、低寄生阻容的玻璃金属通孔工艺基底制造技术、优于 0.1 Pa 的高真空度圆片级封装技术。此外，采用高品质的熔融石英材料是未来高精度 MEMS 陀螺仪的重要发展方向，但熔融石英材料的高深宽比结构加工、精密机械修调、低损耗金属化等关键技术和加工设备在国内外均未成熟，加快布局相关技术和设备研发是我国实现弯道超车和自主可控的重要契机。

(3) 误差在线辨识与补偿

加工误差、测控误差、环境误差是造成 MEMS 陀螺仪温漂、时漂、频漂的主要因素，制约了陀螺仪的长期稳定性，需要通过辨识和补偿进行有效的抑制。但由于各误差相互影响，其耦合机理较为复杂，且在数量庞大的制导弹药应用中无法进行逐一的离线测试和补偿，难以满足快对准、快标校、大时储、降维保的要求。因此，必须深入研究陀螺仪误差机理，建立误差模型，开展多参数多过程误差综合辨识技术和平台研究，实现 MEMS 陀螺仪的数字孪生模型，并建立起误差信息与设计、制造之间的闭环反馈迭代体系，指导设计和加工水平提升。此外，需要重点开展误差在线辨识和补偿技术研究，实现上电快速自检测和自标定。

(4) 测控电路 ASIC 化

专用集成芯片是实现 MEMS 陀螺仪小体积、低成本、批量化的核心，MEMS 陀螺仪的测控系统包含频率锁定、幅值控制、正交抑制、力平衡控制、静电修调、误差补偿等多个环路以及稳压电源、信号转换、数模转换、数字处理、控制器、温度补偿等多个功能模块，极为复杂，且单个环路和模块的技术要求已经面临很大挑战，要实现所有模块的单片集成，还将面临模块间信号串扰、功耗控制、散热等系列问题。因此，需要开展低温漂稳压电源设计、低噪声前端信号转换模块设计、高信噪比数模转换器设计、高稳定数字锁相环设计、ASIC 一体化设计仿真、模块间串扰抑制、功耗控制等诸多技术研究。

(5) 系统集成与快速标测

MEMS 陀螺仪由器件到系统的集成是走向应用的关键。其中管壳、基座、电路等不同材质的热膨胀系数不匹配，热应力、热形变等问题将造成陀螺仪性能严重损失；制造全流程中各环节的快速标定测试是缩短加工周期、降低产品成本、实现批量化加工面临的重要挑战；需要开展三维异质异构集成技术、一体化封装技术研究，重点突破多谐振器振动耦合抑制技术，实现多轴传感器的高度集成。此外，需要建立起表头 $\rightarrow$ ASIC $\rightarrow$ 器件 $\rightarrow$ 系统的全流程快速测试和标定平台，并针对不同场景形成专用测试规范和标准体系。

5.4 真空管器件

真空管最早可以追溯到 1904 年，英国工程师弗莱明利用热电子发射效应，发明了热电子真空二极管。1906 年，美国的福里斯特 (Lee De Forest) 发明了真空三极管。真空三极管在无线电技术中承担着信号放大和调控的关键角色，能够生成高频振荡信号。这一特性使其取代了传统的电火花发生器和高频交流发电机，成为无线电领域中最基础且至关重要的电真空元件，推动了无线电技术从长波向短波的演进。

福雷斯特设计的三极管是全球首个电子信号放大器，它开启了信号放大与调制技术的新篇章。作为 20 世纪最具影响力的发明之一，这一创新在电子学的发展历程中具有里程碑意义，大大推动了电子技术的进步。

三极管发明之后，很快就被应用到无线通信中，并极大程度地提高了接收机的灵敏度。1913 年—1920 年，无线电技术和电子管技术相结合成为无线电电子学。在微波通信与加热应用中，常见的真空电子器件有行波管、速调管、正交场器件以及回旋器件等多种类型。

5.4.1 行波管

行波管是一种实现能量放大的微波电子管，利用连续调制电子束在慢波系统中能量交换的原理，实现信号的放大。行波管由于其频带宽、增益高、功率大的优点，广泛应用于以下国防军工和民品工程中：

① 电子干扰设备。现代战争中的电子干扰几乎离不开宽带大功率行波管。在海湾战争中，美国使用由宽带大功率行波管制作的干扰源，连续输出超过 200 W 的干扰功率，掌握了战场的主导权从而迅速取得胜利，行波管在这场电子战中发挥了不可磨灭的作用。

② 雷达系统。在现代各种雷达系统中，大功率行波管作为重要组成部分具有举足轻重的地位。在地面、车载、机载以及舰载雷达系统中，作为优势发射源的行波管无论是在前级推动还是末级功放位置，都被广泛使用。

③ 弹载行波管。在地空、空空导弹领域，行波管发挥着越来越重要的作用。因为随着行波管技术的发展，其不仅具有功率优势，而且体积、使用寿命、存储周期和可靠性等都有大幅度改进。

④ 卫星通信领域。空间行波管正处于迅速发展的阶段。为了提升卫星间的通信性能，这些行波管必须满足一系列严格的要求，包括小信号增益波动较低、调幅与调相转换效率高以及交叉调制抑制等。

1. 行波管的基本结构

行波管主要由五部分构成：电子枪、磁聚焦系统、慢波结构、输入输出装置和收集极，如图 5-4-1 所示。其中，电子枪的作用是形成符合设计要求的电子秤，包括用于发射电子的阴极，用于压缩电子束的控制极，通过电压差对阴极电子进行吸引的阳极。控制极把阴极发射出来的电子束约束成一定形状后，使其能够完整地进入慢波系统中与高频电磁场进行能量交换，实现信号放大。

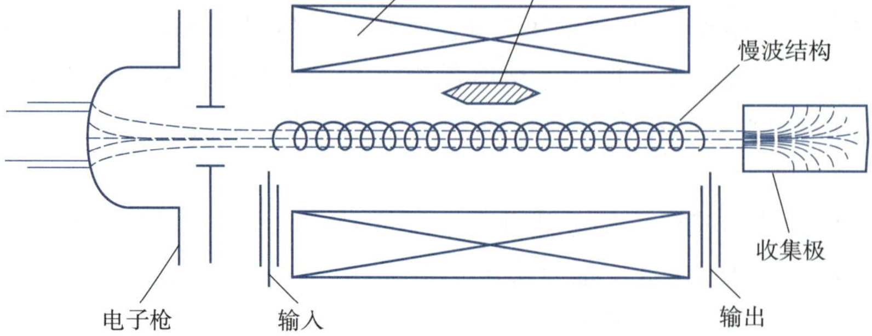

图 5-4-1 行波管结构示意图

磁聚焦系统提供稳定的磁场以及洛伦兹力，用于抵消慢波系统内电子束内部产生的相互排斥力，使其不会被截获而能够顺畅地穿过。在行波管中比较常用的磁聚焦方法有周期永磁聚焦和均匀磁场聚焦等。磁场越强，聚焦效果越好，电子束越不容易打到慢波线。

慢波结构是行波管中电子束与电磁场相互作用发生的主要场所，是实现信号放大过程中最为关键的一部分。电磁波在真空中以光速前进，慢波结构可以大大降低轴向上电磁波的传播相速。当电子束的运动速度与电磁场相速保持"同步"(略低于)时，就可以进行相互作用，即产生速度调制。这个过程在真空环境中进行。所以，基于类似原理进行工作的器件被称为真空电子器件。通常设计慢波系统时需要考虑的是频带宽度以及输出的功率、增益和稳定性等。行波管的取名通常能够体现出其具体的慢波结构，例如角对数微带线行波管、三槽线行波管等。

收集极是一种有效的能量转换器，由于电子束在互作用完成后，不可能完全交出所有的能量，收集极可以对这部分剩余电子能量进行有效的捕捉，并将经过互作用后的电子所剩下的能量转换为电能，其中极少部分通过转换为热量的形式进行消耗。因此可以说，收集极有效地利用了电子剩余的能量，进一步提高了器件整体的能量效率。

行波管的结构精细复杂，相比半导体器件而言具有两个比较显著的优点：① 它可以在真空环境中工作，这表明带电微粒不会与半导体晶格进行撞击，从而减少热能的形成；② 行波管可以使用降压收集极来回收电子，提升器件效率。在一支行波管的设计过程中，慢波结构、电子枪、磁聚焦系统等每一部分的表现都会对整支管子的性能产生很大的影响。在高频段，这种影响尤为明显。同时，随着工作频率的不断提升，因为存在尺寸共渡效应，行波管的尺寸会变得越来越小。

2. 行波管的基本原理

未输入高频信号时，电子束从电子枪发射出来后，在聚焦磁场的聚束作用 (与空间电荷力相互抵消) 下，通过慢波线到达最后的收集极。输入信号后，行波管若要有效地放大电磁波信号，电子束的平均速度就必须略大于这些信号在传输线中的相速，这一工作条件又称同步条件。当电磁波信号满足同步条件时，电子束会和各种场进行能量交换，主要包括空间电荷场、输入的高频行波场以及慢波结构的激励场。这些场通过对电子束的密度和速度进行调制，形成周期性的加速区和减速区。当相速小于电子束的速度时，在负半周加速的电子的速度由于获得能量而增大，正半周减速电子则会失去能量从而速度减小，因此负半周进入正半周的电子要比进入负半周的电子速度快。最终，待在正半周的电子数量比在负半周的电子数量要多，这种现象称为群聚，并且群聚中心 (即电荷密度最大处) 处于正半周。显然，当群聚中心位于减速相位 (正半周) 时，大多数的电子被减速，损失能量。与此同时，行波电磁场获得能量，并放大。直到电子失去的能量等于电子从信号那里获得的能量，即群聚中心偏移到加速区与减速区之间时，电子束不再与波交换能量，行波管达到饱和状态。

5.4.2 速调管

速调管作为一种复杂的电子真空器件，通过将电子束能量向微波能量的转换，完成微波功率放大的目标。速调管是约翰・皮尔斯 (John Pierce) 于 1937 年在斯坦福大学发明的一种电真空器件，它在通信、雷达和大科学装置等领域被广泛应用。速调管中快慢速电子追赶的情况与海上波浪追逐的现象十分相似，因此速调管命名源于希腊词汇 “Klystron”。微波电子管在 20 世纪 50 年代到 60 年代末获得高速发展，世界多个国家在这个时期投入了大量资源，速调管在这段时间也迎来了黄金时期。二战后，军用雷达和导弹技术有了重大的突破，微波技术的应用领域也随之迅速拓展。在此背景下，速调管在理论探讨和实验验证方面取得了显著的进展。

随着时代发展，为了满足各种应用需求和不同性能整机的要求，新型速调管发展迅速，在各种性能指标上均有较为突出的提升。到了 20 世纪 40 年代初期，多注速调管的概念被法国科学家伯尼尔和苏联科学家科瓦连科提出。20 世纪 60 年代初，美国通用电气公司的科研工作者将波导型行波传输系统用作高频相互作用电路，开展了多注速调管的研究工作，通过并联电子束的方法提高了输出功率，并改善了频率特性。20 世纪 90 年代，中国科学院电子学所的研究队伍最先在国内启动了多注速调管的研发，开发出了 S 波段多注速调管，为中国在多注速调管研制方面作出巨大贡献，使我国在该技术领域的水平达到国际前列。

速调管的主要工作原理是将电子束的直流能量利用微波振荡和电子束之间的相互作用转变为高频微波能量，从而在微波回路中产生放大或稳定的微波信号。该器件采用电子束与电场的耦合方式来实现放大、振荡和频率调制等功能。速调管在发送设备中起到关键作用，因此也被称为发送设备整机的 “心脏”。速调管是一种线性注器件，具有以下特点：① 电子束以线性路径穿过高频电路，最终到达收集极；② 电子束的运动方向与加速电场、聚焦电子束的磁场和高频电场的方向一致；③ 电源的能量首先转化为电子束的动能，最后转化为微波电磁场的能量。

速调管的基本结构如图 5–4–2 所示。

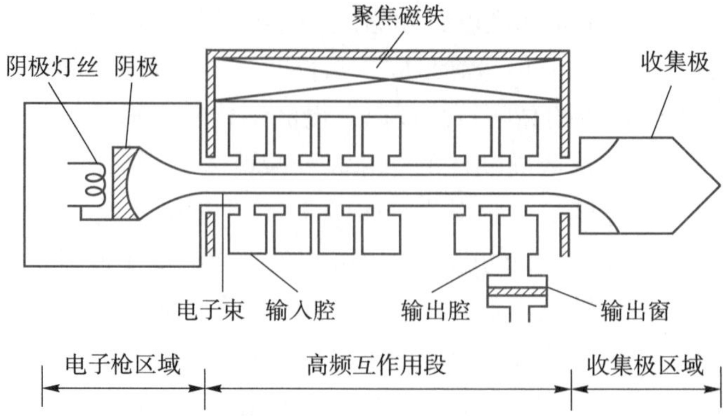

图 5-4-2 速调管的基本结构

速调管的核心组件包括电子枪、高频互作用段、聚焦磁铁及收集极等。整个设备工作时，内部维持在高真空环境中。电子枪在这一过程中生成一定功率的电子束。电子束在高频互作用段中经历了两个调制阶段，分别是速度调制和密度调制。速度调制发生在输入腔的微波场内，而密度调制则伴随电子束的漂移而产生。在速调管的输出腔中，部分电子束的功率被转化为微波功率，这些微波信号随后通过速调管输出端传输到下游的微波系统。同时，电子束通过进入带有冷却系统的收集极，在那里将剩余能量转化为热能。电子枪由热阴极、阴极灯丝、聚焦电极及高压绝缘陶瓷等组件构成。热阴极负责电子的发射，电子在电场的作用下被加速并聚焦，从而形成具有特定导流系数和功率的电子束。输出腔与输出波导相互耦合，使腔内的微波功率被馈送出去。

速调管根据电子束特性、谐振腔结构和管子功能可分为多种类型。根据电子束运动的轨迹，可分为直射和反射速调管。根据电子束的数量，可分为单注和多注速调管。谐振腔数量和结构也是一种划分方式，包括了单腔、多腔、组合分布扩展互作用腔等不同的速调管。速调管的分类依据其内部结构特点，可分为内腔式、外腔式以及其他具有特殊结构的复合型管。根据其功能，可分为放大型、振荡型和倍频型速调管。聚焦方式的不同也使速调管具有多种类型，通常根据聚焦方法，将其分为永磁聚焦、电磁聚焦、周期反转聚焦和空间电荷聚焦四种类型。此外，当前还有一些新型速调管出现，如回旋速调管等。

速调管根据电子束数量可分为单注型和多注型两类。单注型速调管是最常见的，其结构简洁且应用广泛。相比之下，多注型速调管需多个阴极同时发射电子束，因而其结构更为复杂，但在效率方面展现出更大的潜力，其结构如图 5-4-3 所示。与单注速调管相比，多注速调管的特点在于多个电子束在谐振腔内同时发生高频互作用。这些电子束的运动过程严格同步，且具有相同的能量和流强。多注速调管的谐振腔类型及其工作模式主要由工作频段以及微波信号的连续或脉冲状态决定。此外，电子束的数量和阴极的排列方式受到谐振腔尺寸及工作模式的影响，这进一步影响了磁聚磁场和高频互作用段的设计。

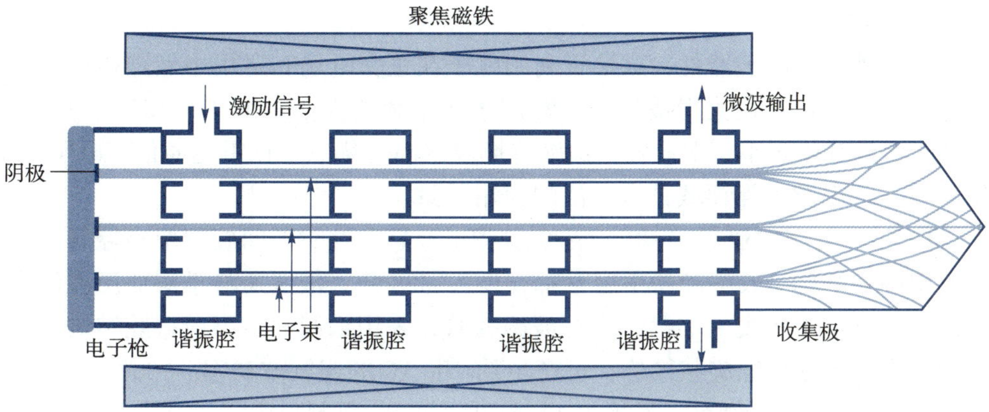

图 5-4-3 多注速调管的结构示意图

速调管是发射机、雷达和扫描仪等设备重要的组成部分，在军事领域有着广泛的应用，其主要功能包括频率转换、谐振器元件增益和高电压稳定。此外，速调管还广泛应用于电子对抗、高超音速武器的轨迹测量和制导等领域。例如，高功率速调管被广泛使用在微波定向能武器中。

5.4.3 正交场器件

前面介绍的行波管、速调管是一类线性注微波管 (或称 “O” 型器件)，其外形通常被设计成直线形，所加磁场方向与电子运动方向是平行的，电子流将其动能转换成高频能量。而正交场器件 (或称 “M” 型器件) 的外形通常被设计成圆形，所加直流电、磁场方向与电子流运动方向是相互垂直的，电子流将位能转换成高频能量。典型情况下位能约为用于与波同步的动能的 10 倍，因此这类微波管的效率很高，最高可达 80%以上。正交场器件的分类如图 5-4-4 所示，包括磁控管和正交场放大管等，广泛应用于雷达发射机、电子对抗、线性加速器和微波加热等多个领域，作为主要的微波功率源。

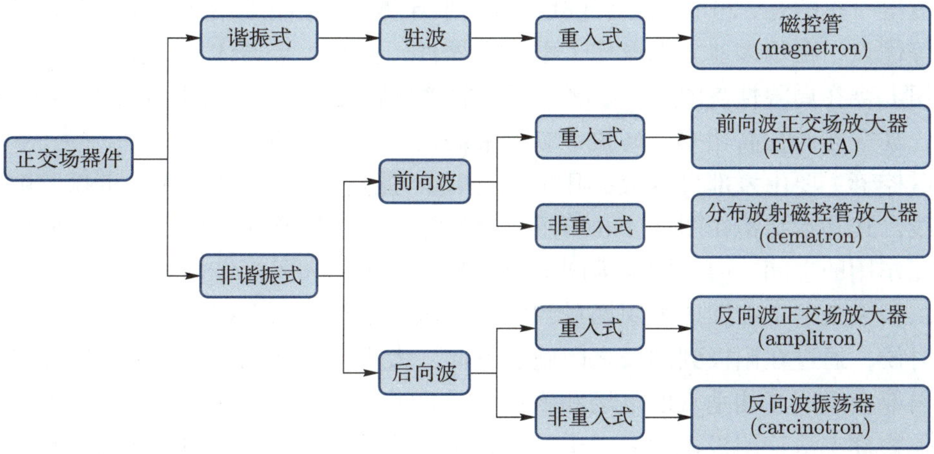

图 5-4-4

1. 磁控管

作为一种真空电子器件，磁控管利用电子在正交电场和磁场中做漂移运动的原理，将电子束能量转换为微波能量，常用于产生和放大 1~100 GHz 频段的高频信号。磁控管具有体积小、重量轻、功率转换效率高等优点，在雷达通信、电子对抗、气象监测、医疗设备等领域具有广泛的应用前景。

1913 年，美国的亚瑟·赫尔 (Arthur Hull) 等人发明了回旋频率磁控管，由于没有使用高频结构，效率和功率容量都很低。1938 年，俄罗斯科学家亚历克洛夫和马列阿洛夫制造了历史上的第一个行波磁控管，采用铜制孔隙型谐振腔结构作为阳极系统，阴极采用钨螺旋状结构，可产生约 100 W 的连续波功率。1936 年，哈里·布特 (Harry Boot) 和约翰·兰德尔 (John Randall) 研制出由 6 个谐振腔组成阳极结构的磁控管并投入工作，如图 5–4–5 所示。20 世纪 40 年代，随着世界上第一个输出功率为 10 kW 量级的多腔磁控管被发明，磁控管被迅速地应用于工程中。在第二次世界大战期间，以磁控管为微波源的雷达给战争带来了巨大的影响，有人评价其影响甚至超过了核武器。随着磁控管技术的不断发展和完善，磁控管已成为微波源领域中最为成熟的技术之一。

图 5–4–5 布特和兰德尔研发的多腔磁控管原件内的微波谐振腔

值得一提的是，20 世纪 60 年代以来，半导体器件由于频率特性好、体积小、功耗小等优点，在很多地方都取代了电真空器件。但是，半导体器件在高频率、高功率应用上存在局限性，并且其相比于真空器件更容易失真，稳定性也不如真空器件。因此，真空器件在高功率、高频率应用中仍是不可替代的。

磁控管主要由六部分构成：阳极块、阴极、能量输出器、谐振腔、谐振腔隙和热子引线，其基本结构如图 5–4–6 所示。磁控管的互作用空间是电子与场在阴阳极之间相互作用的空间，内部阴极为圆周形，其金属表面和阳极谐振腔表面同圆心共轴安放，阳极是一个在圆周上周期排列的谐振腔系统，称为谐振腔链。磁控管开始振荡的时候，通过在阳极到阴极之间施加方向、大小恒定的工作电源电压和磁场，磁控管内部会形成互相垂直的电场和磁场，因此磁控管被称为“正交器件”。通过加热或其他物理方法让阴极表面激发出具有初始动能的电子，受到阴阳极之间正向电场吸引的电子获得加速度并通过谐振腔隙进入由谐振腔构成的互作用空间，之后的某个时间段电子受到反向电场的减速作用形成激励振荡，释放出自己的动能，同时电子在阴极积累形成正反馈，使谐振腔中的高频场得到增强。由于阳极是慢波周期结构，激励振荡和正反馈很容易出现，一个小信号噪声从出现到振荡只需要数十纳秒。最后，在谐振腔链中由电子运动形成的电磁场能量需要通过波导型或同轴型能量输出器耦合引出。

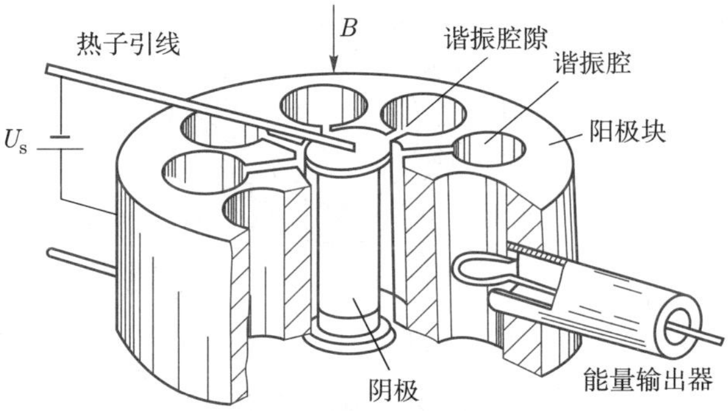

图 5–4–6 现代磁控管基本结构

在谐振的工作状态下，作用在互作用空间的外加固定磁场，阴阳极之间的直流电场，以及带电运动粒子本身运动形成的电场都会影响带电粒子的运动，反过来这些带电粒子的运动又会直接影响到高频场的变化，因此谐振腔内的电子和场的相互作用是一个螺旋上升最后达到平衡的复杂过程。

带电粒子动能的增加与减少是一个复杂的过程，为了让磁控管效率最大化，阴极发射出的带有初始动能的电子在受到反向电场作用的时候要尽可能地做减速运动，而不是打回阴极。为了求解电子与场的关系，可以从单个电子在平板系统中的运动来分析。

在真实的同轴圆柱系统中，空间中某点的电场大小和方向随位置的不同而发生改变，此时场中电子的运动方式被称为外摆线运动。电子在外加电压下做外摆线移动，当在某个磁场大小下恰好能在阳极部分擦边经过时，对应的电压为门槛电压，此时理论上阳极没有电流。根据牛顿运动定理，求解的临界磁场大小为

$$B_{\mathrm{c}} = \sqrt{\frac{8mV_{\mathrm{a}}}{\mathrm{e}}} \Big/ \left[r_{\mathrm{a}} \left(1 - \frac{r_{\mathrm{k}}^2}{r_{\mathrm{a}}^2} \right) \right] \tag{5-4-1}$$

其中，V_{a} 是外加在阴阳两极的电源电压，r_{a} 是阳极半径，r_{k} 是阴极半径。保持磁场的大小不变，增加阴阳两极之间的电压直至阳极出现电流，此时的电压为门槛电压，磁控管无法在外加电压低于门槛电压时正常工作。门槛电压的表达式为

$$V_{\mathrm{th}} = \frac{\omega_{\mathrm{n}} \left(r_{\mathrm{a}}^2 - r_{\mathrm{k}}^2 \right) B}{2n} - \frac{m r_{\mathrm{a}}^2 \omega_{\mathrm{n}}^2}{2ne} \tag{5-4-2}$$

式 (5–4–2) 被称为 B–V 曲线方程，表达了门槛电压和磁场大小之间的关系，磁控管的工作区间被这两个值所限定。由于磁控管的谐振腔系统是周期性分布的，所以可以认为磁控管互作用空间内是一个驻波传递。

2. 正交场放大管

20 世纪 50 年代，研究人员在磁控管上增加了一个输出端，发展出新的种类——正交场放大管，其结构如图 5–4–7 所示。20 世纪 60 年代后，磁控管又发展出同轴磁控管、捷变磁控管等扩展品种。

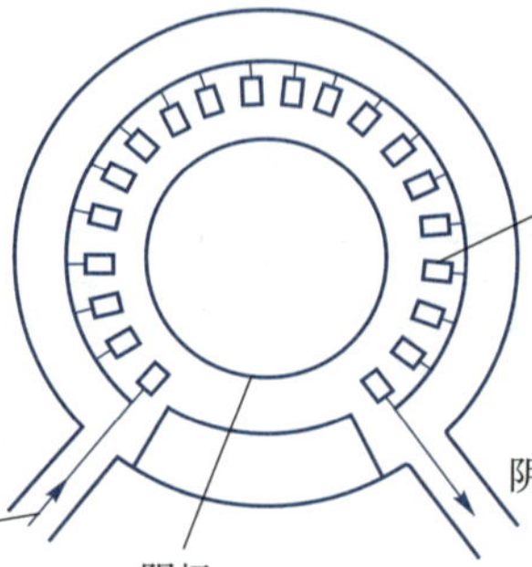

图 5–4–7 正交场放大管的结构

正交场放大管具有相位稳定度高、频带宽、效率高、放大均匀等特点，同时其结构紧凑、体积小、质量轻、工作电压低、附加电源简单、费用低廉，这些良好的特性吸引着雷达和其他系统的设计师。表 5–4–1 列出了在相同功率下正交场放大管与行波管 (速调管) 主要性能的比较。

表 5–4–1 1MW 正交场放大管与行波管 (速调管) 主要性能比较

性能	正交场放大管	行波管 (速调管)
带宽/%	10~15	1~8
增益/dB	10~20	30~70
效率/%	30~45	30
杂波/$\mathrm{dB \cdot MHz^{-1}}$	−30 ~ −60	−90
相位灵敏度	1%$\Delta E/E$ 为 0.5~3°	1%$\Delta E/E$ 为 5~40°
体积	小	大
质量	轻	重
造价	低	高

近年来，多注技术大大降低了速调管的工作电压，使其工作电压和正交场放大管基本相同。但多注速调管的结构复杂，制造成本更高，正交场放大管相比多注速调管仍具有综合性价比的优势。

直到目前为止，还未能找到在综合性能及成本、可靠性等方面能与之匹敌的微波固态器件。尽管它在增益、信噪比等方面还未能赶上线性注微波管，但在效率、工作电压以及单位体积或重量所产生的微波功率方面，却是线性注微波管所不及的。

正交场微波管已被广泛应用到军事和民用的各个领域，其中的特种脉冲磁控管和毫米波同轴磁控管主要用于雷达、导航、制导和电子对抗技术等领域；普通磁控管主要用于工业加热、医疗、食品工业和家用微波炉等领域。而正交场放大管则用于全相参雷达放大链的末级功率放大，主要应用在地面、舰载、机载等场合的高性能雷达系统，如监视和警戒雷达、防空雷达、舰载雷达、地空导弹系统相控阵雷达等。

美国海军舰载“宙斯盾”综合防空指挥系统中的 AN/SPY-1 四面体多功能相控阵雷达就是应用前向波放大管的最典型的雷达系统。雷达的每个天线阵面使用 8 只前向波放大管合成功率输出，这 8 只放大管又由 1 只前向波放大管推动，雷达合计使用 36 只相同的前向波放大管同时工作。前向波放大管使雷达获得了强大的功率，AN/SPY-1 雷达至今仍是美国最先进、功能最强大的舰载相控阵雷达。

正交场微波管的研制工作已经经历了半个多世纪。这类器件在不断创新中显示出强大的生命力。创新包括两个方面：一是找到新的应用领域，如把正交场微波管作为微波源，广泛用于食品工业、木材烘干、橡胶硫化、石油脱脂和微波热疗等方面。由于开拓了新的应用领域，正交场微波管的总销售量还在逐年递增。二是不断有新的技术突破，如为了克服正交场放大管增益低的缺点，成功研制了阴极激励放大管，它是将高频激励功率从阴极输入 (阴极也做成慢波线)，以便在阴极表面建立起高频场，较少的输入功率就可以使阴极启动，从而大大提高管子增益。

5.4.4 回旋器件

回旋器件是一类以相对论质量效应为基础的新型电子回旋脉塞器件，其利用电子在磁场中回旋运动来产生和放大高频电磁波，通常用于在毫米波和太赫兹频段产生高功率的电磁辐射。回旋器件具有高功率输出、高频工作、功率转换效率高等优点，在等离子体加热、粒子加速器、材料加工和雷达系统等领域发挥着至关重要的作用。

在 20 世纪 50 年代到 60 年代，英国天文学家理查德・特威斯 (Richard Twiss)、苏联物理学家安德烈・加蓬诺夫 (Andrey Gaponov)、德国科学家约尔根・施奈德 (Jürgen Schneider) 各自独立地提出了电子回旋脉塞这一概念。几年后，美国物理学家杰・赫什菲尔德 (Jay Hirshfield)、苏联物理学家加蓬诺夫各自对电子回旋脉塞进行了初步的验证。1972 年，苏联科学家研制出首个工作频率为 30 GHz 的回旋振荡管，标志着回旋器件实用化进程的开始。经过几十年的发展，回旋器件在通信、雷达、电子对抗等领域得到广泛应用，推动了高频、高功率电子器件的发展，具有非常广阔的应用前景。

回旋器件是基于电子回旋脉塞现象实现的，其工作机理是，电子在磁场中进行回旋运动时，若其回旋频率与电磁波满足同步条件，则会由于相对论质量效应在运动的角向发生群聚，进而发生持续的电子束–电磁波交互作用，使得群聚块与电磁波间产生能量交换，将电子的动能转换为电磁波能量，进而实现电磁波信号的产生或放大。该同步条件为

$$\frac{\mathrm{d}}{\mathrm{d}t}\left(wt - k_{\mathrm{z}}z - s\phi\right) = w - k_{\mathrm{z}}v_{\mathrm{z}} - s\Omega_{\mathrm{e}} \approx 0 \tag{5–4–3}$$

其中，w 和 k_{z} 分别为电磁波的角频率和波数，v_{z} 是电子轴向速度，Ω_{e} 为电子回旋运动频率，满足 $\Omega_{\mathrm{e}} = eB_0/\gamma m_0$，$s$ 为谐波次数，e 为电子电荷量的绝对值，B_0 为磁

场大小，m_0 为电子质量，γ 为相对论质量因子，满足

$$\gamma = 1/\sqrt{1-(v_0/c)^2} \tag{5-4-4}$$

其中，$\boldsymbol{v}_0$ 为电子速度，c 为光速。

电子束进入到高频结构 (互作用区) 中后，对于具有不同相位的电子，所受的磁场力不同。加速的电子相对论质量因子 γ 变大，回旋频率 Ω_e 减小；相应地，减速的电子回旋频率则增大。最终，在和电磁场的相互作用中，回旋电子纵向能量基本不变，而横向能量则转移到电磁场中，形成角向群聚。这一过程有效地将电子束的动能转换为电磁波能量，实现高频、高功率电磁波的产生和放大。

回旋器件主要包括回旋振荡管、回旋速调管、回旋行波管等，每种回旋器件的工作原理和特点有所不同。

(1) 回旋振荡管

如图 5–4–8 所示，回旋振荡管主要包括电子枪、谐振腔、输出结构等器件。电子束经由电子枪发出，在阳极和阴极之间加速，并进入强磁场区域。电子在该区域中进行螺旋运动，其回旋频率由磁场强度和电子的速度决定。接着，电子束通过谐振腔，与谐振腔中的电磁波产生电子回旋脉塞。此时，电子的动能通过共振转移到电磁波中，进而产生高频振荡信号。最后，高频电磁波通过输出结构被引出，形成高功率的微波或毫米波信号。

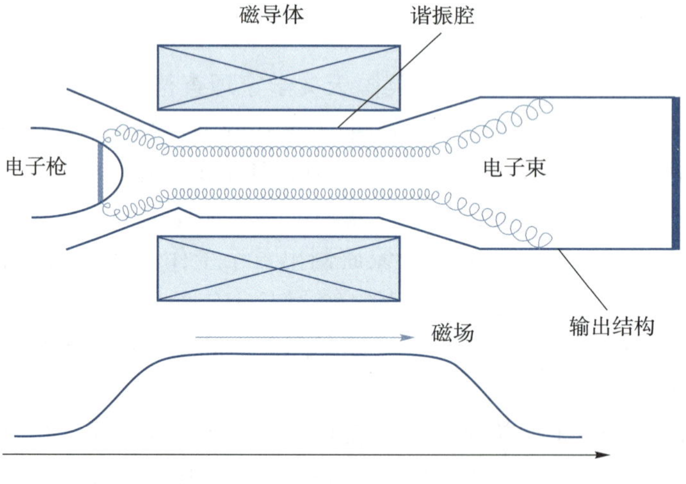

图 5–4–8 回旋振荡管结构图

回旋振荡管可以产生极高功率的电磁波，适用于需要大功率微波源的应用。其能够在毫米波和太赫兹波频段工作，适合高频应用，且具有良好的频率稳定性和相对较宽的频带。综上所述，回旋振荡管具有高功率输出、高频工作、稳定性良好等特点，能够产生稳定的高频振荡信号，通常应用于等离子体加热、粒子加速器等领域。

(2) 回旋速调管

回旋速调管是一种放大管，其结构与普通速调管类似，但本质有所不同。回旋

速调管主要由电子枪、调制区、漂移区、放大区和输出结构组成。电子束经由电子枪发出，在阴阳两极间加速，并进入强磁场区域。电子束在第一个谐振腔中被速度调制，形成电子群团。随后，电子群团进入漂移区，进一步被聚集起来。聚集后的电子群团进入第二个谐振腔，与电磁波产生电子回旋脉塞，进一步放大信号。最后，放大的高频电磁波通过输出结构被引出，形成高增益信号。

回旋速调管结合了电子回旋脉塞与速调管技术，能够实现高增益的信号放大，适用于需要高增益放大的应用。其实现了电子动能到电磁波能量的高效转换，且能够在较宽的频段范围内工作。综上所述，回旋速调管具有高增益、高效率、使用频段广等优点，非常适用于雷达和通信系统。

(3) 回旋行波管

回旋行波管主要由电子枪、慢波结构和输出结构组成。电子束由电子枪发出，在阴阳两极间加速，并进入强磁场区域，与慢波结构中的电磁波产生电子回旋脉塞。慢波结构能够延长电子与电磁波的相互作用时间，提高了能量转换效率。最后，放大的高频电磁波通过输出结构被引出，形成宽带信号。

回旋行波管结合了电子回旋脉塞与行波管技术，实现宽带信号的放大，具有宽频带、高增益、高效率等优势，广泛应用于电子战和通信系统。

每种回旋器件的工作原理和特点各有不同，适用于不同的应用场景和需求。通过合理选择和应用这些回旋器件，可以在高频、高功率和宽频带的电子设备中实现优异的性能。下面介绍回旋器件的主要应用领域。

(1) 核聚变等离子体加热

在核聚变研究中，需要将等离子体加热到极高温度，以实现核聚变反应。而回旋振荡管是用于等离子体加热的关键器件，其能够产生高功率的毫米波和太赫兹波，将能量有效传输到等离子体中。例如，在托卡马克装置中，回旋振荡管用于核聚变反应堆的等离子体加热，典型的应用频率范围为 28～140 GHz，功率可达数百千瓦至数兆瓦。

(2) 粒子加速器

粒子加速器需要高频、高功率的电磁波源来加速带电粒子使其处于极高能量状态。而回旋器件 (如回旋速调管和回旋行波管) 能够产生所需的高功率微波信号。例如，在线性加速器中，回旋速调管和回旋行波管用于产生高频微波信号，驱动线性加速器中的加速腔，提高粒子的能量。在环形加速器中，回旋器件用于环形加速器中的电磁波源，提供粒子加速所需的高频信号。

(3) 通信系统

随着通信技术的发展，高频段 (毫米波和太赫兹波) 通信逐渐成为研究热点，而回旋器件能够满足高频通信的需求，在通信系统中扮演重要角色，提供高增益和高效率的信号放大。例如，回旋行波管用于卫星通信系统中的放大器，提供高功率、宽频带的微波信号，确保远距离、高速的数据传输。而回旋速调管用于地面微波通信系统，提供稳定的高频信号放大，提高信号传输质量。

(4) 雷达系统

雷达系统需要高功率、高频率的信号源来实现远距离、高分辨率的目标探测。因此，回旋器件 (如回旋振荡管和回旋速调管) 在雷达系统中应用广泛，以提供高性能的微波和毫米波信号。例如，回旋振荡管用于远程探测雷达，能够提供高功率的毫米波信号，实现远距离目标的高分辨率探测。回旋速调管用于成像雷达，能够提供稳定的高频信号，支持高分辨率成像和目标识别。

通过合理选择和应用回旋器件，可以在核聚变研究、粒子加速、通信、雷达等多个领域实现优异的性能和显著的应用效果。随着技术的不断发展，回旋器件在未来会有更广泛的应用前景。

5.5 电能源器件

在 21 世纪的今天，电能作为最清洁、最便捷的能源形式之一，已深深融入我们的日常生活和工业生产中。电能源器件作为电能转换、存储和分配的关键组件，其性能直接影响着电力系统的效率、稳定性和可靠性。

5.5.1 电能源器件概述

电能源器件是指通过物理或化学效应实现电能转换、存储、传输与调控功能的基础电子元件及集成装置，是现代电力系统的核心构成单元。它们种类繁多，功能各异，但共同的特点是都能在一定程度上控制或调节电能，以满足不同场景下的需求。其范畴从传统基础元件涵盖到前沿智能装置，典型代表包括变压器、功率半导体、储能电池、超级电容器、电力电子变换器等关键设备，共同构建起现代能源网络的 “细胞级” 基础设施。

电能源器件的发展历程与科技进步紧密相连，代表着人类驾驭电能的技术进化史。19 世纪，基础无源器件 (电阻、电容、电感) 的发明奠定了电路理论基石，开启了人类对电能源利用的初步探索。20 世纪，半导体技术的诞生成为电能源器件发展史上的一个重要里程碑。半导体器件的出现，彻底改变了电子设备的面貌，使电子产品得以向小型化、高效化方向发展。随后，集成电路技术的发展，更是将大量的半导体器件集成在一个微小的芯片上，进一步推动了电子技术的飞速发展，使得计算机、通信设备等电子产品的性能得到了质的飞跃。进入 21 世纪，随着技术的进步，以锂离子电池、超级电容器等为代表的新一代器件，在多项关键指标上实现了数量级的突破。在电能源器件的发展历程中，每一次新的电能源器件的诞生，都为电力技术的发展注入了一股强大的动力，推动着电力技术的革新和应用领域的拓展。

5.5.2 电能源器件的分类

电能源器件按照其功能和应用可以分为多个大类，主要包括转换器件、存储器件和分配器件。

1. 转换器件

电能源转换器件是实现电能形式变换与能量交互的核心组件，主要负责直流电与交流电的相互转换，或电能与其他形式的能源 (如光能、热能等) 的相互转换，为现代能源体系的灵活运转奠定了技术基础。其中，最常见的转换器件包括二极管、晶体管、逆变器等。

① 二极管：二极管是一种具有单向导电性的半导体器件，其核心特性是仅允许电流单向通过，即正向导通、反向截止。作为电力电子系统的基础器件，它通过控制电流方向实现电能形态的调控，典型应用包括整流 (将交流电转换为直流电)、信号波形整形、稳压等，是电子电路中最基本且不可或缺的元件之一。

② 晶体管：晶体管的核心功能是放大信号以及电子开关。它基于半导体材料的性质，可以将微弱的信号放大为较强信号，同时可以通过控制其导通和截止状态来控制电路的通断。晶体管具有结构简单、体积小、功耗低、响应速度快等优点，是放大电路和开关电源中的核心器件。

③ 逆变器：逆变器是一种能够将直流电转换为交流电的电能转换装置。它通过内部的电子电路，将直流电源的平稳电压转换为交流电源的周期性变化电压。逆变器被广泛应用于多个领域，例如：在太阳能光伏发电系统中，它将太阳能电池板产生的直流电转换为可供家庭和电网使用的交流电；在不间断电源 (uninterruptible power supply，UPS) 中，它将蓄电池的直流电转换为交流电以维持设备在停电时的正常运行。

2. 存储器件

存储器件是实现电能灵活存取的载体，用于暂时或长期存储电能，以在需要时释放，从而维持电力系统的稳定运行。存储器件广泛应用于电子设备、新能源系统及电网调峰等领域，为现代电力系统的可靠运行提供基础保障。常见的存储器件包括电容器和电池等。

① 电容器：电容器是基础的电能存储元件，如图 5–5–1(a) 所示。电容器由两个导电极板和中间的绝缘介质组成，并通过金属极板间的电场储能。其核心特性在于快速充放电以及使用寿命长，广泛应用于电子设备中，用于平滑电压波动、瞬态功率补偿和滤波电路等。

② 电池：电池是一种能够将化学能转换为电能的装置，如图 5–5–1(b) 所示。主要由正极、负极以及电解质等部分组成，是便携式电子设备、电动汽车和储能系统的核心部件。随着技术的发展，电池有多种类型，如干电池、铅蓄电池以及锂离子电池等，它们在能量密度、使用寿命和安全性等方面各有特点，被广泛应用于日常生活、工业生产以及电子设备等领域，是现代社会不可或缺的能源供应方式之一。

3. 分配器件

分配器件负责将电能安全、高效地输送到各个用电设备。分配器件能够根据各个负载的需求，分配电流和电压，确保每个设备能够获得适合其正常运行的电能。此外，分配器件还能起到保护作用，防止因过载和短路等情况对电路和设备造成损害。

这类器件主要包括变压器、开关、断路器等。

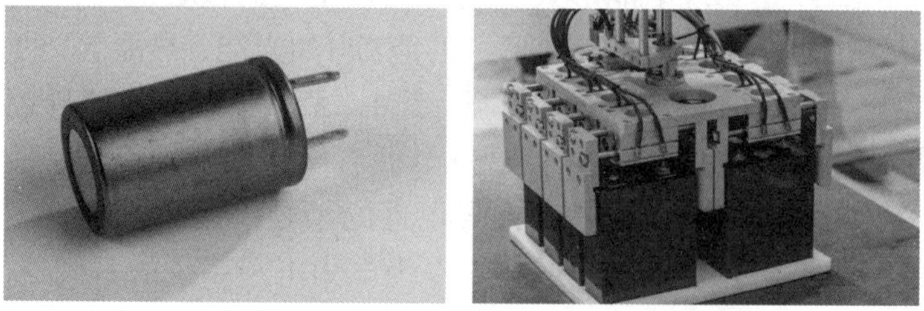

(a) 电容器　　(b) 电池

图 5–5–1 电容器及电池 (见彩色插页)

① 变压器：变压器是一种利用电磁感应原理来改变电压和电流的电气设备，如图 5–5–2(a) 所示。它由绕在同一铁心上的两个或多个线圈组成。根据线圈的匝数比，变压器可以升高或降低电压，同时改变电流的大小，但功率基本保持不变 (忽略损耗)。变压器广泛应用于电力系统中，用于输电、配电以及各种电子设备的电能源分配，是实现电能高效传输和分配中不可或缺的关键设备。

② 开关：开关是一种用于控制电路通断的元件，通过机械或电子方式实现电路的接通或切断，如图 5–5–2(b) 所示。当开关处于闭合状态时，电流可以顺利流过电路，设备得以正常工作；当开关断开时，电路中断，电流无法流通，设备停止工作。开关被广泛应用于日常生活、工业控制、电子设备等领域，用于保障电路的安全运行和灵活控制，是电力系统中最基本的控制元件。

③ 断路器：断路器是一种能够自动切断电路的电气设备，主要用于保护电路和电气设备免受过载和短路等故障的损害，如图 5–5–2(c) 所示。它通过内部的检测装置检测电路中的异常电流，当电流超过设定值时，断路器会迅速工作，切断电路，保护设备和人身安全。断路器被广泛应用于家庭、工业和商业电气系统中，是现代电力系统中至关重要的安全保护装置。

(a) 变压器　　(b) 开关　　(c) 断路器

图 5–5–2 变压器、开关及断路器 (见彩色插页)

5.5.3 典型电能源器件的工作原理

1. 二极管的工作原理

二极管的工作主要依赖于其核心结构，即由 P 型和 N 型半导体材料组成的 PN 结。当二极管的 P 区接电源正极、N 区接电源负极时，称为正向偏置。此时，P 区的空穴和 N 区的电子在电场作用下向对方移动，形成电流，二极管导通。相反，当 P 区接电源负极、N 区接电源正极时，称为反向偏置，PN 结内部的电场会阻止载流子的移动，电流几乎为零，二极管截止。这种单向导电性是二极管的核心特性，使其在整流、限幅、开关等电路中广泛应用。

2. 晶体管的工作原理

晶体管是一种三端半导体器件，由基极、集电极和发射极构成，具有放大和开关两种工作模式。工作在放大模式下时，可以通过控制基极电流来调控集电极和发射极之间的电流。当基极电流增大时，集电极电流也会随之增大，极小的基极电流变化会引起集电极电流大幅变化，从而实现电流的放大作用。工作在开关模式下时，晶体管具有截止 (关断) 和饱和 (导通) 两种状态，可以通过控制基极电流的开关状态来控制集电极和发射极之间的大电流通断。

3. 电池的工作原理

电池由正极、负极和电解质构成。其中，正极在放电时发生氧化反应，通常由锂金属氧化物 (如钴酸锂、镍钴锰氧化物等) 构成。负极放电时发生还原反应，通常由石墨或其他材料构成。电解质用于传导离子，可以是液体、凝胶或固体，常见的有锂盐溶液等。电池的工作原理基于其电极之间的氧化还原反应，通过电极之间的电子转移和离子迁移来存储和释放电能。当电池连接到负载时，电池开始放电。正极发生氧化反应，释放电子；负极发生还原反应，接收电子。电子通过外电路从负极流向正极，形成电流。同时，电解质中的离子在正负极之间迁移，维持电荷平衡。充电时，外部电源提供能量，使反应方向逆转，充电过程是放电过程的逆过程。如图 5–5–3 所示是锂电池的工作原理。

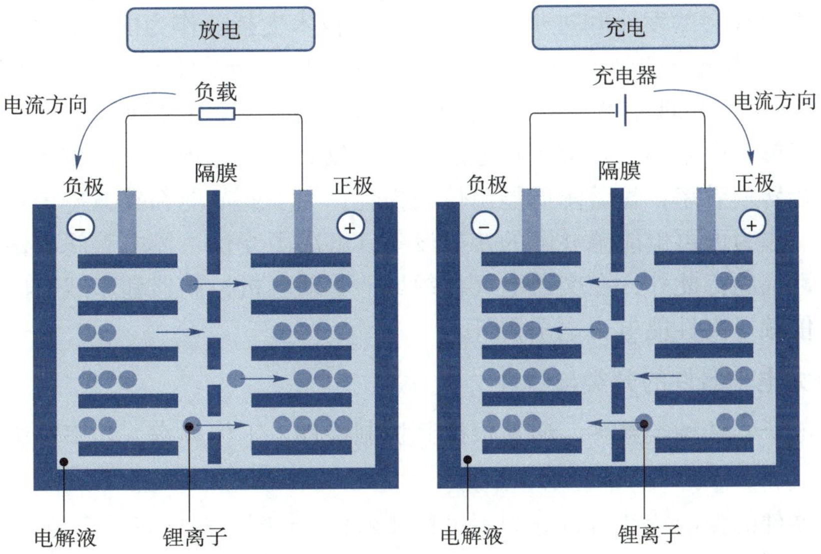

图 5–5–3　锂电池的工作原理

5.5.4 电力电子器件

电力电子器件，作为电能转换与控制的核心技术，推动着电力电子技术、新能源技术、智能电网等领域的快速发展。

1. 电力电子器件概述

电力电子器件是指能够承受较高电压和电流，用于电能转换与控制的半导体器件。作为现代电力电子技术的物质载体，其性能直接决定了能源转换系统的效率、功率密度和可靠性。它们与传统电子器件的区别在于，其核心功能并非处理微弱的电信号，而是处理大功率的电能转换，在交流/直流变换、电压升降、频率调节等关键环节发挥着不可替代的作用。

从技术发展脉络来看，电力电子器件的演进始终与半导体材料及制造工艺的突破同步。20 世纪 50 年代晶闸管 (silicon controlled rectifier，SCR) 的诞生开启了电力电子技术的序幕，这种具有可控导通特性的器件首次实现了对工业级电能的精确控制，但存在关断不可控等局限性。70 年代出现的门极关断晶闸管 (gate turn-off thyristor，GTO) 和双极型晶体管 (bipolar junction transistor，BJT) 使直流系统的功率控制成为可能。80 年代问世的金属–氧化物–半导体场效应晶体管 (MOSFET) 和绝缘栅双极型晶体管 (insulate-gate bipolar transistor，IGBT) 兼具电压控制和快速开关特性，大幅提升了开关频率和系统效率。随着行业需求的日益增长，硅器件由于其本身物理特性的限制，已经开始不适用于一些高压、高温、高效率及高功率密度的应用场合。近年来，以碳化硅 (SiC) 和氮化镓 (GaN) 为代表的宽禁带半导体器件，标志着电力电子技术的又一次飞跃，其耐高温、高频的特性正在推动电力电子系统向更高功率密度发展。

每一种新型器件的出现都标志着电力电子技术的又一次飞跃。这些器件的不断演进也为人类社会的发展和进步提供了有力的技术支持。作为能源转换领域的“电能路由器”，电力电子器件的技术演进深刻影响着现代能源体系的变革。在基础功能层面，它们实现了电能参数 (电压、电流、频率、相位等) 的精确调控，使不同形式的电力系统能够互联互通。在应用价值层面，其核心贡献体现在三个维度：首先，通过提升电能转换效率，显著降低能源传输损耗，为工业节能和碳减排等提供技术支撑；其次，作为可再生能源并网的接口设备，解决了光伏、风电等间歇性能源与电网的兼容性问题；此外，在交通电气化领域，驱动电机控制器和车载充电机等装置的核心均依赖于高性能电力电子器件。

2. 电力电子器件的分类与特性

电力电子器件种类繁多，通常根据其控制特性、工作频率、功率等级三个方面进行分类。

根据器件的控制特性可以分为不可控型器件、半控型器件以及全控型器件三类。

不可控型器件是指无法通过外部控制信号来改变其导通或截止状态的器件，典型的代表是二极管。二极管基于半导体 PN 结的单向导电性，当施加正向电压时导通，反向电压时截止。其导通和关断完全由主电路中的电压和电流决定，而不需要额外的驱动电路，无法主动控制其导通或关断。二极管在整流、续流电路中发挥着重要作用。

半控型器件的特点是可以通过外部控制信号触发导通，但无法通过控制信号使其关断。这类器件在正向电压作用下，一旦被触发导通后，将持续导通，直到电流自然降至零或反向电压出现。半控型器件的典型代表是晶闸管，它可以通过控制门极信号来导通，但需要外部条件 (如电压过零或施加反向电压) 来关断。晶闸管在大功率整流、调压等场合得到广泛应用。

全控型器件是一种能够通过外部控制信号精确控制其导通和关断的设备。相比不可控型器件和半控型器件，全控型器件不仅可以通过控制信号触发导通，还能通过控制信号使其在任意时刻关断，具有高度的灵活性和较高的控制精度。常见的全控型器件有 IGBT、功率 MOSFET 等。全控型器件在变频调速、逆变电源等领域发挥着重要作用。

根据器件的工作频率可以分为低频器件和高频器件两类。其中低频器件是指工作在较低频率下的电力电子器件。这类器件通常具备较强的电流承载能力、耐压性能，能够实现稳定的功率传输，适用于大功率、低频的电能转换场合。高频器件是指工作在较高频率下，用于高频信号处理和电能转换的电力电子器件，如 IGBT、功率 MOSFET 等。高频器件的开关速度快，同时可以减小电路的体积和重量，能够显著提高电力电子系统的功率密度和转换效率，被广泛应用于开关电源、逆变器等场合。

根据器件的功率等级可以分为小功率器件、中功率器件和大功率器件三类。小功率器件是指用于处理较小功率电能转换的器件，如集成电路中的小功率 MOSFET 等。小功率器件具有体积小、功耗低、散热要求低等特点，被广泛应用于消费电子、通信设备、小型家电等领域。中功率器件是指用于处理中等功率的电能转换器件，如中功率 MOSFET 等，适用于家庭电源开关等应用场景。大功率器件是指能够处理 kW 级甚至 MW 级的电能转换的器件，如电力传动系统中的 IGBT 模块等。大功率器件通常具备高输入阻抗、低导通损耗、快速开关等特点，能够实现高效的电能转换和控制，适用于承受高电压和大电流的应用场景。

3. 典型电力电子器件的工作原理

在现代电力电子系统中，电力电子器件作为能量转换与控制的物理载体，其技术演进始终围绕着导通特性、开关速度与耐压能力等性能的优化展开，它们的性能也直接影响着电力电子技术的应用与发展。

(1) 晶闸管 (SCR)

晶闸管是一种典型的四层三端的半控型半导体器件，由四层半导体 (P-N-P-N) 结构组成，形成三个 PN 结。晶闸管由阳极、阴极、门极三个电极构成，其中阳极为正向电压输入端，阴极为负向电压输入端，门极用于控制晶闸管的导通。

晶闸管的工作原理基于其内部的正反馈机制和 P-N-P-N 结构，其工作状态分为导通和截止两种。当门极施加正向电压时，会在 PN 结之间形成导通通道，并且通过正反馈机制迅速进入饱和导通状态。晶闸管一旦导通，就会维持导通状态，晶闸管的门极失去控制作用，即使门极电压消失，晶闸管仍然会保持导通，直到阳极电流减小到维持电流以下或阳极电压反向时才能关断。晶闸管的工作原理使它在大功率整流、调压等场合得到广泛应用。如图 5–5–4 所示为晶闸管内部结构和等效电路。

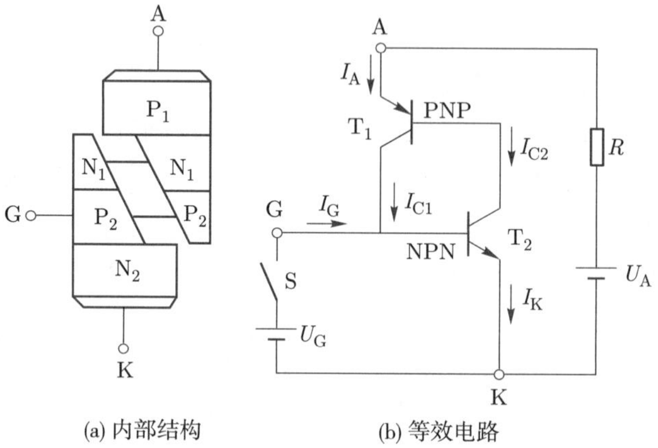

图 5–5–4 晶闸管内部结构和等效电路

(2) 绝缘栅双极型晶体管 (IGBT)

IGBT 是一种全控型器件，结合了 MOSFET 和 BJT 的优点。IGBT 的结构类似于 MOSFET，但在漏极和漂移区之间增加了一个 P^+ 层，形成了 PN 结。当栅极施加超过阈值电压的正向电压时，MOSFET 部分形成导电沟道，电子从发射极注入 N 型漂移区，使得 PN 结正偏，PNP 晶体管的基极获得电流，器件进入导通状态；当栅极电压降低到零或施加反向电压时，MOSFET 的沟道消失，PN 结反偏，PNP 晶体管的基极电流被切断，器件进入关断状态。IGBT 具有输入阻抗高、驱动功率小、开关速度快、耐高压等特点，在电力传动、新能源发电等领域得到广泛应用。如图 5–5–5 所示为 IGBT 的内部结构、等效电路和电气符号。

(3) 功率金属–氧化物–半导体场效应晶体管 (功率 MOSFET)

功率 MOSFET 是一种全控型器件，具有输入阻抗高、驱动功率小、开关速度快、耐高压等特点。它的结构类似于普通的 MOSFET，但采用了特殊的工艺和材料，实现了对高电压和大电流的承载能力。当栅极施加正向电压时，会在栅极下方形成导通通道，使得源极和漏极之间导通；当栅极电压减小到阈值电压以下时，导通通道消失，器件关断。功率 MOSFET 因其简单的驱动电路和快速的开关速度，在高频开关电源、逆变器等场合得到广泛应用。

4. 电力电子器件的应用领域

电力电子器件作为现代电能转换与控制的核心技术，正持续推动着科技进步和社会发展。从工业驱动到清洁能源，从智能电网到日常生活，这项技术已深度融入人类生产生活的各个领域，构建起高效节能的现代能源应用体系。

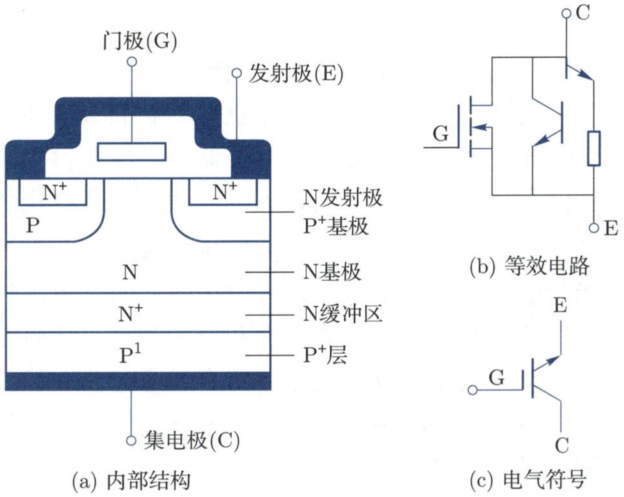

图 5–5–5 IGBT 的内部结构、等效电路和电气符号

在工业电气化领域，以 IGBT 和功率 MOSFET 等为代表的电力电子器件已成为电力传动系统的核心组件。这些器件通过精准的变频调速和能量回馈控制，显著提升了电机系统的运行效率与动态响应。以电动汽车为例，电力电子器件被用于电池管理系统和电机控制器中，有效提高了电动汽车的续航能力和驾驶性能。

在新能源领域，电力电子器件如 IGBT、晶闸管等被用于逆变器、变流器等设备中，将太阳能、风能等可再生能源转换为电能并入电网。例如，在太阳能发电系统中，逆变器将太阳能电池板产生的直流电转换为交流电，并入电网供家庭或工业使用。这些器件的高性能使新能源发电系统的转换效率、可靠性和稳定性得到了大幅提高。

在智能电网建设中，电力电子器件如 IGBT、功率 MOSFET 等被用于柔性交流输电系统 (flexible alternative current transmission systems，FACTS)、高压直流 (high voltage direct current，HVDC) 输电系统等设备中，实现电能的灵活调度和控制。这些器件的快速响应能力和高精度控制能力使智能电网更加智能、灵活、可靠。例如，在柔性交流输电系统中，电力电子器件被用于控制输电线路的阻抗和相位，提高输电系统的稳定性和传输能力。

在日常生活场景下，电力电子器件在家用电器中的应用也在让人们的生活变得更加高效。功率 MOSFET、二极管等器件被广泛用于开关电源、变频空调、洗衣机等设备中，实现电能的高效转换和控制。这些器件的小体积、高效率使得家用电器更加节能、环保、便捷。例如，在变频空调中，电子电力器件被用于控制压缩机的转速，实现空调的精准控温和节能运行。

5. 电力电子器件的发展趋势

随着全球能源转型加速和数字技术革命的深度融合，电力电子器件作为电能转换与控制的核心载体，正经历着深刻的技术变革。高效化、智能化与集成化已成为该领域三大核心发展方向，这些方向不仅重塑了电力电子器件的技术架构，更为能源系统升级和产业转型提供了关键支撑。

电力电子器件高效化的核心在于实现更高的转换效率和功率密度。随着新型半导体材料 (如碳化硅、氮化镓等) 的出现，由于这些新材料具有更高的击穿电压、更低的导通电阻和更快的开关速度，使得电力电子器件的性能得到了大幅的提升。除了材料创新，结构优化和工艺改进也是电力电子器件实现高效化的重要途径。

电力系统复杂度的指数级增长催生了电力电子器件智能化的发展趋势。智能化发展体现为器件层级的感知–决策–执行闭环能力构建，通过集成传感器、控制器和通信模块，实现对器件的远程监控、智能调度和故障预警，从而提高电力系统的可靠性和安全性。同时，智能化还可以实现器件的自适应控制和优化运行，进一步提高系统的效率。例如，在智能电网中，通过集成智能电力电子器件，可以实现对电网的实时监测和控制，提高电网的稳定性和可靠性。

集成化则是指将多个器件集成在单个元件或模块中，形成功率集成模块 (power integrated module，PIM) 或智能功率模块 (intelligent power module，IPM)，可以大大提高系统的集成度和可靠性。同时，集成化还可以减小系统的体积和重量，降低制造成本和运维成本。集成化技术还推动了电力电子器件的微型化发展，使其能够更灵活地应用于各种电子设备中，满足不同领域的需求。例如，在电机控制器中，通过集成 IGBT、功率 MOSFET 等电力电子器件和驱动电路、保护电路等辅助功能电路，可以形成紧凑、高效的电机控制模式。

电力电子器件的高效化、智能化、集成化发展，本质上是对能源革命与数字革命双重挑战的技术响应。这些趋势不仅推动着器件本身的技术迭代，更深刻影响着能源利用的演进方向。随着材料科学、信息技术的持续突破，电力电子器件将继续朝着“更高能效、更强智能、更优集成”的方向演进，为构建低碳、安全、高效的现代能源体系提供有力的技术支撑。

5.5.5 电能源器件的应用领域

现代社会中，电能源已渗透到人类生产生活的各个维度。其技术发展不仅推动了工业升级，更深刻影响着能源结构的转型和智能社会的构建。电能源器件主要的应用领域有电力电子领域、新能源领域、消费电子领域以及工业与交通领域。

在电力电子技术体系中，以二极管、晶体管、绝缘栅双极型晶体管和逆变器等为代表的电能源器件，构成了现代电能转换系统的物理基础。通过整流、逆变、斩波、变频等基础电路架构，这些器件实现了交流电与直流电的双向转换、电压等级的灵活调控以及电力参数的精确匹配。这些电路在电机驱动、电源管理、新能源发电等方面发挥着重要作用，为构建高密度、低损耗的电力电子系统提供了新的技术路径。

新能源领域的发展是对传统化石能源的替代与补充，这一进程高度依赖电能源器件的技术创新。在新能源领域，电能源器件如太阳能电池、锂离子电池等成为清洁能源转换和存储的关键。太阳能电池将太阳能转换为电能，为光伏发电系统提供动力；锂离子电池作为当前主流的储能介质，成为电动汽车和储能系统的核心部件，推动着新能源汽车的普及和智能电网的发展。此外，氢燃料电池与固态电池等新型器件的研发进展，正在为新能源体系注入更多技术可能性，推动清洁能源应用向深海、极地等特殊场景延伸。

电能源器件也被广泛应用于消费电子领域。如电容器、电池等被广泛应用于手机、平板电脑、笔记本电脑等设备中。电容器用于瞬态功率补偿和滤波电路，提高设备的稳定性和性能；电池则为设备提供持久的电力支持。这些器件的协同作用，不仅保障了电子设备的基础功能实现，更推动着人机交互方式向更便捷、更智能的方向演进。

在工业与交通领域，电能源器件如变压器、开关、断路器等确保电力系统的安全稳定运行。变压器用于改变电压等级，满足不同设备的用电需求，保障用电设备的供电质量；开关和断路器则用于控制电路的通断和保护设备免受故障损害，为电力系统的稳定运行提供了坚实的保障。

思考题

1. 同电子技术相比，光电子技术具有独特特性的原因是什么？
2. 请简述光纤激光器的原理，并回答为什么说光纤激光器是最重要的激光器。
3. 请简述晶体管的工作原理与应用。
4. 请简述逆变器的作用，并结合日常生活中的例子，说明为什么需要将直流电转换为交流电。
5. 请简述缓解电池电压随时间延长而下降的方法。

第 6 章
六大系统

随着信息科学技术的迅猛发展，人们生活的方方面面都得到了极大的改善，不仅各产业领域生产效率得到了全面的提高，社会的发展水平和人们生活的幸福指数也在不断上升。在这一过程中，以通信与网络、雷达与探测、定位与导航、干扰与对抗、计算与存储、安全与保密为首的“六大系统”发挥着至关重要的作用。这些系统是众多信息技术横向与纵向的有机集成，涉及信息获取、通信、存储、处理、对抗、安全和控制等功能，是我们今后工作的主要研究对象。

具体而言，通信与网络系统负责信息的传输和交换，包括无线通信、卫星通信、互联网等，其本质是实现信息的远程传递和交流。雷达与探测系统用于探测和监测目标，包括雷达、光电和无源探测等手段，其中雷达通过发送信号并接收目标反射的信号来获取目标信息，可以实现远距离监测和侦察。定位与导航系统用于确定位置和导航路径，包括全球定位系统 (global positioning system，GPS)、惯性导航系统等，通过各种方式实现位置的精准确定和路径规划。干扰与对抗系统用于应对对抗行为，包括电子对抗系统、反雷达系统等，其本质是通过干扰敌方通信或探测系统来削弱对方的作战能力。计算与存储系统用于数据处理和存储，包括计算机、云计算等，利用各种设备和技术实现对数据的高效处理和持久存储。安全与保密系统用于保障信息的安全和隐私，包括加密技术、网络安全系统等，通过控制访问和使用权限来保护信息不受未经授权的访问以防止信息泄露。这些系统相互交织，共同构成了信息科学技术应用的重要基础，为社会和经济发展提供了最强大的推动力。

本章分别从研究对象、基本原理、核心技术和典型系统四个方面，介绍通信与网络、雷达与探测、定位与导航、干扰与对抗、计算与存储、安全与保密这六大系统。

编写本章主要基于两方面考虑：一方面在本科阶段，不同专业的学生要学习不同的系统，不可能在四年本科学习时间里把这六大系统都掌握，从扩展知识面和形成体系的角度，应当让学生掌握相关专业基本的知识，以便增加从业的适应性；另一方面对学习本专业的学生起到了一个学习提示作用，提纲挈领，把握要点，能尽快掌握相关系统精髓。

6.1 通信与网络

通信是指信息在发送方与接收方之间通过特定媒介 (称之为信道) 进行传输的过程，其核心目标是实现数据的高效、准确交换。传统通信仅简单地依赖于物理信号 (如声波、光信号、电磁波等)，而现代通信则广泛采用数字化技术，通过编码、调制、复用与解码等环节，跨越有线 (如光纤、电缆) 或无线 (如无线电波、红外) 信道完成信息传递。随着技术发展，通信已从简单的点对点传输扩展至复杂系统，涵盖移动通信、互联网通信、物联网等多个领域。

网络是由若干结点 (如终端设备、服务器) 和连接结点的链路 (物理或逻辑通道) 构成的体系，旨在实现资源共享与协同工作。网络按规模可分为局域网 (LAN)、城域网 (MAN)、广域网 (WAN) 等；按功能可分为通信网络 (如电话网)、计算机网络 (如互联网) 及专用网络 (如工业控制网络)。其运行依赖于协议 (如 TCP/IP) 和拓扑结构 (如星形、网状形)，确保数据高效路由与安全传输。

通信与网络的关系密不可分：通信技术是网络实现互联的基础，为结点间的数据传输提供技术支撑；而网络则为通信提供了系统化架构，通过组织分散的通信结点形成功能化整体。通信技术的发展推动了网络的演进和升级，而网络的需求又促进了通信技术的创新和突破。在现代社会中，通信与网络相互依存、相互促进，共同构成了信息社会的基础设施，满足了现代社会对信息传输的多样化需求。伴随着计算机和传感等技术的发展，通信网络也不断迭代，向着数字化、智能化等方向不断发展演进。

6.1.1 通信网络的起源与发展

1. 从文字到电磁波信号的初步探索

自人类诞生以来，通信就是一种必要的需求。对通信更快、更远、更稳定的需求促使着人类不断迭代通信技术。在史前时代，人类最初通过简单的声音、手势、表情以及火光、烟雾等自然信号进行近距离的沟通和信息传递。这些方式直观且易于理解，但受限于距离和环境因素。随着语言的发展，人们开始口头上通过故事、历史和歌谣来传递信息和文化。然而，这种方式虽然能够跨越时间和空间，但信息的准确性和完整性容易受到记忆衰退和口耳相传中误解的影响。进入古代文明时期，文字的发明标志着人类文明的一大飞跃。通过书写，信息可以被精确记录和保存，便于后世查阅和学习。早期的书写材料包括石板、纸莎草纸、竹简等，后来逐渐演变为纸张。书信成为远距离沟通的重要手段。随着国家的形成和领土扩张，信使与驿站系统应运而生，负责将信件和包裹从一个地方运送到另一个地方，这大大促进了不同地区之间的信息交流和经济活动。早期的信使多为徒步或骑马，后来出现了驿站和马车，进一步提高了通信的效率。在这一时期，还出现了如烟雾信号、飞鸽传书、灯塔、信号旗等中远距离通信手段。“烽火戏诸侯” 的实现，就是一种高效的信息传递手段。夜晚，人们通过点燃烽火台中的柴草，利用火光来传递信息，白天则通过燃烧柴草产生的烟雾来对敌情进行警示。从原始符号到文字系统，从烽火台到驿站网络，人类不断突破地理与时间的限制，为现代通信技术埋下了种子。这些早期创新不仅是技术进步的里程碑，更是人类社会协作与智慧的见证。

人类通信的变革始于将电作为信息传输载体。现代通信的起源可追溯到电报的发明，这标志着以电信号作为信息传递手段的电信的诞生。1753 年，署名为“C.M”的作者在《苏格兰人》杂志上率先提出了利用电流进行通信的创新构想：通过电流产生的电磁效应吸引不同电线对应的纸片。尽管这种方法只是一种懵懂的设想，在当时难以进行大规模的推广应用，但它却仍为人们点亮了电信时代的曙光。1834 年，美国画家莫尔斯发明了用电流的“通”和“断”来编制代表数字和字母的电码 (即莫尔斯码)，实现文字的传送。他发明的莫尔斯电报机在 1843 年成功发出了人类历史上的第一份电报：“上帝创造了何等奇迹！”自此，电报迅速普及，这也标志着以电作为信息传递载体的时代正式开启，成为人类通信史上的一次重大飞跃。随后，美国发明家贝尔和意大利人梅乌奇进一步改进了传送方式：通过调节电流的大小模拟声音强弱的变化，从而实现通过连续的电流传递连续的声音，使人们的交流更加方便。这就是电话的诞生。

然而，电报和电话通过电线来传输电流，以此实现通信，这种方法依然面临着诸多限制。1865 年，英国物理学家麦克斯韦通过理论推导预言电磁波的存在，并提出一系列推论。1888 年，德国物理学家赫兹通过实验证明了麦克斯韦的电磁理论，并验证了电磁波的存在，这为以电磁波作为传输手段的通信技术的发展奠定了基础。相比于用电来通信，使用电磁波进行通信更快更便捷，不受载体的制约。1896 年，意大利人马可尼首次将无线电技术与电报进行结合，远距离完成了电报的收发，被称为“无线电之父”。无线电报的发明使得移动通信成为通信领域冉冉升起的新星，极大地拓展了通信的距离和范围，具有广阔的应用前景。

1948 年，香农在《贝尔系统技术学报》上发表了论文《通信的数学理论》，标志着现代信息论的正式诞生。该论文首次提出了信息的数学表示和度量方法，引入了“熵”的概念来量化信息的不确定性，为信息的度量、传输和处理提供了坚实的理论基础。该论文阐述了通信双方如何准确重现信息，并提出了信源编码定理与信道编码定理。这些理论为通信系统提供了数学化的描述和优化方法，使得通信系统的设计和性能分析更加精确和高效。

2. 网络化信息时代孕育

通信网络的爆炸式发展，推动了数字化信息时代的到来。在这一小节我们将从无线通信和有线通信两个方面描述通信网络技术的发展。

有线通信能够通过特定的介质传输，因此可以有效抵抗来自外界信号的干扰，不易造成数据信息的丢失。传统的有线通信通过电信号来传播信息，其信息传播速度远远落后于采用电磁波的无线通信。因此同样采用电磁波的光纤技术应运而生。

光纤技术的发展历程可以追溯到 19 世纪末期。1870 年，爱尔兰物理学家约翰·廷德

尔 (John Tyndall) 通过实验展示了光在水中的全反射现象，这为光传输的研究提供了理论基础。随后，在 20 世纪初期，科学家们开始探索通过导管传输光信号的可能性。20 世纪 50 年代，光纤技术开始逐渐成形。1954 年，荷兰科学家彼得 · 范西泰特 (Pieter van Cittert) 首次提出将透明材料包裹在光纤外，以减少光信号传输过程中的损耗。这一发明被视为现代光纤通信技术的雏形。1960 年，美国科学家梅曼发明了激光，为光纤通信提供了强有力的光源支持。然而，光纤传输的最大障碍是损耗问题。1966 年，英国科学家高锟提出了使用纯度更高的玻璃材料制作光纤的设想，并预言如果玻璃材料的纯度足够高，光信号在光纤中的损耗可以降低到可接受的水平。1970 年，康宁公司成功制造出低损耗的光纤，使光纤通信成为现实。这一突破为光纤的大规模应用铺平了道路。20 世纪 80 年代，随着数字通信的发展和光纤技术的日渐成熟，光纤被广泛应用于长途通信和海底电缆。90 年代，随着互联网的兴起，光纤网络成为数据高速传输的核心技术。光纤传输不仅具备高带宽，还能有效降低信号衰减和干扰，使其成为远距离和高速通信的理想选择。进入 21 世纪，光纤技术进一步发展，不仅传输速度不断提升，还开始应用于更多领域，如医疗、传感技术和军事。今天，光纤已经成为全球信息基础设施的重要组成部分，推动了通信、互联网和各种先进技术的发展。

相较于有线通信，无线通信更加便捷。便携的无线通信方式能够更加直观地惠及人们的生活，其中最引人瞩目的便是不断迭代演进的移动通信技术。

进入 20 世纪 50 年代，随着技术的进步，第一代移动通信系统 (1G) 开始在一些发达国家得到应用。这一时期的移动通信主要以模拟信号为基础，提供语音通话服务。1947 年，贝尔实验室的研究人员首次提出蜂窝网络的概念，即将通信区域划分为多个小区，用户可以在小区之间切换而不中断通话。然而，由于技术和设备的限制，1G 系统的容量和覆盖范围有限，通话质量也不高。20 世纪 80 年代，第二代移动通信 (2G) 技术问世，标志着从模拟通信向数字通信的转变。2G 采用了全球移动通信系统 (GSM) 标准，极大地提高了通信的可靠性和容量，首次引入了短信服务。数字技术使得移动通信设备更为普及，手机的体积也大幅缩小。20 世纪末，第三代移动通信 (3G) 技术开始应用，标志着移动互联网时代的到来。3G 技术不仅提供语音通话，还支持多媒体服务，包括图像、视频、电子邮件和网页浏览。3G 的数据传输速度显著提升，用户可以通过手机进行互联网连接。2010 年左右，第四代移动通信 (4G) 技术大规模商用。4G 的核心技术是长期演进技术 (LTE)，它实现了更高速的数据传输，使移动设备能够流畅地播放高清视频、进行视频通话和高速下载。4G 的普及带动了智能手机的快速发展，移动应用程序和云计算也在这一时期蓬勃兴起，移动设备成为人们日常生活不可或缺的一部分。

近年来，我国领跑研发的第五代移动通信技术 (5G) 已经进入实际应用阶段，并逐步渗透到我们的日常生活中。5G 具备更高的速率、更大的带宽和更强的能力，可用于智慧城市、智能交通、智慧医疗、工业互联网等领域，推动各行业的数字化转型和智能化发展，使人民的生活水平迈上新的台阶。例如，在新兴的自动驾驶领域，5G

的低时延特性可以确保车辆之间的实时通信和协同工作；在工业互联网领域，5G 的大连接特性可以支持大量工业设备的连接和数据传输。

有线通信和无线通信的演进，使得更多的人能够实现通信，为互联网发展提供了技术支持。互联网的发展始于 20 世纪 60 年代。当时，美国国防部的 ARPA 项目创建了 ARPANET，目的是实现不同计算机网络之间的互联互通。伴随着通信技术的发展，人们对通信的要求也越来越高，促使着互联网向民用发展。然而，如何实现不同系统用户之间频繁且复杂的交换是一个问题。19 世纪 70 年代，TCP/IP 协议的发明为全球互联网的通信和连接提供了基础架构，使得不同类型的设备和操作系统能够在全球范围内进行无缝的通信。TCP/IP 协议是一种开放式的标准，无论是个人计算机、智能手机、还是其他类型的网络终端，只要遵循 TCP/IP 协议，就能够实现互联互通。这种标准化不仅促进了技术的发展和创新，也极大地丰富了互联网的应用场景和服务类型。自此，互联网开始向大众普及。通信协议也成为通信网络中十分重要的一环。1991 年，万维网 (world wide web，WWW) 由英国计算机科学家蒂姆・伯纳斯–李 (Tim Berners-Lee) 发明，使得普通用户能够通过浏览器访问互联网。19 世纪 90 年代末，互联网迅速普及，推动了电子邮件、电子商务和搜索引擎等应用的发展。进入 21 世纪，互联网成为全球信息传播和社会交流的核心平台，推动了人工智能、云计算和物联网等新兴技术的诞生。

3. 智能内生的融合时代

随着科技的不断进步，通信网络也在不断地发展。其中大数据、人工智能和云计算作为近些年来的热门技术，它们对通信网络的性能、效率和应用领域产生了深远影响。

大数据为通信网络提供了强大的数据分析能力。通过大数据技术，运营商可以从这些数据中提取有价值的信息，优化网络资源的分配。例如，通过分析用户的流量模式和偏好，网络可以智能地进行流量调度，确保热点地区的用户能够享受到更稳定的网络服务。大数据还可以帮助运营商更好地理解用户需求，推出个性化的服务，提升用户满意度。此外，大数据在安全领域的应用也至关重要，网络可以实时检测异常流量，迅速识别并应对网络攻击，提高整体安全性。人工智能则在大数据的基础上进一步改变通信网络的管理与优化方式。传统的通信网络依赖于人工配置和监控，而随着网络规模的增长，手动管理变得不切实际。人工智能通过引入自动化和智能化的管理工具，根据大数据的经验，实现网络的自我监测、自我修复和优化。

云计算为通信网络带来了灵活的资源管理和部署方式。云计算使得网络功能虚拟化成为可能，通信网络中的核心功能和服务不再依赖于物理硬件，而是可以通过云平台灵活部署。这意味着网络运营商可以根据需求，快速增加或减少资源，满足不同场景下的通信需求。云计算还能够提升数据处理的实时性，满足诸如自动驾驶、虚拟现实和物联网等新兴技术的需求。此外，云计算使得网络的维护和升级更加方便，降低了通信网络运营成本，提高了资源的利用效率。

人工智能、大数据和云计算等技术正在推动通信网络的智能化和服务创新。这些技术共同推动了通信网络向 6G、物联网等方向迈进，使得现代通信网络不仅在速度和容量上得到提升，更能够支持各种智能应用和服务，从而满足未来高度互联社会的需求。

4. 广域与协同下的天地一体化

大数据、人工智能和云计算等技术使得通信网络又快又准。然而传统的互联网架构中，无论无线通信还是有线通信，其覆盖面积依托于光纤和基站的普及建设，在偏远地区、海洋和高山等难以铺设光纤和基站的区域，则需要卫星互联网实现全球无缝通信覆盖。卫星互联网是指利用卫星提供互联网接入服务的技术。卫星互联网的一个关键特点是其全球覆盖能力，无论用户位于何处，只要能接收到卫星信号，便能连接到互联网。

卫星网络的发展历程可以追溯到 20 世纪中期，随着人类航天技术的进步，卫星逐渐被用于通信领域。1962 年，美国发射了 “Telstar 1 号”，这是第一颗用于跨大西洋电视信号传输的通信卫星，标志着卫星通信技术进入实际应用阶段。

20 世纪 90 年代之前，通信卫星一般被发射进入地球同步轨道，这些卫星运动方向与地球自转方向一致且运行周期与地球同步，因此相对静止，被称为同步高轨卫星。同步高轨卫星通信系统凭借其建设周期短、维护成本低等优点，一直是卫星通信的主流。然而，由于距离地球较远，这些卫星的信号传输存在较高的延迟，限制了其在高速数据传输中的应用。

进入 20 世纪 90 年代，中低轨道卫星技术开始逐步发展。相比于地球同步轨道卫星，中轨道卫星 (如 GPS 导航卫星) 和低轨道卫星具有更低的延迟和更快的数据传输速度。低轨卫星离地面较近，通常位于 500~2 000 km 的高度，因此信号延迟明显减少，能够支持实时通信。此外，低轨卫星由于覆盖范围较小，通常需要多个卫星共同组成卫星星座来实现全球覆盖。20 世纪 90 年代末期，全球通信巨头如铱星系统和全球星系统开始建设低轨卫星星座，以期提供全球范围的移动通信服务。然而，受限于当时的技术和市场需求，这些系统的成本过高，用户规模有限，导致其发展受挫。

进入 21 世纪，随着技术的进步，低轨卫星网络的潜力再次引起广泛关注。SpaceX 的 “星链” 项目计划部署数万颗低轨卫星，通过卫星之间的激光链路以及与地面站的通信，实现全球高速互联网覆盖。我国航天科技集团也建立了自己的低轨卫星星座——“鸿雁系统”。我国于 2018 年下半年发射了 “鸿雁” 全球卫星通信星座首颗星。

随着技术的不断进步，卫星网络正逐步与地面通信网络无缝融合，构建起空天地一体化的全球通信体系，实现真正的全球无缝覆盖。空天地一体化的构建，可以解决多种场景下的通信需求。比如在自然灾害或战争情况下，当地面基站损毁时，卫星和空中平台可以迅速填补通信空白。此外，随着 5G 和未来 6G 的发展，空天地一体化可以为物联网、自动驾驶、智能城市等应用提供支持，实现真正的全球智能化通信。

6.1.2 通信网络的基本原理

通信是指人们通过某种媒介进行信息交流与传递的过程。网络是通过物理链路将各个独立的工作站或主机连接，形成的一个数据传输链路。通信网络通常由多个设备和设施构成，负责将不同的设备进行物理连接，进而实现不同地点的资源共享。本节主要介绍通信网络的基本原理，包括其架构、协议以及无线物理层传输，它们共同为全球互联网提供技术支撑。

1. 网络的基本原理

(1) 网络的物理架构

通信网络根据其覆盖范围的大小可以分为局域网 (local area network，LAN)、城域网 (metropolitan area network，MAN) 和广域网 (wide area network，WAN)。局域网就是局部区域的网络，其覆盖的地理范围有限，通常局限于单个建筑物或者少数几个相邻建筑物，用于连接一幢或多幢大楼内的计算机和设备。

在局域网中，为了实现任意两个或者多个分处异地的用户之间的信息传递，需要采用某种方式将多个用户互联到一起，构成一个通信网络，其中不同用户间的连接方式就是网络拓扑结构。

网络拓扑是利用传输介质来互联各种设备所呈现的结构化布局。最简单的拓扑结构便是点对点的一一传输。但随着用户数的增多，数据量的增大，如果每增加一个用户就要建立与之前所有用户的连接，通信网络的复杂程度会大大上升。具体来讲，假设用户数为 N，如果在任意两个用户之间都建立一条物理传输通道，则共需要 $N \times (N-1)$ 条物理传输通道。这样的连接方式虽然十分简单，但是需要构建大量的传输通道且每条物理传输通道的利用率极低，新用户接入网络也十分困难，因此很难直接应用到用户数量巨大的通信网络中。

为了实现高效率信息传输，常见的局域网拓扑结构通常有总线形、星形、树形、环形、网状形等几种。

① 总线形：总线形是指所有设备都直接与总线相连，采用单根传输线作为传输介质的拓扑结构，如图 6–1–1 所示。它的结构简单，便于新结点的接入。当需要增加结点时，只需要将新的结点接入到总线即可。这也代表着组网费用低，因为使用的设备相对简单，不需要另外的互联设备，直接通过一条总线进行连接。但其维护难，分支结点故障查找难，且一次仅能有一个结点的用户发送数据，其他结点的用户必须等待总线空闲才可发送。如果总线发生故障，整个网络将受到影响，甚至可能导致网络瘫痪。

② 星形：在星形拓扑结构中，以一个结点作为中央结点，其他结点直接与中心结点相连构成网络，形成放射状的布局，如图 6–1–2 所示。中央结点既可以是文件服务器，也可以是连接设备，如交换机或集线器。在该结构下，所有网络信息的传递都依赖于中央结点，周围的结点将数据发送到中央结点，中央结点接收到信息后进行处理，并将处理后的信息转发给其他结点。星形拓扑结构建网简单且易于管理，控制简单，故障诊断和隔离容易。但是中央结点的故障会影响到整个网络的通信。

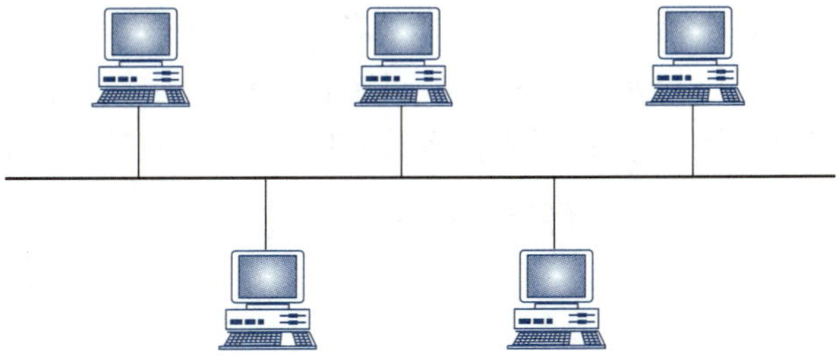

图 6–1–1 总线形拓扑结构

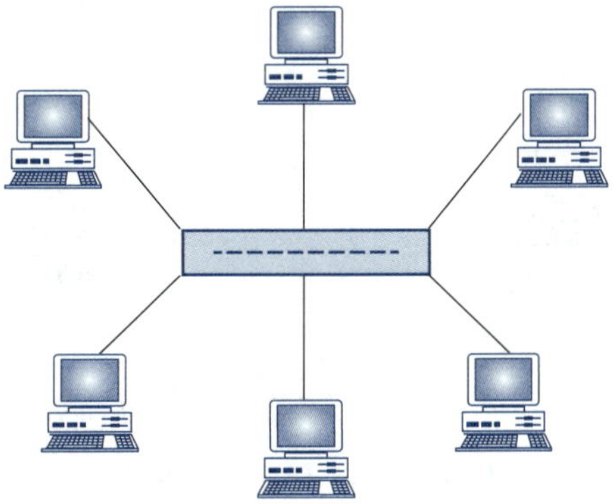

图 6–1–2 星形拓扑结构

③ 树形：树形拓扑结构包含一个根结点，其他所有结点根据层次逐级连接，信息的传递主要发生在不同层级的结点之间，通常相邻结点或同层次的结点不会直接交换数据，从而形成一种层次化的网络结构，如图 6–1–3 所示。树形网络拓扑结构简单，易于管理，并且在树形结构中一个结点的故障不会影响网络的其余部分，但是树形网络的主要缺点是，所有结点都高度依赖根结点，一旦根结点发生故障，整个网络将无法正常运行。

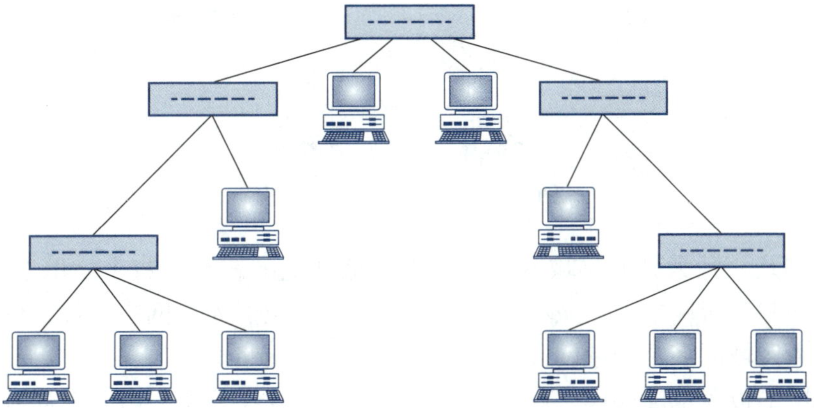

图 6–1–3 树形拓扑结构

④ 环形：在环形拓扑结构中，各个结点之间首尾连接，使得最后一个结点连接到第一个结点，如图 6–1–4 所示。在环形网络拓扑结构中，信息的传输不依赖于某一个中心结点。并且因为信息流在网中是沿着固定方向流动的，这简化了路径选择的控制，使得环形结构传输速度较快，但是一旦环中一个结点出现故障，有可能造成整个网络的瘫痪。

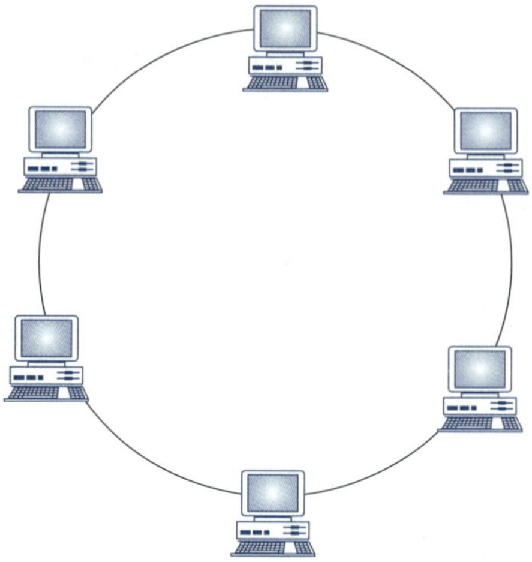

图 6–1–4 环形拓扑结构

⑤ 网状形：在网络拓扑结构中，网状形拓扑结构是最复杂的网络形式，在该结构中所有结点之间两两相连，如图 6–1–5 所示。网状形拓扑结构是结构最复杂的网络拓扑结构，安装和拓展用户的成本极高。

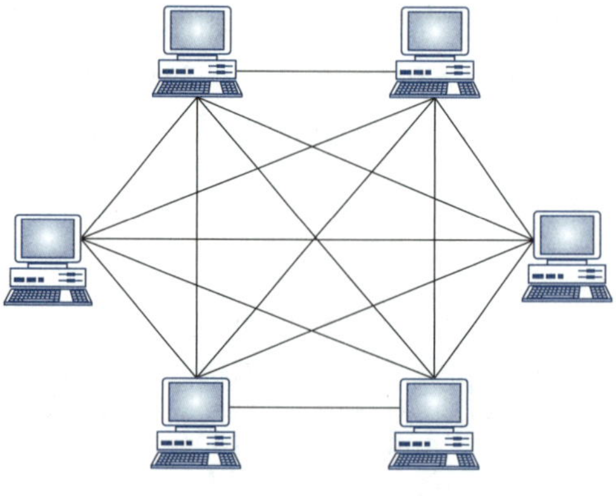

图 6–1–5 网状形拓扑结构

城域网是一种大型的局域网，其覆盖的地理范围一般为数十公里至数百公里，介于局域网和广域网之间。城域网网络结构使用高速的光纤网络连接，可覆盖一座城市或较大区域的多个局域网，形成一个更广泛的网络。

广域网的覆盖范围最广，通常覆盖几百公里至几千公里，由多个局域网和城域网组成，连接不同地区、城市甚至国家，形成国际性的远程网络，实现大范围的资源共享。

综上所述，这三种网络结构各有特点和应用场景，从局域网到城域网再到广域网，覆盖范围逐渐扩大，但成本和复杂性也相应提高。

(2) 网络的体系结构

通信网络以不同的互联模式将采用不同技术、不同实现方式的多种通信设备连接在一起。虽然将它们连接在一起，但是如果要使得结点间能够准确无误地传递信息，实现不同种类设备之间的信息交流，则需要有一个统一的标准架构来对设备进行统一的设计，这就是通信网络的体系结构。需要注意的是，不同于上一节介绍的拓扑结构，网络体系结构不是指网络的物理连接结构，而是指一种实现通信功能的逻辑结构，它包含了信息传递与接收时所依赖的规定或者规则。它是指导网络设备制造、构建通信网络的基础。

目前，现代的通信网络均采用了分层体系结构。分层体系结构是指在网络硬件、软件和通信协议的设计中，将通信系统和网络元素划分为多个功能独立的子单元，称为层。每一层都有自己的特定功能，独立运作，某一层的功能调整不会干扰到其他层的工作。各层之间通过接口相互联系，下层为上层提供支持，而上层则依赖于下层的服务。如图 6–1–6 所示为四层分层体系结构。

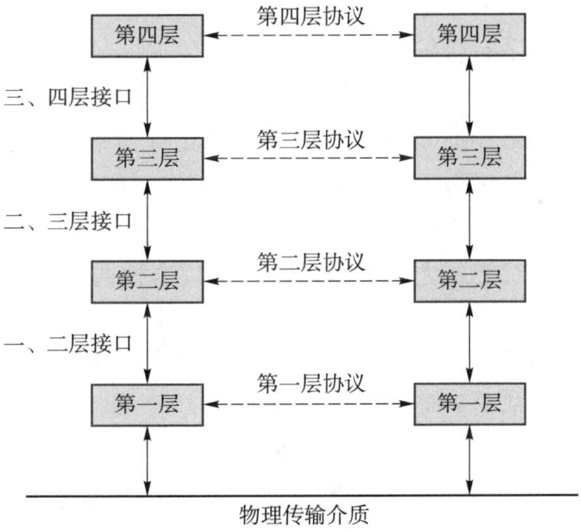

图 6–1–6 四层分层体系结构

在分层体系结构中，不同设备或系统上的对应层称为对等层，不同设备之间的对等层功能相同。为了保证不同设备的对等层之间能够实现信息传输，需要定义通信双方如何进行数据传输，这种定义的规则被称为通信协议。一般而言，通信协议应涵盖以下内容：

① 语法：定义数据格式和结构，包括数据包的组成部分，如数据头、数据内容，数据的编码方式等。

② 语义：定义数据的含义，以及通信双方如何解释接收到的数据。包括数据内

容、含义以及控制信息等。

③ 时序：规定数据传输的时序、发送/接收的速率控制等，确保通信的顺利进行。

语法、语义、时序被称为通信协议的三要素。如果使用更加形象的语言进行描述，这三个要素可以描述为：语法表示应该如何实现，语义表示应该实现什么，时序表示实现的先后顺序。这三要素是构成一个通信协议的基础。除此之外，不同层次有着不同的功能。根据功能的不同，通信协议也包含着其他组成内容：

① 差错控制：定义如何检测和纠正数据传输中的错误。

② 地址与标识：定义通信双方的唯一标识方式，以便正确地将数据发送到目的地。

③ 路由与转发：规定如何将数据从源设备传输到目标设备，涉及路由选择和数据包转发机制。

④ 会话管理：确保在一次通信中，数据能够有序传输和管理。涉及通信用户间连接的建立、维护和终止。

不同层次的协议根据不同的功能需求，侧重于不同方面的内容。路由协议是一种典型的协议。路由一般可以概述为从起点到通往每个目的地的路径，以及路径中的过程走向和位置。在互联网中，路由协议是一个运行在路由器之间动态交换路由信息的分布式算法。实际网络上运行的路由协议类型很多，但路由协议的主要功能都一样：计算网络结点中有传输需求结点的最佳传输路径；记录这些路径，创建路由表；如果网络拓扑结构发生变化，更新路由表。路由协议通过交换路由信息，动态维护路由表，保证网络的高效性和稳定性，并支持容错和负载均衡等功能。

通信协议的这些内容共同作用，确保数据在网络中能够准确、有效地传输。但实际上，对等层之间不能独自直接完成信息的传输。这种通信是“逻辑通信”。实际的通信发生在连接两个最低对等层之间的物理媒介上，这种通信被称为“物理通信”。协议的存在方便了异构网络设备间的互联互通，只要保证层间的协议对等，两种不同的设备就能完成信息的传输。如图 6–1–6 所示的分层体系结构中，对等层之间的逻辑通信和实际的物理通信分别使用虚线和实线进行表示。

通过合适的接口和协议设计，可以实现层与层之间的高度分离。这种分离不仅降低了系统的复杂性，还使开发人员能够专注于某一层的实现与优化。只要遵守相应接口设计准则和协议，就能在不影响其他层的情况下实现某一层的更新或扩展，从而增强了系统的可进化能力。这种分层的设计使通信网络稳定性极高，也促进了通信网络的更新迭代。

分层体系的划分是通信网络设计中一个十分关键的问题。业界希望有一个统一的标准，以实现各个网络之间的互通。目前，通信网络中主流的分层体系结构包括 TCP/IP 模型和开放系统互连 (OSI) 模型，它们为现代通信系统标准的设计奠定了基础。

OSI 模型是国际标准化组织制定的参考模型。它将网络通信分为七个独立的层次，每一层都有特定的功能：

① 物理层：负责数据的物理传输，定义了硬件设备、信号传输、传输介质 (如电缆、光纤) 等。如：电压、光脉冲、连接器类型。

② 数据链路层：负责数据帧的传输和物理地址的管理，提供可靠的点对点数据传输。

③ 网络层：负责逻辑地址 (IP 地址) 的管理，数据包的路由选择和转发。如：IP 协议、路由器。

④ 传输层：提供端到端的通信控制和数据传输完整性。包括数据的分段、传输、重组及流量控制、差错检测等。

⑤ 会话层：负责建立、维护和终止通信过程，确保数据交换的顺序和同步。

⑥ 表示层：负责数据的编码、解码、加密、解密、压缩等，确保数据格式的转换。如：JPEG、MPEG 等常用的文件格式协议。

⑦ 应用层：直接为用户提供应用程序接口，处理网络应用的所有高层功能。

OSI 模型的优点在于其层次化设计使得每一层功能相对独立，从而方便开发、维护和扩展。该模型一经问世就成为制定各项网络协议的重要依据，诸如 X.25 协议、V5 接口、7 号信令等协议的制定都参考了 OSI 模型。但因为 OSI 模型过于复杂，实际上并未被大规模使用。

TCP/IP 模型是目前互联网应用最广泛的协议架构。与 OSI 模型不同，TCP/IP 模型的架构并未得到一个统一组织的正式定义，因此不同的资料上 TCP/IP 模型的层次划分不完全一致。根据分层体系结构的概念，一般来说 TCP/IP 模型可以分为四层：

① 网络接口层：与 OSI 模型的物理层和数据链路层对应，负责数据链路的实际传输，包括硬件设备、网络接口、数据帧等。如：以太网、Wi–Fi 等。

② 网络层：负责数据包的路由选择和转发，定义了 IP 地址和路由的基本规则。

③ 传输层：提供端到端的可靠或不可靠的传输服务，管理传输的数据流、差错控制等。

④ 应用层：包括所有高级的网络服务和应用，直接与用户或应用程序交互。

与 OSI 模型不同，TCP/IP 模型虽然不是国际标准，但已成为最广泛应用的网络协议。如今，几乎所有计算机设备和操作系统都支持这一体系结构，使其成为事实上的国际标准。依赖于网络层的功能，TCP/IP 模型能忽略设备之间的差异，有效地实现了不同种设备的网络之间的互联。在网络中，上层的应用与网络传输相分离，网络层和传输层在处理互连问题时无须关注应用层的要求，而应用层也不必关心信息如何传输到对应的用户手中。这种相互分离的设计大大简化了网络互联和扩展的过程。

值得一提的是，虽然 OSI 模型因为过于详细、复杂而没有被广泛应用，但 OSI 模型首先提出通过分层结构简化复杂的网络通信的思想，为网络设计和实现提供了清晰的指导。它不仅影响了后续网络协议的设计理念，还促进了网络技术的标准化进程，是通信网络的一个重要里程碑。目前，相对于定义并未严格统一的 TCP/IP

模型，OSI 模型对通信网络领域的影响更为深远。

(3) 通信网络的交换技术

交换技术是通信网络中实现数据高效传输与转发的关键技术。它通过交换设备将数据包从发送端传输到接收端，确保数据能够在网络中的不同结点之间准确、快速地传递。不同的交换技术采用不同的方法来分配信息传输的链路和方式，以确保信息在不同场景下的顺畅传递，实现有效的通信。根据不同的资源复用方式以及是否建立连接，我们可以对各种交换技术进行明确的定义与分类。

根据信息传输前是否提前建立发送端与目的端的连接，交换技术方式可分为面向连接和无连接两种。在面向连接的网络中，数据交换需要提前确定数据传输路径并进行占用，并在完成数据交换后将占用的链路释放。而在无连接网络中，数据传输前无须建立连接，可直接进行通信。因此，数据可能通过不同路径到达相同目的地。简单地说，面向连接的方式在信息传递前就规划好了路线，并占用这条路线。而无连接的方式则是信息边传递边寻找可行的路线，无须提前规划。面向连接的技术在进行大批量数据传输时效率更高，但控制机制相对复杂。无连接网络的控制机制更为简洁，适合处理突发的少量数据传输。

电路交换作为一种经典的交换技术，采用面向连接的方式实现信息的传输。电路交换技术的工作原理是在通信双方之间建立一条专用的物理通路，用于数据的传输。通信过程一般经历电路建立、数据传输、电路释放三个阶段。在电路建立阶段，通信双方通过信令系统建立一条专用的物理电路；在数据传输阶段，通信数据直接在建立的电路上传输；在电路释放阶段，通信结束后，释放所占用的电路资源。图 6–1–7 描述了电路交换的过程。

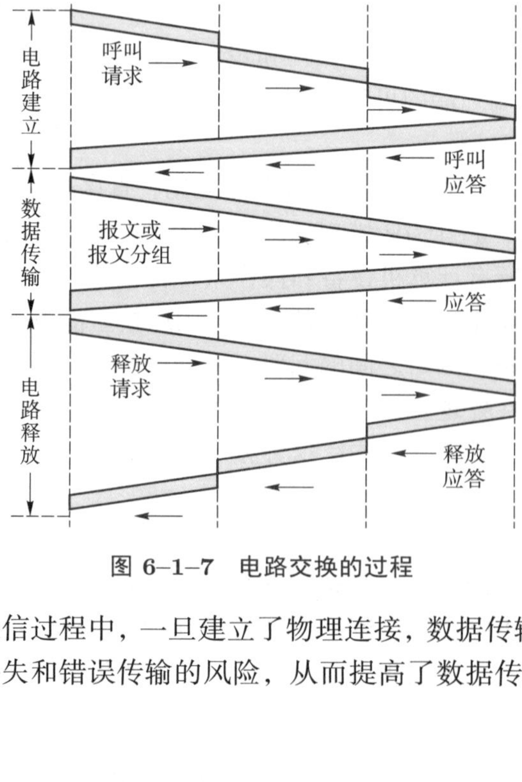

图 6–1–7 电路交换的过程

在电路交换的通信过程中，一旦建立了物理连接，数据传输的路径就是固定的，这大大降低了数据丢失和错误传输的风险，从而提高了数据传输的可靠性。由于电路交换是预先建立连接，因此数据传输的延迟非常小，几乎可以实现实时通信。这对于需要快速响应的应用场景，如电话通信、视频会议等，具有显著的优势。然而，这种预先建立连接通道的方式也存在一些不足。物理连接一旦建立就不能轻易改变。这使得它在面对突发性的传输需求时显得力不从心，缺乏足够的灵活性。持续地占用传输路径也会带来资源的浪费。

电路交换技术主要应用于公用电话网，为电话用户提供高质量的语音通话服务。此外，它还被广泛应用于传真机等通信设备中。除电路交换之外，分组交换、帧中继和 ATM 交换也是曾经或现在被广泛应用的交换技术。

2. 通信的基本原理

前两节介绍了网络的物理架构和通信协议等网络的基本原理，构建起了不同设备间的“逻辑通信”，其实现依赖于物理传输媒介上的实际的物理通信。本节主要介绍物理通信的一般系统模型、模拟通信系统和数字通信系统、信号的调制与解调、衰落信道、多路复用技术、通信系统的性能指标等。

(1) 物理通信的一般系统模型

通信系统的核心目标是消息的传递。通信系统承担着将信息从信源传送到信宿的任务。在通信过程中，首先是将待传输的信息转换成电信号 (电压或电流)，随后这些电信号通过发送设备转换为适合在物理信道中传输的电磁波，进而被送入信道。最后，在接收端，经信道传输后的电磁波经过与发送端类似的处理后，转换为信宿需要接收的信息。这一过程可以用如图 6–1–8 所示的通信系统的一般模型来概括。

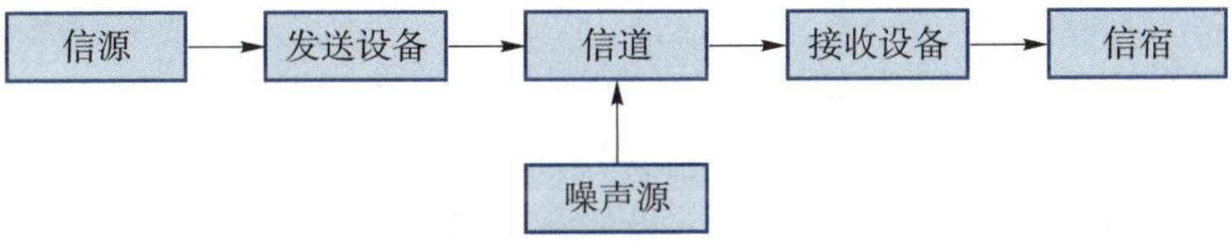

图 6–1–8 通信系统的一般模型

① 信源与信宿：信源的作用是把各种各样的消息，例如语音、文字、图片等，转换成电压或电流等原始电信号。相应地，信宿的功能与信源相反，把原始电信号还原成相对应的消息。

② 发送设备与接收设备：发送设备负责将原始电信号转换为适合在信道中传输的电磁波信号，确保电磁波信号能顺利地通过信道传输到达接收设备，尽量减少信道对信号的干扰与功率衰减。相应地，接收设备的任务是执行反向处理，利用相关的模块，尽量削弱电磁波传输途中受到的噪声与信道干扰的影响，从而准确地从接收信号中恢复原始电信号。

③ 信道与噪声源：狭义的信道是指电磁波传输时实际通过的物理介质，其作用是对其中传输的电磁波信号产生吸收、散射、反射、叠加噪声等影响。对于无线通信系统而言，信道可能是自由空间、对流层、电离层等；对于有线通信系统而言，信道则可能为同轴电缆或光纤等。物理信道固有的特性往往是客观存在、难以改变的，

因此，信道固有的传递函数将使其间传输的信号产生失真，满足无失真传输特性的信道是一种理想的假设，实际中往往难以实现。噪声源的作用是对信道中传输的信号叠加噪声，通信系统中每一个环节都可能产生噪声，为了简化分析，往往在信道中采用一个噪声源来表征所有环节产生的噪声影响。

(2) 模拟通信系统和数字通信系统

根据通信系统中传输的信号取值特征差异，通信系统可分为模拟通信系统和数字通信系统两大类别。其中，模拟通信系统用于传输模拟信号，如语音信号，此类信号的核心特征在于其参量在取值范围内具有连续性。模拟通信的优点是简单易行、成本低廉，但缺点是易受干扰、传输质量低。以电话系统的语音信号为例，其电压幅值随时间呈现连续变化特性，这种连续性具体表现为：在有效电压取值范围内，信号参量可以取到无穷多个值。图 6–1–9(a) 展示了一个模拟语音信号的原信号，图 6–1–9(b) 展示的是原信号的抽样信号，该抽样信号的取值呈现连续变化特性，因而也是模拟信号。

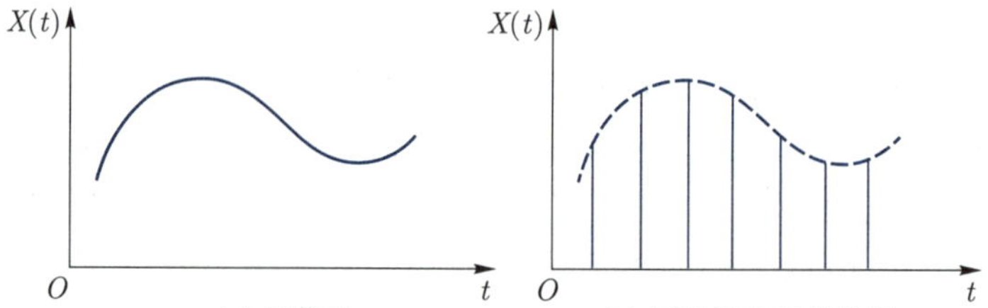

(a) 原信号　　(b) 原信号的抽样信号

图 6–1–9　模拟语音信号

模拟通信系统的一般模型如图 6–1–10 所示。在模拟通信系统中，首先要在发射端将消息转换为原始电信号。原始的电信号所占据的频谱往往从零频附近开始，如语音信号的频率范围为 300~3 400 Hz，这样的信号也被称为基带信号。在日常生活中，直接接触到的都是频率较低的基带信号，在传输距离不太远的情况下，基带信号可以直接传输。但是基带信号在大多数信道 (如无线信道) 中都不能直接传送，需要对基带信号进行调制。调制器的作用就是将基带频谱搬移到高频段。调制后的信号被称为带通信号，因为其频谱往往处于载频附近的一个通带内。

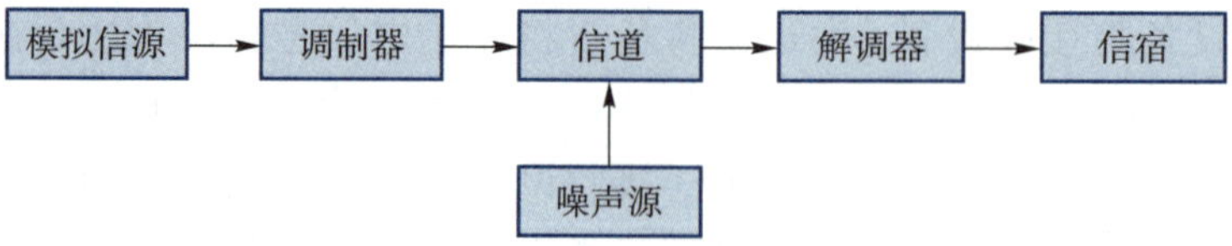

图 6–1–10　模拟通信系统的一般模型

数字通信系统中传输的是取离散值的数字信号。与模拟信号不同，数字信号承载消息的取值参量是离散的，即仅从有限的集合中取值，如手机，电脑等处理的二进制信号。数字通信系统具有抗干扰能力强、传输质量高、易于加密和存储等优点，但相对地，实现数字通信的设备复杂、成本较高。最典型的数字信号是只有两种取值的信号，即二进制信号，如图 6–1–11 所示。图中码元表示一个符号的电波形。

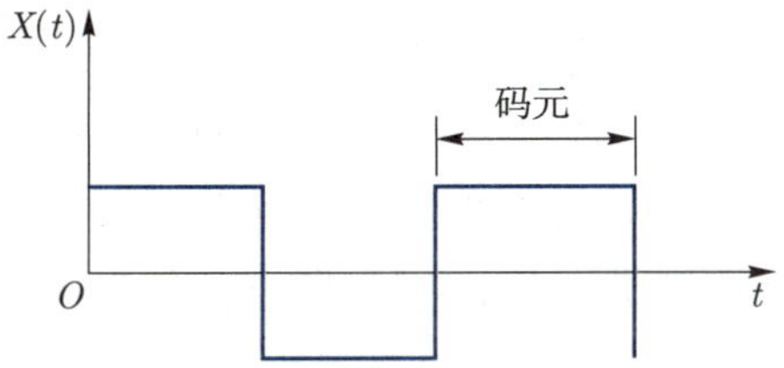

图 6–1–11 由电平控制的二进制信号

数字通信系统的一般模型如图 6–1–12 所示，各部分的主要功能如下：

① 信源编码与信源译码：信源编码的主要功能是通过电压缩编码技术，使得待传输的码元数目尽可能小，这样传输同样的信息可以使用更少的码元，从而提高信息传输的有效性。信源译码是信源编码的逆过程。

② 加密与解密：在一些具有高安全需求的场景中，收发端还配备了加密与解密设备。加密是在原始码元序列的基础上按照特定规则进行扰乱，使不知道加扰规则的人难以恢复原始序列，确保收发端信息传输的安全性。在接收端，需要根据对应的加密规则对接收序列进行解密，恢复原来的码元序列。

③ 信道编码与信道译码：信道编码的目的是在非理想信道中进行无差错传输。数字信号在非理想信道中传输会受到噪声和干扰等影响产生失真。为了在有信道失真的情况下，实现无差错的可靠传输，可以人为引入一些冗余序列，信道编码就是在发射端嵌入特定的冗余序列，从而使得接收端的信道译码器能够判断甚至纠正传输中发生的码元错误。

④ 数字调制与数字解调：和模拟通信系统类似，数字调制的作用是把零频附近的数字基带信号搬移至高频段，即载频附近，从而适应无线信道的带通滤波特性。数字解调是数字调制的逆过程。

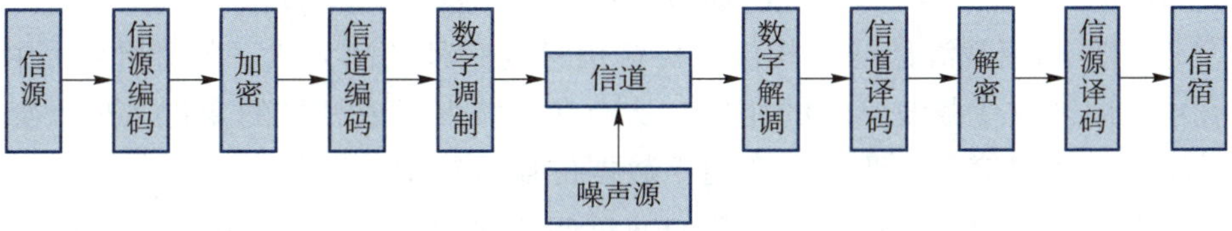

图 6–1–12 数字通信系统的一般模型

在通信系统中，模拟信号和数字信号的传输需要进行特定的转换和处理。如果在数字通信系统中传输模拟信号，首先需要利用模数转换器 (ADC) 对模拟信号进行采样、量化和编码，使其转换为数字信号。根据低通信号的奈奎斯特采样定理，采样频率应不小于信号最高频率的两倍，避免产生频谱混叠现象，从而避免采样造成的信号失真。然后将采样后的信号幅值进行量化，即将连续的信号幅值转换为有限集合中的离散值。最后还需要通过编码将量化后的离散值映射为二进制数字 (**0** 和 **1**)。经过上述过程，模拟信号便被转换为数字信号，可以通过数字电话、卫星通信等数字通信系统传输。反之，如果在模拟通信系统中传输数字信号，则需要使用数模转换器 (DAC) 将数字信号转换为对应的连续电压或电流信号，使其能够表示为模拟波形。通过调制技术，数字信号可以通过传统的模拟通信系统 (如串口通信或电话线) 进行传输，曾经风靡一时的拨号上网服务就是一个典型代表。

除了按照信号特征分类，通信系统还有多种分类方法。例如，根据信道中传输的信号频谱不同，可以分为基带通信系统和带通通信系统。根据通信设备的载波频率不同，可以分为长波通信、微波通信、光通信等。根据通信系统的业务类型不同，可以分为电话通信系统、电报通信系统、电视通信系统等。根据信号经过的物理媒介不同，可以分为有线通信系统和无线通信系统。

(3) 信号的调制与解调

信号调制是一种让信号适应不同传输环境的技术，就像给信号增加一层保护壳一样，让它能够在无线信道中有效传播。假如你要给远方的朋友寄一封信，由于距离太远，不能直接当面传递。所以，你需要把信装进信封，写上地址，然后通过邮递员把信送到你朋友那里。在这个过程中，信封就像是信号调制的过程，它把信 (原始信号) 保护起来，使得它可以通过邮递员 (信号传输介质) 送到目的地。

调制的主要目的是使信号能够在传输过程中更有效地传播，使发送信号经信道传输的功率与效率更高。常见的调制方式包括调幅、调频和调相：

① 调幅是一种简单的调制方式，它利用高频载波信号的振幅来承载消息。在调幅系统中，原始电信号被用来改变载波信号的振幅，从而在载波上形成包络的变化，这个变化就包含了原始信号的信息。调幅广播就是典型的应用，声音信号被调制成无线电信号，然后通过天线传播出去。

② 调频是另一种常见的调制方式，它利用载波信号的频率来承载信息。在调频系统中，原始电信号被用来改变载波信号的频率，从而在载波上形成频率的变化，这个变化包含了原始信号的信息。调频广播就是一个例子，原始声音信号的起伏对应载波不同的频率变化，接收端可以通过解调还原出原始的声音信号。

③ 调相是利用载波信号的相位来传输信息的一种调制方式。在调相系统中，原始电信号被用来改变载波信号的相位，从而在载波上形成相位的变化，这个变化也包含了原始信号的信息。调相通常用于数据传输系统中。

解调则是调制的一个逆过程。我们通过调制保护了信号，使得信号能够在信道中有效地传输，信号被接收后则需要经过解调恢复才能得到原始的信号。

(4) 衰落信道

信号在信道传输过程中，由于遮挡、环境变化、多路径传播等造成信号幅度起伏变化叫作衰落，对应的信道叫作衰落信道。如图 6–1–13 所示给出了衰落信道的分类。

大尺度衰落是指信号幅度随着收发端距离的大范围变化而产生起伏的现象。这种变化在时间维度相对平稳，在短时间内可以近似认为不变。大尺度衰落主要包括两类：第一类是阴影效应引起的衰落，无线电波传播途中，若遭遇地形起伏、高大建筑物或树木阻挡，在障碍物后方会形成信号强度减弱的区域，此现象称为阴影效应，类似于光学中的阴影，只不过肉眼不可察觉。当接收设备从无线电波直接覆盖区移至障碍物的阴影区域，其接收到的信号强度平均值会经历一定程度的下降。第二类是路径损耗，在无障碍物的自由空间中，信号能量仍会随着距离增加而自然减弱，这是由于电磁波的功率谱密度随着距离增加而不断减小。路径损耗引起的信号功率衰减与收发端距离的平方成反比关系，我们将接收功率相对于发射功率的衰减系数称为路径损耗，一般来说路径损耗可以表示为

$$L_{\mathrm{s}}(d)=\left(\frac{4\pi d}{\lambda}\right)^{2} \tag{6–1–1}$$

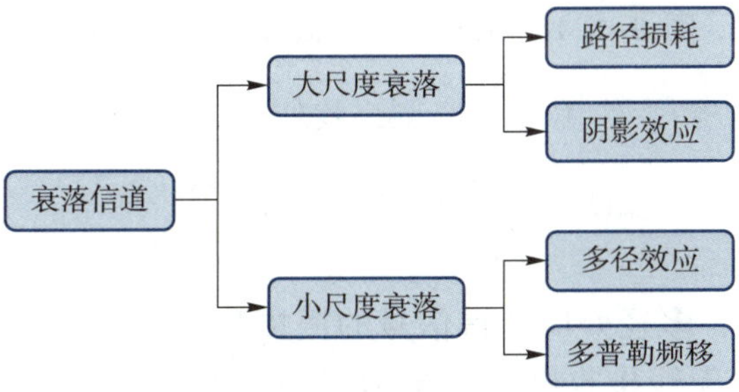

图 6–1–13 衰落信道的分类

式中 λ 代表传输信号的波长，d 代表收发端距离。但在大多数实际信道中，信号的传输，传播环境不理想，信号会发生反射，部分能量会被介质吸收。在这种情况下，平均的路径损耗可以表示为

$$\bar{L}_{\mathrm{s}}(d)\propto\left(\frac{d}{d_0}\right)^{n} \tag{6–1–2}$$

式中，d 代表收发端距离，d_0 表示一个可测的点与发射天线的距离，n 取决于频率、天线高度和传输环境。在自由空间中，$n=2$，当存在障碍物时，n 的取值会变大。

小尺度衰落是指信号幅度随着收发端距离的微小变化而产生较大起伏的现象。收发端距离的微小变化哪怕只是几个波长甚至一个波长，都会导致接收信号的幅度剧烈变化，对通信质量的影响极大。同时，小尺度衰落在时间维度也表现得较为剧烈，在短时间内信号幅度剧烈变化，因此也被称为快衰落。小尺度衰落产生的原因之一是信号沿着多条散射路径传播，每条路径长度不同，传播的时间也不同，因此产生了时延差。假设有 n 条散射路径，接收到的信号为

$$r(t)=\sum_{n}a_n s\left(t-\tau_n\right) \tag{6–1–3}$$

其中 $s(t)=g(t)\mathrm{e}^{\mathrm{j}2\pi f_{\mathrm{c}}t}$ 是经过频率为 f_{c} 的载波调制后的发射信号，τ_n 和 a_n 是第 n 条散射路径的时延和衰落系数。

如图 6–1–14 所示为信号在无线信道中的衰落特性。

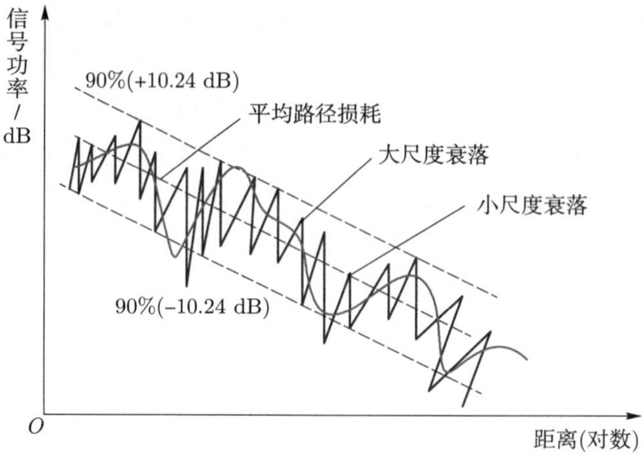

图 6–1–14 信号在无线信道中的衰落特性

将接收信号与 $\mathrm{e}^{-\mathrm{j}2\pi f_\mathrm{c}t}$ 作用进行解调，我们可以得到

$$z(t)=\sum_{n}a_n g\left(t-\tau_n\right)\mathrm{e}^{-\mathrm{j}2\pi f_\mathrm{c}\tau_n} \tag{6–1–4}$$

从式中我们可以看出，多径效应使得信号的振幅和相位均发生了变化。对于工作在 $f_\mathrm{c}=900$ MHz 的蜂窝无线接收机，只要不同路径的传播距离有 33 cm 的差异，就能产生 $1/f_\mathrm{c}$ 的时延差异，造成信号相位 2π 的变化。多种不同相位的信号叠加，会导致接收信号幅度的起伏变化。

小尺度衰落产生的另一个原因是收发端之间存在相对运动，产生了多普勒频移，导致信号的频率发生了变化。多普勒频移的表达式可以写为

$$\Delta f=f_\mathrm{c}\frac{v}{c}$$

式中 f_c 代表载波频率，v 代表相对移动速度，c 代表光速。在多普勒频移的影响下，接收到的解调后的信号为

$$z(t)=g(t)\mathrm{e}^{-\mathrm{j}2\pi\Delta ft}$$

在相对移动速度较低和载波频率较低时，多普勒频移带来的影响可以忽略不计。但高速移动场景下的高载波频率通信，会使得信号的频率发生剧烈变化，降低频分复用系统或依赖相干解调的通信系统的性能。

多径效应和多普勒频移的产生原因如图 6–1–15 所示。

(5) 多路复用技术

在简单的点对点通信系统中，每个数据流均使用单独信道才能传输。这造成了信道资源的极大浪费，如图 6–1–16(a) 所示。同时，随着网络应用的不断扩展，用户对数据传输速率的需求日益增加，传统的通信方式已经无法满足多个用户同时访问的需求，由此，多路复用技术应运而生。通过这种技术，可以将多路信号合并，再通过同一个物理信道进行传输，并在接收端将合并的信号分离为多路信号，如图 6–1–16(b) 所示。该技术的核心在于对信道中的时间、频率、码型等多维度的资源划分，

实现信道资源的高效共享与互不干扰，典型的多路复用技术有时分复用、频分复用和码分复用等。

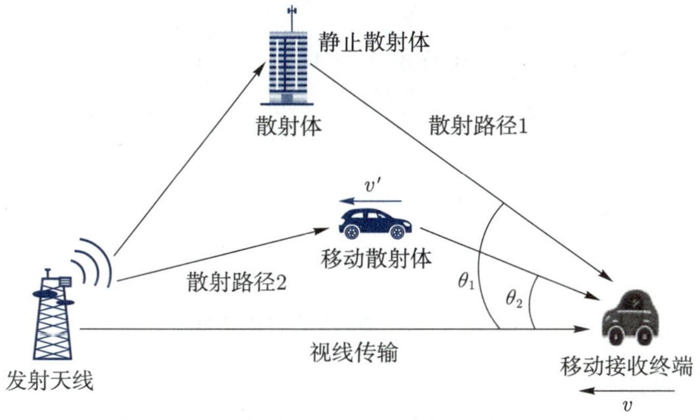

图 6–1–15　多径效应和多普勒频移的产生原因

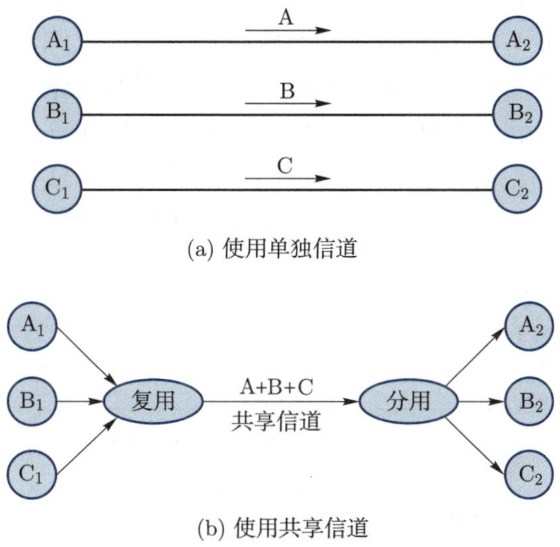

图 6–1–16　多路信号传输方式

① 时分复用技术

时分复用技术是将信道的时间划分为多个时隙，不同的信号占用不同的时隙进行传输，由于时隙的持续时间很小，从用户感受的角度而言，多路信号实现了同时传输，因而实现了信道时分复用。在接收端，根据信号不占用的时隙，可以很方便地分离多路信号。时分复用技术图如图 6–1–17 所示。通过采用时分复用技术，可以并行处理多个数据流，大大提高了信道利用率，并且由于不同信号在时间上被分隔开，减少了信号之间的干扰，使其具有较强的抗干扰能力。但是，由于需要对每个数据流进行精确的时间控制，所以实现起来相对复杂，特别是当信号源数量较多时，多个信号轮流占用信道，可能会增加传输时延问题。

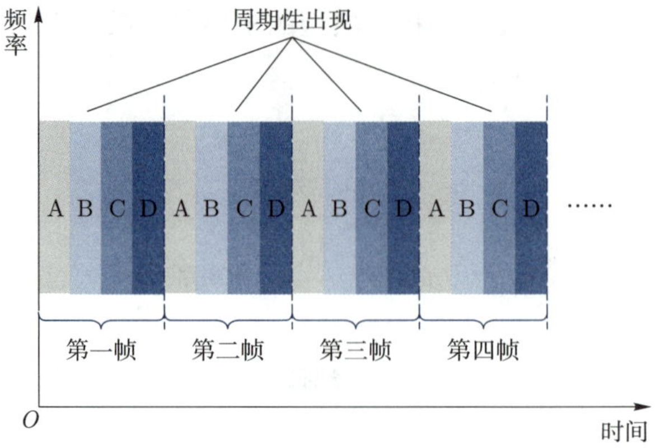

图 6–1–17 时分复用技术图

② 频分复用技术

频分复用技术是将信道的总带宽划分为多个互不重叠的子频段，将要传输的多个信号通过频谱搬移技术搬移到不同的频率上，在传输过程中，每路信号独占一个子频段，多路信号进行并行传输，在接收端，通过带通滤波器将各子频段信号分离出来，恢复出原始信号。频分复用技术的核心思想是通过频率域的划分，将信号分配到不同的子载波中进行传输，从而实现多个信号同时传输而互不干扰。频分复用技术图如图 6–1–18 所示。频分复用技术允许多个信号共享同一信道，从而实现了对信道资源的高效利用，可以在保证通信质量的前提下，实现更高的通信速率。但是，该技术的频率规划过程较为复杂，且需要在子频段之间设置保护间隔，造成了一定的资源浪费。

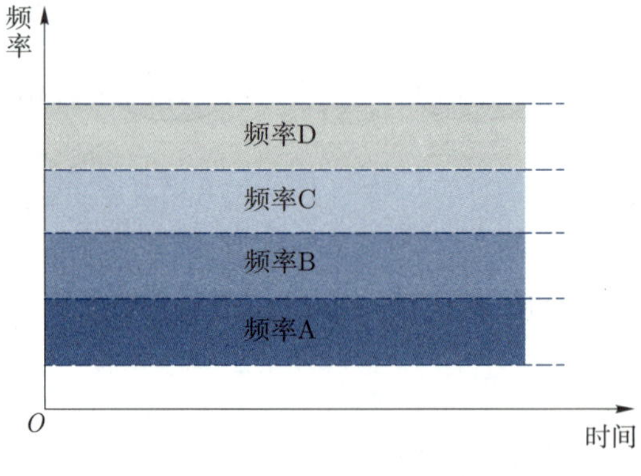

图 6–1–18 频分复用技术图

③ 码分复用技术

在传统的时分复用和频分复用中，将时间或频率划分成不同的片段，每个用户独占一个片段进行数据传输。而在码分复用中，多路信号都同时使用相同的频率范围，但通过不同的编码序列来区分彼此的数据。在码分复用中，每路数据都有一个唯一的编码序列，根据这个序列对数据进行扩展，并在接收端利用与发射端相同的编码序列进行解码和抽取，从中分离出原始数据。码分复用技术的核心思想是通过每路数据独有的编码方式来区分不同的原始信号流，使得多个用户可以在同一频率范围内同时进行通信而不互相干扰，大大提高了信道利用率和传输效率。码分复用技术图如图 6–1–19 所示。在码分复用中，每个用户使用不同的编码序列，这些序列相互正交，从而具有很强的抗干扰能力。但是该技术相对较为复杂，并且经过序列扩展后，信号所占用带宽增大，信号功率谱密度下降。

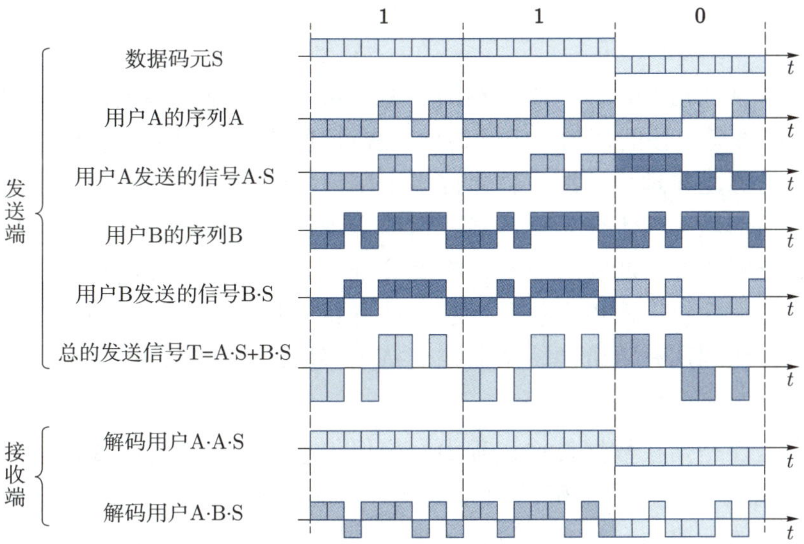

图 6–1–19 码分复用技术图

总而言之，多路复用是一种有效的信道资源划分与复用技术，通过复用已有的通信资源，可以在一条物理通道上同时传输多个数据流，提高带宽利用率和传输效率，降低通信成本，并且能够满足多用户同时访问的需求。

(6) 通信系统的性能指标

在按照之前的描述构建好一个物理通信系统后，为了评价该系统的优劣，需要建立一套能反映系统各方面性能的指标体系。本小节将讨论通信系统的传输可靠性、资源有限性、多用户共享性和通信安全性这四个性能指标，帮助同学们更好地理解通信系统。

① 传输可靠性

通信系统的传输可靠性指的是接收信息的准确程度，即传输的“质量”问题。在通信系统中，可靠性是一个重要的性能指标，它直接关系到信息传输的正确性和有效性。在各种通信环境中，信道会受到干扰、噪声、多径效应等影响，导致数据传输时可能出现错误。

为了提高传输的可靠性，系统通常使用调制和解调技术。通过调制，系统可以将消息变化为适合信道传输的信号，并增强抗干扰能力。同时，在接收端通过解调技术，能够最大限度地还原传输中的消息。并且，在传输过程中，由于通信链路会受到多种因素的干扰，使得通信系统具有动态性和随机性，为了应对多变的通信环境，需要根据信道状况进行信道自适应技术，或引入冗余进行信道编码等。

② 传输有效性

通信系统可利用的资源往往是有限的，传输有效性指的是系统在有限的频谱、时间、空间等资源下，最大化利用这些资源提升数据传输速率和系统容量的能力。在现代通信网络中，无线设备和用户数量的不断增加使得频谱资源日益紧张，因此，在有限资源的条件下实现更高的数据传输速率成为通信系统设计的一项重大挑战。为了提升传输有效性，通信系统可以采用波形设计、资源复用、压缩编码等方法。

③ 多用户共享性

多用户共享性指的是多个用户在同一通信系统中同时共享频谱、时间等信道资源，从而实现海量连接的通信。信道共享是提高通信系统多用户共享性的有效途径。信道共享的目标是在理想情况下，允许多个用户同时使用同一信道，每个用户都能获得良好的通信质量而不会发生冲突。目前实现信道共享的技术包括时分复用、频分复用和码分复用等，能够在时间、频率等维度上对信道资源进行划分，让多个用户同时接入通信系统，而不会彼此干扰。通过频谱和时间等资源的有效共享，通信系统可以最大化利用有限资源，从而在支持更多用户的同时，提高系统吞吐量。

④ 通信安全性

通信安全性是指在数据传输过程中，确保信息不被非法篡改或窃取的能力。它确保了通信系统中信息的机密性和完整性。目前，为了支持更多样化的应用场景，现代通信网络的开放性允许多种设备、平台和用户接入同一个网络。近年来低轨卫星互联网发展势头猛烈，成为了下一代移动通信的潜在关键技术之一。由于卫星通信设备的空间开放性，使得通信安全变得尤为重要。系统的开放性带来了许多安全方面的挑战。由于网络对外界开放，任何设备都可能尝试连接，这使得系统容易受到外部攻击和未授权访问。为了解决开放性带来的安全问题，目前常用的技术包括加密和鉴权等。加密技术能够使信息在传输过程中被转换为只有授权用户才能解密的形式，从而防止信息被第三方窃取或篡改。鉴权技术能够验证用户或设备的身份，确保只有经过认证的合法用户才能访问通信系统，防止未经授权的用户接入网络。

通过综合使用加密、鉴权等技术，通信系统能够在保持开放性的同时，提供高水平的安全保障，确保数据在开放环境下依然能够安全、可靠地传输。

6.1.3 典型通信网络系统

在基本原理的支撑下，当今社会已部署了一系列通信网络，服务于多样化的应用环境和业务需求。本节将介绍三种典型通信网络。

1. 骨干网

在当今信息社会中，骨干网作为国家信息网络的中枢，用于连接各大城市、数据中心和重要的网络结点，通过大容量、高速且低延迟的光纤传输技术，确保了国家重要数据的可靠传输和跨区域的通信需求，支撑了整个广域网的运行和扩展。

在骨干网基础设施的强力支撑下，广域网覆盖了全国乃至全球范围内的用户和设备，将分散在不同地理位置的局域网互相连接起来，实现长距离且高效的数据传输。并且通过高速光纤网络和先进的光传输技术，广域网能够承载大规模的数据流量，具有极高的传输速率和数据稳定性。

目前我国广域网建设已经进入了高速发展阶段。随着具备更高传输速率以及更低传输时延的 5G 技术的逐步成熟，极大地提升了全国范围内的数据传输速率和广域网的带宽。并且随着光纤入户技术的广泛应用，使用户能够通过高速光纤网络，体验到更快的网速和更加稳定的宽带服务，特别是对于在偏远山区和农村地区的用户能够与城市用户一样，享有同等质量的网络接入。

在我国的广域网建设中，通过八条纵向和八条横向的光纤主干，形成了全国范围内“八纵八横”式的光缆网络布局，将我国的主要城市和经济区紧密连接起来。通过这一庞大的网络布局，我国广域网的覆盖范围大幅扩展，不仅连接了各个城市，还连接了农村和边远地区，确保全国范围内的数据高速传输。

尽管我国的广域网建设已经取得了许多显著的成就，但其仍然存在着很多问题和挑战。随着互联网、物联网、大数据等技术的快速发展，数据传输的规模和速度需求在急剧上升，面对不断演变的应用场景，广域网需要进一步提升网络容量和性能。此外，由于广域网需要整合多种技术并连接更多的用户和设备，大大增加了其网络复杂性，使其相比于局域网和城域网更容易出现安全漏洞，因此为了应对潜在的安全威胁，广域网需要不断加强安全防护措施。

2. 无线网

在现代通信技术中，局域网 (LAN) 能够在一个局部的地理范围内，将各种计算机、终端与外部设备等互相连接起来，组成一个通信网络。局域网根据传输介质的类型可以分为有线局域网和无线局域网。有线局域网通常使用物理线路 (如电缆或光纤) 进行数据传输，而无线局域网则依赖于无线电传播等技术，不需要物理线路将计算机与网络连接起来，但也能提供传统有线局域网的所有功能。

相比于有线局域网而言，无线局域网不需要依赖物理介质，极大地提升了网络的灵活性、便捷性和可扩展性，使其能够在多种复杂环境下适应现代信息社会的网络需求。具体而言其特点如下：

① 灵活性：无线局域网相比于有线局域网来说最大的优势就是其强大的灵活性。由于无线局域网不需要复杂的布线，所有支持无线网络的设备 (如笔记本、智能手机、平板电脑等) 都可以自由移动，只要在无线信号覆盖范围内，它们就能保持网络连接。

② 便捷性：传统的有线局域网在初期布线时，可能需要铺设大量电缆，进行墙壁打孔、天花板走线等烦琐的工程；而无线局域网只需要安装适量的无线接入点，即可迅速覆盖特定区域，完成网络的搭建，大大减少了硬件投入和人工成本。

③ 可扩展性：相比于有线局域网，无线局域网能够根据业务需求灵活增加新的接入点，而无须重新布设线路、大规模改动现有的网络结构，使其能够迅速应对不断变化的网络需求，为用户提供更加稳定的网络连接。

为了满足不同的应用场景需求，无线局域网需要采用多种拓扑结构连接网络中的无线设备，进行数据传输，如图 6-1-20 所示。

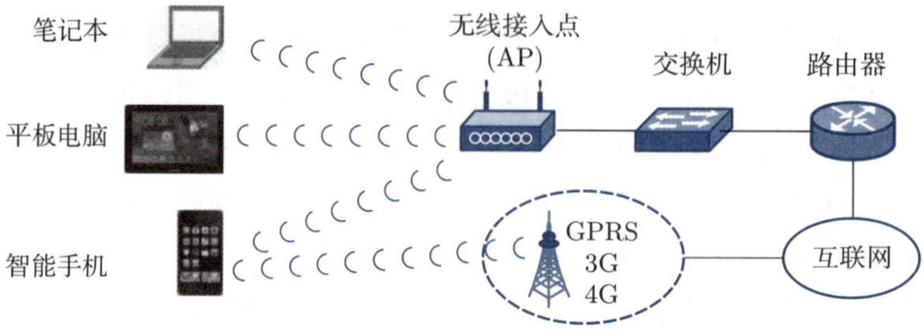

图 6-1-20 无线局域网系统示意图

目前主要的无线局域网拓扑结构通常有如下几种：

① 基础结构模式：基础结构模式是无线局域网最常见的拓扑结构，在该模式下，所有无线设备 (如笔记本电脑、手机、平板等) 通过无线接入点 (AP) 连接到网络，AP 作为网络中心负责协调设备之间的通信。基础结构模式能够通过无线接入点对网络中的设备进行集中化管理并提供稳定连接，因此该类拓扑结构主要应用于家庭、办公室和公共场所。

② 点对点模式：点对点模式是一种无须无线接入点的网络拓扑结构，每个设备都可以充当通信的发射和接收结点，并直接进行点对点通信。在该模式下，网络不依赖固定的基础设施或接入点，并且可以灵活地建立和关闭，因此非常适合临时性或紧急场景下的部署，例如临时会议或应急通信。

③ 无线网桥模式：无线网桥模式利用一对无线网桥来转发数据，能够跨越地理障碍 (如河流、道路、建筑物等) 将两个地理上分散的有线或无线局域网网段连接起来，形成一个统一的局域网。该模式利用无线技术实现物理上分离的局域网互联，特别适用于跨建筑物的网络连接和远距离的数据传输。

尽管无线网的发展为我们的生活带来了极大的便利，但由于无线网络的开放性和灵活性，使其面临以下安全威胁：

① 窃取数据：无线信号通过空气传播，在传输过程中，攻击者可以窃取无线网络中传输的数据，例如个人信息、财务信息等，导致数据泄露。

② 身份冒充：无线网络中的身份认证如果不严密，攻击者可能伪装成合法用户，未经授权进入网络，并访问无线网络中的资源，对其进行恶意操作。

③ 病毒和恶意软件：网络上的病毒和恶意软件可能会通过网络传播，并对无线网络造成威胁。

3. 卫星互联网

卫星互联网是指通过卫星进行全球联网的一套通信系统，它基于卫星通信技术，为全球范围内的用户提供高带宽、灵活便捷的互联网接入服务。卫星互联网具有诸多优势，如传输延时小、链路损耗低、发射灵活等，且可通过增加卫星数量提高系统容量。卫星互联网不受地理限制，能够实现偏远山区、沙漠、海洋等人口稀少或地理环境恶劣地区的互联网连接。因此，卫星互联网在全球范围内具有重大的战略及经济意义。

卫星互联网主要由空间段、地面段和用户段三部分组成。这三部分共同协作，构成了完整的卫星通信系统，用以实现全球范围内的互联网连接。

空间段是指处于地球轨道上的通信卫星系统，负责在地面和空中的不同结点之间进行数据传输。根据轨道高度不同，卫星可以分为以下三种：

① 低轨卫星 (LEO)：位于地球表面 500～2 000 km 的轨道，如 SpaceX 的星链 (Starlink) 项目。低轨卫星具备较低的延迟 (20～40 ms)，适合实时通信。

② 中轨卫星 (MEO)：位于 2 000～35 000 km 之间的轨道，如 O3b 卫星系统，适合用于全球导航和通信等中等延迟的服务。

③ 高轨卫星 (GEO)：位于 36 000 km 的地球同步轨道，覆盖范围广，但延迟较高 (约 250 ms)，适合提供电视广播等非实时性的服务。

这些卫星通过建立“星座”或“群组”形成全球网络，确保卫星之间能够高效传输数据。尤其是低轨卫星，通常需要数百至上千颗卫星共同协作，才能实现全球无缝覆盖。

地面段包括地面基站、网关站、网络控制中心等设施，负责连接卫星与地面互联网核心网络。其主要构成为基站、网关站和网络控制中心。基站和网关站接收和发射地面设备与卫星之间的信号。这些站点将用户终端的信号发送到卫星，或将卫星接收到的数据传送到地面互联网网络中。网络控制中心负责监控、管理卫星网络的运行，调度卫星和地面设施，确保网络的安全和稳定性。地面段通过高性能的网关站与互联网的核心结点相连，确保用户可以通过卫星连接到全球互联网，同时还能优化流量路由，减少通信延迟。这一段是整个系统的大脑，起着管理和调控的作用。

用户段是指使用卫星互联网的终端设备和用户系统。典型的用户段设备包括卫星天线、调制解调器等，用户通过这些设备接收来自卫星的信号，并通过地面网络连接到互联网。卫星天线可以安装在家用场所、企业建筑、船舶或飞机上。随着低轨卫星的普及，移动用户也可以通过特殊的手持设备或内置卫星通信模块的智能手机访问互联网。

卫星互联网最显著的应用场景是为传统地面网络无法覆盖的偏远地区提供互联网服务。在山区、沙漠、森林、极地等区域，铺设光纤或基站难度高，卫星互联网能够为这些地方的居民和机构提供稳定的通信服务。它还能够为船舶和飞机等远离地面的用户提供持续的互联网接入。

除此之外，卫星互联网还有着重要的战略意义。自然灾害 (如地震、洪水等) 导致地面通信基础设施损毁时，卫星互联网可以快速部署，恢复灾区的通信和网络连接，支持救援工作和应急响应。这种快速部署广泛传输的特性也使得卫星互联网被广泛应用于军事通信和安全监控。它可以为部队在全球范围内提供稳定的网络支持，确保指挥、控制和作战信息的实时传递，适应复杂环境中的任务需求。

当前，卫星互联网的建设已被提升至国家战略层面。为确保国家在关键技术和数据安全领域的自主可控能力，构建我国自主的空天地一体化信息系统，中国星网于 2021 年 4 月 26 日成立，由国务院国资委直接监管。这标志着我国卫星互联网进入统筹规划、系统建设的新阶段。中国星网的当前目标是通过在近地轨道部署 12 992 颗卫星，构建全球最大的低轨卫星星座之一，实现全球覆盖的卫星互联网服务，目前已完成多批次发射任务。2023 年 7 月，中国星网成功发射试验星，开启了国内低轨卫星互联网的探索。2024 年 12 月，中国星网成功发射低轨卫星互联网 02 组卫星，验证了高频次批量部署能力，并采用国产化设计，覆盖通信、导航增强等功能，为空天地一体化网络奠定基础。中国星网目前已与地面运营商 (如中国移动、中国电信) 合作，推动“手机直连卫星”等应用，降低用户使用门槛，激发大众市场需求。中国电信已开通卫星通话业务，华为 Mate60 系列等终端支持卫星直连，加速技术普及。未来，中国星网将进一步加强与地面通信网络的融合，实现空天地一体化的通信服务，为用户提供更加便捷、高效的通信体验。

6.2 雷达与探测

探测技术就是利用被探测目标的声、光、电、磁、热、化、力学等特征信息，研究和使用对应的传感器接收这些信息，经过加工和数据处理，形成有用信息。在信息获取和传递中大多是利用目标的电磁辐射特性，电磁辐射是信息获取技术的最基础和最重要的知识。众所周知，物质运动的各种形态能量，包括动能、化学能、热能、电能、磁能和原子能等，都可以转换成电磁辐射，也称电磁波。电磁辐射可以用发射、反射、吸收、散射、偏振等特性表示，探测技术就是利用目标的电磁辐射特性来获取其信息的，也是利用电磁辐射特性来传递有用的信息。

电磁辐射主要以如下几种形式产生：

(1) 交变电磁场

设想有两根短直导线，它们与交变电流的发电机端子相连，导线之间就会有来回运动的电荷。导线附近存在交变的电场，感应产生交变磁场。往复下去，形成交变电磁场的传播，这就是电磁辐射，辐射频率与交变电流的频率相同。实际上，这个简单的辐射器就是原极天线。无线电频率的电磁辐射，通常是在导线、电子束或天线表面内的电荷通过周期流动产生的。频率更高的微波电磁辐射也可以利用上述方法由电能转换产生。通常，专门设计一种特殊的电子管结构，其中的高速电子束的运动产生交变电场/磁场。将这种电磁辐射导入波导之内，送到辐射发射结构，交变电磁场产生磁辐射，可应用于雷达探测技术之中。

(2) 受激发射

任何物体都由分子组成，分子由原子构成，原子由带正电的原子核以及许多围绕原子核运动、带负电的电子所构成。同电子一样，分子和原子也在不停地平动、振动和转动，它们都处于特定的能量状态。如果让这种运动状态发生变化，必须吸收或放射出能量。物体吸收能量的方式很多，如加热、通电、照光和化学反应等。物体自身一般以电磁辐射形式放射出能量。分子的整体具有不同的转动能级，如果采用某种方法激发分子，使其转动能级从低能态跃迁到高能态，在激发能量撤销后物体便以电磁辐射形式放射出能量，转动能级恢复到原来状态。利用这种方法可以产生微波辐射。实际上，这是一种叫微波激射器的辐射源。这种利用物体内部原子能量转换电磁辐射的方法，还可能产生更高频率的辐射，如红外辐射、可见光、紫外线或波长更短的 X 射线等。这就是著名的激光辐射源的基本原理。固体内两原子之间的振动、原子绕原子旋转运动以及电子转绕原子核的运动等，都具有各自特定的能量状态。利用上述的激发方式都可以让它们发射出特定波长的辐射。原子的振动运动对应短、中波红外辐射，电子轨道的改变对应于近外、可见光及紫外等频段的电磁辐射。利用受激发射产生电磁辐射可以用于激光探测。

(3) 热辐射

自然界任何物体的温度都高于热力学的绝对零度 (0 K，约 −273.16℃)。这说明物体内部具有热能，处于特定的热状态。热能使物体内的分子、原子和电子处于随机运动的状态，包括电子运动跃迁，原子和分子的振动、转动。与随机运动相对应的电磁辐射过程是发射或吸收波长范围很宽的辐射，这就是普遍存在于自然界的热辐射。热辐射与物体温度直接相关，温度越高辐射越强。从辐射波长看，温度越高，短波成分越强；低温物体，长波辐射强，发出红外和微波辐射。当一个物体温度不变时，就说明发射与吸收两者平衡。一个良好的辐射发射体必然也是一个良好的辐射吸收体。此外，物体的热辐射还与其物质成分、表面状态、几何结构等因素有关。应当指出，在常温下，物体红外长波 (8～12 μm) 辐射能量最大，红外中波 (3～5 μm) 辐射的能量仅为长波的 1/50 左右，而红外短波辐射几乎很小，因此短波红外成像依靠的是自然界红外短波经物体反射，其原理类似可见光成像。

本节重点介绍信息获取的各种探测技术，重点探讨雷达探测技术，然后概略介绍光电和无源探测技术。

6.2.1 雷达的起源与分类

雷达是信息技术中应用最广泛的系统，是历史悠久、创新性强的专业领域，对经济社会和军事发展起了重大的推动作用。

雷达，即无线电探测和测距 (radio detection and ranging)，其利用无线电的方法发现目标并测定它们的空间位置。探测是判断有无目标，测距是测量目标距离，雷达是采用无线电手段完成检测和测距的电子系统。“雷达” 这个名词形象地表达了 “雷”“达到” 某个位置处并返回相应的信息，这也体现出中华文化的博大精深。

雷达的工作原理与回声类似。举个例子，在夏天雷暴天气时，远处传来闪电与雷声，假设看到闪电的一瞬间开始计时，经过一段时间又听到雷声，这时我们也能大致计算出打雷的地方离我们有多远 (时间乘以声音在空气中传播的速度)。相应地，我们将声波换成无线电电波，就是最简单的雷达测距原理；在水下利用这种原理进行声波探测就是声呐，其原理与雷达类似。

雷达技术的发展是建立在电磁科学基础上的，在麦克斯韦预言电磁波存在之后的很多年，人们不知道如何利用电磁波来探测目标。到了 1922 年 (与麦克斯韦 1864 年预言电磁波相距 58 年)，古列莫 · 马可尼 (Guglielmo Marconi) 提出了用短波无线电探测物体的设想，他说："电磁波是能够被导体所反射的，可以在船舶上设置一种装置，向任何所需要的方向发射电磁波，若碰到导电物体，它就会反射到发射电磁波的船上，由一个与发射机相隔离的接收机接收，以表明另一船舶是存在的，并进而可以确定其具体位置"。这就是最初雷达概念的诞生。

从概念提出到 1934 年第一部脉冲雷达接收到飞机的反射波只经过了 12 年时间，又经过了 2 年，在 1936 年，美国海军研究所研制出天线收发转换开关，实现了雷达发射和接收可以共用同一副天线，取得了脉冲雷达的重大突破。在第二次世界大战之前，雷达仅作为技术研究，几乎没有投入到实用场景之中，从第二次世界大战开始，雷达技术得到快速发展，雷达系统进入战场。

二战中美国第一部海军服役的雷达为 CXAM，于 1940 年启用，1941 年 12 月，日本偷袭珍珠港时，美海军在军舰上已经装备了各种型号雷达共 79 部；美空军 1940 年 8 月开始装备 SCR-276 (机动型) 和 SCR-271 (固定型) 雷达；美陆军在二战早期使用 SCR-268 雷达，引导防空火炮。二战期间，美国成立了许多雷达技术研究机构，其中，美国麻省理工学院 (MIT) 于 1940 年 11 月成立的辐射实验室最引人注目，该实验室成功地将微波技术用于陆海空的雷达研制中。在二战期间，有 150 多种不同的雷达出自该实验室，比较典型的是 SCR-584 炮瞄雷达，SCR-720 战斗机载截击雷达，以及 AN/APQ-7 轰炸机机载雷达。美国在二战中装备的各型雷达对德军和日军产生了重要威慑，尤其是 SCR-584 炮瞄雷达在打击德军飞机中发挥了重要作用。SCR-271 警戒雷达在日本飞机偷袭珍珠港时，已发现了大批目标在荧光屏上，可惜美国指挥官误判为自己的飞机，未及时采取反制措施，酿成了震惊世界的珍珠港事件，逼迫美国对日宣战。

除美国在二战中大量使用雷达外，苏联也装备了 RUS-1 双基地连续波雷达、RUS-2 和 RUS-2C 等脉冲雷达，在前沿战场和莫斯科与列宁格勒保卫战中，这些雷达发挥了重要作用；二战初期，德国开发的防空雷达水平不低于美国和苏联，但数量不足，发挥作用不明显。

二战之后的冷战至今，在装备竞赛刺激之下和各场战争的需求牵引下，雷达技术得到了迅猛发展。动目标显示、脉冲多普勒、频率捷变、天波和地波、超视距、多功能相控阵、合成孔径等雷达相继出现。美军各种地基、空基、海基和天基雷达装载在不同武器平台上，用电扫相控阵天线和数字阵列技术大大提高了机械扫描天线的能力，使雷达的性能产生了飞跃。"爱国者" 防空雷达、"宙斯盾" 预警雷达成为家喻户晓的明星装备；星载和机载合成孔径雷达 (SAR) 投入应用，实现全天时全天候高分辨率成像，极大增加了战场透明度；"长曲棍球" 成像卫星也是 "明星" 之一。美国国家导弹防御 (NMD) 系统和战区弹道导弹防御 (TMD) 系统的建设过程中，使用了超过百部大型相控阵雷达，其中陆基雷达天线直径达 12.5 m，分布约 81 000 个发射/接收组件，每个发射组件的平均功率为 2.1 W，总平均发射功率达 170 kW。此外，弹载制导雷达也成为发展的重点之一。

雷达不仅仅可用于军工，也可以在民用领域发挥重要作用，雷达的名称特别多，下面从不同角度来对雷达进行分类：

(1) 从雷达的用途分类

按照雷达的用途，可分为军用雷达和民用雷达。军用雷达的用途非常广泛，根据雷达安放的位置可分为地面雷达 (包括车载)、舰载雷达、机载雷达、星载雷达和弹载雷达，其中地面雷达的功能包括对空监视雷达、引导与目标指示雷达、空间目标监视雷达、导弹预警雷达、超视距雷达、火控雷达、精密跟踪和测量雷达等；舰载雷达的功能与地面雷达相似；机载雷达包括机载预警雷达 (预警机上装载)、机载火控雷达、机载侦察监视雷达、轰炸机机载雷达、机载气象雷达等。

在民用雷达中，按作用划分，有空中交通管制雷达、内河与港口管制雷达和气象雷达等。对其中的每种雷达还可进行细分。例如，空中交通管制雷达中又包括航路管制雷达、进场雷达等。

(2) 按信号形式分类

按雷达信号是脉冲信号还是连续波信号可分成脉冲雷达与连续波雷达。脉冲雷达可按不同的雷达信号调制方式进一步分成例如脉冲压缩雷达、噪声雷达和频率捷变雷达等。采用调频连续波 (frequency modulated continuous wave，FMCW) 信号的雷达称为调频连续波雷达。采用相参信号与非相参信号的雷达则分别称为相参雷达与非相参雷达。按信号瞬时带宽的宽窄，雷达又可分为窄带雷达或宽带雷达。

(3) 按信号处理方式分类

动目标显示雷达、脉冲多普勒 (PD) 雷达、频率分集雷达、极化分集雷达和合成孔径雷达等，都是以它们信号处理方式的特点来取名的。

(4) 按天线波束扫描方式分类

按天线波束扫描方式，雷达可分为机械扫描雷达与电扫描雷达两大类。

(5) 按测量的目标参数分类

两坐标、三坐标雷达是以测量目标坐标位置 (方位、距离；仰角、距离；方位、仰角、距离) 命名的。除测量方位、仰角、距离外还能测量目标速度的雷达，在部分文献中称为四维雷达。按测量参数分类的雷达还有：测高雷达、测速雷达、目标识别雷达和敌我识别雷达等。

(6) 按角度跟踪方式分类

按角度跟踪方式，可分为圆锥扫描雷达、单脉冲雷达和隐蔽锥扫雷达等。

(7) 按工作频段分类

按工作频段可分为短波雷达、米波雷达、分米波雷达、微波雷达和毫米波雷达等。

雷达要完成各种任务都必须具备特定的功能，如侦察监视、预警火控、制导等，每个功能都有战术技术指标加以确定，如探测范围、距离、分辨率、测量精度、跟踪精度、抗干扰能力等，其中分辨率指标最重要，有距离、角度和速度分辨率，角度分辨率是指对相同距离上的两个不同方向的目标之间最小可区分的角度，又分为方位分辨率和俯仰分辨率，角度分辨率由无线波束宽度确定，波束越窄，角度分辨率越高，方位分辨率由天线几何尺寸决定，后面将结合雷达原理对相关指标内涵加以介绍。

6.2.2 雷达的基本原理

本节重点介绍雷达的组成、测量的原理和雷达性能的相互制约关系，侧重分析雷达主要参数的相互制约，这与其他教科书的介绍方法不同，请读者加以关注。

1. 雷达组成

雷达最基本的任务有两个，一是发现目标的存在，二是测量目标的参数，前者称为雷达检测，后者称为雷达参数提取或参数估值。雷达问世之初，主要的观察目标是飞机。发现飞机目标的过程是：雷达发射机向空间发射电磁波，电磁波遇到飞机目标时，一小部分能量被反射回接收机，接收机接收到从目标反射回来的回波信号，如果它超过一定的门限电压值，就称为探测到了或是发现了目标，由电波传播的往返时间即可获得雷达至目标的距离。

雷达要发现目标和测定目标坐标位置或其他参数，就应具有产生、传输、辐射和接收电磁波、测量电磁波往返时间以及指示目标方向的功能。所以，雷达设备必须包括能够完成这些任务的组成部分。如图 6–2–1 所示为一部典型脉冲雷达的组成框图，包括定时器、发射机、收/发转换开关、天线、接收机、显示器、天线控制装置等部分。

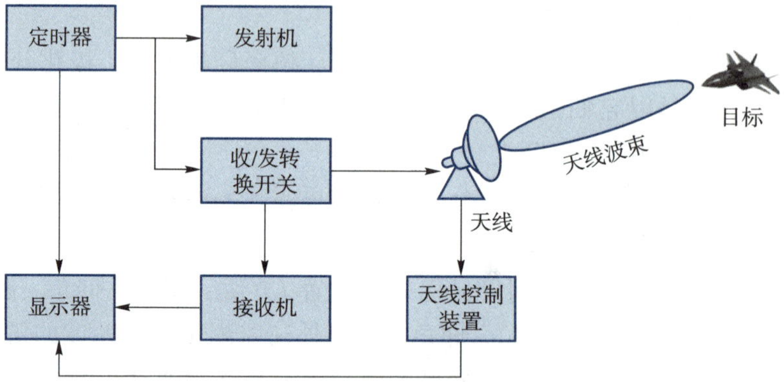

图 6–2–1 典型脉冲雷达的组成框图

① 定时器：产生定时触发脉冲，送到发射机、显示器等各雷达分系统，控制雷达全机同步工作。

② 发射机：在触发脉冲控制下产生射频脉冲进行发射。对于高性能相参雷达，发射机实际上是一个雷达信号的功率放大链，它将来自高稳定频率综合器的信号进行调制和放大，使信号功率达到需要的电平。

③ 收/发转换开关：在发射期间将发射机与天线接通，断开接收机，而在其余时间将天线与接收机接通，断开发射机。对于收、发共用一副天线的雷达来说，必

须具有收/发转换开关。

④ 天线：将发射机输出的电磁波形成波束，实现定向辐射和接收目标反射回来的电磁波。

⑤ 接收机：将回波信号放大、滤波，并变换成视频回波脉冲，然后送入显示器。

⑥ 显示器：雷达终端设备之一，用来显示目标回波、指示目标位置，是操作员用以操作、控制雷达工作的主要装置之一。

⑦ 天线控制装置：控制天线转动，使雷达的机械扫描天线波束依照一定的方式在空间扫描。

2. 测量原理

通过分析雷达回波信号，可以测量目标的距离 R、方位角 ϕ 和俯仰角 θ 等参量，下面逐一介绍测量原理。

(1) 目标距离的测量

雷达到目标的距离是由电磁波从发射到接收所需的时间来确定的，假如这个来回传播时间为 t，电磁波以恒定的光速 c 传播，则雷达到目标的距离 R 为

$$R = \frac{ct}{2} \tag{6–2–1}$$

其中，时间 t 的单位为 s (秒)，距离 R 的单位为 m (米)，光速 $c = 3 \times 10^8$ m/s。

(2) 目标方位角的测量

在大多数两坐标雷达系统中，雷达天线在方位角方向上进行机械旋转，天线波束扫描覆盖整个方位。当天线波束扫过目标时，雷达回波信号的强度随着波束位置的变化而变化：从无回波到回波增强，再到回波减弱，最后回波消失。此过程中，天线波束的形状对雷达回波的幅度进行了调制。

在波束扫描过程中，只有当波束的轴线与目标对准，即天线的法向与目标对齐时，回波强度才达到最大。此时，通过天线位置传感器 (如光电轴角编码器、旋转变压器、同步电机、或电容传感器等) 测得的方位角即为目标的方位角。这种方法称为“最大回波法”，是常见的测角方法。另一种常用的测角方法是“顺序比较法”，其原理是通过交替扫描左右两个相互交叉的波束来照射目标。仅当天线轴对准目标时，两个波束接收到的回波强度才会相等。在这时，两个波束接收到的回波强度相等，所对应的方位角即为目标的方位角。此外，还可以采用“单脉冲测角法”，即同时对两个重叠的波束接收到的回波信号进行幅度比较，然后通过内插方法来确定目标的角度位置。这种方法在大多数精密跟踪雷达中获得了广泛的应用。

值得一提的是，对于天线波束在垂直方向的扫描，上述方法同样适用于测定目标的俯仰角。

(3) 目标高度的测量

目标高度的测量如图 6–2–2 所示，它以测距和测仰角原理为基础。目标高度 H 与距离 R 和仰角 θ 之间的关系表示为

$$H = h + R\sin\theta \tag{6–2–2}$$

其中 h 是雷达天线高度。因此，测出目标的距离 R 和仰角 θ，即可计算出目标的高度。事实上，由于地面是弯曲的，计算出的高度还需进一步修正，如下式所示：

$$H = h + R\sin\theta + R^2/(2\rho) \tag{6–2–3}$$

其中 ρ 是地球曲率半径。

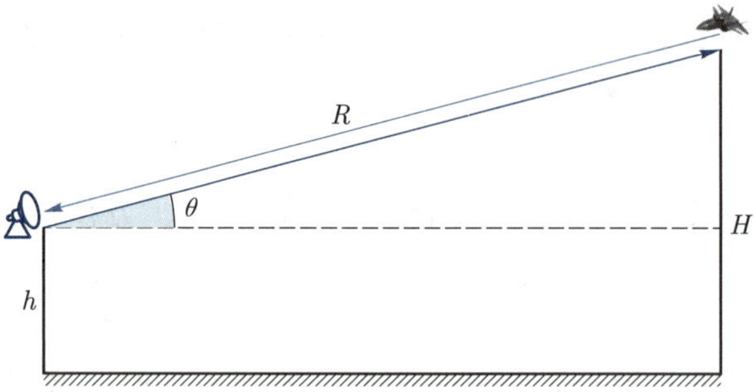

图 6–2–2 目标高度的测量

(4) 目标轨迹的测量

对于运动目标，通过多次测量目标的距离、角度参数，可以描绘出目标的飞行轨迹。利用目标的轨迹参数，雷达能够预测下一个时刻目标所在的位置。对于弹道目标，可以据此预测弹着点、弹着时间和发射点。

各种飞行器性能的提高，对雷达战术性能提出了越来越高的要求。例如，雷达测量的目标参数，在现今的两坐标雷达、三坐标雷达中通常是指方位、距离 (ϕ, R) 或方位、仰角、距离 (ϕ, θ, R)，对一些高性能或有特殊用途的雷达，除了上述三个参数外，还需测量目标的速度、加速度、目标回波的幅度起伏和极化特性。有的精密测量雷达还要提供目标的自旋频率，测量目标弹体分离事件 (如空空导弹从载机上发射、卫星从运载火箭上脱离等)。为了解决雷达对测量目标的分类、识别问题，需尽可能多地测量目标的特征参数及提高雷达测量的分辨能力。

(5) 目标径向速度的测量

由于多普勒效应，从运动目标反射的回波信号的频率与发射信号的频率相比，增加了一个多普勒频率偏移成分。通过测量回波信号的多普勒频移，可得到目标径向速度信息。

如果目标径向速度为 $v_{\rm r}$，雷达信号波长为 λ，则多普勒频移可表示为

$$f_{\rm d} = 2v_{\rm r}/\lambda \tag{6–2–4}$$

(6) 目标回波起伏特性的测量

目标回波起伏特性的测量对于判定目标属性有重要意义，例如，在定向目标监视雷达中，利用目标起伏特性可区分该目标是否为稳定目标 (自旋稳定或非自旋稳定目标)。

(7) 极化特性的测量

根据雷达测量得到的极化散射矩阵，在一定程度上可获得雷达目标的构成及属性信息。

(8) 目标事件的测量

在一些特殊用途的雷达中，需要测量目标事件，例如，目标分离、目标爆炸。卫星与导弹发射过程中的星弹分离、空空导弹发射过程中的机弹分离等均属于这类要观测的目标事件。为了实现这类测量，往往要求雷达具有高的分辨力和多目标跟踪能力。通过测量目标回波频谱中的两个边带频谱分量，可判断目标是否为自旋目标或是否存在章动。

(9) 雷达目标成像

提高雷达纵向距离分辨力和横向距离分辨力，可获得目标尺寸与形状特性的信息。通过采用大瞬时带宽信号，可获得足够高的分辨力。

3. 雷达主要参数的制约

雷达工作时要发射电磁波，其产生过程是：发射机产生连续震荡的高频正弦波，其频率稳定度很高，频率记为 f_0；然后再用周期性的矩形波调制，最后形成相参 (各个脉冲信号之间保持严格的相位关系) 脉冲序列信号，通过发射天线辐射到空间，再经目标返回到接收机，如图 6–2–3 所示。图中有两个频率，一个是连续波射频 f_0，另一个是脉冲的重复频率 f_r，通常 $f_0 \gg f_r$。

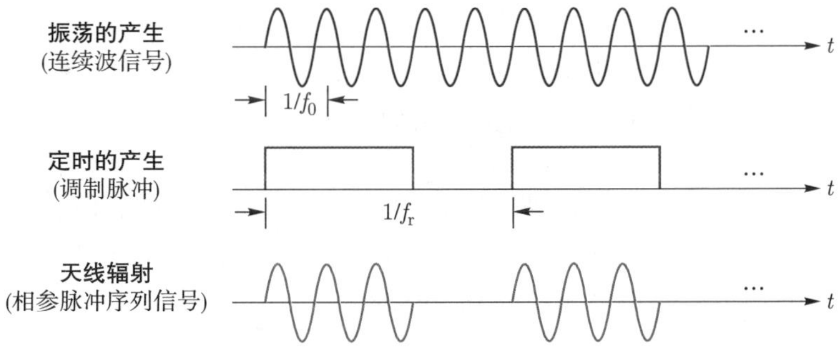

图 6–2–3 雷达波形产生过程示意图

在脉冲工作方式下，雷达发射和接收波形如图 6–2–4 所示。图中，需要格外注意三个波形参数：τ、T 和 f_0。τ 为脉冲波宽，T 为脉冲重复周期，$f_r = 1/T$ 为脉冲重复频率，f_0 为发射信号频率。发射波形则是周期性矩形脉冲与频率为 f_0 的射频信号相乘的结果，即

$$u(t) = \frac{1}{\sqrt{\tau}} \text{rect}\left(\frac{t}{\tau}\right) \cdot \sin(2\pi f_0 t) \tag{6–2–5}$$

参数 τ、T 和 f_0 对雷达的性能有着重要影响，且具有相互制约的关系，下面就这些制约关系进行叙述。对于初学雷达的同学来讲，这部分内容非常重要，一定要理解这些概念，其内容理解需要“信号与系统”和“数字信号处理”等课程作为支撑。

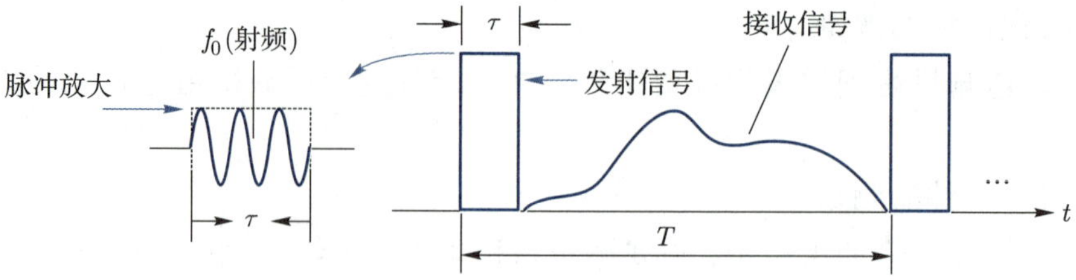

图 6–2–4 雷达发射和接收波形

(1) 脉冲宽度 τ 对雷达性能的影响

对于距离测量，通过测量信号的往返时间，就可以计算出距离，如图 6–2–5(a) 所示。距离分辨率指的是雷达区分两个近距离目标的能力，当两个目标位于同一方位角，但与雷达的距离不同时，雷达能够区分出来的最小距离就是距离分辨率，如图 6–2–5(b) 所示。

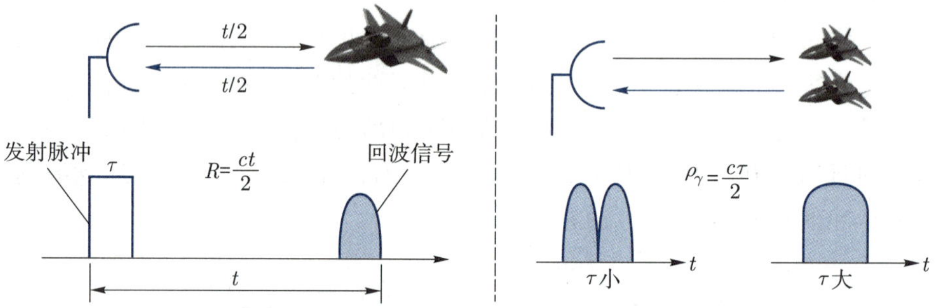

(a) 目标距离测量 (b) 距离分辨率

图 6–2–5 雷达的距离测量和距离分辨率

当 τ 较小时，两个目标的回波在时间上不会重叠，当 τ 较大时，两个存在径向距离的目标的回波就会重叠在一起。由此可见，距离分辨率由 τ 决定：τ 越小，距离分辨能力越强。距离分辨率可以定量表示为

$$\rho_\gamma = \frac{c\tau}{2} \tag{6–2–6}$$

对于普通矩形脉冲，其时域脉宽 τ 和频域脉宽 B 互为倒数，即 $\tau = 1/B$，因此，距离分辨率也可写为

$$\rho_\gamma = \frac{c}{2B} \tag{6–2–7}$$

对于速度测量，通过测量目标回波的多普勒频移，就可以计算出目标的速度，如图 6–2–6(a) 所示。速度分辨率指的是雷达能够区分两个不同速度目标的能力，速度分辨率越高，就表明雷达越能区分相近速度的目标，如图 6–2–6(b) 所示。

脉冲宽度 τ 越大，频域带宽 B 越小，则两个不同速度的目标频率更不易混叠在一起，速度分辨率越高。

根据以上分析，雷达要想提高距离分辨率须减少脉宽 τ，而提高速度分辨率就必须增加脉宽 τ，这是矛盾的。如何解决这个矛盾呢？

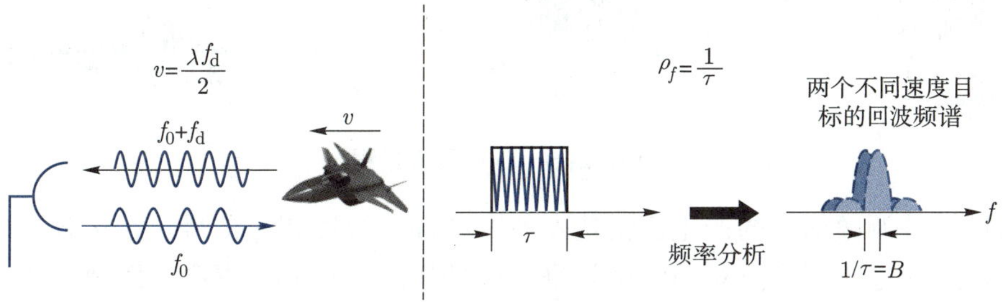

(a) 目标速度测量　　(b) 速度分辨率

图 6–2–6　雷达的速度测量和速度分辨率

20 世纪 40~50 年代间，以德怀特·诺思 (Dwight North) 和菲利普·伍德沃德 (Philip Woodward) 为首的科学家提出相关理论解决了这个矛盾。他们首先发现线性调频信号同时具有大的时宽和大的带宽的特点，线性调频信号为

$$u(t)=\frac{1}{\sqrt{\tau}}\mathrm{rect}\left(\frac{t}{\tau}\right)\exp\left(\mathrm{j}\pi kt^2\right) \tag{6–2–8}$$

其中，τ 为脉冲宽度，$k=\pm B/\tau$ 为调频斜率，B 为信号带宽。其时域和频域表示如图 6–2–7 所示。

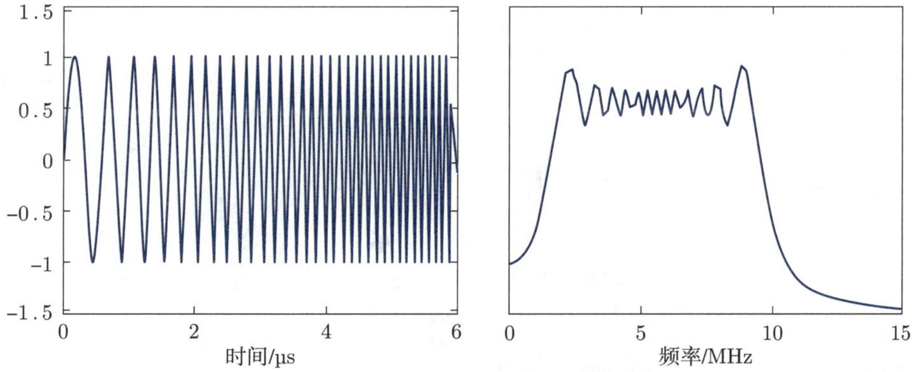

图 6–2–7　线性调频信号的时域/频域图

经过傅里叶变换，线性调频信号的频谱近似为一个带宽为 B 的矩形。这种信号同时具备了大的脉宽 τ 和大的带宽 B。对于传统信号，$\tau\cdot B=1$；对于线性调频信号，$\tau\cdot B=k$ (100~1 000)。

后来，伍德沃德建立的雷达模糊理论揭示了距离分辨率由雷达发射脉冲的频域带宽 B 决定，即 $\rho_\gamma=c/(2B)=(1/k)\cdot(c\tau/2)$。同时，诺思提出的匹配滤波理论，实现接收脉冲的压缩，使脉冲的宽度变窄，解除目标的距离模糊并提高分辨率，脉冲压缩过程如图 6–2–8 所示。

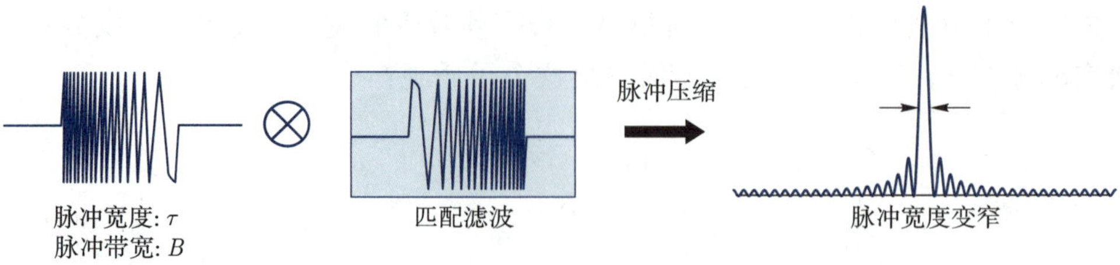

图 6–2–8 脉冲压缩过程

通过线性调频信号的产生，雷达发射宽脉冲的线性调频信号。在接收到回波信号后，雷达通过匹配滤波对回波信号进行脉冲压缩，从而既提高了距离分辨率，又提高了速度分辨率，解除了相互耦合关系，其被视为雷达技术进步的里程碑。

此外，τ 的大小不仅影响距离和速度的分辨率，还决定雷达发射的平均功率，从而影响雷达的探测距离：τ 越大，平均功率越大；τ 越小，平均功率越小。雷达的探测距离公式 (也称雷达方程) 如下：

$$R_{\max}=\left[\frac{P_{\text{av}}T_{\text{c}}G^2\lambda^2\sigma}{(4\pi)^3S_{\min}}\right]^{1/4} \tag{6–2–9}$$

其中 P_{av} 是平均发射功率，T_{c} 是相干累积时间，G 是天线增益，λ 是雷达波长，σ 是目标截面积，$S_{\min}$ 是最小可检测门限。

上述内容如图 6–2–9 所示。线性调频和匹配滤波的结合，既实现了高分辨率探测，又实现了远距离探测，这是雷达技术的一次变革。当然，产生大时宽和大带宽

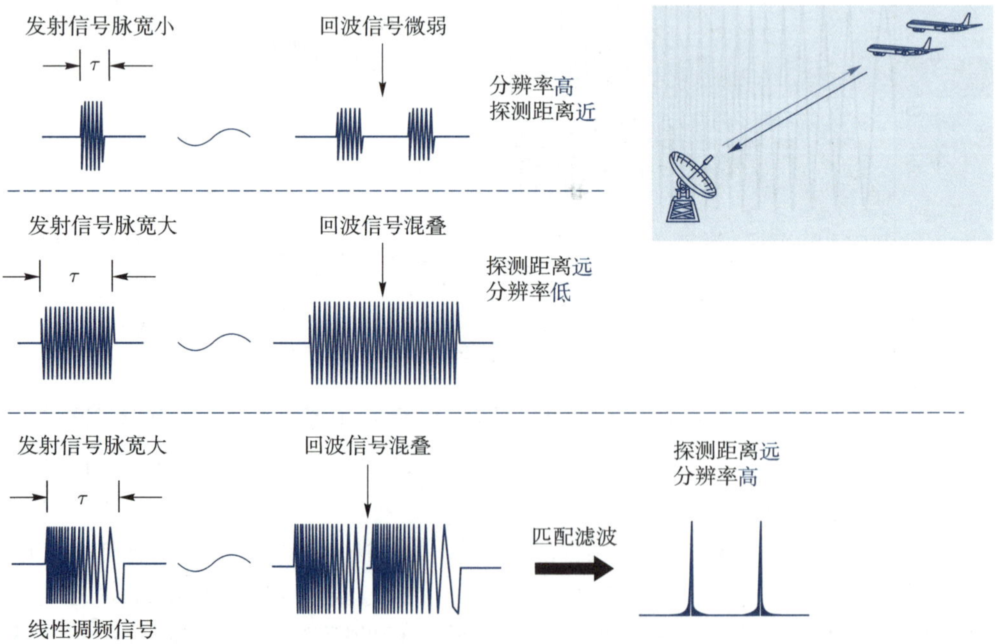

图 6–2–9 雷达探测过程

的方式不仅仅是线性调频信号，还有 Costas 频率编码脉冲、Barker 码、Frank 码等。有关脉冲调制方法的研究，一直是雷达领域创新的一个重要方向。

(2) 脉冲重复周期 T 对雷达性能的影响

几乎没有雷达根据单个接收脉冲进行检测，而是利用从每个目标接收的几个、几百个，甚至上千个脉冲串进行检测，周期脉冲串及对应的信号频谱如图 6–2–10 所示。

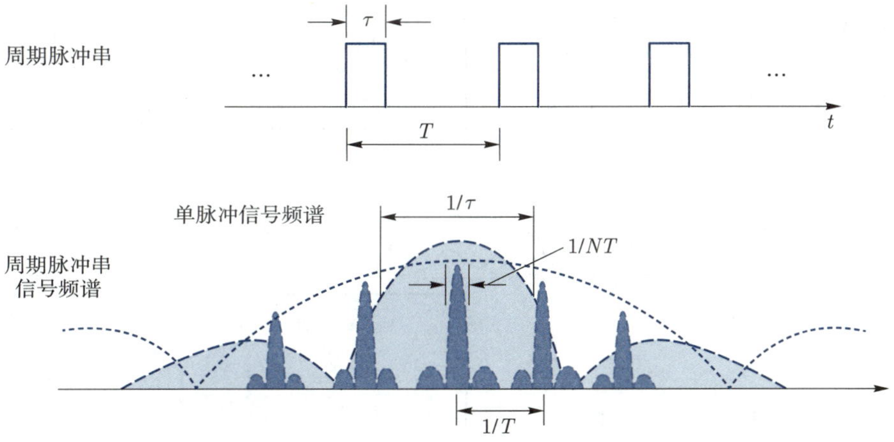

图 6–2–10 周期脉冲串及对应的频谱

根据傅里叶分析，脉冲串频谱的谱线间隔是脉冲的重复频率 $1/T$，它是等间隔的，而谱线的宽度是 $1/(NT)$ (N 是脉冲串个数)，NT 是雷达照射目标的总时间，在脉冲串检测模式下，其目标速度的分辨率 $\rho_{\mathrm{f}} = 1/(NT)$ 取决于信号积累的时间，即照射目标的总时间，N 增大和 T 增大都会提高速度分辨率；另一方面，脉冲串产生的谱线间隔是 $1/T$，当目标速度产生的多普勒频率 f_{D} 超过 $1/(2T)$ 时，频谱 (谱线) 就产生混叠，导致 $1/T$ 的整数倍的多普勒频率的测量误差，这就是盲速的由来。由此可见，要想提高速度分辨率，须提高脉冲重复周期，而减小速度模糊就要减少脉冲重复周期，这是一对矛盾。

另一方面，脉冲重复周期小会在时间上产生回波信号的混叠和遮挡 (由于收发使用同一天线，在发射脉冲时，回波不能接收)，会产生距离模糊，所以距离模糊和速度模糊对脉冲重复周期的要求也是矛盾的，如图 6–2–11 所示。

这个耦合，本质是测距在时域上进行，而测速要在频谱上完成，时域能分开，频谱就分不开，反之频域能分开，时域就分不开，这是原理的限制。为破解这个原理制约，研究人员长期作了不懈的努力，提出很多方法来解决矛盾。下面重点介绍一下高重频变参量波形体制破解矛盾的思路。

高重频变参量指的是发射高重复频率脉冲 (产生了距离模糊) 的同时，动态变换脉冲的脉宽 τ 和周期 T、调整脉冲的相位和接收机的波门。这里对出现的“波门”概念作一解释。波门是指在雷达接收信号时设置一个时间窗口，用于控制雷达系统何时接收回波信号。雷达有最大观测距离和最小观测距离，两个距离之间决定了雷达的观测范围，将这个范围平均分为 m 份，每一份所代表的距离就是雷达的距离波门大小。使用波门能够减少干扰、提高目标识别跟踪能力。

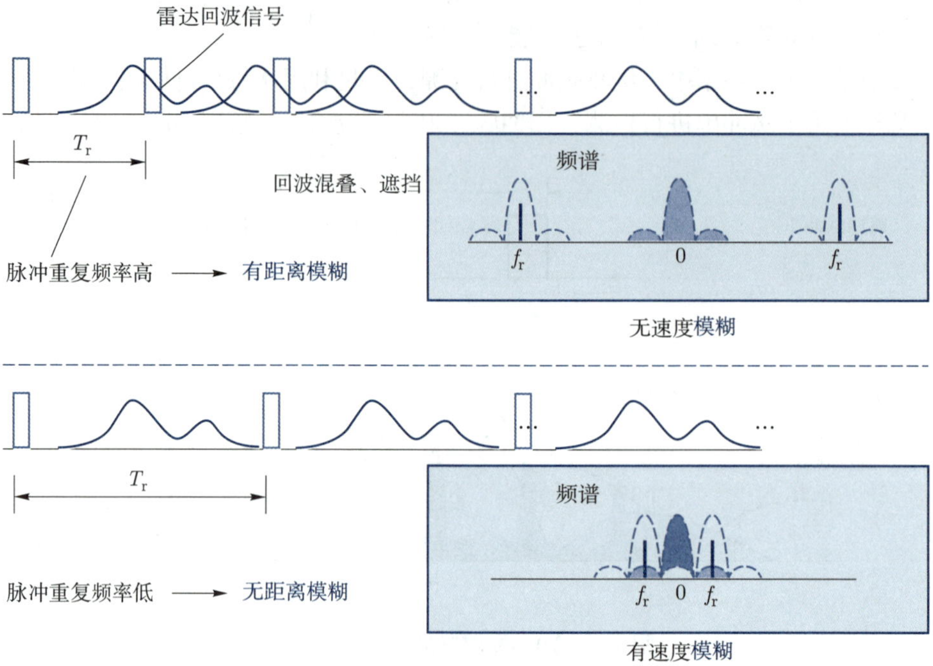

图 6–2–11 速度模糊与脉冲频率关系

高重频脉冲会产生回波信号时域混叠和信号中断，通过动态改变发射波形的 τ、T、波门和相位等参量，在接收回波时，采用移位对消去混叠、相位填充补中断的方法解决雷达回波信号完整恢复的问题，同时在回波信号处理上可采用虚拟多通道方法理解上述解耦的概念。所谓虚拟多通道就是将高重频的脉冲波形分为几个组，每一个组脉冲都是从高重频脉冲中抽取的，这样每个脉冲组就独立形成一个虚拟通道 (在物理上只有一个发射和接收通道)。

单通道的脉冲周期就可以根据需要确定，能实现单路长周期，多路合一起时就是短周期 (高重频)，即等效为脉冲的 T 是可变的，相当于实现了 $T \cdot f > 1$ 的效果，破解了雷达模糊原理的限制。

6.2.3 典型雷达系统

雷达的种类很多，对雷达专业的学生来讲，也不可能掌握所有的雷达系统，作为通识教材，本书只介绍典型的雷达系统，这里只介绍相控阵雷达。

传统雷达通过 360° 旋转来扫描目标，而绝大多数相控阵雷达都是不动的。“相控阵” 控制每个阵元产生电磁波的相位与幅度，以此强化电磁波在指定方向上的强度，并抑制其他方向的强度，从而实现让电磁波束的方向发生改变。严格来说，相控阵雷达不是 “一个雷达”，而是很多个 “传统雷达” 的共同体。如图 6–2–12 所示为相控阵雷达的天线实物图。

相控阵雷达的天线由无数个小单元天线组成，这些小单元天线叫作 “阵元”，对于有源相控阵雷达来说，每一个阵元都是独立控制的，它们既能独立发射雷达波，也能接收雷达波的回波信号。

(a) YLC-8B

(b) SPY-1F

(c) AN/APG-81

图 6-2-12 相控阵雷达天线实物图 (见彩色插页)

相控阵雷达的优势在于以下几点：

① 无机械运动：相控阵雷达因为省去了整个天线的机械驱动系统，所以它的可靠性非常高，平均无故障时间远远高于传统雷达。另外，相控阵雷达的思想类似于互联网，某些节点坏了不影响整体功能的使用，数百个或上千个阵元中，就算有10%的阵元损坏，相控阵雷达依然可以使用。

② 分身有术：相控阵雷达是否强大，与“阵元”是否先进和阵元数量的多少有很大的关系。比如，美国的“铺路爪”陆基相控阵预警雷达，就有 15 360 个能发射电磁波的阵元和 2 000 个不发射电磁波的阵元，其主要用于监视弹道导弹，可以探测导弹的弹道、发射点，计算出弹着点的位置。同时，它还可以用于监视和探测太空中的卫星；美国海基 X 波段雷达，被称为“海上巨眼”。它以螺旋桨推进，可在远海的大型风浪中维持工作，是美国国家导弹防御系统 (national missile defense，NMD) 的重要一环。

③ 多目标跟踪：因为有非常多的阵元，当军舰面对敌方导弹的饱和攻击时，可以把所有阵元分成若干组，每一组分别跟踪一个目标。经常听到某种战机或者军舰能同时跟踪多少个目标，其中的大部分功劳属于战机或者军舰上的相控阵雷达；如美国的 F–35 战机，它配备的 AN/APG–81 相控阵雷达，既可以跟踪空中的目标，还能监视地面上坦克和车辆，以及海面上的船只。

④ 快速切换：相控阵雷达跟蜻蜓的复眼有相似之处，每一个阵元相当于蜻蜓的每一只小眼。传统雷达像人类的眼睛，想看到左边，就得把头扭向左边；而相控阵雷达，相当于蜻蜓的复眼，看左边和右边都不用扭头。因此相控阵雷达探测和跟踪目标的速度极快，如果探测方向要调整 100°，普通雷达因为要转动，大约需要 1 s，而相控阵雷达所需时间不到 1 ms。例如，“空警–2000” 的雷达天线并不像美俄预警机一样是旋转的，相反它是固定不动的。这印证了“空警–2000” 采用的是技术领先的固态有源相控阵雷达，由于它只需以电子扫描进行俯仰和方位探测，所以不需要

采用机械扫描转动天线。

6.2.4 光电与无源探测

从信息获取角度来讲，有各式各样、品种系列繁多的传感器，其分类方法也很多。从系统的角度可将获取信息的传感器分为三大类：光电探测、雷达探测、无源传感探测。前面介绍了雷达探测，下面再简要介绍一下另外两类探测。

1. 光电探测技术

光电探测主要是光子探测和热电探测。光电探测技术涉及束缚态电子与光子的相互作用，是光波段电子技术的应用，主要包括从深紫外到远红外的探测技术。可见光探测器、微光探测器、红外探测器、紫外探测器、激光探测器等各类主要光电探测器应运而生、层出不穷。由于能谱的特殊性，光电探测在军事上具有分辨率高、抗干扰能力强的特点，占据了信息获取的“半壁江山”。

当辐射 (光子) 直接作用于光子探测器固体内的电子热力学体系时，会改变电子的能量状态，由此改变了固体的电学性质。据此制成的光子探测器，对辐射波长是有选择的。特定光子与电子的作用只有在低温下才能观测，因此，有些探测器需制冷。

光子探测器一般由半导体材料制成。根据半导体知识，价带电子吸收的光子能量足以越过禁带进入导带时，才会产生导电作用。这决定了光子探测器响应辐射的波长。

热电探测器辐射的热效应使固体晶格加热，从而改变固体的电阻或产生电动势。据此制成的热电探测器，对辐射的波长没有选择性，反应速度比较慢，一般可在环境温度下操作。热电探测器是利用辐射对材料的加热效应使其改变电学性质制成的，一般采用无机氧化物或铁电材料制备。由铁、镁、钴、镍、钒等氧化物制备的热敏电阻热测器也称测辐射热计，材料具有 $-4\%℃^{-1}$ 的电阻温度系数，温度升高，电阻值下降。此外，由铁电介质材料制成的热释电探测器，辐射加热作用使材料自发极化强度变化，温度升高，极化强度降低，相当于释放出一部分电荷，这可以在电路里测量出来。

2. 无源传感探测技术

无源传感器是指利用目标产生的各种物理和化学特性来检测目标的探测器，主要包括压力、振动、声响、磁敏、生化等传感器。这类传感器的最大特点是自身无须发出信号，属于被动接收。将各类传感器或复合传感器 (两种以上传感器制作在一起) 有规律地布设在一定范围内，就构成探测网络。无源传感探测在工程中应用广泛，但品种繁多，这里不具体介绍，同学们在今后的工作中再深入了解。

此外，基于外照射源的无源探测系统近期也得到快速发展，即利用广播、通信、电视信号探测目标。随着计算机技术、大规模数字电路和新的信号处理技术的发展，使得利用广播、通信、电视信号探测目标成为可能。

6.3 定位与导航

导航是一门引导物体沿特定航线从一个地点移动到另一个地点的科学或技术。导航的第一步是定位，即确定航行体的位置，然后根据该位置确定目标和运动方向。为了满足生产和生活的需求，人类在发展过程中发明了许多定位方法。

在古代，人们利用太阳、北极星和指南针来确定方向，并通过特定的建筑物和地理特征 (如命名的山峰、河流、湖泊等) 来确定位置，这就是最早的导航形式。

定位与导航的基本任务包括：

① 引导物体进入并沿预定航线航行；

② 在各种气象条件下，引导物体安全着陆或进港；

③ 提供航行任务所需的其他引导和情报咨询服务；

④ 确定物体当前所处位置及其航行参数。

能够完成上述任务的系统被称为导航系统。

6.3.1 导航的起源与分类

1. 导航的起源与发展

早期的历史故事和神话故事不仅充满了战争的描写，也包含了许多与导航和迷路相关的内容。例如，传说中奠基中国文明的涿鹿之战中，炎黄族的胜利就与指南车的使用密切相关。古希腊文明的《荷马史诗》中，有大量篇幅记录了特洛伊战争后古希腊军人返乡的故事。

早期故事中包含大量“寻路”和“导航”元素的相关内容并非偶然，这反映了文明成长的必经历程。从封闭的农业村落、城邦到占有整个流域甚至地理区域的大国，只有掌握导航技术的文明才能征服广阔的土地、投放军事力量、集中经济资源、发展出发达的文化并掌握史诗的创作权。阿拉伯人因掌握了季风规律，得以统治欧亚大陆中南部地区，辛巴达航海的故事至今流传；欧洲人学会制造指南针，得以走出地中海，定义全球地理名词。

随着人类社会的发展，人类的活动区域不断扩大。无论是在浩瀚的海洋、茫茫的沙漠、茂密的森林、冰封的雪原，甚至浩瀚的外太空，人类的足迹遍布各处。当人们离开熟悉的土地后，能否顺利到达目的地显得尤为重要。

导航与定位技术随着人类政治、经济和军事活动的产生而诞生，并随着这些活动的发展而不断进步。随着活动范围的扩大和交通工具的改进，导航技术也不断发展。古代人们大多沿河而居，活动范围主要限于黄河流域、印度河流域、地中海和波斯湾沿岸。随着火和石斧的应用，为了适应捕鱼和渡河的需要，人类创造了最早的水上交通工具——独木舟。有了独木舟，活动范围得以扩大，从而跨越水域进行探险，开拓新天地，促进生产发展。

随着生产力的不断提升，人类的活动范围从黄河、印度河流域等逐渐扩展至邻近区域。14 世纪末，新大陆的发现和从欧洲绕过好望角到东方的海上航路的开辟，使人类活动从陆路、内河、近海扩展至全球。今天，人类的活动领域不仅包括地球表面的五大洲、三大洋、南北极、陆地、水域、空中，还延伸至水下和外太空。活动范围的扩大促进了交通工具的发展，同时对导航与定位技术的要求也越来越高。

交通工具从最初的独木舟和竹筏逐渐发展为大型船只和战舰，以满足探险和战争的需求。然而，直到 19 世纪中叶，交通运输仍主要依靠人力、畜力和风力，发展较慢。19 世纪初，蒸汽动力的出现带来了火车和轮船，极大地促进了海上和铁路运输的发展。19 世纪末，大量汽车的使用使陆路运输进一步繁荣。20 世纪初，航空运输的兴起加快了经济和军事活动的节奏。为了满足水上、陆地、空中和太空的经济、军事和科研需求，各式各样的运载工具应运而生。为了确保这些运载工具及其人员能安全、准确地到达目的地，需要精准的导航信息来引导。

20 世纪 80 年代以前，导航系统主要服务于航空和航海，因为它们是除陆路运输外的两大主要运输形式。其中，在航空导航中由于飞机需在高空中持续地、高速地运动，对时间敏感程度的优化就成为航空导航系统的发展方向，而随着机载设备要求的不断提高，航空导航设备也越来越精致和便捷。因此，人类活动范围的扩大，促进了交通工具和导航技术的不断发展。

随着社会活动范围的扩大，导航的内涵不再局限于早期的定向技术，已经从简单的指南针、天文导航等逐步发展到复杂、精准的全球卫星导航系统。在古代，人类通过观察星座位置来确定方位，这种古老的导航方法一直沿用至今。后来，人类发明了指南针、反射象限仪、六分仪、航海表等导航仪器。进入 20 世纪后，随着科技的发展，出现了航位推算、惯性导航、地基无线电导航、全球卫星导航 (global navigation satellite system，GNSS)、重力/磁力匹配导航、景观导航及组合导航等技术。其中，以美国的全球定位系统 (global positioning system，GPS) 为代表的 GNSS 技术带来了导航定位的革命性变化，广泛应用于军事、测绘、交通、国土、渔业、石油物探和公安等领域，深刻影响了国民经济和日常生活。目前，全球应用最广的卫星导航系统包括：美国的全球定位系统 GPS、俄罗斯的格洛纳斯卫星导航系统 (GLONASS)、欧洲航天局的伽利略 Galileo 卫星定位系统和中国的北斗卫星导航系统。

2. 导航技术的分类

(1) 按导航所需信息分类

按导航所需信息分类，大致可分为惯性导航、无线电导航、天文导航、声呐导航、地磁辅助导航、地形辅助导航和脉冲星导航。

具体来说，惯性导航基于牛顿惯性原理，借助惯性器件 (例如加速度计和陀螺仪) 对运载体在惯性参考系中的加速度等导航数据进行测量，通过积分运算得出速度及位置信息，从而完成对运载工具位置的确定；天文导航利用星体敏感器测量自然天体的信息来确定自身位置和航向；无线电导航利用无线电电磁波的传播特性，测量载体的导航参数信息 (如方位、距离和速度) 进行导航；声呐导航通过测量机械波的信息进行导航；地磁辅助导航利用地磁在不同地点的规则变化特征来生成定位信息；地形辅助导航利用无线电高度表和数字地图来辅助惯性导航；脉冲星导航利用脉冲星信号来测定卫星的姿态。

(2) 按导航载体所处位置分类

按照导航载体所处位置的不同，导航可以分为陆上导航、海上导航、水下导航和星际导航。

(3) 按导航载体的功能与类型分类

按照导航载体的功能与类型不同，导航可分为飞行器导航、车载导航、舰载导航、火箭导航、智能机器导航和医学微创手术导航等。

(4) 按导航载体运动的轨迹空间分类

按照导航载体运动的轨迹空间，导航可分为一维导航、二维导航 (平面导航)、三维导航。一维导航载体是事先已预定好运动轨迹的导航载体，如高铁，有轨电车等；而汽车是二维导航载体；导弹，火箭，飞机等是三维导航载体。

(5) 按惯性导航精度和成本高低分类

按照国际上一般采用的分类方法，惯性导航系统根据导航精度和系统成本的高低大致分为低成本惯导系统、武器战术级惯导系统、航空级惯导系统和航海级惯导系统。低成本惯导系统主要采用体积较小的 MEMS(微机电系统) 器件，成本控制在约 100 元人民币。这类系统适用于对成本和体积要求较高的应用场景。武器战术级惯导系统用于各类需要制导的武器系统，工作周期一般在十分钟之内。成本在 5 万至 20 万元人民币之间。这类系统对精度要求较高，但工作时间较短。航空级惯导系统用于多种民用或军用飞机，成本在 100 万元人民币左右。这类系统需要较高的精度和可靠性，以适应航空器的飞行要求。航海级惯导系统应用于潜艇或高吨位大型航海舰艇，成本从数百万至上千万元人民币不等。这类系统要求极高的精度和可靠性，以确保在复杂海洋环境中的导航性能。

这种分类方法根据不同应用场景的需求，对惯性导航系统的精度和成本进行合理分配，确保各类运载工具和武器系统能够有效导航。

6.3.2 导航的基本原理

本节力图从更具普适性的角度描述不同的导航定位方法及其数学模型。按照推求导航参数的观测值类型或推求导航参数的原理不同，现有的各种导航技术和方法基本可以归纳为：几何定位、特征匹配和航位推算三大类。其中，几何定位方法包括距离差交会、空间距离交会和方向交会。

1. 几何定位法

在这部分我们具体介绍几何定位法中的空间距离交会导航定位方法。

(1) 距离测量

在导航中一般都采用物理测距的方式来进行距离测量，即通过测定信号的传播时间 Δt 和信号传播速度 v 来测定距离。这种测距方式又可分为主动式测距和被动式测距两类。

① 主动式测距

在主动式测距中，用户设备主动发出测距信号。这一信号到达测线另一端的台

站 (如地面信标台或导航卫星) 后被接收，台站随后发出应答信号。用户设备接收到应答信号后，测定信号往返传播的时间 Δt，根据信号的传播速度 v，计算出测线的长度 $D=\Delta t\times v/2$。在导航中信号的传播速度，如电磁波信号的传播速度、声呐信号的传播速度等一般认为是已知值 (用户可根据传播介质的状态，如大气中的气温、气压、相对湿度；海水中的水温、含盐度等加以修正而求得较为准确的值)。应答器在接收到用户的测距信号后，也可按规定延迟一段时间 τ 之后再发出应答信号以免来自不同信标台的应答信号同时到达用户处产生相互干扰。由于各信标台的延迟时间 τ 为预先规定的常数，因而在数据处理时很容易加以修正。民用导航领域常采用主动式测距方式，如 VOR/DME 系统、塔康系统等。采用这种测距方式时用户钟只需要精确测定测距信号的往返传播时间，而不要求用户钟长时期与某一时间系统保持一致，对钟的要求相对较低。

② 被动式测距

在被动式测距中，测距信号由位于测线另一端的卫星或地面台站按照预定的时间发送，用户只需接收这些信号，并根据到达时间和发送时间来计算信号的单程传播时间 $\Delta t'$，从而求得测线长度 $D=\Delta t'\cdot v/2$。尽管这个数学公式看似简单，但其实现却涉及复杂的技术问题，这些问题的解决程度直接影响测距的精度，进而决定导航定位的精度。其中一个主要技术问题是传播时间的测定。电磁波在真空中的传播速度约为 30×10^4 km/s，因此，如果时间测定误差为 0.0033 ms (即 30 万分之一秒)，则会导致 1 km 的测距误差。此外，定位解算过程还会进一步降低结果的精度 (即精度衰减)。为了达到较高的时间测定精度，除了需要精密的时间记录设备，信号还必须具备良好的相关性能。

采用被动式测距方式时，用户无须发送测距信号，只需被动接收信号，这在战争期间有利于隐蔽自身位置，避免被对方发现。因此，军事用户通常偏好使用被动式测距。然而，在这种方式下，信号的发射时间由卫星钟 (或地面台站的钟) 决定，而信号的到达时间则由用户端的接收机钟确定，这对发射端和接收端时钟的同步性能提出了极高的要求。

测距信号可以是一个脉冲信号、连续编码 (称为测距码) 或用于调制信号的载波。进行载波相位测量时，接收机只能直接测量不到一整周的载波相位 (0～360°)，而整周段数 N 无法测量，需要通过其他方法确定，这就是所谓的整周模糊度问题。

(2) 定位原理

采用主动式测距和被动式测距方式时，定位的数学模型有所不同，下面分别加以介绍。

① 主动式测距时的数学模型

在采用应答方式进行主动式测距时，用户测定的是信号往返传播的时间。在如此短的时间内，用户钟的误差通常可以忽略不计，因此导航定位中一般认为用户与应答台站之间的距离可以直接测定。这些信标台站的位置是已知的，其天线相位中心的三维坐标可以事先精确测定。因此，用户只需同时测定与 i 个信标台之间的距离 ($i \geqslant 3$)，即可利用这些台站为球心、测定的距离为半径作出 i 个定位球面，这些球面的交点即为用户所在的位置。这种方法也被称为距离交会法。其数学模型可表示如下：

$$D_i = \sqrt{(X_i - X)^2 + (Y_i - Y)^2 + (Z_i - Z)^2} \quad (i \geqslant 3) \tag{6-3-1}$$

式中，D_i 为用户至第 i 个信标台 (天线相位中心) 间的距离，是导航中的观测值；(X_i, Y_i, Z_i) 为第 i 个信标台 (天线相位中心) 的空间直角坐标，是已知值；(X, Y, Z) 为用户 (也是指天线相位中心) 的三维坐标，是待定值。

在导航中，用户的近似位置通常是已知的，例如可以用上一次测定的位置及航速推算出来。现用 (X_0, Y_0, Z_0) 表示，而其改正数用 $(\mathrm{d}X, \mathrm{d}Y, \mathrm{d}Z)$ 表示，这样上述方程就可以用泰勒级数在 (X_0, Y_0, Z_0) 处展开：

$$D_i = D_0 - \frac{X_i - X}{D_0}\mathrm{d}X - \frac{Y_i - Y}{D_0}\mathrm{d}Y - \frac{Z_i - Z}{D_0}\mathrm{d}Z \tag{6-3-2}$$

式中，$D_0 = \sqrt{(X_i - X_0)^2 + (Y_i - Y_0)^2 + (Z_i - Z_0)^2}$，即从用户的近似位置至第 i 个信标台之间的距离，是已知值；$(X_i - X_0)/D_0$、$(Y_i - Y_0)/D_0$、$(Z_i - Z_0)/D_0$ 分别为从用户的近似位置至第 i 个信标台之间的方向余弦，分别用 l_i、m_i、n_i 表示；$D_i - D_0 = L_i$ 为误差方程中的常数项。

于是，主动式测距时距离交会的误差方程式可以写为

$$V_i = l_i\mathrm{d}X + m_i\mathrm{d}Y + n_i\mathrm{d}Z + L_i \quad (i \geqslant 3) \tag{6-3-3}$$

有时用户所在处的高程 H 是已知的，例如可以用飞机上的高程计测定，此时用户位于以地球质心为球心、以地球的平均曲率半径 R 加上高程 H 为半径的球面上，用户只需同时测定与两个信标台之间的距离即可求得自己的位置。即用 $\sqrt{X^2 + Y^2 + Z^2} = R + H$ 取代上述方程中的一个方程。当精度要求较高时，应认为用户位于一个椭球面上，该椭球面离地球椭球面的距离为 H。

② 被动式测距时的数学模型

在采用被动式测距方式时，测距信号由位于测线另一端的卫星或地面信标台在其自身钟的控制下按规定时刻 t^S 发送，而信号的到达时间 t_R 则由用户接收机中的钟来测定，从而测定信号单程传播的时间 $\Delta t = t_\mathrm{R} - t^S$。由于电磁波信号的传播速度接近 3×10^5 km/s，这对卫星 (或地面信标台) 钟与用户钟的同步精度提出了极高的要求。卫星 (或地面信标台) 通常可以使用稳定度极高的高质量原子钟，并通过高精度的时间比对来修正，使其与标准时间保持一致。然而，数以万计的接收机钟由于受到接收机体积、重量、价格以及能耗等方面的限制，一般只能采用稳定度较差的石英钟，难以与标准时间长期保持一致。因此，在数据处理时，通常需要将观测时刻接收机钟相对于标准时间的钟修正数 V_t 作为一个未知参数一并求解。于是，数学模型变为

$$D_i + cV_\mathrm{t} = \sqrt{(X_i - X_0)^2 + (Y_i - Y_0)^2 + (Z_i - Z_0)^2} \tag{6-3-4}$$

误差方程变为

$$V_i = l_i\mathrm{d}X + m_i\mathrm{d}Y + n_i\mathrm{d}Z + c\mathrm{d}t + L_i \quad (i \geqslant 4) \tag{6-3-5}$$

在这个方程中，有 4 个未知数 $\mathrm{d}X$、$\mathrm{d}Y$、$\mathrm{d}Z$ 和 $\mathrm{d}t$，因此用户至少需要同时测定至 4 个已知点的距离，才能求得这些未知参数。当 $i \geqslant 4$ 时，可以使用最小二乘法来求得这些未知参数的最优估值。通过这种方式，即使用户的接收机钟不够精确，也可以通过数据处理来修正，确保测距的精度和可靠性。

2. 特征匹配技术

特征匹配技术通过测量环境特征，如地形高度、磁场强度和重力值等地球几何或物理特征信息，并将其与基准数据库进行比较来确定用户的位置。特征匹配系统需要初始化一个近似位置，以限定数据库的搜索区域，从而降低计算量，并减少特征测量值与数据库发生多重匹配的情况。为了确定所测特征量的相对位置，大多数特征匹配系统还需要惯性导航系统或其他航位推算传感器提供的速度信息。因此，特征匹配并不是一种独立的导航技术，它只能作为组合导航系统的一部分。

此外，由于数据库过期或选择了错误的匹配结果，特征匹配系统可能会得到错误的定位结果，这时必须通过组合算法进行处理。根据特征信息源的种类，特征匹配导航包括地形特征匹配导航、图像匹配导航、地图匹配导航、重力梯度匹配导航和地磁场匹配导航等。

在图像匹配导航中，来自低空拍摄的实景图样构成了实时图像，而参考图像则选自遥感卫星获取的图像。由于光照条件、地表状况变化，以及山川、树木和建筑物之间的相互遮挡等多种因素，可能使实时图像与参考图像之间产生显著差异，同时，使灰度和位移特征变化，从而影响图像匹配的准确性和可靠性。此外，当飞行器穿越海洋或平原等地形较为平坦的区域时，所获得的图像在灰度、纹理等特征方面趋于相似，这使得图像的识别和匹配变得困难。在这种情况下，基于稳定地形的匹配技术很难发挥作用。所以，在跨越海域进行导航任务时，地磁匹配制导具有明显优势。此外，地磁/重力匹配导航被归类为被动导航技术，具有较高的隐蔽性，且不容易受到敌方的干扰。这使其在特定环境下非常有用。

3. 航位推算法

航位推算 (dead reckoning，DR) 是一种在已知当前时刻位置的条件下，通过利用导航信息得出运载体移动的位移，进而推算出其下一时刻位置的方法。设在空间中有两点，点 P_1 的坐标为 X_1，点 P_2 的坐标为 X_2，其关系可以表示为

$$X_2 = X_1 + X_{12} \tag{6-3-6}$$

其中，基线向量 X_{12} 可以由适当的观测值确定。通过重复应用这一方法，从某一已知坐标起点，连续获得后续位置坐标的方法，就称为航位推算。

根据确定 X_{12} 的观测方法不同，航位推算方法也有所不同，主要有两类：一类是测距测角的航位推算，另一类就是惯性导航，还有一种航位推算就是 GPS 相对定位方法。在航位推算方法发展初期，由于磁罗盘、陀螺仪和加速度计等硬件设备

尺寸大、成本高，因此只能应用于类似车辆、船舶这样的大型载具中。近代以来，随着微机电系统技术的发展，支持航位推算算法的硬件设备在尺寸、重量以及成本等方面大大降低，该方法能够在小型载具乃至手持设备中得以应用。

航位推算方法常用于自主式车辆定位系统，通过距离和速度传感器 (通常为光电式或电磁式里程表) 以及测量航向的传感器来确定车辆的位置。航向传感器在航位推算系统中起着关键作用，所选传感器需兼具高精度和低成本特性，才能保证航位推算方法的实际应用。目前，适用于车辆航向测量的传感器主要有三类：差分里程表、磁罗盘，以及速率陀螺仪。

在航向测量中，由于差分里程表有着较大误差，磁罗盘易受车体磁化程度和道路磁场的影响而产生较大误差，所以，多数情况下，人们选择使用速率陀螺仪来测量航向变化率 (即角速率)，从而获得航向的变化量。考虑到成本因素，我国目前的 DR 车载系统大多采用压电陀螺和里程表的组合。其中一种减少 DR 系统推算误差积累的有效途径是，通过建立精确的 DR 系统模型，并运用最佳估计方法来校正陀螺仪的随机漂移误差。DR 系统的主要原理是使用航向和距离传感器测量位移矢量，从而推算车辆的位置。车辆在某一时刻的位置可表示为

$$\begin{cases} x_k = x_0 + \sum\limits_{i=0}^{k-1} s_i \cos\theta_i \\ y_k = y_0 + \sum\limits_{i=0}^{k-1} s_i \sin\theta_i \end{cases} \tag{6-3-7}$$

式中，(x_0, y_0) 是车辆 t_0 时刻的初始位置，s_i 和 θ_i 分别是车辆从时刻 t_i 的位置 (x_i, y_i) 到 t_{i+1} 时刻时位置 (x_{i+1}, y_{i+1}) 的位移矢量的长度和绝对航向，如图 6–3–1 所示。相对航向定义为连续两个绝对航向之差，用 ω_i 表示。若给出了 $t_0, t_1, \cdots, t_k$ 时刻的相对航向测量值 ω_i，则 t_k 时刻的车辆绝对航向 θ_k 可由式 $\theta_i = \sum\limits_{i=0}^{k-1} \omega_i$ 算出。

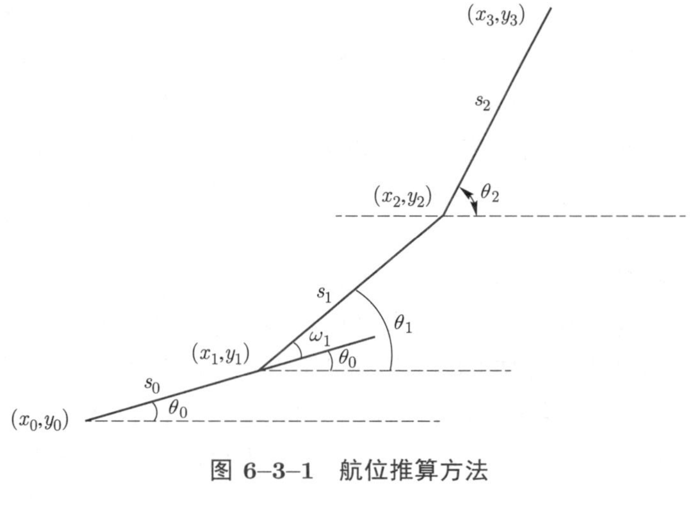

图 6–3–1 航位推算方法

6.3.3 典型导航系统

1. 全球定位系统

全球定位系统 (GPS) 是由美国国防部研制的全球导航卫星系统，目前广泛应用于民航等诸多导航定位领域。1964 年，美国军方利用测定在轨卫星多普勒频移原理，建成了海军导航卫星系统 (navy navigation satellite system，NNSS)，也称为“子午仪系统”。这是世界上第一个投入运营的卫星导航系统，主要用于海上航行的舰船的坐标和时间测定及陆上军事应用，并于 1967 年向全球民用用户开放。该系统由 6 颗卫星组成，卫星运行在近圆、高度约 1 100 km 的低轨上，发射两个载波频率 (150 MHz 和 400 MHz)，并在载波上调制时间和轨道信息。由于卫星数量少且轨道低，信号覆盖存在时间间隙，平均每 90 分钟才能定位一次，最长间隔可达 8~12 小时，因此无法实现连续定位，只适用于低动态用户。子午仪系统已于 1996 年停止运行。

为了克服子午仪系统的局限性，研究人员提出了利用伪码测距代替多普勒测速的全新设计思路，旨在开发一个具备全球、全天候、连续、高精度导航能力，并适应飞机和导弹等高动态目标导航的系统。美国海军启动了定时/导航卫星系统 (Timation) 计划，美国空军启动了代号为 621B 的静止同步卫星试验计划，提出了无线电测距的伪随机码 (pseudo random noise，PRN) 模型，希望能提供全球连续三维导航定位服务。

1973 年，美国国防部吸取了 Timation 和 621B 计划的优点，成立了 GPS 联合计划办公室，开始研制新一代的卫星导航系统，即 GPS 系统。研究分为三个阶段：第一阶段 (1974 年—1978 年) 是系统原理研究和方案论证阶段；第二阶段 (1979 年—1987 年) 是系统试验论证阶段，共发射了 11 颗 BLOCK-I 试验卫星；第三阶段 (1988 年—1993 年) 是生产实验与系统应用研究阶段，共发射 9 颗 BLOCK-Ⅱ 卫星和 15 颗 BLOCK-ⅡA 卫星。1993 年 12 月，GPS 达到初始运行能力，1995 年达到完全运行能力，由 BLOCK-Ⅱ 和 BLOCK-ⅡA 卫星组成的 24 颗卫星星座部署完成。

作为新一代卫星导航系统，GPS 不仅领先于其他系统率先投入运营，还成为全球使用最广泛的卫星导航系统。GPS 能为全球用户提供全天候、精确、无缝、连续、稳定的导航定位服务，以及精确授时、运载体速度测量等多功能服务。

具体地，全球定位系统 GPS 由空间段、地面段和用户段三个独立部分组成。

① 空间段。空间段包含星座中的多颗 GPS 卫星，这些卫星分布在六个近圆的轨道平面上。最初设计的 GPS 卫星星座包含 24 颗卫星，目前已扩大到 31~32 颗。在地球上任何一个地点，通常可以观测到 4~8 颗卫星。

② 地面段。地面段包括支持系统运转的地面设施，主要由主控站、监测站、注入站和通信及辅助系统组成。主控站负责管理和协调地面监控系统的各部分工作，包括计算卫星轨道和卫星钟的改正数，调整卫星以及调配备用卫星，确保系统正常可靠地运行；监测站负责采集系统信息，记录气象元素，并对在轨卫星进行伪距测量；注入站向卫星输入控制指令，当卫星经过注入站上空时，注入站通过大口径发射天

线向卫星发送导航电文及其他命令；通信及辅助系统为负责数据传输和提供辅助服务的设备和机构。

③ 用户段。用户段主要由接收机组成，接收机可以接收、测量和处理 GPS 卫星信号，以进行导航定位等工作。接收机由接收天线和信号处理模块等部分组成。由于卫星信号十分微弱，接收机的天线一般通过前置放大器进行放大后再进入接收机内部。通常来说，微带天线因其结构简单、高度低，且能够工作于单频和双频，被广泛应用于接收机。

通过这三个部分的协同工作，GPS 系统能够为全球用户提供精确的导航定位服务。

2. 洛兰导航系统

洛兰导航系统 (long range navigation，LORAN) 是一种长距离的陆基低频双曲导航系统，最初由美国麻省理工学院等机构在二战期间研制并投入使用。尽管 LORAN 系统最初设计为长距离导航系统，但随着作用距离要长得多的奥梅加 (Omega) 导航系统的出现，LORAN 如今也常被归为中程导航系统。

洛兰 A 系统是由美国麻省理工学院等机构研制的，工作频率为 20 MHz，具有稳定的地波性能，但由于传播时损耗较大，传播距离有限。其作用距离约为 750 海里，定位精度在 0.5~1.5 海里之间。由于天波传播距离较远但性能不稳定，难以满足精度要求，因此洛兰 A 系统的应用受到了限制。我国从 1968 年开始在沿海地区建立了洛兰 A 系统，称为“长河一号”。

为了克服洛兰 A 系统性能不稳定的局限性，洛兰 C 系统应运而生。洛兰 C 系统采用 100 kHz 的低频信号，使地波的传播距离显著增加，可达 1500 海里左右。该系统同时采用了脉冲–相位测量技术，用脉冲法进行粗测，用相位法进行精测，既解决了模糊度问题，又提高了定位精度，通常可以达到 0.2~0.5 海里。洛兰 C 系统不仅可以用于海上导航，也适用于陆地导航。我国也建立了自己的洛兰 C 系统，称为“长河二号”，该系统已覆盖我国沿海全部海域。从南到北，我国共建造了 6 座脉冲功率达 2 MW 的地面无线电信号发射台，组成了 3 个洛兰 C 导航台链：北海台链的主台及控制中心位于山东荣成，两个副台分别位于吉林和龙与安徽宣城，监测站位于山东蓬莱；东海台链的主台和控制中心位于安徽宣城，两个副台分别位于山东荣成和广东饶平，监测站位于上海南汇；南海台链的主台及控制中心位于广西贺县，两个副台分别位于广东饶平和广西崇左，监测站位于广东台山。通过这些设施，长河二号系统在中国的沿海区域提供了广泛而可靠的导航服务，确保了海上和陆地上的导航需求。

3. VOR/DME 系统

甚高频全向信标系统 (very-high frequency omnidirectional range，VOR) 是一种广泛用于飞机导航的无线电导航系统，特别适用于提供精确的方位信息，目前仅美国就有约 950 个 VOR/DME 台站。VOR 系统的工作频率为 108~118 MHz，每隔 50 kHz 为一个频道，共 200 个频道。其中 112~118 MHz 用于航路导航，共 120 个频道，航路导航 VOR 台的发射功率为 100~200 W，作用距离为 370 km 左右。航路 VOR 台用于飞机在航路上的导航和空中交通管制，通常与测距设备组合使用，通过极坐标法 (方位角和距离) 确定飞机的位置。108~112 MHz 用于终端导航 (如机场进场和着陆)，终端 VOR 发射功率为 50 W，作用距离为 40~50 km。终端 VOR 台通常安置在跑道轴线的延长线上，用于飞机的进场和着陆。它们帮助飞机在机场附近进行精确导航，确保安全着陆。

VOR 系统的优点是高精度、广覆盖和简单易用。VOR 系统不仅能够提供准确的方位信息，在复杂空域中确保飞行安全，而且台站分布广泛，能够提供连续的导航服务。且 VOR 系统机载接收设备结构简单，操作方便，维护成本低。VOR 系统的缺点是信号传播容易受到地形障碍物的影响，导致信号盲区或干扰，并且需要大量的地面信标台来提供导航服务，基础设施建设和维护成本高。

VOR 系统作为一种成熟的无线电导航系统，在全球特别是美国的航路导航和终端导航中发挥着重要作用。通过高精度的方位信息和广泛的覆盖范围，VOR 系统为航空飞行提供了可靠的导航支持，确保了飞行的安全和效率。

4. TERCOM 系统

TERCOM(terrain contour matching) 系统是一种地形辅助导航系统，最初由英国不列颠宇航公司开发，用于巡航导弹的制导。该系统利用雷达测高仪 (radar altimeter) 测量地形，并将测量到的地形断面信息与导航计算机中存储的地形信息以及惯性测量信息进行融合，从而得到运载体的位置和姿态等导航参数。通过这种方式，TERCOM 系统能够修正惯性导航系统的误差，从而提高导弹的制导精度。相比纯惯性导航系统，TERCOM 系统能够显著提高导弹的制导精度，使其能够以更低的飞行高度、更精确地接近目标。因此，TERCOM 系统主要被装备在作战飞机和巡航导弹等武器系统中，例如 F-16 战斗机和 Storm Shadow 巡航导弹。该系统的硬件设施包括惯性导航系统、雷达高度表、气压高度表、存储器、导航计算机和数字相关器等。

5. 塔康系统

战术空中导航系统塔康 (tactical air navigation，TACAN) 是美国军方研制的军用导航系统，1955 年解密，也可供民用。目前全球有 30 多个国家使用该系统，美国本土设立的塔康地面台超过 1 000 个，使用该系统的飞机数量超过 7 万架。我国自 20 世纪 60 年代起开展相关研究，并不断改进设备以适应国防现代化要求。

塔康系统的测向方法与 VOR 系统大致相仿，其差异主要有两点：第一，塔康系统是用地面信标台所播发的应答脉冲信号的包络相位来进行测向，因而测向和测距可共用一个通道；第二，地面天线的方向图是在心脏形曲线上再叠加一个 9 波瓣图形，可使测向精度相应地提高 9 倍。

塔康系统中的一个地面信标台可同时为 100 架飞机提供服务。在繁忙的大型机场，通过提高应答脉冲数量、降低跟踪询问脉冲数等措施增加服务数量。在正常情况下，信号的作用距离将随着飞机高度的增加而增加，在无线电视线以下存在一个盲区，称为低空盲区，这是由于信号直线传播的特性与地球曲率所造成的。在无线电视线以上，理论上信号可到达的区域分为两种情况：进行测向时在天线天顶方向会存在一个圆锥形的盲区，其顶角为 90°∼120°，在此区域无法测向；测距一般只能在 400 km 内进行，超过此距离只能测向而无法测距。

塔康系统的测向误差为 0.75° 左右 (95%置信度)。塔康系统的测距误差如下：当距离小于 18.5 km，测距误差的中误差为 ±233 m，当大于 18.5 km 时，测距误差的中误差为 ±249 m。即使当信号很弱时，测距误差的中误差也在 ±305 m 以内，对塔康系统来说当距离超过 40 km 时，测向误差就会大于测距误差。

塔康系统的优点是可用一个射频通道同时完成测向和测距，用一台地面信标台导航，机载设备简单、操作方便、显示直观、天线小、地面设备机动灵活，小型设备可安装在吉普车上，特别适合野战机动。缺点是作用范围小，且存在低空盲区和顶空盲区。

6. 北斗导航系统

北斗卫星导航系统 (BeiDou navigation satellite system，BDS) 是我国基于国家安全与经济发展需求，自主研发、独立运行的卫星导航系统，也是继美国的全球定位系统 (GPS)、俄罗斯的格洛纳斯卫星导航系统 (GLONASS) 后的第三个成熟的卫星导航系统。我国卫星导航系统的设想最初由以陈芳允院士为代表的航天专家于 1983 年提出，并于 1994 年启动名为“北斗”的卫星导航系统 (北斗一号) 建设。2003 年，为摆脱对美国 GPS 的依赖，欧盟启动“伽利略”导航系统的研发，并邀请中国参与。在“伽利略”系统的研发中，中国共投资 2.3 亿欧元的资金，但在研发过程中遭遇不公平待遇，如核心技术对中国保密、不允许中国进入计划决策机构等，在投入与收获严重失衡的情况下，我国意识到了在卫星导航系统研发中独立自主的重要性，并分别于 2004 年和 2009 年启动北斗二号和北斗三号的系统工程建设，并于 2012 年和 2020 年完工。其中，北斗二号采用 14 颗卫星组网，同时兼容北斗一号系统技术架构，引入了无源定位机制。这为亚太地区的用户提供了定位、速度测量、时间同步和短报文通信服务，其被确立为国际卫星导航系统的四大服务提供商之一。北斗三号系统结合有源和无源服务技术体制，为全球用户提供导航定位、速度测量、时间同步等服务。同时，服务范围涵盖中国及周边地区，包括短报文通信、星基增强和高精度单点定位等。

与 GPS 相似，北斗系统结构包括空间段、地面段和用户段三部分。空间段由 3 颗地球静止轨道卫星 (GEO)、3 颗倾斜地球同步轨道卫星 (IGSO)，以及 24 颗地球中轨道卫星 (MEO) 构成。各颗卫星运行于特定轨道，承担独特功能，相互协作，为全球提供优质定位导航服务。其中 GEO 卫星单星覆盖范围广，使用 3 颗 GEO 星即可实现对全球除南北极以外绝大多数地区的覆盖。由于 GEO 卫星绕地球周期与地球自转周期相同，其星下点轨迹 (即卫星运行轨迹在地球上投影) 为一个点，因此覆盖区域内用户的可见性达 100%，且 GEO 卫星轨道高，抗遮蔽性出色，在城市、峡谷、山地等场景中表现优异。IGSO 卫星为倾斜同步轨道卫星，其周期和高度与

GEO 卫星相同，但是其运行轨迹与赤道形成一定夹角，因此星下点轨迹在固定的区域，呈现“8”字形。每颗 IGSO 卫星与一颗 GEO 卫星配对，形成良好的几何结构，能弥补部分 GEO 卫星纬度过低的影响。MEO 卫星指中远轨道卫星，其运行在海拔约 2 万公里的轨道，较同步轨道卫星运行高度低、周期短，通过 24 颗 MEO 卫星协同运行，可实现全球范围的覆盖。

地面段由主控站、注入站和监测站组成。其中监测站接收卫星信号并发送至主控站，实现对卫星的追踪、检测，还提供资料以支持卫星轨道计算和时间同步。主控站负责系统管理与控制，根据监测站的数据生成导航电文，交由注入站发送信息。与此同时，主控站还负责协调整个地面控制系统的工作。注入站的主要职责是在接受主控站的调度后，将电文发送给对应卫星，实现管理控制。

用户段是用户的终端，用于接收经地面段测算处理后的空间段信号，可为用户提供高精度与高可靠的定位、导航和授时服务。用户端设备种类多样，包括车载导航、手持设备和智能手机等，这些终端产品都可在内置北斗导航系统的芯片和模块后接受北斗系统的服务。北斗系统除了为用户提供基础的导航、定时等服务，还具备短报文通信功能，用户可以通过北斗系统发送短报文信息，实现在没有手机信号的地区进行应急通信。

北斗系统是一个庞大而复杂的体系，涵盖了从基础产品到应用系统和应用服务的全链条，在三个部分的共同协作下，为用户提供全方位、多层次的位置服务解决方案，现如今已在各个领域发挥重要作用。

6.4 干扰与对抗

当前军事技术的显著特征之一是无线电电子技术的广泛使用。在现代战场，最新武器的使用、战区监控与警戒、各兵种协同作战和指挥越来越依赖无线电设备。电子对抗导航技术旨在瘫痪敌方无线电设备，使其通信、雷达、火炮和导弹系统失效，助我方保持战力、摧毁对手、取得胜利。因此，在防范和应对由大量无线电电子设备武装的敌方突袭方面，电子对抗发挥了关键作用。

美国及一些西方国家一直将电子对抗称为“电子战 (electronic warfare)”，苏联将其称为“无线电电子斗争”，中国军语的标准称谓是电子对抗 (electronic countermeasures)。随着电子技术在军事上的不断深化和应用，电子对抗的概念也在不断发展和完善。美国作为电子战强国，其对电子战的定义也随着电子战的发展而演变。了解美军对电子战定义的演变过程有助于我们认识电子战的内涵和本质。在越南战争之后，1969 年美国参谋长联席会议正式明确了电子战的定义：电子战是利用电磁能量来确定、利用、削弱或阻止敌方使用电磁频谱，同时保护己方使用电磁频谱的军事行动。电子战由电子支援措施、电子对抗措施和电子反对抗措施三个部分组成。其中，电子支援措施包括搜索、截获、识别和定位辐射源，旨在快速辨识威胁并采取必要行动。电子对抗措施旨在干扰或减弱敌方电磁频谱的有效利用，而电子反对抗措施则旨在确保我方在电子战环境中能够使用电磁频谱。

此后美军的电子战概念经历了两次重大调整。第一次是在中东战争等局部战争实践和反辐射导弹广泛使用的基础上，1990 年美国重新修改了电子战的定义，赋予了电子战攻防兼备、软硬一体的作战功能。第二次，在海湾战争之后，基于电子战技术、装备、功能、目标和目的等方面的进展，美军于 1993 年 3 月重新界定了电子战。经过整整三年的讨论酝酿，这一定义延续至今。根据新定义，电子战涵盖了利用电磁和定向能量控制电磁频谱或打击敌军的各种军事行动，包括电子侦察、电子攻击和电子保护三大要素。电子侦察 (electronic reconnaissance)，又名电子支援 (electronic support)，涉及对任何形式的电磁辐射源进行搜索、截获、识别和定位。这些行动旨在迅速且精确地识别潜在威胁，不论电磁辐射源是有意发出的还是无意发出的。电子攻击 (electronic attack) 指利用电磁能或定向能攻击敌方人员、设施或设备，旨在降低、削弱或摧毁敌方的战斗力而采取的行动。本节标题中的“干扰”，全称为电子干扰 (electronic jamming)，其属于电子攻击的一个部分。电子保护 (electronic protection) 也称为电子防御 (electronic defense)，是指为保护己方人员、设施或设备免受敌我电子战威胁，维护战斗力而采取的防御措施。

6.4.1 电子对抗的发展史

19 世纪 90 年代，意大利工程师马可尼在英国伦敦首次成功利用电磁波进行了无线电通信实验。从此以后，无线电通信技术得到了快速发展，也很快被用于军事领域。世界上许多国家的大型军舰上均装备了无线电通信设备，电磁空间也随之成为陆海空之外的第四维作战空间。

电磁空间中的首次对抗爆发于 1904 年的日俄海战。这场战争是世界战争史上，敌对双方首次使用无线电进行己方通信联络的战争。日军在其所有参战的军舰上安装了无线电设备，而俄军则在其远东地区的战舰和海军基地附近的许多地面站安装了无线电设备。由于当时技术水平限制，双方的无线电装备性能均较差，信号易被对方截获破解。日军为了炮击停泊在旅顺港内的俄军舰船，出动了春日号和日进号两艘装甲巡洋舰，并派遣了一艘小型驱逐舰在海岸附近的有利位置观察炮弹落点，通过无线电向巡洋舰传输校准信号。结果，日军巡洋舰由于无法获取准确的目标信息，只能盲目开火，导致俄军舰艇在战斗中毫发无伤，而日军不得不提前结束炮击并撤退。

这次战斗中，俄军报务员阴差阳错地按下发报机按键，意外开创了电子战这一新作战方式。这次战斗中的无线电干扰虽然规模不大，但帮助俄军取得了胜利，标志着电子对抗的崭露头角，在电子对抗史上具有重要意义。报务员按键产生的电磁波与日军通信设备产生的电磁波在电磁空间发生“碰撞”，干扰了日军正常使用电磁波进行通信。这正是电子对抗最本质的特征，即在电磁空间中，为保障己方使用电磁频谱的同时阻止敌方使用电磁频谱，己方所采取的战术与技术。

在随后爆发的第一次世界大战中，无线电通信设备在各参战国的军队中得到普遍使用。当时各国各军种领导人和参谋都意识到，通过侦察分析敌人的无线电通信，可得到有关敌人的重要军事情报，从而支撑己方的作战指挥。这一时期电子对抗的主要特点是对敌方无线电通信信号、信息的侦察、破译和分析。此外，这一时期电子对抗的应用也局限于海上作战行动，利用无线电收发信机实施侦察和干扰，没有专用的电子对抗设备。这一时期的电子对抗，是一种最原始、最简单的电子对抗。但在第一次世界大战中，无线电通信对抗在战争中的作用引起了人们的高度重视，推动了电子对抗从临时应变的应用方式逐渐发展到有意识地在实战阶段应用电子对抗。这一阶段被认为是电子对抗的起源或初创阶段，电子对抗在人类战争舞台上的作用日益凸显。

电子对抗在第二次世界大战期间得到了大量应用并不断向新的领域拓展。在第二次世界大战期间，电子技术不断发展，无线电通信对抗更加激烈。与此同时，各类新的用频设备开始出现，许多国家研制和应用无线电导航系统和雷达系统，无线电导航对抗和雷达电子对抗随即出现。如目标探测雷达、导航雷达以及岸炮和高炮控制雷达广泛装备于各个部队。雷达全天时、全天候、超视距探测的特点给作战飞机和作战舰艇带来了巨大威胁，因此，为保障部队的安全，确保有效干扰和破坏敌方雷达系统的正常运转变得尤为重要。这种急迫的战争需求促使电子对抗进入了一个快速发展的阶段，迎来了第一个发展高潮。

二战后期盟军的诺曼底登陆战役将电子对抗战术、效能发挥得淋漓尽致。为了保证登陆的成功，盟军制定了严密而有效的综合电子战作战计划以迷惑德军。在登陆前，盟军使用电子欺骗手段，使得德军将布防重点转至诺曼底之外的加莱、布伦地区。然后盟军使用无源电子干扰技术在布伦地区实施佯攻。其中在布伦地区海域，盟军使用小船投放对电磁波有强烈反射的角反射体，使得德军雷达将小船探测为大型船舶。在空中，盟军用飞机、舰炮等向小船上空投撒大量箔条，使得德军雷达将这些箔条探测成大量飞机。通过角反射体和箔条的配合，给德军造成了在布伦方向，盟军有大批护航飞机掩护大型军舰强行登陆的假象。德军匆忙把大量的海、空力量调往布伦地区，使得诺曼底防守薄弱。登陆开始时，盟军的电子干扰飞机同时对德军部署在沿海的所有预警和火控雷达实施了电子干扰，掩护了盟军前往欧洲大陆的飞机编队和登陆舰艇。诺曼底登陆战役的胜利，对加快结束第二次世界大战起到了重要作用，也将电子对抗在战争中的作用和重要性展现得淋漓尽致，形成了电子对抗的第一个高潮。

在第二次世界大战结束后的冷战时期，随着电子技术、光电子技术、航空航天技术、导弹技术、火控技术以及计算机技术等科技的飞速发展，激光和红外制导的精确制导导弹开始出现。这些导弹凭借其对高价值武器平台的精确杀伤能力，在战争中发挥了重要作用，直接促进了激光对抗、红外对抗等电子对抗新领域的诞生。此外，反辐射武器的出现也拉开了电子对抗“硬杀伤”的序幕。电子对抗在战争中的作用日益重要，地位日益突出，成为制胜现代战场的关键一环。电子对抗也从二战期间的战役、战斗保障手段，逐步发展成为现代信息化、高技术战争中一种攻防兼备的杀手锏。

1961 年爆发的越南战争证明，在现代战争中如果缺乏电子对抗能力，作战飞机将无法生存。美军高级将领在总结越南战争教训时指出：“电子对抗必须成为我们武器系统的战斗力、军队的使用原则以及部队训练的不可分割的部分”，并预言“未来任何一场战争的胜利，必将属于最能有效控制电磁频谱的一方”。越南战争推动各国政府和军事家重新认识未来战争的特点并考虑发展电子对抗能力，促进了电子对抗技术、电子对抗装备和电子对抗理论的发展。各国纷纷建立电子对抗部队，研制和引进电子对抗装备，并将电子对抗装备列为优先发展项目。这打破了过去电子对抗被少数强国所垄断的情况，奠定了电子对抗在现代战争中的重要地位。鉴于这一发展趋势，1969 年，美国参谋长联席会议正式明确了电子对抗的定义，为现代电子对抗概念奠定了重要基础。此外，在越南战争和中东战争期间，电子对抗装备已经从单一机种向系统化发展，从单一功能向多功能、系列化方向发展，成为武器装备系列中不可或缺的一类。由此形成了完整的电子对抗作战理论、方式、战术、技术、装备和组织，完善了电子对抗作战条令和作战训练。

如果说在以前的战争中，电子对抗作为重要作战手段在战争中发挥了突出的作用，那么在 1991 年的海湾战争中，电子对抗已发展成为现代高技术战争的重要组成部分，标志着电子对抗进入了飞跃阶段。在海湾战争中，以美国为首的多国部队投入的电子战设备种类繁多，技术水平高超，作战规模巨大，协同性强，堪称现代战争史上前所未有。多国部队在海湾战争中向世人展现了“全领域、全空域、全时域、全频域”的电子对抗，大大颠覆了世人对战争形态的固有认知。多国部队凭借电子对抗的优势，在开战前已经将伊拉克军队的情报侦察清楚。可以说，虽然战争还未开打，伊拉克已经输了。多国部队的胜利可以说就是电子对抗的胜利。20 世纪 80 年代至 90 年代的海湾战争和科索沃战争标志着电子对抗进入了体系对抗的历史发展时期，进一步确立了它在现代战争中不可取代的重要地位。这一时期电子对抗的概念、理论、技术、装备、训练和作战行动蓬勃发展，突显了电子对抗在现代战争中的关键地位及其贯穿战争始终的战役/战术思想。尤为重要的是，全球范围内掀起了一场广泛的新军事变革。人们深入探讨并确立了信息时代的战争形态——信息化战争，推动了电子对抗理论的不断发展与提升。

在海湾战争结束后，全球都开始意识到，未来的战争将一定是以夺取全谱战斗空间的优势为核心。电子对抗成为支持联合和协同作战、获取信息优势的关键力量。在这个历史阶段，具备信息威慑功能的新型武器逐步问世并投入实战，推动了电子战和信息战进入全新的发展时期。电子对抗的概念、理论、技术、装备、训练和作战行动也得到不断深化和完善。这些都为后来美国赢得 2003 年的伊拉克战争奠定了坚实的物质和技术基础。

在伊拉克战争中，美伊双方的军事实力相差悬殊，但是美军仍然十分重视电子对抗能力，特别注重新技术、新装备的试用。这次伊拉克战争是美国开展的一场现代信息化立体战争。在海、陆、空三维作战的同时，美国依托信息技术和信息环境，通过信息设备将指挥、控制、通信、计算机、情报和电子对抗等网络系统整合为一个整体。这场战争成为美国在信息优势主导的作战模式下进行电子对抗作战的试验场。伊拉克战争中的电子对抗涉及了电子对抗无人机、GPS (全球定位卫星系统) 对抗和网络攻击等新技术。

21 世纪以来，以深度学习为代表的机器学习技术引领了人工智能的第三次浪潮，这次浪潮也席卷至军事领域，新型智能武器正在颠覆传统的军事战略及作战模式，战争形态也在向智能化战争转变。电子对抗的作战对象必将逐步发展成为智能化对象，电子对抗自身的发展也必将进入认知、智能赋能的阶段。

6.4.2 电子对抗的分类

电子对抗包含了使用电磁频谱进行对抗的各个领域，内容十分丰富，有多种分类方法。电子对抗按使用设备类型可分为无线电通信对抗、雷达对抗、制导对抗、引信对抗、光电对抗和水声对抗等。其中，通信对抗、雷达对抗、制导对抗和引信对抗被统称为“四大电子对抗”。这四种对抗在军事上具有相同的重要性，但它们的时效性各不相同。通信对抗旨在扰乱敌方的指挥系统，雷达对抗用于干扰敌方的侦察系统，制导对抗是为了破坏敌方的打击精度系统，而引信对抗则是为了破坏敌方武器的终端毁伤机制。

根据电子对抗系统的配置位置，可以将其分为外层空间对抗、空中对抗、地面 (包括海面) 对抗和水下对抗。在现代电子对抗中，机载电子对抗系统是主要的手段。同时，随着弹道导弹和卫星技术的不断发展，外层空间已经成为新的战场，电子对抗将在未来的现代化战争中，对战略攻防产生重要影响。

从频域角度看，电子对抗可分为射频对抗、光电对抗和声学对抗。在每个领域，电子对抗的范围都在不断扩大。射频对抗涵盖的频率范围为 3 MHz~300 GHz，主要用于雷达、通信、导航、敌我识别、引信和制导等设备。光电对抗则包含频率在 300 GHz 以上的范围，包括红外、可见光和激光等，用于近距离精确制导武器和高定向能武器。声学对抗主要应用于水下信息对抗，覆盖 3~300 kHz 的频段，包括次声波和超声波，适用于声呐和水下导航定位设备。

6.4.3 电子对抗原理

1. 电子侦察

电子侦察是获取军事情报的重要手段，是实施电子进攻和电子战摧毁的前提。电子对抗侦察是用电子侦察装备对敌方军事电子设备辐射的电磁信号进行搜索、截获、检测、分析、识别定位，以辨识敌方军事电子设备及其相关平台对己方的威胁程度，为己方指挥决策及电子战装备设计提供情报支援。电子对抗侦察的首要任务是确定敌方辐射信号的频率和辐射源位置，这通常由电子侦察接收系统来完成。

电子侦察接收系统，又称电子侦察系统，是用于对雷达、通信、导航、敌我识别等辐射源发射出的电磁波信号进行侦察的电子系统。其基本功能之一是信号截获，即非预定接收者对辐射源信号的接收。换句话说，在电磁信号环境中，电子侦察系统需要在信号截获目标的信息是未知的情况下进行侦察，因此，首先需要具备截获未知频率或方位的辐射源发出的信号的能力。

下面以雷达侦察系统为例进行说明。如图 6–4–1 所示，典型雷达侦察系统通常由侦察天线、测频接收机、测向接收机、信号处理器 (包括参数测量、信号分选、信号及辐射源识别等任务)、存储和终端设备 (如显示器、情报分析终端计算机) 等部分组成。

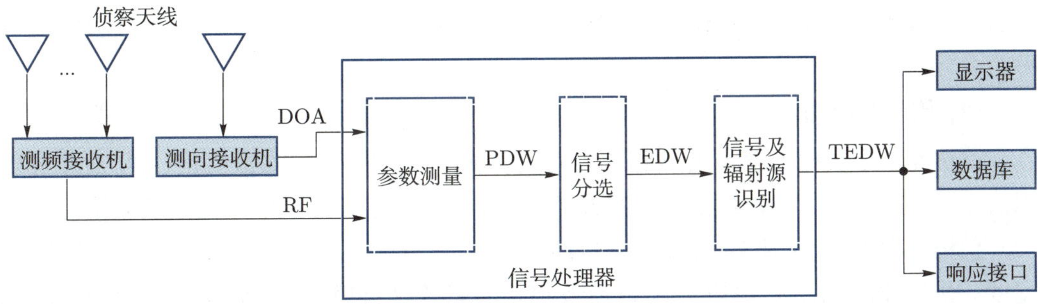

图 6–4–1 典型雷达侦察系统的组成

(1) 测频接收机

测频接收机是完成雷达信号接收、检测和频率测量的设备。从信号截获的角度看，测频接收机的本质是在时域、频域上实现电磁信号的截获和信号频率参数的测量。

按照测频原理的不同，可以将测频接收机划分为如图 6–4–2 所示的两个分支。其中，频率取样法测频的原理是将测频接收机构建为一个或多个滤波器系统，在信号通过系统的过程中直接实现信号的检测与测频；而变换法测频不是直接在频域滤波进行，而是通过某种信号变换手段，完成信号检测和频率解算。

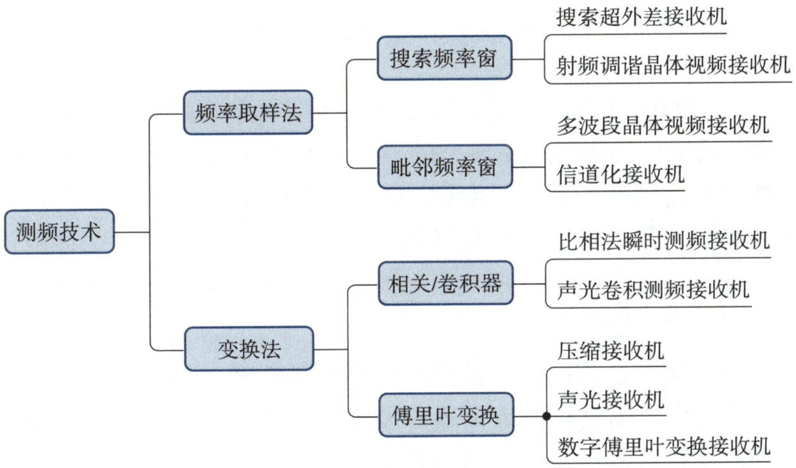

图 6–4–2 测频接收机的分类

(2) 测向与定位

拦截并获取无线电信号来确定辐射源位置的过程，称为无线电测向，其实质是确定或估计辐射源信号的到达方向 (direction of arrival，DOA) 或到达角 (angle of arrival，AOA)。测向的基本原理是利用测向天线系统，检测电磁波不同方向的振幅或相位响应，进而确认辐射源的来波方向。根据技术体系，测向分振幅法和相位法。

无源定位 (passive location) 是在测向的基础上，基于被测辐射源信号的方向或时间等信息，利用几何关系和其他方法确定其位置。这里“无源”的含义是定位系统本身不主动辐射信号。具体定位方法可以分为测向交叉法、时差法、频差法以及各种组合定位方法。

(3) 信号处理器

雷达侦察系统中的信号处理器主要完成三项任务：① 信号参数测量；② 对多辐射源信号进行分选；③ 对雷达辐射源的属性、型号等进行识别，并确定其威胁等级。

信号参数测量主要完成信号到达时间、信号幅度、脉冲信号持续时间 (即脉冲宽度) 以及脉内调制的测量，这些参数与信号频率 (测频结果) 和信号到达方向 (测向结果) 共同构成了脉冲描述字 (pulse description word，PDW)。

由于电磁环境的复杂性，侦察接收系统往往会收到多部辐射源脉冲信号的时间交错数据流，为了实现对侦察数据的进一步分析和处理，必须将该数据流分解为多个单部雷达的脉冲序列，这一过程称为信号分选 (signal sorting) 或信号去交错 (signal deinterleaving)，如图 6–4–3 所示。

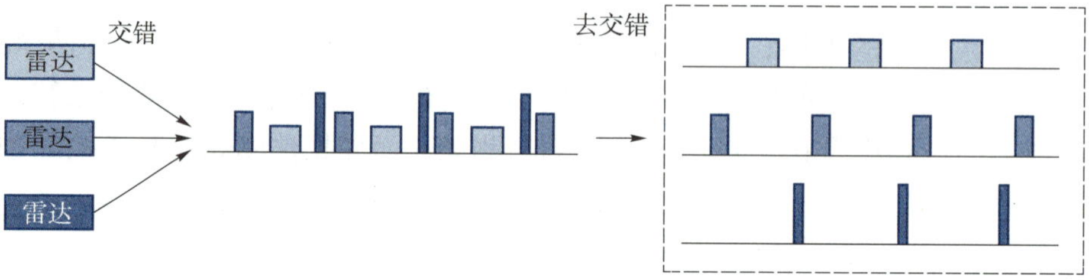

图 6–4–3 信号分选过程

在得到单辐射源的脉冲序列后，需要进一步对每部辐射源或重点目标辐射源进行识别，并判断其威胁等级。这是典型的模式识别 (pattern recognition) 问题，识别的依据为前期测量得到的各种信号参数、天线扫描特征、信号无意调制特征以及已知辐射源的先验知识等；识别内容包括辐射源型号、体制类型、个体身份等不同层次；识别方法可以采用人工智能领域典型的模式分类方法，如人工神经网络、贝叶斯分类法、专家推理系统等。

下面介绍雷达侦察系统的工作流程：① 侦察天线通过固定波束或可控波束的方式，对待侦察的角度范围进行波束覆盖，接收雷达辐射的射频脉冲信号；② 通过结合侦察天线和测频接收机，采用多通道全频覆盖或频段扫描的方式，在指定的频率范围内检测和测量脉冲信号的频率参数，并输出视频脉冲信号及其载频参数。③ 侦察测向天线与测向接收机联合，进行辐射源脉冲信号到达角的测量，输出检测范围内脉冲信号的到达角数据；④ 信号处理器的参数测量部分完成脉冲信号的时域参数测量，如到达时间、脉冲宽度、脉冲幅度，并将这些参数与之前测得的脉冲载频、到达角合并，形成脉冲描述字；⑤ 信号处理器对实时输入的脉冲描述字序列进行分选，并利用事先安装的辐射源数据库识别各辐射源，获得辐射源型号等属性信息，将辐射源信号参数和属性参数合并为辐射源属性描述字，并将其提交显示存储或输出给其他需要的端口。

从整个侦察系统来看，可以以信号处理器为界，将系统分为前端和后端，对应的信号截获也分为前端截获和系统截获两部分。前端截获是指对在信号处理之前，由侦察天线、测频接收机和测向接收机组成的侦察前端对辐射源脉冲信号的接收、检测；系统截获是指在前端截获基础上，由信号处理器完成脉冲列分选，形成辐射源参数和位置，并基于先验知识识别辐射源的全过程，最终输出辐射源的情报信息。

2. 电子进攻

电子进攻涵盖了电子干扰、反辐射武器摧毁、定向能攻击和隐身。历史上，针对敌军电子设备的进攻，大多是施加电磁干扰来损害敌方电子设施的功能，致使对方的指挥与控制系统以及武器系统功能失常，进而削弱其作战能力。通过执行电子干扰，可以干扰敌方通信、使雷达失效，但无法实质性地摧毁设备，因此这类干扰手段可归类为“软性杀伤”。此处的“软性”，是与炮弹、导弹这类“硬性杀伤”武器进行对比而言的。

在现代战争的电子进攻领域中，攻击范围得到更广泛地拓展，不仅包含上述的干扰手段，还涵盖了使用电磁武器打击及隐身技术等形式。电子战的破坏手段，特指运用抗辐射武器来定位并打击敌方的电磁发射源，或采取定向能武器的方式，直接针对敌方电子感应系统进行打击，属于进攻型电子战的“硬性杀伤”方式。电子战破坏行动的效用不限于直接毁损敌方军用电子系统，同样也能对操作这些系统的人员带来心理冲击，大幅削减其作战能力。于隐形技术而言，本质上亦是电子干扰的一种，其目的在于通过降低自身雷达反射面，妨碍敌方电子侦测系统准确识别目标。因此，现代电子战的电子进攻手段，实际上是使用一系列非传统武器系统，阻碍、损坏及破坏敌军电子武器系统正常功能的综合技术。它既涉及“软性杀伤”，亦涵盖“硬性杀伤”。要实现最优的电子进攻效能，“软性杀伤”与“硬性杀伤”的结合运用已成为电子对抗发展的必然趋势。

(1) 电子干扰

电子干扰利用电磁波或声波能量削弱或阻碍敌方电子设备效能，通常不会永久损害目标，仅在干扰期间使其丧失作战能力。电子干扰的关键是产生干扰信号，使其与敌方有效信息同步进入接收系统。当干扰信号强度足够高时，敌方接收器无法提取所需数据，实现干扰效果。值得注意的是，电子干扰着眼于影响敌人的接收端，而非发射端。确保干扰效果的前提是干扰信号能够打入敌方接收器的关键环节——天线、滤波系统，以及信号处理阈值等。在进行干扰时，需要评估干扰信号发射源与敌方接收设备之间的空间距离和方位，以及不同类型干扰信号对敌电子系统可能产生的影响，以确保干扰效果。

电子干扰可根据不同标准进行分类：根据目标信号类型，可分为雷达、通信、光电和导航干扰；根据干扰机理的不同，可分为压制和欺骗干扰；从战术意图和位置角度看，分为自卫和支援干扰；根据干扰能量来源，可分为主动和被动干扰；此外，诱饵是一种特殊的自我防御电子干扰方式。

压制干扰 (cover jamming)，又称噪声干扰或遮蔽干扰，是指用噪声或类似噪声的干扰信号覆盖辐射源的期望信号 (如雷达回波信号)，从而阻止接收机从期望信号中获取信息；欺骗干扰 (deceptive jamming) 则是通过干扰信号混淆期望信号，从而导致雷达对目标的距离、方位和速度等数据产生错误判断。

自卫干扰 (self-protection jamming) 是指干扰机发射干扰信号时所在的平台正被敌方雷达侦测和追踪；支援干扰 (stand-off jamming) 则是指干扰机和其所在平台发射干扰信号，以保护其他作战平台。通常情况下，被保护的平台处于敌方威胁范围内，而支援干扰平台处于安全区域，如图 6–4–4 所示。

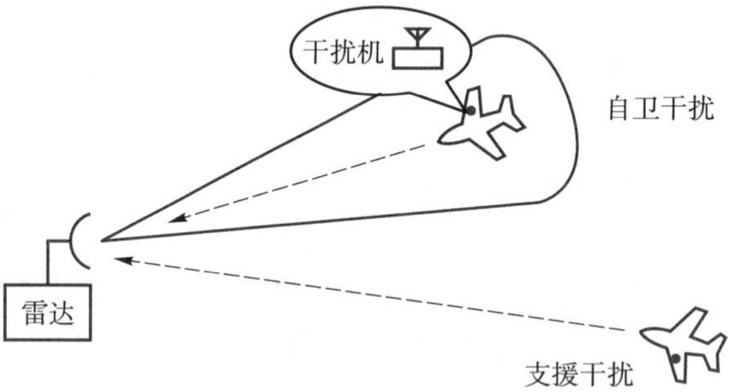

图 6–4–4 自卫干扰和支援干扰

主动干扰 (active jamming) 又称为有源干扰，是有意发射或转发电磁波，以干扰敌方接收机的行为；被动干扰 (passive jamming) 也被称为无源干扰，通过利用物体对电磁波的散射、反射、折射或吸收等现象产生干扰，从而影响敌方接收机。

在雷达干扰中，干扰方程建立了干扰机、雷达和目标之间的空间能量关系，也是确定干扰效果的重要依据。下面结合图 6–4–5 进行说明。

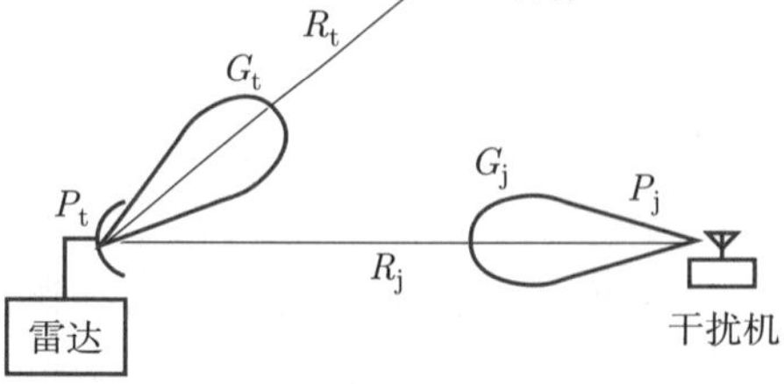

图 6–4–5 雷达、目标和干扰机的空间关系

由雷达方程可得，雷达接收的目标回波信号功率 P_{rs} 为

$$P_{rs} = \frac{P_t G_t \sigma A}{(4\pi R_t^2)^2} = \frac{P_t G_t^2 \sigma \lambda^2}{(4\pi)^3 R_t^4} \tag{6-4-1}$$

其中，P_t 为雷达发射功率，G_t 为雷达天线主瓣增益，A 为雷达天线的有效面积，σ 为目标的雷达截面积，R_t 为目标与雷达之间的距离，λ 为信号波长。

不同于雷达回波信号，干扰信号到达雷达接收机是单程传输的，因此，雷达接收的干扰功率 P_{rj} 为

$$P_{rj} = \frac{P_j G_j}{4\pi R_j^2} A' \gamma_j = \frac{P_j G_j G_t' \lambda^2 \gamma_j}{(4\pi)^2 R_j^2} \tag{6-4-2}$$

其中，P_j 为干扰机发射功率，G_j 为干扰机天线增益，R_j 为干扰机与雷达之间的距离，γ_j 为干扰信号相对雷达天线的极化损失，G_t' 为雷达天线在干扰机方向上的增益。

由此，可得到雷达接收机输入端的干扰信号功率和目标回波信号功率的比值为

$$\frac{P_{rj}}{P_{rs}} = \frac{P_j G_j}{P_t G_t} \times \frac{4\pi \gamma_j}{\sigma} \times \frac{G_t'}{G_t} \times \frac{R_t^4}{R_j^2} \tag{6-4-3}$$

该比值称为干信比 (jamming-to-signal ratio，JSR)，它是衡量干扰信号 (如压制干扰) 是否有效 (如是否大于压制系数) 的重要依据。

(2) 反辐射武器

反辐射武器的定义是指那些通过捕捉敌方发出的电磁波信号来定位并摧毁其发射源的装备的集合。由于它们主要用于对抗敌方雷达系统，因此又通常被称作反雷达装备。它们在电子对抗领域内属于硬杀伤类武器，不同于电子干扰等软杀伤手段，反辐射武器会直接导致敌方发射源失效，带来不可修复的破坏。其攻击目标包括敌军的各种雷达发射设施及相关的携带武器平台。基于其作战原理，反辐射技术同样适用于对付大型通信站点、多种干扰器等高功率电磁发射装置。这些装备按照其搭载和部署方式，可以划分为反辐射导弹、反辐射无人机及反辐射炸弹三大类型，并且在这些大类之下，每一类别又可依照战术用途进一步细分为不同的型号。

(3) 定向能武器

定向能武器是一种新型武器，利用高能电磁波、激光或粒子束沿特定方向发射攻击目标，具体包括高功率微波武器、高能激光器和粒子束武器等。这类武器具有攻击隐蔽性强、杀伤力大的特点，可用于防御和进攻。在未来的信息化战场上，定向能武器将成为对抗飞机、军舰、坦克、导弹和空间卫星等高价值目标的重要武器系统。

(4) 隐身技术

隐身技术是指通过控制和降低各种武器装备的特征信号，在特定探测环境中使其难以被探测、辨识和攻击的技术。根据雷达原理，目标的雷达截面积的四次方根与雷达的探测距离成正比，因此反雷达隐身技术采用各种有源和无源技术来减小目标的识别阈值，从而显著降低雷达对目标的探测距离。

3. 电子防御

电子防御的主要宗旨是确保我方雷达、无线电通信设施、导航设备等电子系统免受对方电子攻击的干扰。随着电子攻击技术的演进，电子防护策略也在不断进化，针对特定类型的电子攻击措施可能有效，但对其他种类电子攻击手段则可能无能为力。在现代战争环境下，电子系统将遭遇电磁干扰、隐形飞机、巡航导弹、反辐射导弹等多重威胁。为保障电子系统的性能及其安全性，采取有效的电子防御策略显得至关重要。目前，电子防御主要包括反侦察、抗干扰和抗摧毁等多种技术和措施。

反侦察旨在防止敌方电子侦察设备成功捕获并辨识辐射信号，对于电子防御系统至关重要。如果一套电子系统具备高效的反侦察能力，它就能有效减少被敌方有意针对的干扰，同时也能对抗反辐射武器的攻击，因此反侦察是防御电子干扰和防护系统免遭破坏的基础性措施之一。

现代军事中，对军事电子设备提出了抗干扰的基本需求。抗干扰措施包括了适用于多种情况的通用办法，以及针对特定干扰手段的定制解决方案。设备的抗干扰强度能够通过多维度策略提升，包括空间、频率、功率、时间、极化等领域的调整增强。空域抗干扰措施主要有窄波束、低旁瓣天线、旁瓣对消、旁瓣匿影等；频域抗干扰措施有频率捷变、频率分集等；功率域抗干扰措施包括脉冲压缩技术、功率合成技术以及提高脉冲重复频率等；极化域抗干扰措施则包括极化主瓣对消技术和自适应极化滤波技术等。

反辐射武器技术和战术应用不断进化，对空中预警系统及雷达干扰源构成了潜在威胁。由于反辐射武器能对电子信息系统和设备造成严重破坏，并对操作人员造成心理压力，尽管其发展时间相对短暂，但已引起各军队极度重视，促使他们制定了多项战术和技术对策。当前，抵抗反辐射武器侵袭的策略包括建立专门的反辐射导弹告警系统、对导引头的诱偏技术和拦截技术、应用先进的雷达体制以及进行雷达组网。

6.5 计算与存储

信息技术的核心是处理和管理信息，而这离不开两个关键技术：计算和存储。信息需要经过计算才能被理解和利用，也需要存储以便日后使用。计算和存储相互依存，共同构成了现代计算系统的基础。

广义的计算是指利用符号、数值或数据进行各种操作和处理的过程，以解决问题、进行分析或获得结果。这一过程可以是手工完成的，也可以是由机械设备或电子计算机自动执行的。存储则是指保存、维护和检索信息的过程。存储技术的目的是将信息记录下来，以便日后使用。

计算和存储是现代信息技术的两大核心技术，它们相互融合、协同工作，共同支撑着信息技术的飞速发展。在当今社会，计算和存储技术被广泛应用于各个领域，为人们的生产生活带来了深刻的变革。

① 大数据分析时代，海量的数据需要强大的计算能力和海量的存储空间才能进行有效处理和分析。计算和存储技术的结合使得大数据的处理和分析成为可能，为各行各业提供了深入挖掘数据价值、辅助决策的重要工具。

② 人工智能的蓬勃发展离不开强大的计算能力和充足的存储空间。人工智能模型的训练和运行需要大量的计算资源和存储资源，计算和存储技术的融合为人工智能的发展提供了坚实的基础。

③ 物联网的兴起带来了数据量的爆发式增长，对存储和计算能力提出了更高的要求。高效的存储和计算技术可以帮助我们有效处理和分析物联网产生的海量数据，从中提取有价值的信息，推动物联网的广泛应用。

④ 移动互联网时代，用户可以随时随地访问和使用数据，这就需要云计算提供弹性扩展的计算和存储资源，以满足用户不断增长的需求。计算和存储技术的融合为移动互联网的发展提供了关键支撑，使人们能够随时随地享受便捷的信息服务。

6.5.1 计算和存储的起源和发展

计算的起源可以追溯到人类文明的早期，最初人们使用简单的工具进行计算如中国古代的算盘。1642 年由布莱斯・帕斯卡 (Blaise Pascal) 发明的一种滚轮式的机械计算器，可以直接对两个数字进行加减运算，并能通过重复加减运算达到乘除运算的目的。

世界上第一台电子数字计算设备是 1937 年设计的阿塔纳索夫–贝瑞计算机 (Atanasoff-Berry computer，ABC)，用于求解线性方程组，并在 1942 年成功进行了测试。这个计算机包含有计算单元、中间结果读写装置、存储器、读卡器、结果示数轮和指令开关等部分。共包含了 300 多个真空电子管，以及约 1.6 km 长的电线，其复制品如图 6–5–1 所示，位于美国爱荷华州立大学达勒姆中心 1 层。

图 6–5–1 阿塔纳索夫–贝瑞计算机的复制品 (见彩色插页)

到了 20 世纪 50 年代，晶体管取代了真空管，60 年代，集成电路的发明将多个晶体管集成到一块芯片上，这些都极大地推动了计算机的小型化和性能提升。1971 年，英特尔发布了第一款商用微处理器 4004。随后，8080、8086 等微处理器的出现

开启了个人计算机 (personal computer，PC) 时代。1974 年，基于 Intel 8080 微处理器的 Altair 8800 面世，被认为是第一台个人计算机。随后，苹果公司和 IBM 相继推出 Apple II 和 IBM PC，推动了 PC 的普及。

现代计算机的主流体系结构采用冯・诺依曼 (Von Neumann) 计算结构，它采用存储程序方式：指令和数据存储在同一个存储器中，指令可以像数据一样被处理。包含五大分立的功能部件：运算器、控制器、存储器、输入/输出设备和总线，其中的运算器和控制器构成了中央处理器 (central processing unit，CPU)。如图 6–5–2 所示。

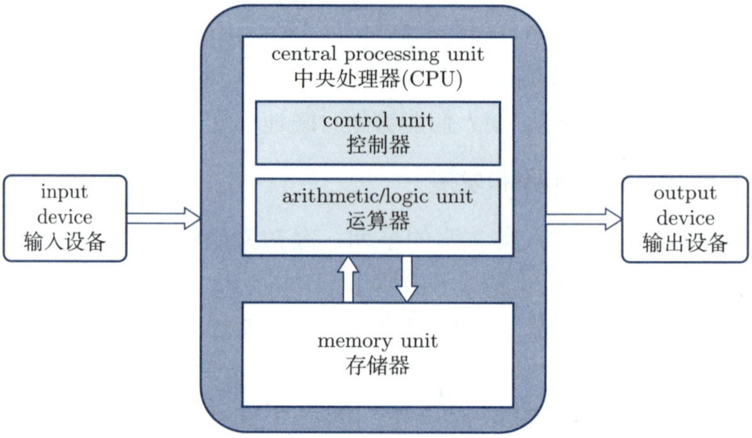

图 6–5–2 冯・诺依曼计算结构

CPU 负责执行程序指令，进行各种计算操作。现代 CPU 通常包含多个核心，可以并行处理多个任务，显著提高了计算效率。同时，计算机中也包含了存储设备，用于存放操作系统、应用程序和数据。计算和存储部件是现代计算机中的必要组成部分，并且它们共同协作，确保计算任务的顺利完成。

早期的存储设备可以追溯到 19 世纪初的打孔卡，起初用于控制织布机上的图案，后来被用于早期计算机的数据输入和存储，如前面提到的 ABC 计算机中，便使用了打孔卡作为计算机的输入和中间计算结果的存储设备。

20 世纪 50 年代，磁鼓存储器用于早期计算机的主存储器，其工作原理类似于磁带录音。磁带存储器在同时期也开始使用，主要用于数据备份和归档。1956 年，IBM 推出了第一台硬盘驱动器，存储容量为 5 MB。此后，硬盘技术不断发展，容量和速度大幅提升。20 世纪 60 年代，半导体存储器 (如 SRAM、DRAM) 开始取代磁存储器，成为计算机的主要内存。20 世纪 80 年代，闪存技术诞生，随后被广泛应用于 USB 闪存驱动器、固态硬盘 (solid state disk，SSD) 等。SSD 具有高速、耐用、抗震等优点，已经逐渐取代传统机械硬盘成为主流。

进入 21 世纪，随着互联网技术的飞速发展，云计算的概念逐渐成熟。云计算将计算机资源 (例如中央处理器、存储、网络) 作为一种服务提供给用户，用户可以通过互联网根据需求弹性地获取和使用这些资源，而无需购买和维护自己的硬件设备，也便于数据的共享和管理。

6.5.2 计算和存储的分类

计算单元是指能够执行计算操作的基本硬件组件。它们是构成计算机系统和更大规模计算系统的基础构建块。典型的计算单元包括：

① 中央处理器 (CPU)：CPU 是计算机系统的核心组件，负责执行计算机程序中的指令，进行算术逻辑运算和控制计算机的操作。CPU 通常包含算术逻辑单元、控制单元、寄存器等主要组件。算术逻辑单元用于执行基本的算术和逻辑运算，如加减乘除、逻辑**与或非**等；控制单元控制指令的解码和执行，并协调计算机系统中各个部件的操作；寄存器则用于暂时存储数据和指令，提高数据处理的速度。

② 图形处理器 (graphics processing unit，GPU)：GPU 最初专用于图形处理和渲染，但现在也广泛用于其他计算密集型任务，例如机器学习、科学计算和数据分析等。GPU 通常包含数百或数千个并行处理单元，擅长通过多个核心或算术逻辑单元进行并行处理。相较而言，CPU 可以在不同的指令集之间快速切换，而 GPU 只是获取大量相同的指令并进行高速推送。因此，GPU 在并行计算中起着重要作用。

③ 数字信号处理器 (digital signal processor，DSP)：DSP 是一种用于处理数字信号的专用集成电路，通常用于实时信号处理，例如语音和图像处理。DSP 具有高效的硬件乘法和累加单元，使其非常适合数字滤波和卷积等操作。

存储器是计算机系统中用来存放程序和数据的记忆设备。它广泛存在于计算机系统中，无论是各种典型的计算单元内部还是外部设备，存储器都是必不可少的组成部分。存储器的主要组成器件有半导体器件和磁性材料两种。一个双稳态半导体电路或一个 CMOS 晶体管或磁性材料的存储元，均可以存储 1 位二进制数据，是存储器中最小的存储单位，称为存储位元。若干个存储位元组成一个存储单元，多个存储单元可以组成一个存储器。根据存储器的材料、性质、用途等不同，存储器有多种分类方法：

① 以存储介质分类：存储介质必须有两个明显区别的物理状态，可以分别代表二进制代码 **0** 和 **1**。存取速度由两种状态切换速度决定。目前，主要使用半导体器件和磁性材料作为存储介质。光盘通过刻痕方式将信息存储在盘面上，激光束照射盘面时根据不同的反射率来读取信息。

② 以存取方式分类：如果存储器中的任何存储单元内容都可以随机访问，并且存取速度与物理位置无关，那么这种存储器被称为随机存储器，半导体存储器属于此类。若存储器只能按照一定顺序访问，并且存取速度与物理位置相关，则被称为顺序存储器，如磁带存储器，其访问周期较长。磁盘存储器则属于半顺序存储器类型。

③ 以存储内容可变性分类：一些半导体存储器限制于固定内容的存储，仅允许读取而不允许写入，这种半导体存储器被称为只读存储器 (read only memory，ROM)。具备读写功能的半导体存储器称为随机存储器 (random access memory，

RAM)。RAM 可细分为静态随机存储器 (static RAM，SRAM) 和动态随机存储器 (dynamic RAM，DRAM)。SRAM 由六个晶体管构成，能保持数据稳定性且无须刷新。SRAM 速度最快但功耗和成本较高。DRAM 包含一个晶体管和一个电容器，需定期刷新以保持数据稳定性。DRAM 速度较慢但功耗和成本较低。

④ 以其在系统中的作用分类：根据存储器在计算机系统中所起的不同作用，可分为内部存储器和外部存储器：半导体存储器是内部存储器，磁盘是外部存储器，也称为辅助存储器；也可分为主存储器、高速缓冲存储器、辅助存储器和控制存储器。

具体来说计算机系统中涉及的存储器包括以下几种：

① 寄存器：速度最快、容量最小的存储单元，位于 CPU 内部，用于临时存储指令和数据。

② 缓存：高速存储器，位于 CPU 和主内存之间，用于存储经常使用的指令和数据，显著提高 CPU 访问速度。

③ 主内存：容量最大的存储单元，用于存储程序、数据和操作系统，速度比缓存慢，但比存储器快，通常由 DRAM 芯片组成。

④ 硬盘：用于长期存储数据的设备，包括机械硬盘、固态硬盘等，速度比主内存慢，但容量大很多。

⑤ 光盘：光学存储设备，可存储大量数据，读写速度比磁带快，比存储器慢，主要用于存储音乐、电影、软件等文件。

⑥ 闪存：非易失性存储器，可反复擦写和编程，速度快、容量大、功耗低，广泛应用于 U 盘、移动硬盘、智能手机等。

⑦ 磁带：传统存储设备，用于备份和存储数据，容量大，速度慢，主要用于长期存储不经常访问的数据。

早期计算机系统的存储结构包括 CPU 寄存器、DRAM 内存和磁盘存储三个层级。由于 CPU 与内存之间的差距逐渐扩大，常在 CPU 寄存器和内存之间添加一个名为 L1 高速缓存 (一级缓存) 的 SRAM 高速缓存。L1 高速缓存的访问速度几乎与寄存器相同，典型情况下约为 4 个时钟周期。随着 CPU 和内存之间的性能差距不断增大，在 L1 高速缓存和内存之间又插入一个称为 L2 高速缓存的更大的高速缓存，可以在大约 10 个时钟周期内访问到它。有些现代系统还包括有一个更大的 L3 高速缓存，在存储器层次结构中，它位于 L2 高速缓存和内存之间。典型的存储器层次结构如图 6–5–3 所示。

内存位于 CPU 外部，但直接连接到 CPU，采用动态随机存储器 (DRAM)，用于存储当前正在运行的程序和数据，容量大于缓存但速度相比缓存慢。缓存–内存层次是用来解决 CPU 和内存速度不匹配的问题。缓存的速度比内存的速度要高，因此，为了提高访问速度，只要将 CPU 要用的信息调入缓存，CPU 便可以直接从缓存中获取信息。但由于缓存的容量小，因此需不断地将内存的内容调入缓存，缓存中原来的信息也将被替换掉。

联机外部存储器通过数据总线连接到 CPU，常见于磁盘、固态硬盘等，存储操作系统、应用程序和大量的数据，容量大于内存但速度较慢，用于长期存储数据。当 CPU 需要用到这些信息时，再将辅存的内容调入内存，供 CPU 直接访问。脱机外部存储器通过外部设备连接到系统，通常用于磁带和光盘，主要用于备份和归档数据，速度最慢、容量最大、价格最低，适合不频繁访问的数据存储。

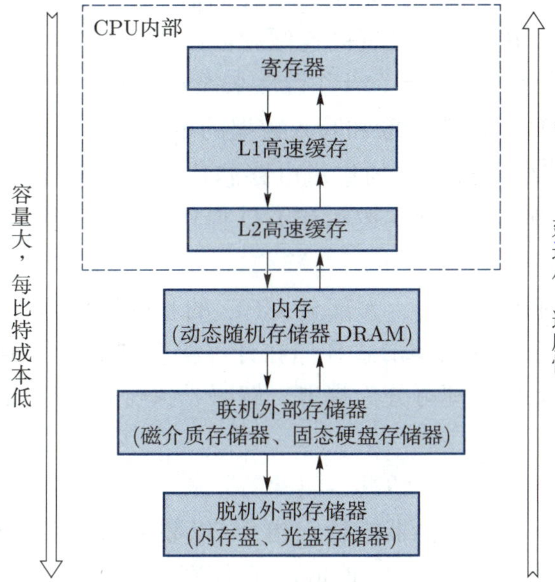

图 6–5–3 存储器层次结构

图 6–5–3 中，从上到下存储容量不断在增大，但每比特的成本在不断降低。寄存器的存储容量最小，而脱机外部存储器的存储容量最大。单位成本方面，寄存器的价格最高，而脱机外部存储器的价格最低。从下到上存储器的访问延迟不断减小，同时速度逐渐加快。CPU 内部的寄存器堆访问速度最快，而脱机外部存储器访问速度最慢。

通过这张存储器层次结构图，可以清晰地看到计算机系统中不同层次的存储器及其特点。每个层次在性能、容量和成本上有不同的平衡，通过合理设计和使用这些存储器，可以优化系统性能和成本。

计算单元和存储器是计算机硬件系统的重要组成部分。计算单元负责执行计算操作，存储器负责存储程序和数据。两者协同工作，为计算机提供强大的数据处理能力。

6.5.3 计算和存储的基本原理

1. 计算单元基本原理

计算和存储密不可分，在 CPU 内部也存在着存储器。计算单元的形式、设计和实现随着技术的发展而不断变化，但它们的基本结构几乎保持不变，下面我们以 CPU 为例说明计算单元的基本原理：

① 算术逻辑单元 (arithmetic logic unit，ALU)：对指令中的操作数进行算术和

逻辑运算。

② 浮点单元 (floating point unit，FPU)：也称为数学协处理器或数字协处理器，是一种比基本微处理器电路更快地处理数字的专用协处理器。

③ 寄存器：保存指令和其他数据。寄存器向 ALU 提供操作数并存储运算结果。

④ L1 和 L2 高速缓存：由于从随机存取存储器 (random access memory，RAM) 获取数据不够快，所以在 CPU 设置高速缓存以匹配 CPU 高速读写的需求。现代 CPU 通过增加高速缓存和提高指令级并行性来提升性能。

⑤ 控制单元：协调从内存读取和写入数据的单元。

CPU 被视为计算机中最关键的集成电路芯片，因为它负责解释大多数计算机命令。CPU 将执行最基本的算术、逻辑和 I/O 操作，并为计算机中运行的其他芯片和组件分配命令。

无论 CPU 的物理形式如何，大部分 CPU 的基础操作是执行一系列存储的指令 (称为程序)，这些指令以数字形式存储在计算机存储器中。绝大多数 CPU 都符合冯 · 诺依曼结构，运行原理可分为提取、解码、执行和写回四个步骤，合称为指令周期。

(1) 提取

指令的提取涉及从程序存储器中检索指令 (以数字或数字序列表示)。程序计数器确定指令在程序存储器中的位置 (地址)，存储着一个数字，指示下一条指令的地址。取出一条指令后，程序计数器会递增指令的长度，以获取序列中下一条指令的地址。通常，指令必须从较慢的内存中检索，导致 CPU 在等待指令返回时停滞。现代处理器主要通过缓存和流水线架构解决这一问题。

(2) 解码

CPU 所执行的操作由从内存中提取的指令决定。在解码阶段，指令被二进制解码器电路 (也称作指令解码器) 执行，将指令转换为控制 CPU 其他部分的信号。CPU 的指令集架构定义了指令的解释方式。通常，指令中的一组位 (称为“字段”) 被称为操作码，指示要执行的操作，而其他字段通常提供操作所需的额外信息，如操作数。这些操作数可以是常量值 (即立即值)，也可以指定为值的位置，该值可以是处理器寄存器或存储器地址，由某种寻址模式确定。在某些 CPU 设计中，指令解码器以硬连线、不可更改的二进制解码器电路形式实现。而在其他情况下，微程序用于将指令转换为 CPU 配置信号集，这些信号会在多个时钟脉冲上按顺序应用。有时，存储微程序的存储器是可重写的，从而可以改变 CPU 解码指令的方式。

(3) 执行

在提取和解码后，接着是执行步骤。根据 CPU 架构的差异，这可以是单个操作或一系列操作。在每个执行阶段，控制信号会启用或禁用 CPU 的各部分，使其能够执行全部或部分所需操作。接着，通常会在响应时钟脉冲的指导下完成该操作。举例来说，若执行加法指令，将激活包含操作数 (即需相加的数字) 的寄存器以及执行加法运算的 ALU 部分。在时钟脉冲到来时，操作数从源寄存器流入 ALU，最终结果出现在其输出端。

(4) 写回

在最终阶段，执行的结果将被以特定格式写回到 CPU 内部的寄存器，以便后续指令能够快速访问。此外，这些结果也可能被写入速度较慢、容量更大且更经济的内存中。执行指令并写回结果数据后，程序计数器的值会递增，然后程序会重复整个过程，以便正常提取下一个顺序指令。如果执行的指令是跳转指令，程序计数器会被更新为跳转到的指令地址，程序将继续正常执行。许多复杂的 CPU 可以同时提取多个指令、解码和执行。某些指令的执行会涉及操作程序计数器，而非直接生成结果数据，通常被称为“跳转”，这些指令引入了程序中的循环行为、条件执行 (通过条件跳转) 和函数。其他指令可能会改变标志寄存器的状态位。这些标志位可用于影响程序的执行，因为它们通常反映各种运算的结果。例如，通过“比较”指令比较两个值的大小，根据比较结果在标志寄存器中设置一个值。这些标志位可以通过后续的跳转指令来决定程序的执行路径。

2. CPU 的性能指标

(1) 整数范围

每个 CPU 都以特定的方式表示数值。例如，一些早期的数字计算机将数值表示为熟悉的十进制 (基数为 10)，也有些采用了更不寻常的表示形式，例如三进制 (基数为 3)。几乎所有现代 CPU 都以二进制形式表示数字，每个数字都由一串 **0** 和 **1** 组成的数据来表示。而 **0** 和 **1** 可以用两个不同物理量来表示，例如高电平表示 **1**，低电平表示 **0**。

对于二进制 CPU，在一次操作中可以处理的位数 (二进制编码整数的有效位数) 通常称为字大小、位宽、数据路径宽度、整数大小。CPU 的整数大小决定了它可以直接操作的整数值的范围。例如，8 位 CPU 可以直接操作由 8 位表示的整数，其范围为 256 个离散整数值。

整数范围影响了 CPU 可以直接寻址的内存位置的数量 (地址是代表特定内存位置的整数值)。例如，如果二进制 CPU 使用 32 位来表示内存地址，那么它可以直接寻址 2^{32} 个内存位置。为了规避此限制以及出于各种其他原因，某些 CPU 使用允许对附加内存进行寻址的机制 (例如存储体切换)。

较大字长 (更大的数据范围和地址空间) 的 CPU 一次操作可以处理的位数更多，因此可以得到更高的性能。同时，字长较大的 CPU 需要更多电路，因此物理尺寸更大、成本更高且功耗更高 (产生更多热量)。因此，尽管可以使用字长更大 (例如 16、32、64，甚至 128 位) 的 CPU，但现代应用中仍广泛使用较小的 4 位或 8 位微控制器。越简单的微控制器通常更便宜，花费更少能源，也因此产生更少热量。

(2) 时钟频率

大部分的 CPU，甚至大部分的时序逻辑设备，本质上都是同步的。这意味着它们使用时钟信号来调整顺序操作的速度。时钟信号由外部振荡器电路产生，该电路每秒以周期性方波的形式生成数量一致的脉冲。时钟脉冲的频率决定了 CPU 执行指令的速率，因此时钟越快，CPU 每秒执行的指令就越多。

为了确保 CPU 的正常运行，时钟周期比所有信号通过 CPU 处理所需的最长时间要长。时钟信号将时钟周期设置为远高于最坏情况传播延迟的值时，才可以设计整个 CPU 及其在上升和下降沿处理数据的方式。时钟信号这种设计是一种简单的处理方式。然而，它也有一个缺点，即整个 CPU 必须等待其最慢的元素，即使它的其他部分要快得多。这种限制在很大程度上已通过提高 CPU 并行性的各种方法得到了补偿。

无论如何，结构上的改良无法解决所有同步 CPU 的弊病。时钟信号易受其他的电信号影响，在逐渐复杂的 CPU 中，越来越高的时钟频率使其更难与整个单元的时钟信号同步。所以近代的 CPU 倾向于发展多个相同的时钟信号，以避免单一信号的延迟使得整个 CPU 失灵。另一个主要的问题是，时钟信号的增加亦使得 CPU 产生的热能增加。持续变动的时钟频率使得许多器件切换 (switch) 而不论它们是否处于运作状态。一般来说，一个处于切换状态的器件比处于静止状态还要耗费更多的能源。因此，时钟频率的增加使得 CPU 需要更有效率的冷却方案。

(3) 并行

前面描述的 CPU 结构只能在同一时间点执行一个指令，由于每次仅有一个指令能够被执行，CPU 必须等到上个指令完成才能继续执行。

为了更佳的性能，CPU 倾向于平行运算的各种设计越来越多。指令级并行 (instruction level parallelism，ILP)，旨在提高 CPU 内执行指令的速率；任务级并行 (task-level parallelism，TLP)，其目的是增加 CPU 可以同时执行的线程或进程的数量。

(4) 多核心

大多数现代 CPU 都是在集成电路 (integrated circuit，IC) 微处理器上实现的，单个 IC 芯片上有一个或多个 CPU。具有多个 CPU 的微处理器芯片称为多核处理器。各个物理 CPU 也可以是多线程的，以支持 CPU 级多线程。

如今大多数处理器都是多核的，以增强性能、降低功耗并更有效地同时处理多个任务。大多数计算机最多可能有二到八个核心，如果 CPU 一次只能处理一组指令，那么它被视为单核处理器；如果 CPU 可以同时处理两组指令，则称为双核处理器。核心越多，计算机一次可以处理的指令就越多。现今使用四核心和八核心以上处理器的个人电脑已相当普遍。

理想的情况下，双核心处理器性能将是单核心处理器的两倍。然而，实际中，因不完善的软件算法，多核心处理器性能增益远远低于理论，增益只有 50%左右。但增加处理器的核心数量，依然可增加一台计算机可以处理的工作量。这意味着该处理器可以处理大量不同步的指令和事件，可分担第一核心不堪重负的工作。有时，第二核心将和相邻核心同时处理相同的任务，以防止崩溃。

3. 存储器的基本原理

不管是什么类型的存储器，本质上都具有存储二进制信息的能力。下面针对不同材料性质的存储器的信息存储原理和外围控制进行基本介绍。

RAM 分为静态和动态两类，即 SRAM 和 DRAM。SRAM 将每个位存储在一个双稳态的存储器单元里，其中每个单元是用一个六晶体管电路来实现的。该电路可以无限期地保持在两个不同的电压配置或状态之一。其他任何状态都是不稳定的——在不稳定状态，电路会迅速地转移到某一稳定状态。这样的一个存储器单元类似于倒转的钟摆。当钟摆倾斜到最左边或最右边时，它是稳定的，而从其他任何位置，钟摆都会立即倒向某一边。原则上，钟摆也能在垂直的位置无限期地保持平衡，但是这个状态是亚稳态的——最细微的扰动也能使它倒下，而且一旦倒下就永远不会再恢复到垂直的位置。由于 SRAM 存储器单元的双稳态特性，只要有持续的供电，它就会永远地保持原有的值。即便出现干扰 (如电子噪声) 来扰乱电压，在干扰消除后电路也会恢复到稳定值。

DRAM 通过对电容进行充电来存储数据位。每个电容的容量通常约为 30 pF。每个 DRAM 存储器的存储单元由一个电容和一个访问晶体管组成。DRAM 存储器单元对干扰非常敏感，如果电容电压被干扰，它将永远无法恢复。暴露在光线下也会导致电容电压的改变。数码照相机和摄像机中的传感器本质上就是 DRAM 单元的阵列。很多原因会导致漏电，使得 DRAM 单元在 10~100 ms 时间内失去电荷。由于计算机运行的时钟周期是以纳秒来衡量的，所以相对而言这个保持时间是比较长的。内存系统必须周期性地通过读出，然后重写来刷新内存每一位。有些系统也使用纠错码，其中计算机的字会被多编码几位，这样一来，电路可以发现并纠正一个字中任何单个的错误位。

传统的机械硬盘和磁盘、磁带都是基于磁性物质来存储信息的。在未受到外部磁场影响的情况下，磁盘表面的磁性粒子的磁极方向是不会改变的。一般从未受到外部干扰的磁性粒子磁极方向是随机的，于是出现互相抵消的情况，这时磁盘无磁极显现。写数据时磁头移到磁盘要写入的位置，输入电流产生感应磁场。受磁场的影响，磁头下磁性粒子的磁极方向变为与磁场同向。通过给磁头不同的电流方向，使得磁盘局部产生不同的磁极，产生的磁极在未受到外部磁场干扰下是不会改变的，如此便将电信号持久化到磁盘上。读取磁盘信息时，不通电的磁头在写入数据的位置上移动，上面可知数据在磁盘上就是一些磁极方向不同的微小局部区域，由于各个区域的磁极方向不完全相同，所以磁头在通过这些不同方向的区域时会产生不同方向的感应电流，这些微弱正负脉冲经过驱动的去噪扩大成为内存中的二进制数据。

固态硬盘 (SSD) 使用闪存芯片作为主要的存储介质。闪存芯片是一种非易失性存储器，即使在断电后也能保存数据。它们由浮动门晶体管组成，数据存储在浮动门中。虽然比 DRAM 慢，但闪存芯片的读写速度比硬盘快，从而缩短数据访问和传输时间。

传统的机械硬盘运行主要是靠机械驱动头，包括马达、盘片、磁头摇臂等必需的机械部件，它必须在快速旋转的磁盘上移动至访问位置，至少 95%的时间都消耗在机械部件的动作上。SSD 却不同于机械构造，无须移动的部件。由主控与闪存芯片组成的 SSD 可以以更高的速度和准确性访问驱动器。传统机械硬盘依靠主轴主机、磁头和磁头臂来确定位置，而 SSD 用集成电路取代了物理旋转磁盘，导致了比机械硬盘更长的数据访问时间和延迟。

4. 存储器的性能指标

存储器的性能指标主要包括以下几个方面：

① 容量：存储器所能存放的二进制信息的总位数，可以这样定义：$S_{\mathrm{M}} = W \times L$，其中，$W$ 为存储字数，L 为存储器字长。例如，某存储器字长 16 位，共有 1 024 存储字，那么该存储器的容量为：$1\,024 \times 16 = 16\,384$ (位) $= 2\,048$ (字节)。值得注意的是，在讨论存储器容量时，常称 16 384 位为 16 K 位或 2 K 字节，这是因为存储器中的 1 K 不是 1 000，而是 1 024(2^{10})，1 M 不是 1 000 000，而是 1 048 576(2^{20})。

② 读写速度：存储器的读写速度通常由读写时间 T_{a}、读写周期 T_{m} 和存储器带宽 B_{m} 等参数来描述。

读写时间 T_{a} 是执行一次读操作或写操作的时间，即从地址传送给存储器开始到数据能够被使用为止所用的时间间隔。

读写周期 T_{m} 是指两个连续存储器操作 (两次连续的读操作或两次连续的写操作) 之间所需要的最小时间间隔。一般情况下，$T_{\mathrm{m}} > T_{\mathrm{a}}$。

存储器带宽 B_{m} 是指连续访问存储器所能提供的数据传输速率。例如，对于 SDRAM 而言，当其工作频率为 100 MHz 时，其数据传输速率可以达到 800 MBps ($100 \times 64 \div 8 = 800$)；对于 DDR SDRAM 而言，由于数据可以在同一个时钟的上升沿和下降沿传输，所以当工作频率在 100 MHz 时，数据传输速率可以达到 1.6 GBps ($100 \times 64 \times 2 \div 8 = 1\,600$)。

③ 寿命：存储器能够承受的写入/擦除次数，特别对于闪存 (如 SSD) 来说，这个指标非常关键。

④ 功耗：存储器在工作过程中消耗的电能，通常以瓦特 (W) 为单位。

⑤ 可靠性：存储器在一定时间内无故障运行的能力，通常以平均故障间隔时间表示。

⑥ 稳定性：存储器在不同工作环境下 (如温度、湿度等) 保持性能一致性的能力。

这些指标可以帮助用户根据具体需求选择合适的存储器类型和型号。

6.5.4 典型的计算存储系统

从单片机、嵌入式计算机、微型计算机、大型计算机到云服务系统，全都包含有计算和存储单元。下面我们介绍几种常见的典型计算存储系统。

1. 单片机

单片机是单片微型计算机 (single chip microcomputer) 的简称，特别适合用于控制领域，故又称为微控制器 (micro control unit，MCU)。它不是某个执行特定逻辑功能的芯片，而是将一个计算机系统集成到一个芯片上，是一种集成了微处理器、存储器、输入/输出接口等功能于一体的集成电路芯片，专门为执行特定控制任务而设计，广泛应用于各种嵌入式系统和自动化控制设备中。单片机的组成包括中央处理器 (CPU)，负责指令的执行和数据的处理；存储器，包括程序存储器 (ROM/Flash) 和数据存储器 (RAM)；输入/输出接口 (I/O Ports)，用于连接和控制外部设备，如传感器、执行器、显示器等；定时器/计数器 (Timers/Counters)，用于时间测量、事件计数和定时控制；串行通信接口，如 UART、SPI、I2C 等，用于与其他设备通信；模数转换器 (ADC)，将模拟信号转换为数字信号；数模转换器 (DAC)，将数字信号转换为模拟信号 (某些型号具有)。

单片机的特点包括集成度高，将多种功能集成在一个芯片上，减少了外围元件；低成本，相对于使用多个分立元件的系统，单片机方案更具成本效益；功耗低，适用于低功耗应用，如便携设备和电池供电设备；小型化，由于集成度高，单片机可以做得非常小，适合嵌入在各种小型设备中；实时性强，能够快速响应外部事件，适用于实时控制应用。常见的单片机品牌和型号有 AVR 系列，如 ATMEGA328P，广泛用于 Arduino 开发板；PIC 系列，由 Microchip Technology 生产，应用广泛；STM32 系列，由 STMicroelectronics 生产，基于 ARM Cortex 内核，性能强大；MSP430 系列，由德州仪器 Texas Instruments 生产，低功耗，适合便携设备；8051 系列，历史悠久，应用广泛，有许多变种，如图 6–5–4 所示为 Intel P8051 单片机。

图 6–5–4 Intel P8051 单片机

单片机的应用领域非常广泛，包括家用电器，如洗衣机、微波炉、空调等，控制设备的各项功能和操作；汽车电子，如发动机控制、车身电子系统、车载娱乐系统等；工业自动化，如生产线控制、机器人控制、过程控制等；医疗设备，如血糖仪、心电监护仪、智能手表等；物联网设备，如智能家居、环境监测、远程控制等；消费电子，如数码相机、玩具、音响设备等。

单片机作为嵌入式系统的核心，凭借其高集成度、低成本、低功耗和强实时性，被广泛应用于各个领域。它不仅是电子工程师和开发者的常用工具，也是现代电子设备中不可或缺的重要组成部分。通过使用单片机，开发者可以实现复杂的控制和自动化任务，推动技术和产品的创新发展。

2. 微型计算机

一般来说，微型计算机是以微处理器作为 CPU 的计算机。这类计算机的另一个普遍特征就是占用的物理空间很小。桌面计算机、游戏机、笔记本电脑、平板电脑以及种类众多的手持设备都是微型计算机的示例。

微型计算机使用的设备大多数都紧凑地被安装在一个机箱内，而一些设备如显示器、键盘、鼠标等则可以在机箱外进行短距离连接。通常来说，微型计算机的尺寸可以使其轻易地放置在大多数桌面上。相比之下，小型计算机、大型计算机和超级计算机这些更大的计算机可能需要部分机柜甚至整个房间来容纳。

3. 大型计算机

大型计算机是指从 IBM System/360 开始的一系列计算机及与其兼容或同等级的计算机，主要用于关键项目和大量数据的计算，例如银行金融交易及数据处理、人口普查、企业资源规划等。

现代大型计算机并非主要通过每秒运算次数 MIPS 来衡量性能，而是可靠性、安全性、向后兼容性和极其高效的 I/O 性能。大型机通常强调大规模的数据输入输出，着重强调数据的吞吐量。

大型机的投资回报率取决于处理数据的规模的大小、减少人力开支的幅度、实现不间断服务的程度和其他成本缩减的数量。若大型机的平台与操作系统并不连接互联网，将很难被黑客攻击，安全性会增强。

典型的大型机如 2022 年发布的 IBM z16 大型机，采用了 IBM Telum 双处理器芯片，有 16 个内核，运行频率为 5.2 GHz。该系统在单个型号 (型号 A01) 中配备多达 200 个可配置内核，并且每个系统包括 40 TB 的独立内存冗余阵列。首次实现了虚拟 L3、L4 的缓存设计，并且实现了芯上 AI 加速器。该 AI 加速器可以让用户把 AI 推理运算嵌入到在线事务处理过程中。以 IBM 和某全球性银行所作的信用卡欺诈检测模型 AI 推理运算测试为例，一台 z16 机器可以每秒处理三百五十万次推理请求，响应时间约 1 毫秒。从另一个角度来看 IBM z16 AI 加速器的性能，一个芯片的运算能力超过 6 万亿次浮点运算，一台机器可以超过 20 万亿次浮点运算。

4. 云服务系统

云计算 (cloud computing)，是一种通过互联网提供计算资源和服务的模式。它使用户能够按需访问共享的计算资源 (如服务器、存储、数据库、网络、应用程序和服务等)，无须自己采购以及维护硬件和软件基础设施。

2006 年 3 月，亚马逊率先推出了弹性计算云服务。次年 10 月，Google 和 IBM 开始在美国多所大学推广云计算计划，包括麻省理工学院、卡内基美隆大学、斯坦福大学、马里兰大学和加州大学伯克利分校等。该计划旨在降低分布式计算技术在学术研究中的成本，同时为这些大学提供相关的软硬件设备和技术支持，其中包括数百台个人电脑以及 BladeCenter 和 System x 服务器。这些计算平台将提供 1 600 个处理器，支持 Linux、Xen、Hadoop 等开源平台。通过网络，学生们可以参与各种基于大规模计算的研究项目。

到目前为止，亚马逊 AWS、微软 Azure、谷歌 GCP、阿里云是全球领先的云服务提供商。在全球 25 个地区，阿里云已部署了数百个云数据中心和 5 个超级数据中心，使得阿里巴巴拥有了国内最大的数据中心集群。阿里巴巴集团的阿里云全球有超过 3 200 个边缘节点，全网输出带宽超过 180 Tbps。能为用户提供计算、存储、安全、数据库、人工智能、媒体服务、物联网等上百种产品和服务。

6.5.5 智能计算与人工智能

在 21 世纪迅猛发展的科技浪潮中，智能计算与人工智能 (artificial intelligence, AI) 无疑成为推动社会进步与经济发展的关键力量。这两项技术不仅深刻地改变了我们的生活方式和工作模式，还在不断拓展着人类的认知边界。从我们日常使用的智能手机和语音助手，到自动驾驶汽车、精准医疗和智能家居，AI 技术以其强大的能力渗透到各个领域，展现出前所未有的潜力。

1. 什么是智能计算与人工智能？

智能计算，顾名思义，是指利用先进的计算技术模拟、延伸和扩展人类智能的各项技术体系。它不仅仅是简单的数据处理，更强调通过复杂的算法和模型，使计算机系统具备自主学习、适应变化和解决问题的能力。智能计算涵盖了从基础的数据处理与存储，到高级的模式识别、决策支持和智能交互等多个层面。其核心目标是提升计算系统的智能化水平，使其具备类似人类的思维能力，从而在各种复杂环境中作出合理的判断和决策。

人工智能作为智能计算的核心领域，专注于通过计算机系统实现人类智能的模拟与再现。AI 不仅旨在让机器完成特定任务，更希望赋予它们学习、推理、理解和决策的能力。人工智能包括多个子领域，如机器学习、深度学习、自然语言处理 (natural language processing，NLP) 和计算机视觉 (computer vision，CV) 等。这些子领域不断发展，拓展了 AI 的应用边界，使其能够处理更加复杂和多样化的问题。例如，机器学习通过算法让计算机从数据中自动学习模式和规律，深度学习则利用多层神经网络模拟人脑的结构和功能，擅长处理图像、语音和文本等非结构化数据。

2. 人工智能的发展历程

人工智能的发展历程如图 6–5–5 所示，其可以追溯到 1956 年达特茅斯会议的召开，当时 AI 的概念首次被提出，开启了人类探索智能机器的征程。早期的 AI 研究主要集中在符号主义和逻辑推理上，研究者们试图通过编程实现简单的智能行为。然而，由于当时计算能力和数据资源的有限，这一时期的进展相对缓慢，甚至出现了被称为“AI 冬天”的低谷。进入 20 世纪 80 年代，随着计算能力的提升和专家知识的积累，专家系统应运而生。这些系统通过大量规则和知识库，模拟人类专家的决策过程，广泛应用于医疗诊断、金融分析和工业控制等领域，取得了显著成果。然而，由于维护成本高、灵活性差，专家系统的热潮在 20 世纪 90 年代后期逐渐退去。

进入 21 世纪，随着大数据的爆发和计算能力的飞速提升，AI 研究迎来了新的发展契机。机器学习，尤其是深度学习技术的迅猛发展，推动了 AI 在图像识别、语音识别和自然语言处理等领域的突破。例如，谷歌的 AlphaGo 在围棋比赛中击败人类冠军，被视为 AI 技术的一个重要里程碑。深度学习通过多层神经网络，能够处理和分析海量的非结构化数据，如图像、语音和文本等，极大地拓展了 AI 的应用边界。近年来，大语言模型 (large language models) 的出现进一步推动了人工智能的发展，这些具有大量参数和复杂结构的模型，如 GPT 系列和 BERT，通过在海量数据上进行训练，展现出强大的理解和生成能力，推动了 AI 技术迈向新的高度。

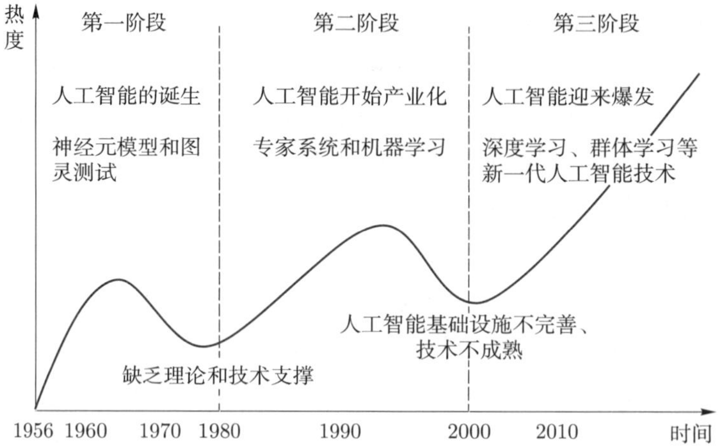

图 6–5–5 人工智能的发展历程

3. 人工智能的基本原理

(1) 机器学习机制

机器学习是实现人工智能的核心方法之一，其核心理念在于通过数据驱动的方式，使计算机能够自动学习和改进，而无需人为编写具体的程序指令。机器学习机制分类如图 6–5–6 所示，主要包括有监督学习、无监督学习、强化学习以及深度学习等基本学习范式，每种范式在不同的应用场景中发挥着重要作用。

有监督学习 (supervised learning) 是指在训练过程中，模型通过输入数据与对应的标签 (目标输出) 进行学习，旨在找到输入与输出之间的映射关系。例如，在图像分类任务中，输入数据为带有类别标签的图像，模型通过学习这些图像的特征来预测新图像的类别。数学上，有监督学习常通过最小化损失函数来优化模型参数。例如，在线性回归中，常用的均方误差 (mean squared error，MSE) 作为损失函数，其表达式为

$$MSE = \frac{1}{n}\sum_{i=1}^{n}(y_i - \hat{y}_i)^2 \tag{6–5–1}$$

其中，y_i 是真实值，$\hat{y}_i$ 是预测值，n 是样本数量。通过最小化 MSE，模型能够更准确地预测输出。

无监督学习 (unsupervised learning) 则不依赖于标签信息，模型需要自行发现数据的内在结构和模式。这种方法主要用于数据的聚类、降维和关联规则发现等任务。例如，在客户细分中，K-means 算法通过将相似的客户数据分组，帮助企业制定针对性的营销策略。K-means 的目标是最小化簇内样本点到簇中心的距离平方和，其

优化目标可以表示为

$$\min \sum_{k=1}^{K} \sum_{x_i \in C_k} \|x_i - \mu_k\|^2 \tag{6-5-2}$$

其中，C_k 是第 k 个簇，μ_k 是簇中心，K 是簇的数量。

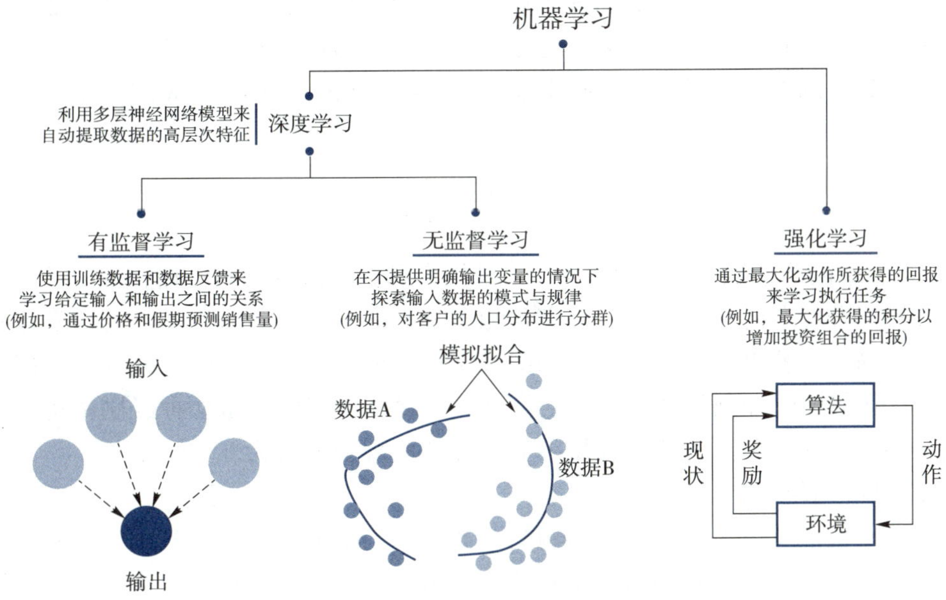

图 6–5–6 机器学习机制分类

强化学习 (reinforcement learning) 是一种通过与环境互动来学习最优策略的方法。在强化学习中，智能体 (agent) 在每个时间步根据当前状态选择动作，并根据环境反馈的奖励信号调整策略，以最大化长期累积奖励。强化学习的核心在于策略的优化和价值函数的学习。例如，Q-learning 算法不断更新动作价值函数 $Q(s,a)$，其更新公式为

$$Q(s,a) \leftarrow Q(s,a) + \alpha \left[r + \gamma \max_{a'} Q(s',a') - Q(s,a)\right] \tag{6-5-3}$$

其中，α 是学习率，γ 是折扣因子，r 是即时奖励，s' 是下一个状态，a' 是下一个动作。通过这种方式，智能体能够逐步学习到在不同状态下的最优动作选择策略。

为了便于理解，我们不妨用人类婴儿在学习知识时的过程来类比。有监督学习就像父母在教孩子认识动物时，给孩子展示一张张动物的图片，并明确告诉他们这些动物的名称。例如，展示一张猫的图片并说“这是猫”，展示一张狗的图片并说“这是狗”。无监督学习则可以想象让孩子自己观察一堆不同的动物图片，但不告诉他们每种动物的名称。孩子需要通过观察这些图片，自己发现其中的相似性和差异，可能会将相似的动物归为一类。而强化学习则需要考虑外界环境，像是教孩子骑自行车。孩子通过不断尝试骑车，遇到困难时可能会摔倒，但每当他们成功保持平衡或

骑得更远时，父母会给予表扬或奖励。这种奖励机制鼓励孩子不断尝试和调整动作，最终学会骑自行车。

深度学习 (deep learning) 是机器学习的一个分支，不同于上面提到的三种学习范式，深度学习更加侧重于模型的“深度”。其主要利用多层神经网络模型来处理复杂的数据结构，通过层层抽象，能够自动提取数据的高层次特征，广泛应用于图像识别、自然语言处理和语音识别等领域。深度学习的核心在于反向传播算法 (back-propagation algorithm)，该算法通过计算损失函数相对于网络参数的梯度，逐步优化模型参数。例如，在一个多层感知器 (multi-layer perceptron，MLP) 中，参数更新的基本公式为

$$\theta \leftarrow \theta - \eta \frac{\partial \theta}{\partial L} \tag{6–5–4}$$

其中，θ 表示网络参数，η 是学习率，L 是损失函数。通过反向传播，深度学习模型能够有效拟合复杂的训练数据，提高预测和分类的准确性。深度学习的出发点立足于人类大脑。人脑由大量的神经元和层级结构组成，每一层神经元处理不同层次的信息，从简单的感知到复杂的认知。类似地，深度学习中的多层神经网络也是这样通过逐层处理和抽象，能够完成复杂的任务和实现智能行为。

(2) 神经网络结构

神经网络是模仿人脑神经元结构的计算模型，是人工智能的基础。不同类型的神经网络结构针对不同的数据类型和任务需求，具有各自的优势和应用场景。以下将详细介绍卷积神经网络、Transformer 模型及激活函数等关键结构。

卷积神经网络 (convolutional neural network，CNN) 特别适用于处理具有网格结构的输入数据，如图像。CNN 通过卷积层提取局部特征，池化层进行降维和特征压缩，最终通过全连接层实现分类或回归任务。卷积运算是 CNN 的核心操作，其数学表达式为

$$(f * g)(i, j) = \sum_{m} \sum_{n} f(m, n) \cdot g(i - m, j - n) \tag{6–5–5}$$

其中，f 是输入特征图，g 是卷积核，(i, j) 是输出位置。通过这种局部连接和权重共享机制，CNN 能够高效提取图像中的边缘、纹理和形状等多层次特征，显著减少参数数量，提高模型的训练效率和泛化能力。

想象一下，一个艺术鉴赏家在欣赏一幅复杂的画作时，他的观察过程可以分为多个步骤，每个步骤都关注画作的不同层面。

初级观察 (卷积层)：鉴赏家首先用放大镜仔细观察画布上的基本元素，如线条、边缘和简单的颜色块。这类似于卷积层通过卷积核提取图像的基础特征，如边缘和纹理。细节分析 (池化层)：接下来，鉴赏家将视野缩小，专注于画作的某些区域，忽略不重要的细节，以便更高效地理解整体结构。这类似于池化层通过降维和特征压缩，减少数据量并保留关键信息。综合理解 (全连接层)：最后，鉴赏家将所有观察到的细节和整体印象综合起来，作出对画作风格、主题和价值的判断。这就像全连

接层将提取的特征整合起来，进行最终的分类或回归任务。通过这种层层递进、由浅入深的分析过程，卷积神经网络能够高效地从复杂的图像中提取有用的信息，类似于艺术鉴赏家通过多层次的观察和分析，最终理解和评价一幅画作的过程。

Transform 模型是这轮人工智能的核心技术之一，其工作原理就是自注意力机制和多头注意力机制。

自注意力机制：自注意力机制是通过计算注意力分数来实现的，注意力分数表示序列中每个元素对当前元素的重要性。自注意力机制通常包括三个主要组件：查询 (query)、键 (key) 和值 (value)。对于序列中的每个元素，模型都会计算一个查询向量、一个键向量和一个值向量。然后，通过计算查询向量与所有键向量的点积来得到注意力分数，接着对这些分数进行缩放和 softmax 操作，得到最终的注意力权重。这些权重与对应的值向量相乘并求和，得到该元素的输出表示。具体而言，如下所示：

$$\text{Attention}\left(\boldsymbol{Q}, \boldsymbol{K}, \boldsymbol{V}\right) = \text{softmax}\left(\frac{\boldsymbol{Q}\boldsymbol{K}^{T}}{\sqrt{d_k}}\right)\boldsymbol{V} \tag{6-5-6}$$

其中，$\boldsymbol{Q}$、$\boldsymbol{K}$ 和 $\boldsymbol{V}$ 分别表示查询 (query)、键 (key) 和值 (value) 矩阵，d_k 是键的维度。多头注意力通过并行多个注意力头，使模型能够从不同的子空间学习信息，提高了整体的表达能力。Transformer 及其衍生架构不仅在机器翻译、文本生成和问答系统等传统 NLP 任务中表现出色，而且成为当前大语言模型领域的主流架构。

以上自注意力机制的描述，对于初学者来说，很难理解和掌握。但通过用熟悉的场景来描述它就非常容易了，下面就通过一个大家都熟悉的场景来把这个问题讲清楚。

想象一下这个场景：你正在参加一个大型图书展览，书架上摆满了各种各样的书籍。你的目标是找到一本与你当前科研课题紧密相关的书籍。在这个场景中，你本人就像是一个拥有注意力机制的“模型”了。

第一步：浏览与选择 (对应的自注意力机制就是生成查询、键和值向量，以下同)

首先，你需要确定你正在寻找的主题或关键词，这就像是生成一个“查询向量”。同时，每本书都有一个“标题”和一个“内容简介”，这可以看作是每本书的“键向量”和“值向量”。这些向量代表了书籍的不同方面，帮助你快速了解书籍的内容。

第二步：评估相关性 (计算注意力得分)

接下来，你会逐一浏览书架上的书籍，通过比较你心中的“查询向量” (即你的研究课题) 与每本书的“键向量” (即书籍的标题和内容简介)，来评估它们之间的相关性。这就像是在计算注意力得分，得分越高，表示书籍与你的研究课题越相关。

第三步：聚焦重要信息 (生成注意力权重)

在评估了所有书籍的相关性之后，你会根据得分的高低，给每本书分配一个“注意力权重”。这就像是在说：“这本书看起来很重要，我要多花点时间仔细阅读；而那本书与我的研究课题关系不大，我可以先放在一边。”

第四步：整合信息 (加权求和与输出)

最后，你会根据每本书的“注意力权重”，有选择地阅读书籍的“值向量”(即详细内容)。重要的书籍你会仔细阅读，不重要的则快速浏览或跳过。通过整合这些重要信息，你最终能够找到一本与你研究课题紧密相关的书，并据此做出决策或进一步的研究。

注意力机制帮助大模型在处理海量信息时，能够“聚焦”到最重要的部分，从而提高处理的效率和准确性。在深度学习中，注意力机制已经被广泛应用于自然语言处理、计算机视觉等领域，并取得了显著的效果。

激活函数 (activation function) 在神经网络中起到引入非线性的关键作用，使得模型能够学习和表示复杂的函数关系。常见的激活函数包括 ReLU(rectified linear unit)、Sigmoid 和 Tanh 等。这是因为不涉及激活函数的线性操作的组合是有限的，而我们所处的真实环境实际上是一个非线性的世界，比如说信息在社交网络上的传播往往呈指数增长或出现突然的爆发式传播，而不是线性扩散。如果想要用数据拟合这种传播现象，激活函数的非线性能力就派上了用场。

4. 人工智能的应用领域

人工智能的应用领域极为广泛，涵盖了医疗健康、金融服务、自动驾驶、智能制造和智能家居等多个方面。在医疗健康领域，AI 辅助诊断、个性化治疗方案和药物研发等应用正在提升医疗服务的效率和精准度。通过分析医疗影像和患者数据，AI 能够辅助医生进行疾病诊断，制定个性化的治疗方案，实现精准医疗。此外，AI 在药物研发中的应用，加速了新药的发现和开发，缩短了研发周期，降低了成本。在金融服务领域，人工智能技术正在重塑传统的金融服务模式。AI 通过分析海量的金融数据，进行风险评估和信用评分，提升金融机构的风险管理能力；利用 AI 算法进行高频交易和市场预测，提高交易效率和收益；通过聊天机器人和语音助手，提供 24 小时的客户服务，提升用户体验。

自动驾驶作为 AI 应用中的重要方向，通过环境感知、路径规划和决策控制，实现车辆的自主驾驶，推动交通运输的智能化。自动驾驶技术依赖于计算机视觉和深度学习，能够实时感知车辆周围的环境，进行路径规划和障碍物避让，确保车辆安全行驶。在智能制造领域，人工智能技术实现了生产过程的自动化和智能化。工业机器人应用于装配、焊接和搬运等环节，提高了生产效率和产品质量；预测性维护通过分析设备运行数据，预测设备故障，减少停机时间和维护成本；供应链优化利用 AI 优化供应链管理，提高物流效率和库存管理水平，从而提升整体生产效率和产品质量。智能家居通过人工智能技术，极大地提升了家庭生活的便捷性和舒适度。语音助手如 Amazon Alexa 和 Google Assistant，使得智能设备的控制变得更加简单和直观；智能安防系统通过智能摄像头和传感器，实时监控家庭安全，提供远程报警和控制功能；智能照明和温控系统能够根据环境和用户习惯，自动调节灯光和温度，提升居住的舒适度和节能效果。

5. 大模型与高效存储

当前，大模型 (large models) 的出现进一步推动了人工智能的发展。大模型指的是具有大量参数和复杂结构的深度学习模型，如 GPT 系列、BERT 等。这些模型通过在海量数据上进行训练，具备了强大的理解和生成能力，能够处理复杂的自然语言任务，生成高质量的文本内容，甚至具备一定的推理和创作能力。然而，大模型的训练和部署需要巨大的计算资源和存储空间，这促使了轻量化 (light weight) 计算技术的发展。轻量化计算技术通过优化模型结构、减少参数量和提高计算效率，使 AI 模型能够在资源受限的设备上运行，如智能手机、物联网设备等，极大地扩展了 AI 的应用场景。

为了支持大模型的高效运行，高效存储技术也显得尤为重要。随着数据量的爆炸式增长，如何高效地存储和管理海量数据成为智能计算面临的重大挑战。现代存储技术，如分布式存储、云存储和边缘存储，提供了高效、可靠的数据存储解决方案，支持 AI 模型的快速训练和实时推理。此外，存储技术的发展还推动了数据的快速传输和访问，确保 AI 系统能够高效地利用数据资源，实现实时决策和响应。这些技术的结合，使得人工智能能够在更广泛的应用场景中发挥其潜力，同时保持高效和灵活。

6. 面临的挑战与伦理考量

尽管人工智能带来了诸多便利和创新，但其发展过程中也面临着不少挑战和伦理问题。首先，AI 依赖大量的数据进行训练和优化，这引发了对数据隐私和数据安全的广泛关注。如何在使用个人数据的同时保护用户隐私，避免数据泄露和滥用，是 AI 发展必须面对的重要问题。其次，随着自动化和智能化的发展，AI 可能替代部分传统岗位，带来就业结构的变化。重复性高、技术含量低的工作更容易被 AI 取代，如制造业的流水线工人和客服代表等，这需要社会关注劳动力市场的变化，促进职业转型和技能升级。此外，AI 系统的决策过程依赖于训练数据，如果数据存在偏见，AI 系统可能会继承并放大这些偏见，影响决策的公平性和透明度。因此，确保 AI 算法的公平性和透明性，成为亟须解决的重要课题。除了这些技术和应用层面的挑战，人工智能的发展还带来了诸多伦理和法律问题。例如，AI 系统在决策过程中出现错误或造成损害时，如何明确责任主体，确保受害者的权益得到保障，是法律和伦理需要关注的问题。同时，制定 AI 发展的伦理准则，确保 AI 技术的应用符合人类的价值观和道德标准，是社会各界共同探讨和规范的必要步骤。最后，AI 技术的快速发展还可能引发对人类控制力和自主性的担忧，如何在保持技术创新的同时，确保人类对 AI 的有效管理和控制，是未来需要持续关注的课题。

6.6 安全与保密

信息概念诞生伊始，安全与保密就随其伴生发展。从古典时期的斯巴达“天书”、春秋战国时期的“虎符”，到中世纪以后广泛应用的“凯撒密码”与“矾书”，再到文艺复兴时期的“维吉尼亚密码”，都说明人类文明早期就开始意识到信息安全的重要性，并试图通过各种手段来保护信息。但是信息安全作为一个独立概念，一般认为是在 20 世纪中叶才逐渐发展起来的，自香农于 1948 年发表《通信的数学原理》之后，信息安全概念与体系在 20 世纪 70 年代和 80 年代开始逐渐成形，之后在计算机、通信等信息技术快速发展的背景下，不断完善与演进，成为当今信息技术一个重要的研究领域。信息安全涉及一个国家的政治、军事、经济、文化、社会生活的各个方面，如果处理不当，将使一个国家处于极大的信息风险之中。在 21 世纪，信息安全保障能力是各国综合国力、经济竞争和民族生存能力的重要组成部分，是世界各国都在努力巩固提升的力量。

6.6.1 信息安全的发展史和分类

随着社会和技术的不断进步，人们保护信息资源安全的方式也在不断演变。信息安全在其发展历史中经历了古典信息安全、辐射安全、计算机安全、网络安全和信息安全等几个阶段。

在很久以前，所有的财产包括信息都是以物理形式存在的。因此，人们采用了许多物理安全措施来保护这些财产，例如建造城墙、挖掘护城河、隐藏财宝等。传递信息通常依赖于可靠的使者。然而，这种安全方法存在缺陷，一旦信息在传输过程中被截获，敌人就可以获知信息的内容。为解决这个问题，人们采取了一些安全措施，例如早期使用密封的陶罐作为信封传递信息，一旦密封被破坏，就表明信息的安全性受到了威胁。然而，这种方法无法防止信息内容被窃取。因此，公元前一百年，罗马共和国的朱利叶斯·凯撒 (Julius Caesar) 发明了凯撒密码，即使信息被截获，敌人也无法理解其具体内容。到第二次世界大战期间，德国使用了一台名为“Enigma”的机器对需要传输的军事信息进行加密。战后，苏联使用一次性便条 (one-time-pad) 来保护机要消息。一次性便条是一叠每页都标有随机数字的纸，每页纸用于一条消息。如果使用得当，这种加密机制将是无法破解的。但不幸的是，苏联重复使用了一次性便条，导致一些消息被破解。因此，古典信息安全基本上是建立在古典密码学基础之上的。

在 20 世纪 50 年代，人们开始意识到可以通过截取电话线上传输的电信号来获取消息。为应对这一问题，美国人建立了一套名为 TEMPEST 的规范，以减少可能被用于收集信息的电磁辐射。该规范规定了在敏感环境中使用计算机时的电子辐射标准。

到了 20 世纪 70 年代初期，大卫·贝尔 (David Bell) 和伦纳德·拉帕杜拉 (Leonard LaPadula) 提出了一种保护计算机操作的模型。该模型基于政府对不同级别的分类信息 (包括不保密、限制、保密、机密和绝密) 以及不同级别的许可权限的概念。如果某个人的许可级别高于文件的分类级别，则可以访问该文件，否则将被拒绝。这种模型的概念最终于 1985 年形成了美国国防部标准 5200.28 可信计算系统评估标准 (TCSEC，也称为橙皮书或橘皮书)，多年来一直是评估多用户主机和小型操作系统的主要方法。

随着计算机相互连接形成网络，新的安全问题诞生，而原有的问题也以不同形式显现。通信需要通过局域网或广域网进行，专业加密器的使用变得更加复杂。此外，铜线发出的辐射问题和无线网络的辐射安全问题也遍布建筑物内。不同系统的相互连接使得任何一个薄弱环节都可能导致整个网络的安全问题。解决网络安全问题显然不是单一技术或标准可以实现的，而需要多种安全措施共同作用，如加密、安全认证、访问控制和安全管理等。目前，网络安全是信息安全的重要组成部分。

显然，没有一种方案可以解决所有安全问题。优秀的安全方案应该综合考虑多方面的保护措施，包括保护物理财产的物理安全措施，如纸质记录和系统安全；保障传输信息的通信安全；以及防止敌方通过读取计算机系统的电子辐射信息的辐射安全方案。这些方面的综合考虑构成了信息安全的整体框架。

信息安全的研究范围非常广泛，分为三个层次：信息安全基础理论研究、信息安全应用技术研究，以及信息安全管理研究，如图 6–6–1 所示。基础理论研究包括密码学理论和安全理论研究；应用技术研究包括安全实现技术和安全平台技术研究；信息安全管理研究包括安全标准、安全策略和安全评估等。

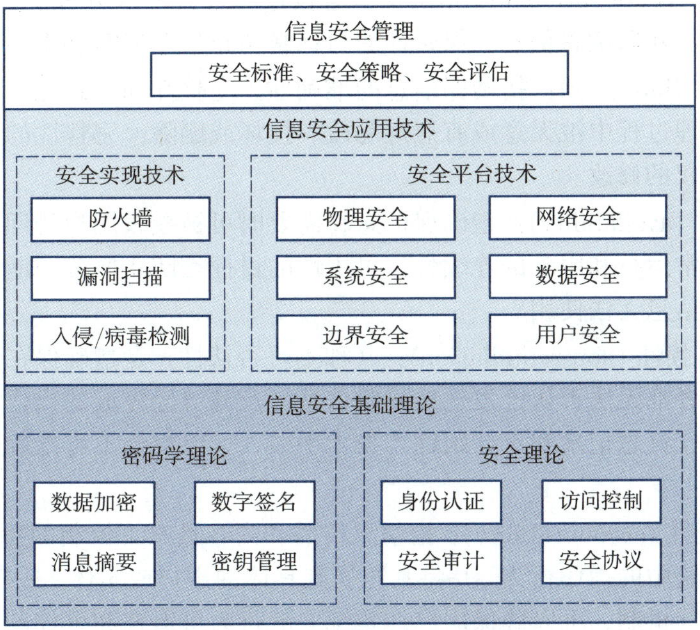

图 6–6–1 信息安全的研究范围

信息安全基础理论是整个研究内容的基础，为信息安全应用技术和信息安全管理提供理论指导；信息安全应用技术是实现信息安全的实际手段；信息安全管理则研究实现信息安全的各种标准、策略、规章、制度。

6.6.2 信息安全概念

安全是社会中广泛、普遍存在问题，各个领域安全侧重点不同，信息领域的安全问题主要关注信息在存储、处理、传递等过程中涉及的安全问题，随着信息与通信技术的发展，信息安全涉及个人、家庭、社会、国家行为活动的各个方面。以当前移动支付为例，传统支付模式经历了漫长的迭代周期，人们的意识、道德、素质、政策以及法规方面已经形成了较为完善且互补的安全保护机制，然而基于当前信息技术的移动支付从出现到普及不过短短十多年，其中的安全保护技术仍在迭代阶段，同时信息技术同步飞速发展，导致问题越来越多也越来越复杂，因此信息安全问题已经在客观上成为阻碍移动经济进一步发展的关键问题。

从小的方面来说，信息安全问题已经开始严重威胁个人人身财产安全。从大的方面来说，信息安全问题已经威胁到国家政治、经济、文化、军事等领域，信息武器已经被列为继原子武器、生物武器、化学武器后的第四大武器。因此，信息安全已经成为社会和国家稳定安全的必要前提条件。信息安全技术围绕信息本身的安全，阻止信息泄露，或者被未授权者修改和破坏，从而导致信息不可靠、不可用等问题，最大限度地保障信息服务，同时降低损失或者尽可能无损。

描述和衡量信息系统或者数据安全的特性与特征被称为安全属性，其可用于确定信息安全程度或者所面临的威胁程度，常见的信息安全属性如下：

① 保密性 (confidentiality)：指确保只有授权的人员可以访问和获取信息，防止未经授权的人员获取敏感信息。保密性的目标是防止信息泄露和未经授权的访问。

② 完整性 (integrity)：指确保信息的准确性、完整性和一致性，防止信息在存储、传输或处理过程中被无意或有意地篡改、损坏或删除。完整性的目标是保护信息免受未经授权的修改。

③ 可用性 (availability)：指确保信息在需要时可被授权用户访问和使用，保障信息系统的正常运行和服务的连续性。可用性的目标是防止服务中断、系统故障或其他因素导致信息无法使用。

④ 不可抵赖性 (non-repudiation)：又称不可否认性，是指确保在信息交互过程中，所有参与者都无法否认已发送或接收信息，及其曾经完成的操作与承诺。通过使用数字签名、日志记录和审计跟踪等技术手段，可以提供不可抵赖性，防止事后否认和纠纷。

⑤ 可控制性 (accountability)：指信息传播和内容具有可控制的特性，能够跟踪和追溯信息系统中的操作行为，并将其归属到具体的用户或实体。适当的身份验证、访问控制和审计机制，可以确保用户在系统中的行为可追踪和可控制。

信息安全的首要任务就是要实现信息的安全属性。反过来说，对于攻击者而言，就是要通过一切手段去破坏信息的安全属性。其中，保密性、完整性与可用性这三种属性被视为安全与保密领域的三个核心要素，称为信息安全三角 (information security triangle) 或“CIA 三角”，如图 6–6–2 所示。

① 保密性与完整性的关系：保密性和完整性相互依赖。保持保密性是确保信息只能被授权人员访问和披露，防止未经授权的访问和泄露。完整性则确保信息在存储、传输和处理过程中不被篡改、损坏或意外修改。如果信息的完整性遭到破坏，可能会导致保密性受到威胁。例如，如果未经授权的人员能够修改数据，那么保密性可能无法得到保护。

② 保密性与可用性的关系：保密性和可用性之间存在一定的冲突。为了保护信息的保密性，可能需要实施访问控制措施，限制对信息的访问权限。然而，这可能会对信息的可用性产生负面影响，因为合法用户需要经过身份验证和授权才能访问信息。因此，在确保保密性的同时，需要权衡和平衡可用性需求，以确保授权用户能够及时访问所需的信息资源。

③ 完整性与可用性的关系：完整性和可用性之间也存在相互关系。确保信息的完整性是防止信息被篡改或损坏的关键要素。然而，为了确保信息的完整性，可能需要实施严格的数据验证和校验措施，这可能会对信息的可用性产生一定的影响。例如，在数据传输过程中实施加密和完整性校验，可能会增加处理时间和资源消耗，从而影响可用性。

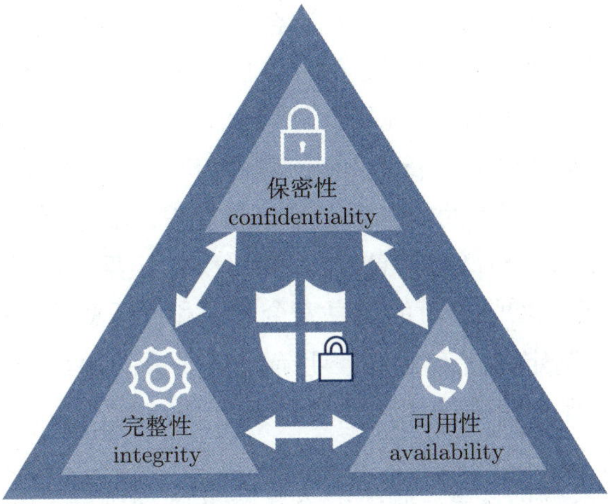

图 6–6–2 CIA 三角

CIA 三角是信息安全与保密领域学习与研究的开始，但并非全部。其他安全属性被破坏后，CIA 三角也会受到威胁，例如：

① 不可抵赖性：收发双方通信内容不被否认，一旦被破坏，则收发双方可以否认其发送与收到的保密信息，信息保密性受到威胁；同时，发送方存在否认其修改行为的可能，难以确定发送方是否存在信息修改行为，信息完整性难以保障；最后，不可抵赖机制被破坏后，通信可靠性下降，通信系统整体可用性存在降低的风险。总之，不可抵赖性与保密性、完整性直接紧密相连，间接影响信息可用性。

② 可控制性 (可控性)：可控性确保信息系统和数据具有有效管理和控制的能力，一旦遭到破坏，则未经授权的用户可能获得对敏感信息的访问权限，存在信息泄露、数据被盗或无权限用户获取信息的风险，破坏信息保密性；同时，未经授权的用户可能篡改、修改或者删除信息内容，破坏信息的完整性；最后，未经授权用户可能导致系统不可用，如采用拒绝服务 (DoS) 攻击、安装恶意软件，或者错误操作导致系统故障等方式，导致信息系统中断、服务不可达、业务中断等，破坏信息的可用性。总之，可控性是实现信息安全三要素的关键。

可以看出，其他安全属性可以被当作信息安全三角的补充与扩展，与信息安全三角的要素相辅相成，共同构建一个综合的信息安全体系，确保信息系统和数据的安全保护。这些安全属性相互关联、相互依赖，是实现信息安全目标的重要组成部分。

6.6.3 安全与保密关键技术

保护信息安全所采用的手段被称为信息安全与保密机制，是通过一系列的技术、策略和措施保护信息的保密性、完整性和可用性等相关安全属性，以防止信息被未经授权的用户访问、修改、泄露或破坏。首先需重点强调的是，信息安全并非仅仅依赖于信息技术手段，其涉及多方面，一般认为完整的信息安全系统应当至少包括三个方面的措施：

① 技术性措施。包括使用密码技术，通过加密算法、数字签名等技术手段保护信息安全；采用访问控制机制，限制只有经授权的人员可以访问敏感信息；设计相关安全协议，包括网络通信安全协议 (如 TLS、IPsec 等)、密钥管理认证协议、数据完整性保护协议、审计和监控协议等，增强信息系统协议安全性；系统软硬件安全性设计，包括建立安全存储、备份和灾难恢复机制，以及反病毒机制等。

② 管理性措施。制定明确的信息安全策略和规程，规范信息的使用、存储和传输；建立信息分类和标识体系，对敏感信息进行等级管理；定期开展信息安全风险评估和审计，持续改进安全措施；增强员工的信息安全意识和责任意识，加强培训和教育。

③ 制度性措施。制定法规和标准，明确信息安全的法律责任和合规要求，确保信息安全行为合法合规，明确违规违法责任及惩戒措施，如美国的《联邦信息安全管理法案》、欧盟的《一般数据保护条例》以及我国的《中华人民共和国数据安全法》等；明确信息安全管理体系，制定安全策略及管理制度，建立管理组织架构，明确岗位责任。

本小节主要介绍技术性措施，穿插地介绍管理性措施以及制度性措施在技术设计与应用中的作用，因为信息安全与保密是实践性较强，应用性较高的课题，安全与保密技术的设计和研究与产业需求紧密联系，因此受到信息安全政策、法律法规影响较深。需要强调的是信息安全并非独立存在，而是与其他信息技术紧密联系，因此未来行业从业者在技术设计与研究的时候需要考虑安全管理、制度等存在的相应措施的影响。

1. 加密技术

(1) 基础概念

在下文中设 Alice 和 Bob 为合法用户，Trudy 或者 Eve 为非法用户或者攻击者。如图 6–6–3 所示介绍了一个简单的加密解密工作流程，Alice 通过加密的方式把信息发送给 Bob，希望信息不被 Trudy 所获得。未加密的信息被称为“明文”，将明文制作成秘密代码的过程称之为加密，加密后的结果称之为“密文”，将密文转化为明文的过程称之为解密。其中，密钥在加密系统中是用来实施加密与解密的重要概念。

这里我们需要引出“对称密钥”和“非对称密钥”两种密钥体系概念。在对称密钥体系中，加密与解密所使用的密钥是相同的。在非对称密钥体系下，加密与解密所使用的密钥是不同的。这里涉及公开加密技术概念，在非对称加密系统下，Alice 使用 Bob 公开的加密密钥 (称为“公钥”) 对明文进行加密，Bob 接收到密钥后使用仅自己知道的密钥 (称为“私钥”) 进行解密。

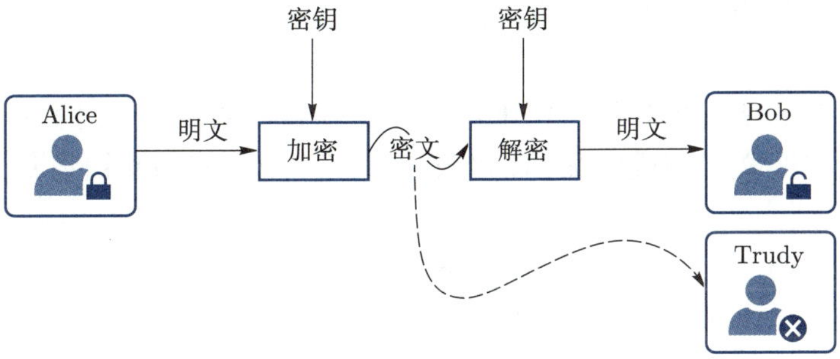

图 6–6–3 加密解密示意图

理想的加密系统能够保证，Trudy 没有密钥的情况下是不可能从密文中提取明文信息，即使 Trudy 完全了解系统的加密算法、加密流程等相关信息。这里我们需要介绍一下密码学中一项重要原则，柯克霍夫原则 (Kerckhoffs's principle)，又被称为开放系统原则：密码算法和系统的设计应该是公开透明的，只有密钥是保密的。

作为用户而言，如果 Trudy 不知道密码系统的工作原理，其攻击的时候会更加困难。但是，从设计者与研究者角度出发，如果我们的系统依赖于秘密设计，会面临几个问题：首先需要保密的细节覆盖面会扩大，任意的细节被泄露都会造成系统安全风险，尤其是在长期保密的要求下；其次，一旦算法或者流程泄露，保密系统将不再具备安全性，需要重新设计，替换成本与造成损失可能超过信息本身价值。而柯克霍夫原则的设计理念认为“安全设计本身应置于公众的审视之下”，让安全缺陷更容易暴露，从而最终提升系统整体安全。这一理念已经基本得到了广泛认可，并从密码学领域扩展至整个信息安全领域。

理想的密码方案应该能够通过数学来证明不存在任何可行的攻击，那么如何通过数学去衡量系统保密性，这里香农在 1948 年提出了完全保密性这个概念。假设明文信息 M 使用密钥 K 加密成 n 位长度码字 X，Bob 的观测码字位 Y，Trudy 的观测码字位 Z。如果 $H(M)=I(M|Y)$，则说明 Bob 处可完全还原信息 M。如果 Bob 可完全还原信息 M，且 $I(M;Z)=0$，我们可以认为这个系统具备完全保密性。一次性密码本加密系统，顾名思义，每次加密密码本只使用一次，每次加密后的码字都是全新的分布，因此没有任何统计或计算方法可以提供关于明文的额外信息，可以用数学证明具备完全保密性。但是，一次性密码本方案要求密钥长度与明文长度一致，需要生成并存储大量的密钥，且大量数据下的完全随机数生成是难以实现的，这导致一次性密码本方案并不实用，现代信息安全设计会在安全性、实用性与经济性之间进行权衡。既然完全保密达成条件太难，研究者提出了用渐进统计独立性代替，即用 $\lim\limits_{n\to\infty} I(M;Z)=0$ 替代 $I(M;Z)=0$，这被称为强保密性；与之

对应的是弱保密性，即 $\lim_{n\to\infty} I(M;Z)/n=0$。强保密性下，攻击者无法通过已知的密文和密钥来推断出关于明文的任何附加信息，许多现代加密算法，如对称加密算法 (如 AES) 和公钥加密算法 (如 RSA)，都满足强保密性；而弱保密性相比于强保密性，不考虑攻击者拥有的密钥信息，只关注攻击者通过分析密文本身来获取有关明文的信息，主要应用于消息认证等场景下。

(2) 对称密钥

对称密钥技术使用相同的密钥来进行加密和解密数据。在对称密钥技术中，发送方使用密钥将明文加密成密文，而接收方可以使用相同的密钥将密文解密成明文，如图 6–6–4 所示。

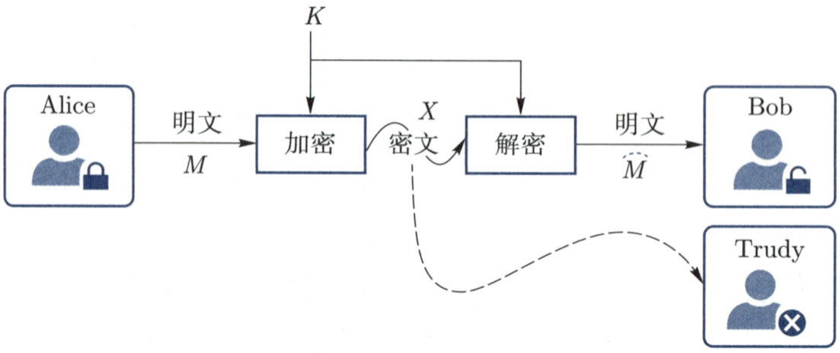

图 6–6–4 对称密钥加密示意图

对称密钥加密技术有两个分支，一个是流加密，另一个是分组加密。流加密推广了一次性密码本思想，但是换用相对较短的密钥，以牺牲部分安全性来提升管理性与实用性。流加密在实时通信、无线通信、数据流加密等领域中被广泛应用，因为它可以提供高效的加密和解密过程，适用于连续的数据流。而分组加密将明文数据分成固定大小的数据块 (称为分组)，然后使用相同的密钥对每个分组进行加密，其中每个分组的加密操作是独立的，且加密结果不依赖于其他分组的加密结果。分组密码加密的成熟性、灵活性、高效性和易于实现性使其成为许多应用场景中首选的加密方法，得到了广泛应用。本小节讲解分组加密中典型的 Feistel 密码思想，便于学生理解对称加密流程。

在 Feistel 密码方案中，明文 M 被分割为左右两部分，如图 6–6–5 所示，表述为 $M=(L_0,R_0)$。对于加密流程中的每一轮 $i, i=1,\cdots,N$，新的左半部分和右半部分如下：

$$\begin{aligned} L_i &= R_{i-1} \\ R_i &= L_{i-1}\oplus f\left(R_{i-1},K_i\right) \end{aligned} \tag{6–6–1}$$

其中，K_i 是第 i 轮的子密钥。最终一轮的密文 X^n 就是最后一轮的加密输出 $X=(L_N,R_N)$。

而解密过程就是将如图 6–6–5 所示的流程反过来，Feistel 密码的核心特点是使用相同的加密函数和密钥进行反向的解密操作，使加密和解密过程非常类似：

$$\begin{aligned} R_{i-1} &= L_i \\ L_{i-1} &= R_i \oplus f(R_{i-1}, K_i) \end{aligned} \tag{6-6-2}$$

最终反向迭代，明文 $M = (L_0, R_0)$ 就是所需要还原的明文。

Feistel 密码的设计原则是安全性和可逆性。通过多轮的迭代加密操作，Feistel 密码可以提供较高的安全性，使得对密文进行攻击变得困难。同时，由于加密和解密过程相似，解密操作可以通过反向执行加密操作来完成，从而实现可逆性。常见的 Feistel 密码算法包括 DES、IDEA 以及 3DES。

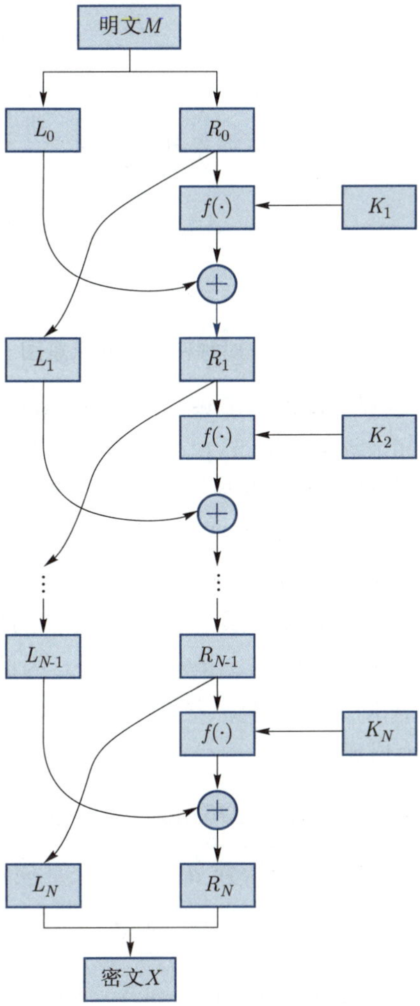

图 6–6–5 Feistel 加密流程图

(3) 非对称密钥

非对称加密使用一对密钥，由公钥和私钥组成，实现数据的加密和解密。公钥是公开的，可以被任何人访问和使用，而私钥则是保密的，只有密钥的持有者可以访问和使用，使用公钥加密的数据只能使用相应的私钥进行解密，而私钥加密的数据只能使用相应的公钥进行解密。如图 6–6–6 所示，Alice 使用 Bob 的公钥对数据进行加密，然后将加密后的数据发送给 Bob。Bob 接收密文后，使用自己的私钥对收到的加密数据进行解密，以获取原始的明文数据。由于私钥是保密的，只有 Bob 能够解密数据，而 Trudy 无法从中提取信息，从而实现了安全性。

公开加密的主要优势是解决了密钥交换的问题。在对称加密中，发送方和接收方需要共享相同的密钥，而这个密钥的传输可能存在安全性的风险。而公开加密通过使用公钥进行加密，解决了密钥交换的问题，使得通信双方可以在不事先共享密钥的情况下进行安全通信。

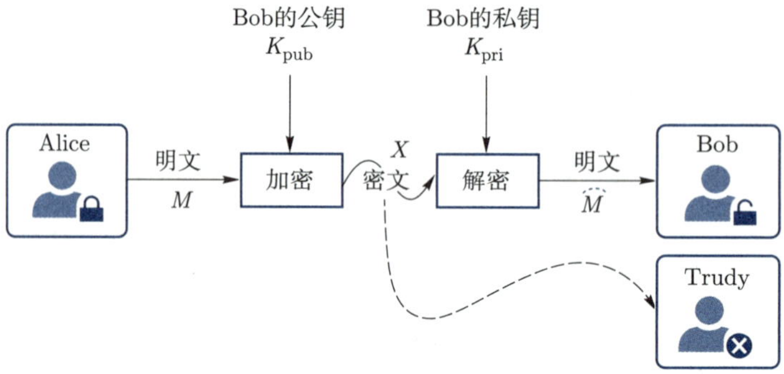

图 6–6–6 非对称密钥加密示意图

常见的公开加密算法包括 RSA (Rivest-Shamir-Adleman)、DSA(digital signature algorithm) 和 ECC (elliptic curve cryptography)。本小节以 RSA 算法为例，讲解这种基于大整数素因数分解的加密机制，来介绍非对称密钥是如何实现的。

为了生成 RSA 算法的公钥和私钥，Bob 首先选择两个大素数 p 和 q，然后计算乘积 $N = qp$ 和它们的欧拉函数 $\phi(N) = (p-1)(q-1)$。然后，在小于 $\phi(N)$ 的正整数中随机挑选一个与其互素的数 e。最后计算出数 e 的模 $\phi(N)$ 的乘法逆元素 d。在 RSA 中，N 是模数，e 是加密指数，d 是解密指数。因此，得到公钥为 (N, e)，私钥为 (N, d)。这时候如果 Alice 想给 Bob 发长度为 $m < N$ 的信息 M，使用加密指数 e，进行求幂模运算，生成密文

$$X = M^e \bmod N \tag{6–6–3}$$

Bob 接收到密文后，可使用解密指数 d，进行求幂模运算，得到明文

$$M = X^d \bmod N \tag{6–6–4}$$

加密与解密的正确性是通过 e 和 d 在模 $\phi(N)$ 下的乘法逆元来保证的，根据欧拉定理，总存在整数 k，满足

$$ed = 1 + k\phi(N) \tag{6–6–5}$$

可得

$$X^d = M^{ed} = M^{1+k\phi(N)} = M^1 = M \tag{6–6–6}$$

RSA 方案和类似的公开密钥密码学方案通常使用大型密钥 (1 024 至 2 048 位)，这导致穷举法所耗费的开销以当前计算机性能而言基本是不可能实现的。但是，如果能够建造出具有适度量子位数的稳定量子计算机，那么就有可能在有限的时间内对 N 进行因式分解并获取素数 p 和 q。因此，推广至当前所有非对称加密体系中，现有加密系统并非无法破解，只是破解所需要的时间以当前计算机最高工艺水平需要以百年为单位才能破解。加密算法及技术需要不断迭代，保持对计算机工艺与计算方法的领先，才能保障系统一直稳健可靠。

从 RSA 方案可以看到，非对称密钥无须在事先共享密钥的情况下进行安全通信，因此在认证鉴权、数字签名、密钥协商等领域得到了广泛应用。

2. 访问控制

(1) 身份认证

访问控制主要包含两个基本概念，一个是身份认证，另一个则是授权。身份认证是确认一个实体 (如用户) 是否具有合法的权限或者权利来对系统进行访问。可以简单地理解为“你是否就是你说的那个人”。

在信息系统中，设备或者系统如何能够确信那个声称自己是 Alice 的用户是否就是真的 Alice，而不是 Trudy。如图 6–6–7 所示，一般用户需要提供一样或者几样东西：只有 Alice 知道的信息；持有 Alice 的信物；或者具备 Alice 才有的特征。

图 6–6–7 身份认证方法示例

在日常生活中，我们登录社交媒体的“用户密码”就是“只有 Alice 知道的信息”的例子，这里我们称之为口令；而登录网上银行所用的 U 盾就是“Alice 的信物”的例子；此外，支付宝刷脸支付中，利用面部生物特征进行认证则是“Alice 才有的特征”的例子。

① 口令

我们首先介绍口令。用户在首次访问系统时通常要创建账号，并设置一个口令。系统会将口令与用户的账户相关联，并在用户日后登录或进行身份验证时，要求用户提供正确的口令来验证其身份。理想的口令应该只有用户本人知道，设备或系统可以验证，而其他实体无法猜到。这显然是无法实现的，现代信息安全系统中，口令往往就是其中薄弱的一环。从安全性来说，口令最好是随机生成的足够长度序列的排列，且定期更换。但是使用口令的是自然人，对于较长无序字符的记忆并非我们人类所擅长的。

我们以口令与密钥为例说明口令问题的根本所在。假设我们的系统使用了 64 位的加密密钥，如果密钥是随机选择的，那么 Trudy 需要进行 2^{63} 次尝试才可能找到正确的密钥。但是，如果 Trudy 面临的是一段长度为 8 的字符序列构成的口令，每个字符有 256 个选择，则口令种类有 $256^8 = 2^{64}$，乍看下似乎破解口令与密钥搜索一样是等价问题。但是实际上，我们设置口令的时候并非采用随机生成的策略，导致实际口令种类概率分布并不符合均匀分布，这就导致 Trudy 可以用远远小于 2^{63} 的尝试次数去破解。这里可以看到制定口令的是自然人，口令的选择随机性较差，这是口令问题的根源所在。

口令是目前信息系统中最严重的安全问题，同时这种情况将在未来长期存在，信息系统中最薄弱的环节其实是人，而口令的设置和使用与自然人紧密相关。实际生活中，Trudy 很难绕过银行的安保系统攻击我们的账号，打个诈骗电话骗取账号密码对他们而言应该是个成本低门槛低的方式。

② 双因素认证

为了规避口令所伴随的诸多问题，要求用户提供第二个认证因素，例如手机验证码、硬件令牌等。在双因素认证中，用户首先需要提供口令 (知识因素)，然后需要提供由物理设备生成的动态认证码 (拥有因素)。这样，即使口令被猜出、泄露或被盗，未经授权的人仍无法通过双因素认证来访问受保护的系统或服务。例如，在新设备上登录社交媒体的时候除了输入转账密码，还需要通过短信验证码再进一步认证。

常见的双因素认证实施方式包括：

a. 短信验证码：用户在登录时输入用户名和密码后，系统会向其注册的手机发送一条包含验证码的短信，然后用户需要在登录页面输入正确的验证码才能完成认证。

b. 软件令牌：用户在登录时使用一个特定的应用程序，该应用程序会生成一个动态的认证码，用户需要在登录页面输入正确的认证码才能完成认证。

c. 硬件令牌：用户携带一个物理设备 (如 U 盾)，该设备用于生成一个动态的认证码，用户需要在登录页面插入或与设备进行交互，输入正确的认证码才能完成认证。

实际使用中双因素认证增加了用户侧认证流程的复杂度，在需要频繁认证的场景下，用户体验会大大降低；此外由于双因素认证可能会使用外设，不是所有设备或者系统都能够兼容，且维护成本较高。因此一般设计者会基于服务的安全价值进行权衡，来设计双因素认证流程。

③ 生物特征

生物特征认证使用用户固有的生物特征来确认用户身份，依赖于独特的生物特征进行识别，需要使用特有设备进行采集、处理、存储后，用于之后比对。

常见的生物特征包括：

a. 指纹识别：通过扫描和比对指纹图案来识别个人身份。

b. 面部识别：通过分析人脸的特征点、轮廓和比例来识别个人。

c. 虹膜扫描：通过检测和比对虹膜中的纹理和特征来进行身份验证。

d. 声纹识别：通过分析声音的频谱、声调和语音特征来识别个人。

e. 掌纹识别：通过扫描和比对手掌皮肤的纹理和特征来识别个人。

由于用户个体的生物特征是独一无二且难以伪造的，因此提供了更高的身份验证安全性。同时，使用生物特征认证通常更加方便，如指纹签到打卡，无须记忆复杂的密码或携带额外的物理设备。常见的应用包括：移动设备和智能手机。

生物特征认证已成为智能手机和移动设备的常见功能。例如，指纹识别和面部识别被广泛用于解锁手机、支付授权和应用程序访问控制等。具体应用如下：

a. 金融和支付：银行和金融机构广泛采用生物特征认证来增强支付安全性和进行用户身份验证。指纹识别、虹膜扫描和面部识别等技术用于确认用户的身份并进行交易授权。

b. 政府身份识别：生物特征认证在政府颁发的身份证件和护照中得到广泛应用。指纹识别、面部识别和虹膜扫描等技术用于验证个人的身份，确保身份证件的真实性和安全性。

c. 边境安全和机场安检：生物特征认证被用于边境控制和机场安检，以加强边境安全并提高旅行的便利性。例如，面部识别和指纹识别技术用于验证旅客身份和辨识潜在威胁。

d. 企业和组织安全：生物特征认证在企业和组织中用于加强访问控制和身份验证。通过指纹识别、面部识别或掌纹识别等技术，可以确保只有授权人员进入特定区域或访问敏感信息。

e. 医疗保健：生物特征认证在医疗保健领域用于确保病人身份的准确性和医疗记录的安全性。例如，指纹和掌纹识别可用于授权医务人员访问电子病历系统。

f. 智能家居和物联网：生物特征认证被用于智能家居和物联网设备的访问控制。例如，面部识别和声纹识别可用于识别家庭成员，判断是否授予控制智能家居设备的权限。

然而生物特征认证机制也存在一些局限性。首当其冲的就是隐私问题，信息安全很大一部分就是为了保护我们的隐私，而生物特征本身就是隐私中很重要的一部分，滥用生物特征可能导致用重要信息保护重要的信息，例如很多小区滥用刷脸门禁。此外，生物特征并非一成不变，年龄变化或者损伤都会导致生物特征识别准确率的下降。因此，生物特征认证技术还有很长的路要走。

(2) 授权

授权体系曾经是信息安全的核心技术，虽然从现代信息安全理论体系来看，授权并非最核心的技术，但仍然是信息安全体系中重要的一环。其重点是对已获得认证用户的行为进行限制，用一句话来形容就是“可以允许你做什么”。如图 6–6–8 所示，授权一般涉及以下几个要素：

① 授权者 (授权源)：授权者是有权授予权限或权力的人或实体。图 6–6–8 中，Bob 作为授权者授予 Alice 权力。

② 被授权者 (受权人)：被授权者是被赋予特定权限或权力的人或实体。图 6–6–8 中，Alice 作为被授权者，享受 Bob 授予的权力。

③ 授权范围：授权者明确规定被授权者可以执行的操作、访问的资源或活动的范围和限制。图 6–6–8 中，Alice 被授予的权力或仅限用于 Bob 的资源。

④ 权限或权力：授权者明确指定被授权者可以行使的权力或权限。这可以是访问文件、执行特定任务、管理资源、进行交易或代表授权者作出决策等。图中，Alice 可对 Bob 的资源进行访问与读取。

⑤ 授权类型：授权可以是一次性的、临时的或持久的。一次性授权是在特定时间内有效，临时授权是在一段时间内有效，而持久授权是长期有效。图 6–6–8 中，Alice 享有一天的临时授权。

授权矩阵是一种用于描述和管理权限分配的工具，一般以表格或矩阵呈现，将用户、角色、资源和权限之间的关系表示为交叉点，为安全管理提供了一个可视化的方式，便于管理员查看和理解系统中不同实体之间的权限关系。一般包含以下元素：

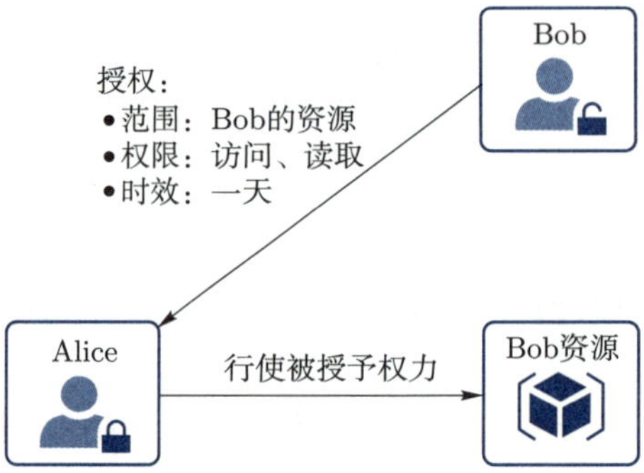

图 6–6–8 授权示意图

① 用户/角色：授权矩阵的行表示系统中的用户或角色。用户可以是具体的个人用户，而角色则是一组具有相似权限需求的用户集合。

② 资源：授权矩阵的列表示系统中的资源，例如文件、数据库表、功能模块或其他可访问的实体。

③ 权限：授权矩阵的每个交叉点表示被授权者 (用户或角色) 对特定资源具有的权限。这些权限可以是读取、写入、执行、删除等操作。

授权作为访问控制中重要一环，确保信息系统中特定信息只有指定用户享有指定权限，保障敏感信息不受未授权用户读取、修改，保障了敏感信息的保密性与完整性，同时确保授权用户在需要时访问指定信息，保障了可用性。授权管理与身份验证紧密结合，共同构成了一个综合的安全系统。

(3) 常见的访问控制形式

① 防火墙系统

防火墙系统是目前广泛应用且效果良好的信息安全技术，用于防御网络中的各种威胁并及时响应，隔离危险的连接和攻击行为，从而降低网络整体风险。作为一种协助确保信息安全的设备，防火墙会基于特定的规则，允许或限制传输的数据通过。它可以是专用硬件或位于内部网络与外部网络之间的网络安全系统，根据安全策略检查网络间的数据包和连接方式，决定对通信采取允许、拒绝或转换的动作。防火墙保护的网络通常称为内部网络，其他网络则称为外部网络。使用防火墙可以有效控制内外部网络之间的数据传输，防止未经授权的外部用户通过非法手段进入内部网络访问资源，此外还可过滤不良信息。防火墙的主要特点包括安全性、管理性和效率。它可以有效监控网络间的活动，保障内部网络安全，实现网络安全保护。防火墙理论上可以防止外部网络的各种危险传播到受保护的网络内。逻辑上，防火墙兼具分离、限制和分析功能；物理上，实现防火墙的方式各异，通常由硬件设备和软件组合构成；本质上，防火墙是一种保护装置，用于保护网络数据和资源；技术上，防火墙是一种访问控制方法，设置障碍在机构网络和不安全网络间，阻止对信息资源的非法访问。

历史上，防火墙经历了四个阶段：基于路由器的防火墙、用户化的防火墙工具套、基于通用操作系统上的防火墙和具有安全操作系统的防火墙。结构上，防火墙可分为代理主机结构和路由器加过滤器结构。原理上，防火墙可以通过特殊硬件设计、数据包过滤、电路层网关和应用级网关实现。依据侧重点的不同，防火墙可分为包过滤型、应用层网关型和服务器型防火墙。

② 入侵检测系统

相对于防火墙，入侵检测系统 IDS 是一种更为积极主动的安全防御系统，是针对计算机和网络资源的恶意行为进行识别和响应的过程。入侵是指试图对信息资源的完整性、一致性和可用性进行破坏的一系列行为。入侵检测系统通过对计算机网络系统中关键节点的信息进行收集和分析，对网络中违反安全策略或恶意入侵的迹象进行监控，以便对恶意行为进行辨识和响应。

入侵检测系统是一种网络安全技术，是网络安全体系中重要的组成部分。该系统可用于对试图破坏系统机密性、完整性或可用性等行为进行检测，监视受保护系统的状态和活动，运用异常检测或滥用检测方法来发现未经授权或恶意的系统和网络行为，进而有效防范入侵。入侵检测通用流程如图 6–6–9 所示。

图 6–6–9 入侵检测通用流程

在图 6–6–9 中，入侵检测的通用流程包括数据提取、数据分析和结果处理三个模块。数据提取模块负责收集系统数据并进行简单处理，将处理后的数据传递给数据分析模块。数据分析模块对数据进行深入分析，发现攻击并生成事件，然后将事件传递给结果处理模块。最终，结果处理模块根据事件产生响应，响应可以是积极主动的反击行为或被动地报警提醒管理员注意。

入侵检测系统的快速检测能力对于防止入侵的发生和减轻破坏程度至关重要。有效的入侵检测系统可以被视为防止入侵的屏障，并具有威慑作用。

③ 入侵防御系统

入侵防御系统 (intrusion prevention system, IPS) 是一种新型安全技术，于 2000 年之后出现。不同于大多数入侵检测系统 (IDS)，IPS 更倾向于主动防御，目的在于对入侵活动和攻击性网络流量进行提前拦截，以预防潜在损失，而非等到恶意流量开始传输才发出警报。

入侵防御系统 (IPS) 直接嵌入在网络流量中，通过一个网络端口接收来自外部系统的流量，检查其中是否存在异常活动或可疑内容。经过检查后，数据流被输送至内部系统，而 IPS 设备会将有问题的数据包和随后的数据清除。IPS 的主要工作是由引擎完成的，其基本工作原理如图 6–6–10 所示。

步骤①：数据流进入 IPS 引擎后，首先对每个数据包进行初步检查，并根据数据包的报头信息和流信息对其进行分类，同时记录数据流的状态信息。

步骤②：IPS 引擎根据数据包的分类使用相应的过滤器进行检查。为了处理不同的攻击行为，IPS 需要使用各种过滤器，每个过滤器都有特定的过滤规则。

步骤③：过滤器引擎整合了流水和大规模并行处理硬件，能够对数千个数据包同时进行过滤检查。这保障了 IPS 的处理性能。所有相关过滤器均并行运行，当一个数据包符合匹配条件时，将其标记为“命中”。

步骤④：将标记为“命中”的数据包丢弃，并更新相关数据流状态信息，指示系统丢弃该数据流中的所有其他内容。

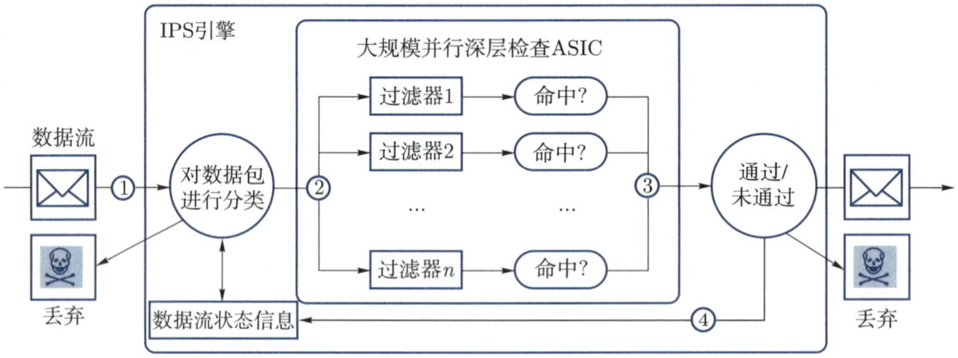

图 6–6–10 IPS 基本工作原理

思考题

1. 什么是通信？什么是网络？
2. 简述多普勒雷达的基本工作原理。
3. 定位技术有哪些？它们之间有什么区别？
4. 请简述动态存储器和静态存储器的区别。
5. 举例说明生活中的信息安全技术。

附录

统治和改变世界的方程

方程是科学和技术的命脉，没有方程就没有人类的今天，为了使同学们了解最主要的方程，我们编写了这个附录。

从哈拉尔德·弗里奇 (德国) 所著《An Equation that Changed the World: Newton, Einstein, and the Theory of Relativity》和伊恩·斯图尔特 (美国) 所著《17 Equations that Changed the World》，以及高水裕一 (日本) 所著《统治宇宙的 24 个公式》的三本书中，抽取出我们认为最主要的，也是我们课程所涉及的 20 个公式。这些公式揭示了宇宙的运行规律、推动了世界的变革。本附录仅列出了公式，没有对其进行详细解释，同学们感兴趣，可以从上述推荐的三本书中寻找答案。

1. 天体的运动和形状的方程

(1) 物质产生时空弯曲

$$G_{\mu\nu} + \Lambda g_{\mu\nu} = \frac{8\pi G}{c^4} T_{\mu\nu}$$

其中 $G_{\mu\nu}$ 为爱因斯坦张量，描述了时空的曲率；Λ 为宇宙常数，描述了真空能量密度对时空曲率的影响；$g_{\mu\nu}$ 为度量张量，描述了时空的几何性质；G 为引力常数；c 为光速；$T_{\mu\nu}$ 为能量–动量–应力张量，描述了物质和能量的分布。

(2) 天体在引力场 (弯曲时空) 中的运动

$$\frac{\mathrm{d}^2 x^\mu}{\mathrm{d}\tau^2} = -\Gamma^\mu_{\alpha\beta} \frac{\mathrm{d}x^\alpha}{\mathrm{d}\tau} \frac{\mathrm{d}x^\beta}{\mathrm{d}\tau}$$

其中 x^μ、x^α 与 x^β 为物质的位置，τ 为固有时间，$\Gamma^\mu_{\alpha\beta}$ 为克里斯托费尔符号，描述了时空的弯曲程度。

(3) 宇宙形状的膨胀

$$H^2 = \left(\frac{\dot{a}}{a}\right)^2 = \frac{8\pi G}{3}\rho - \frac{Kc^2}{a^2} + \frac{\Lambda c^2}{3}$$

这一方程来自爱因斯坦场方程的 00 分量，其中 H 为哈勃常数，描述了宇宙膨胀的速率；Λ 是宇宙常数；ρ 为宇宙的平均密度；K 为空间曲率常数，取值可以为 -1、0 或 1，分别对应负曲率、平坦和正曲率的宇宙；a 为尺度因子，描述了随时间变化的宇宙的相对大小。

(4) 宇宙的加速膨胀

$$\dot{H}+H^2=\frac{\ddot{a}}{a}=-\frac{4\pi G}{3c^2}\left(\rho c^2+3p\right)+\frac{\Lambda c^2}{3}$$

这一方程来自爱因斯坦场方程的迹。

(5) 经典天体运动方程

$$F=ma$$

$$\Delta\phi=4\pi G\rho$$

$$F=\frac{Gmm_0}{r^2}$$

其中 F 为作用力，m 和 m_0 为物体质量，ρ 为物质密度，$\Delta\phi$ 为引力势能。

(6) 质能方程

$$E=mc^2+\frac{1}{2}mv^2$$

其中 E 表示能量，m 为质量。

2. 微观基本粒子方程

(1) 标准模型公式

$$-g_1\bar{\psi}\psi-\frac{1}{4}B^{\mu\nu}B_{\mu\nu}-g_2\bar{\psi}\psi-\frac{1}{4}G^{\mu\nu}G_{\mu\nu}-g_3\bar{\psi}\psi-\frac{1}{4}W^{\mu\nu}W_{\mu\nu}+\frac{1}{16\pi G}(R-\Lambda)$$

其中 g_1、g_2 和 g_3 为耦合常数，ψ 表示费米子场，$\bar{\psi}$ 是 ψ 的共轭场，$B_{\mu\nu}$、$G_{\mu\nu}$ 和 $W_{\mu\nu}$ 为规范场张量，G 是引力常数，R 是里奇标量，表示空间的曲率，Λ 是宇宙常数，表示真空能量密度。

(2) 不确定方程

$$\Delta x\cdot\Delta p\geqslant\frac{\hbar}{2}$$

其中 Δx 是粒子位置的测量不确定性，Δp 是粒子动量的测量不确定性，$\hbar=h/(2\pi)$，h 是普朗克常量。

(3) 波粒二象性公式

$$\lambda=\frac{h}{p}$$

其中 λ 是粒子的波长，h 是普朗克常量，p 是粒子的动量。

(4) 粒子波动方程

$$\mathrm{i}\hbar\frac{\partial\psi(\boldsymbol{r},t)}{\partial t}=-\frac{\hbar^2}{2m}\nabla^2\psi(\boldsymbol{r},t)+V(\boldsymbol{r},t)\psi(\boldsymbol{r},t)$$

其中 i 为虚数单位，$\psi(\boldsymbol{r},t)$ 是参数为 $\boldsymbol{r}$ 和 t 的波函数，V 为位势。

(5) 满足相对论的粒子波动方程

$$\mathrm{i}\gamma^\mu\partial_\mu\psi=m\psi$$

其中 γ^μ 为狄拉克矩阵，∂_μ 为四维梯度算符，ψ 为狄拉克自旋子。

3. 电磁空间方程

(1) 电荷在电磁场中的运动方程

$$F=q(\boldsymbol{E}+\boldsymbol{v}x\boldsymbol{B})$$

其中 F 为作用力，$\boldsymbol{E}$ 为电场强度，$\boldsymbol{B}$ 为磁场强度，q 为粒子的电荷量，$\boldsymbol{v}$ 为粒子运动速度，x 为粒子所处位置。

(2) 电磁统一方程

电是什么?

$$\oiint_S \boldsymbol{E}\cdot\mathrm{d}\boldsymbol{S}=\frac{q}{\varepsilon_0}$$

其中 ε_0 为真空介电常数。

磁是什么?

$$\oiint_S \boldsymbol{B}\cdot\mathrm{d}\boldsymbol{S}=0$$

磁如何生电?

$$\oint_l \boldsymbol{E}\cdot\mathrm{d}\boldsymbol{l}=-\frac{\mathrm{d}\phi_B}{\mathrm{d}t}$$

电如何生磁?

$$\oint_l \boldsymbol{B}\cdot\mathrm{d}\boldsymbol{l}=\mu_0 I+\mu\varepsilon\frac{\mathrm{d}\phi_E}{\mathrm{d}t}$$

其中 μ 为磁导率。

(3) 电磁波动方程

$$\frac{\partial^2\boldsymbol{E}}{\partial t^2}=c^2\nabla^2\boldsymbol{E}$$

$$\frac{\partial^2\boldsymbol{B}}{\partial t^2}=c^2\nabla^2\boldsymbol{B}$$

4. 信息科技方程

(1) 无处不在的正态分布

$$\phi(x)=\frac{1}{\sqrt{2\pi}\sigma}\exp\left[-\frac{(x-\mu)^2}{2\sigma^2}\right]$$

(2) 信号时空模式的变换

傅里叶变换

$$X(f)=\int_{-\infty}^{\infty}x(t)\mathrm{e}^{-\mathrm{j}2\pi ft}\mathrm{d}t$$

拉普拉斯变换

$$X(s)=\int_{-\infty}^{\infty}x(t)\mathrm{e}^{-st}\mathrm{d}t$$

Z 变换

$$X(z)=\sum_{n=-\infty}^{\infty}x[n]\,z^{-n}$$

(3) 信息熵方程

$$H(X)=-\sum_{i=1}^{n}p(x_i)\log_2 p(x_i)$$

其中 $p(x_i)$ 为 X 取 x_i 的概率，$H(X)$ 为信息熵。

(4) 通信理论方程

$$C=W\log_2(1+SNR)$$

其中 C 为信道容量，W 为信道带宽，SNR 为信噪比。

(5) PID 控制方程

$$u(t)=K_{\mathrm{p}}e(t)+K_{\mathrm{d}}\frac{\mathrm{d}e(t)}{\mathrm{d}t}+K_{\mathrm{i}}\int_0^t e(t)\mathrm{d}t$$

其中 K_{p} 为比例增益，K_{i} 为积分增益，K_{d} 为微分增益，t 为当前时间，e 为误差。

(6) 到达距离方程

$$S=\frac{P_{\mathrm{t}}G_{\mathrm{t}}G_{\mathrm{r}}\lambda^2\sigma}{(4\pi)^3R_{\max}^4}$$

其中 P_{t} 为雷达的发射功率，G_{t} 是发射天线增益，G_{r} 为接受天线增益，λ 为雷达信号的波长，σ 为目标的雷达截面积，$R_{\max}$ 为雷达的最大探测距离。

参考文献

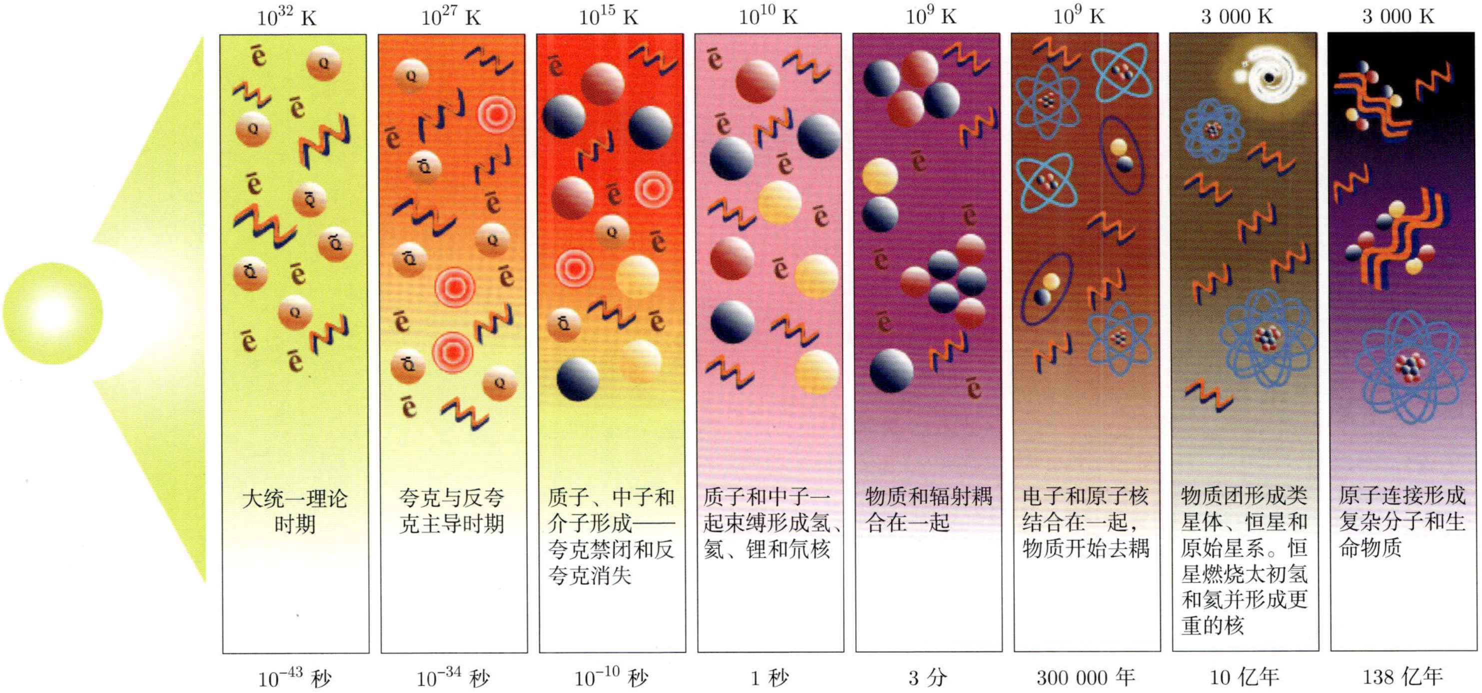

图 1-1-1　宇宙大爆炸和演化示意图

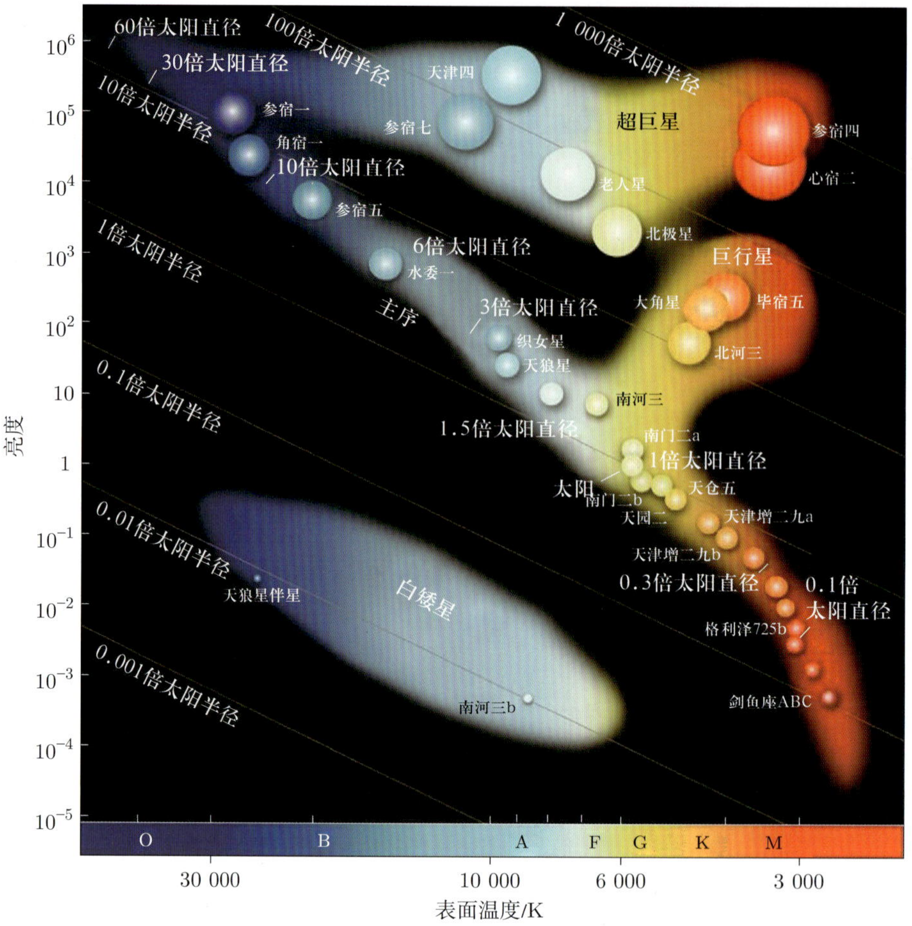

图 1–1–3　按恒星亮度和温度分类的赫罗图

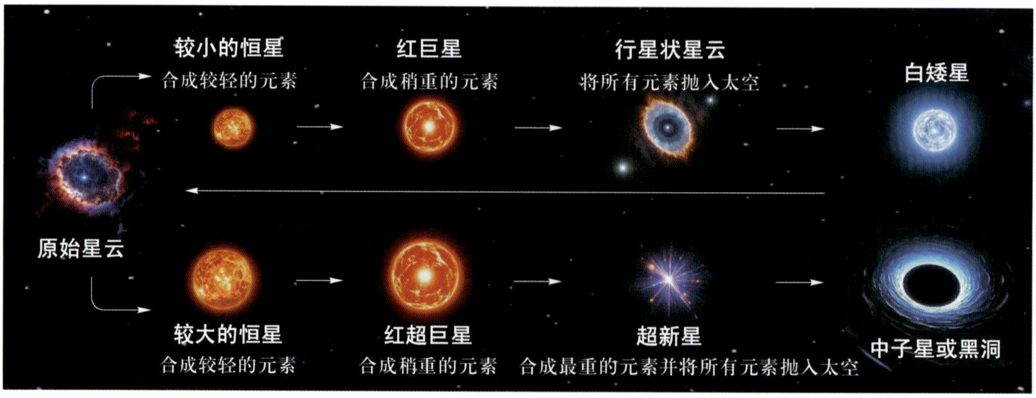

图 1–1–4　恒星演化图

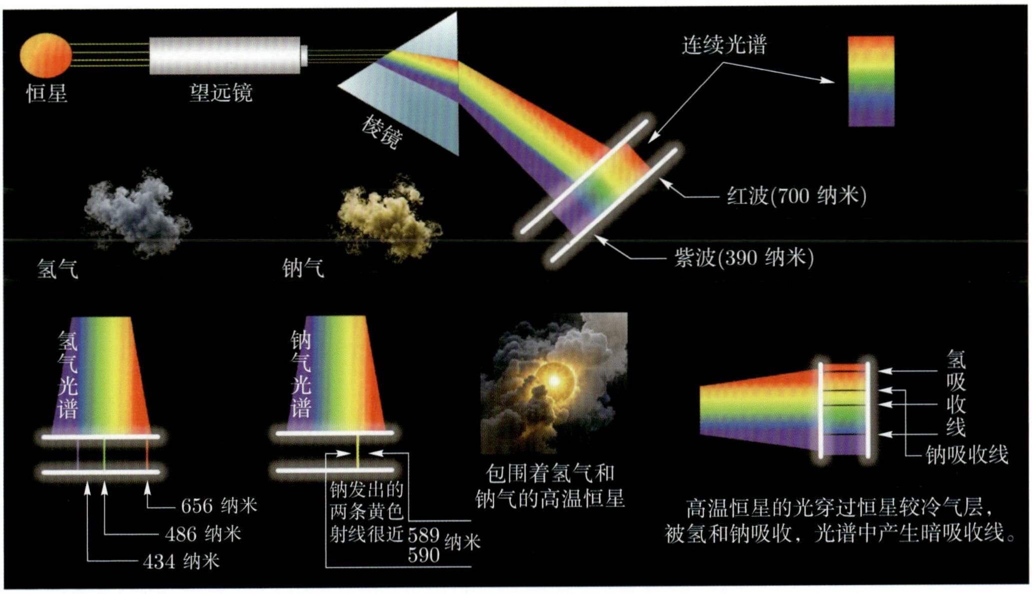

图 1-1-5　天文光谱学的基本原理

图 1-1-6　太阳系的模型

图 1–1–7　五星与五行对应示意图

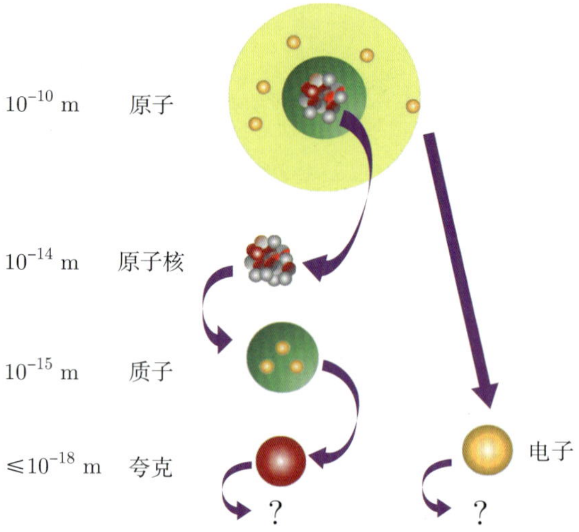

图 1–2–1　亚原子粒子的尺度

图 4–2–1　电子真空管

图 4-2-2　第一只点触型锗晶体管

图 4-2-3　第一块集成电路

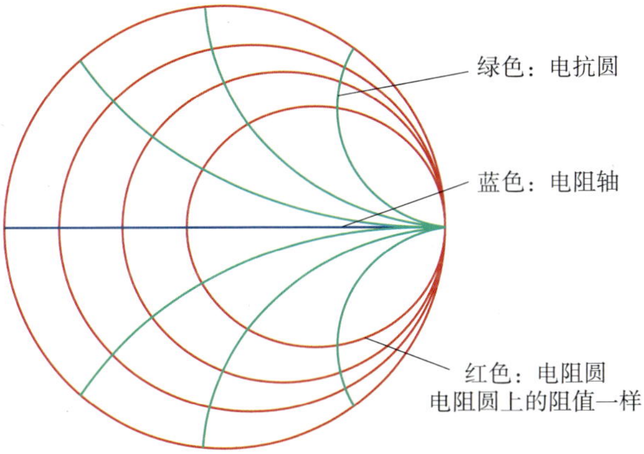

图 4-4-2　史密斯圆图组成

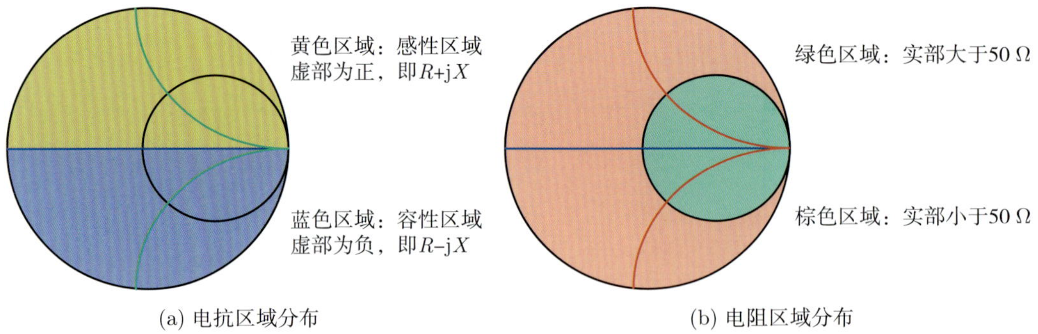

图 4–4–3 史密斯圆图的区域分布

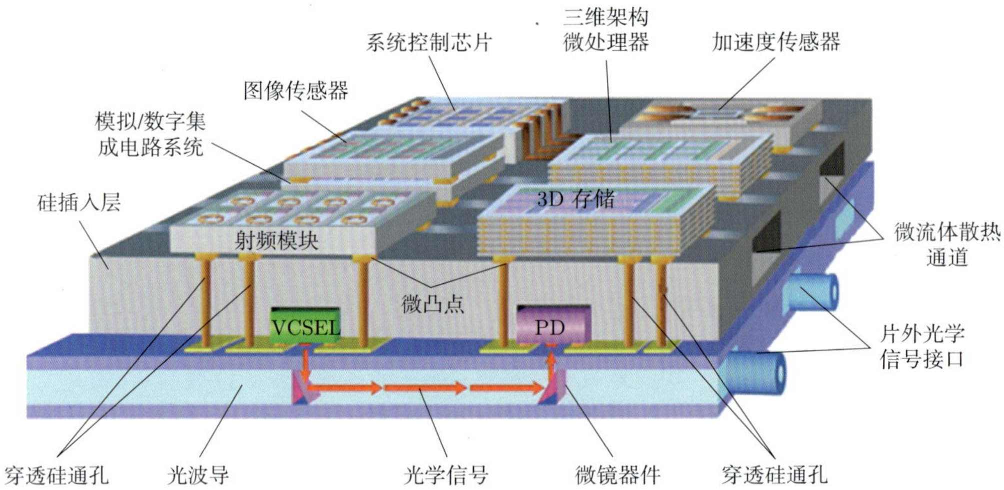

图 5–3–1 异质异构集成功能微系统

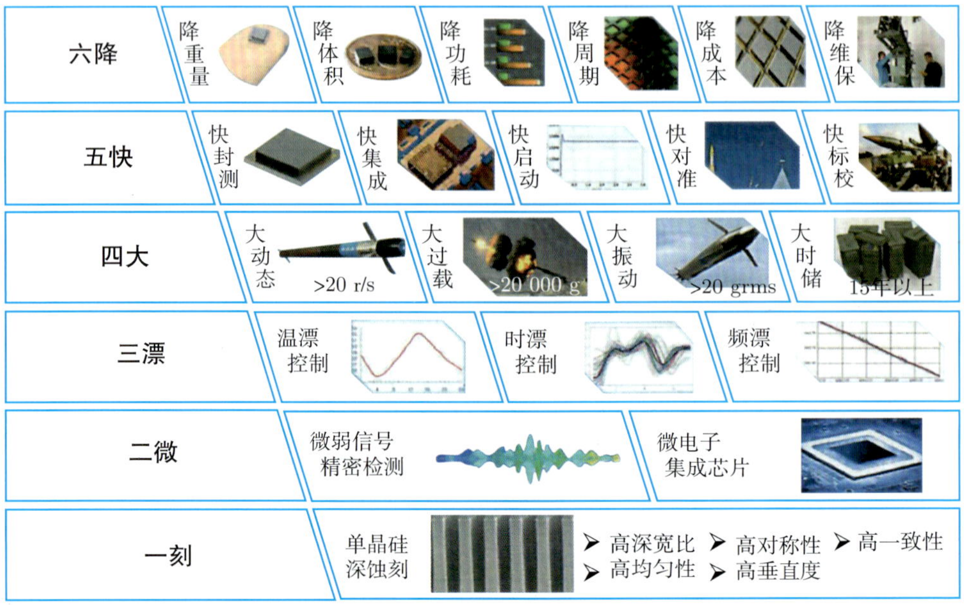

图 5–3–9 MEMS 陀螺仪技术要求

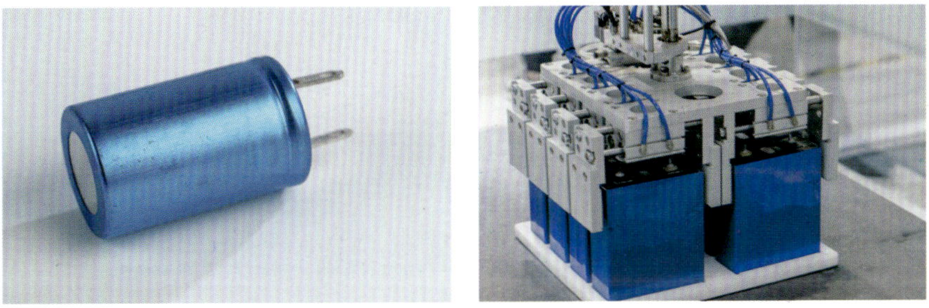

(a) 电容器　　(b) 电池

图 5–5–1　电容器及电池

(a) 变压器　　(b) 开关　　(c) 断路器

图 5–5–2　变压器、开关及断路器

(a) YLC-8B　　(b) SPY-1F　　(c) AN/APG-81

图 6–2–12　相控阵雷达天线实物图

图 6-5-1　阿塔纳索夫-贝瑞计算机的复制品